高等学校城市轨道交通系列教材

城市轨道交通卓越工程师

教育培养计划系列教材

城市轨道交通运营管理

主　编　何　静

副主编　刘志钢　朱海燕　周世爽

中国铁道出版社有限公司

2025年·北　京

图书在版编目(CIP)数据

城市轨道交通运营管理 / 何静主编. —3 版. —北京:中国铁道出版社,2017.2(2025.2 重印)
高等学校城市轨道交通系列教材
ISBN 978-7-113-10262-3

Ⅰ. ①城… Ⅱ. ①何… Ⅲ. ①城市铁路-交通运输管理-高等学校-教材 Ⅳ. ①U239.5

中国版本图书馆 CIP 数据核字(2016)第 265014 号

书　　名:**城市轨道交通运营管理**
作　　者:何　静

策　　划:徐　清　　**编辑部电话**:(010) 51873147　　**电子邮箱**:357716058@qq.com
责任编辑:徐　清
封面设计:陈东山　崔丽芳
责任校对:苗　丹
责任印制:高春晓

出版发行:中国铁道出版社有限公司(100054,北京市西城区右安门西街 8 号)
网　　址:http://www.tdpress.com
印　　刷:三河市宏盛印务有限公司
版　　次:2007 年 9 月第 1 版　2013 年 9 月第 2 版
2017 年 2 月第 3 版　2025 年 2 月第 8 次印刷
开　　本:710 mm×1 000 mm 1/16　**印张**:26.5　**字数**:494 千
书　　号:ISBN 978-7-113-10262-3
定　　价:55.00 元

序

进入21世纪，我国城市轨道交通已逐步进入稳步、有序和快速发展阶段，尤其是近10年来，在国家政策的引导下，我国的城市轨道交通事业，从发展速度、规模和现代化水平，都凸显了后发优势。虽然我国的城市轨道交通正在经历高速发展阶段，但我国城市轨道交通建设比欧美等发达国家晚了100余年，在运营理论体系建立、运营技术和管理水平方面较国际先进水平相比，仍然有一定的差距。在发展历程中，我们比较注重研究具体的轨道交通技术可行方案，尚未把城市轨道交通作为一个系统工程来研究。

2007年本书第1版正式出版，2017年第3版正式出版，发行量在全国同类专业书籍中名列前茅。这凝聚着编写团队不懈的努力和耕耘，他们既有丰富的城市轨道交通现场工作经验，又有扎实的理论基础。本书结合城市轨道交通规划、建设、运管中遇到的实际问题，把城市轨道交通作为一个大系统，从运营策略与体系管理、运营安全管理、设备设施管理、行车、客运、票务管理、城轨运营企业管理等方面，将先进的管理理论和企业工作经验融会贯通，进行专题分析研究。

本书内涵丰富，紧贴实践。对运营管理进行了修订和拓展，又增加了网络化运营的研究内容；书中许多案例和作业流程都源于现场工作实践。本书数易其稿，是理论与实践有机结合的产物，参编单位包括多个地铁运营企业的一线专业技术人员和城市轨道交通高校的专业教师，他们为了这本书的出版付出了辛勤的劳动，力求使读者获得系统性和实用性的知识，也为完善城市轨道交通运营管理的理论和实践奠定坚实的基石。

2017年2月

第3版前言

《城市轨道交通运营管理》起步于上海工程技术大学城市轨道交通学院，这是全国最早的城市轨道交通学院。从最初的构思到第3版已经走过近十年，这段时间也是我国城市轨道交通蓬勃发展的重要阶段，很多方面都有了前所未有的改变，形成了新的专业特点。2016年，结合实际工作对运营管理专业人才的要求，编者决定对原有第2版进行修订，几易其稿，终于完成现在的第3版，其中凝聚了各位成员辛勤的努力。

这次的修订主要体现在以下几个方面：

城市轨道交通是一个大系统，内部又由很多子系统构成，子系统之间相互影响，同时还受到外部环境系统的影响。城市轨道交通运营管理者所遇到的问题通常都不是彼此孤立的，而是相互影响、动态变化的，存在于一系列复杂系统构成的动态情景之中的。因此本书以系统的观点作为统领，重新对全书进行了调整，更好地贴合未来运营管理者的实际工作需要。

为更好地体现"运营管理"的特色，即以行车、客运、现场作业组织为主，删除了第2版中的基础知识和投融资管理相关内容。

根据现代城市轨道交通系统的发展趋势以及运营企业的现场生产实际，将现场运营工作实际与理论化教学系统相结合，对各章内容进行了调整。对各章习题进行了修订、增加，以便读者可以更好地学习和掌握各知识点内容。

本书的修订工作分工如下(按章节排序)：第1章，刘春宏、郁嫒君、寇婷婷；第2章，马靖超、程晋然、许敏娟、赵佳佳；第3章，张志勇、周瑜；第4章至第6章，李佳、黄远春、陆鹏；第7章，刘春宏、郁嫒君；第8章，刘伟、任晔、李腾江；第9章，黄远春、李腾江；第10章，吴志海、刘春宏、李讷；第11章，向滨；第12章，邹承良；第13章，杨洋、徐学礼、邵小辉。全书由何静、刘志钢、朱海燕和周世爽负责整体框架结构的设计、部分章节的撰写，并根据专业分工，完成全书的统稿、校对工作。

本次修订工作是历次出版过程中最为不易的一次，全书凝聚了城市轨道交通运营企业专业技术人员和高校教师、学生共同的努力和心血。部分章节进行了较大的调整，经过多人的相互核对、核实、重新理论化。在这个过程中，我们深感不易，诚挚希望这本书也能给您一些启示和收获。

感谢各位读者给予这本书的厚爱！正是有您的支持，才让我们有信心不断改进。

如您有任何建议或者需要帮助，请通过 kmpolly@163. com 与我们联系，期待与您的分享！

编　者

2016 年 11 月

第2版前言

回想这本书从2005年最初的书稿，到2007年正式出版。有很多艰辛，也有很多人无私的帮助。这本书自出版以来，重印了5次，共计26 000册。应该说这是远远超出了原来的预期。在此，我谨代表编写组对购买本书的个人、学校和单位致以诚挚的谢意，感谢你们对本书的支持及宝贵意见。

2007年，这本书刚刚完稿的时候，在很多地方还不能理解评审老专家对这本书提出的修改意见。经过编写组5年多的教学积累和现场实践工作的变迁，以及期间各方的用书反馈。我们开始意识到这本书有很多不足之处。2011年5月，编写组开始酝酿对这本书进行修订，为此我们重新修订了很多内容，具体的编写人员如下(按照章节前后排序)：张志勇、陆鹏、王磊、胡华和丁小兵。全部修订版在2013年8月底完成，相比较第1版有了较大改动，改版的思路包括突出城市轨道交通运营管理的主体，更贴近现场工作实际，重新修改了可能会引起误解的地方，使内容的编排更为系统，增加了习题的数量。虽然本次修订相比较第1版有了较大的改进，但是，这本书在反映发展热点内容和新的技术运用趋势，新线运营筹备等方面还有待完善和补充，还有很大差距，这也是后续改进的重点。

最后修订再版时虽经仔细校对，但仍不免出现错漏，望各位专家不吝指正，以期在今后形成一个更好的版本。

作　者

2013年8月

第1版前言

发展城市轨道交通是解决大城市交通问题的主要手段。轨道交通建设从规划、设计、施工到运营,涉及建筑业、制造业及管理等各领域。城市轨道交通的发展,可以促进城市经济的繁荣和发展。城市轨道交通的技术发展要以“以人为本,创新跨越,竞争合作,持续发展”的科学发展观为指导。除重视人才培养外,还要有“创新跨越”的精神,瞄准本行业的世界科技前沿,是当今时代所赋予的历史使命。

城市轨道交通是城市中百年大计的重大公益性交通基础设施,项目一旦建成,整个系统就必须夜以继日地保持正常状态。不间断的正常运营意味着除需要优质高效的硬件设备外,还要有与系统规模相适应的运营管理机构和训练有素的运营人才。科学而得当的运营管理,是保证轨道交通系统正常运营的前提,是既有轨道交通系统得以常年安全运营的重要保障。培训和提高运营管理人员的技术水平和理论知识,建成一支基础理论扎实、技术过硬的管理队伍,才能确保建成的轨道交通系统达到高效运转、优质服务和安全运营的目标。

针对当前日益壮大的轨道交通运营队伍的迫切需要以及我国城市轨道交通的快速发展,上海工程技术大学城市轨道交通学院在2006年1月就开始组织编写本书,本书的各位作者通过获取的直接和间接实践经验,将有关资料归纳汇总上升到理论上,希望能为城市轨道交通系统运营人才的培养贡献一份力量。为了提高本书的实用性,本书经过了近两年教材试用。在这两年中根据教学工作中的反馈,听取了来自运营实践第一线技术人员的建议,本书又进行了多次修改与完善。

本书以系统的观点,对城市轨道交通系统的运营管理进行了深入、细致的研究和叙述。内容包括城市轨道交通系统的运营特性、设备管理、客流预测与分析、运营计划编制、运输能力理论及加强、列车运行图原理及编制、列车运行组织、车站工作组织、运营指标分析、城市轨道交通管理体制等内容。本书可作为高等运输院校相关专业的教材或教学参考书,也可供从事城市轨道交通运营管理部门的技术与行政管理人员等专业技术人员阅读与参考。

本书的编写工作分工如下:第1章由何静、叶华平执笔,第2章由敖琦峰、何静执笔,第3章由谢超、何静执笔,第4章由余海斌、何静执笔,第5章由丁晨、何静、朱海燕执笔,第6章由吴玲英、朱海燕执笔,第7章由谢超执笔,第8章由陈怡、何静执笔，第 9 章由卢红爱、朱海燕执笔，第 10 章由施毓凤、周捷执笔，第 11 章由何静、刘志钢执笔，第 12 章由叶华平、殷畅执笔。

全书经上海地铁运营有限公司教授级高工郑荣生审阅定稿。郑高工为本书提出了许多中肯的意见和新的思路，在此对郑高工致以深深的谢意。本书由何静、叶华平、朱海燕负责对全书框架结构的设计、部分章节的撰写，以及全书的统稿校对工作。上海地铁运营有限公司的陈光华、王伟雯、艾文伟、姚军、苏医音，上海工程技术大学的鲁嘉华、郝勇等，美国马里兰州公路管理署的白玉琼对本书部分章节提出了宝贵意见。

在本书的编写工程中，得到了上海地铁运营有限公司的大力支持，在此表示衷心的谢意，本书的顺利完稿是和他们的鼓励与支持分不开的。本书还引用了大量国内外作者发表的有关城市轨道交通的文献，部分城市轨道交通企业的运营资料及相关文献，在此谨向有关专家及部门致以衷心的感谢。

鉴于编写人员技术水平及实践经验的局限性，各种对分析和处理问题的见解不免有偏颇不足之处，望城市轨道交通行业的专家学者给予指正，我们真诚地期待着广大读者和同行，多提宝贵意见。

作　者

2007 年 8 月

目　录

第 1 章　城市轨道交通系统发展与管理

城市轨道交通系统是指主要服务于城市客运交通，通常以电力或机械力为动力，以轮轨运行方式为主要特征的车辆与轨道（导轨）等各种相关设施的总和。相比其他城市公共交通系统，具有运能大、速度快、安全准时、节能环保以及能缓解地面交通拥堵等优点。经过 100 多年的研究、开发、建设与运营，城市轨道交通系统已经形成多种类型并存与发展的形态。

现代城市轨道交通系统管理从广义上来说可以分为企业管理和运营管理两大部分。它的外延非常广泛，涵盖了建设、设备选型与线路运营、设备维修，以及日常企业管理、资产运作等内容。本书所述的城市轨道交通运营管理主要指线路运营后的行车管理、站务管理、票务管理、设备维修管理等。

1.1　概　　述

1.1.1　城市轨道交通的类型

城市轨道交通的主要形式包括地铁、轻轨、单轨、有轨电车、市郊铁路、线性电机车系统、磁悬浮系统等，为了能够在不同的适用条件下合理地选择城市轨道交通形式，可以依据不同的标准进行分类。

1. 按高峰小时单向运输能力分类

高峰小时单向运输能力是指在运营线路的高峰时段（单位小时），城市轨道交通系统在一个方向能够运送的乘客数量。计算高峰小时单向运输能力的基本参数是列车间隔时间、车辆定员以及列车编组辆数等，这里进行分类的基本依据是城市轨道交通系统有关参数的常用取值。根据高峰小时单向运输能力的大小，城市轨道交通系统可分为高运量、中运量和低运量三种类型。

(1)高运量城市轨道交通系统

该类型系统的高峰小时单向断面运输能力达到 30 000 人次/h 以上，属于该种类型的城市轨道交通系统主要有重型地铁和轻型地铁等。

(2)中运量城市轨道交通系统

该类型系统的高峰小时单向断面运输能力为 15 000～30 000 人次/h，属于该种类型的城市轨道交通系统主要有微型地铁、独轨和高技术标准的轻轨。

(3)低运量城市轨道交通系统

该类型系统的高峰小时单向断面运输能力为5 000～150 00人次/h,属于该种类型的城市轨道交通系统主要有低技术标准的轻轨、自动导向交通系统和有轨电车。

2. 按路权及列车运行控制方式分类

路权是指交通工具对于运行线路的使用权利。列车运行控制方式主要侧重于信号控制的自动化程度。根据路权及列车运行控制方式的不同,城市轨道交通系统可分为路权专用、按信号指挥运行,路权专用、按视线可见距离运行和路权混用、按视线可见距离运行等类型。

(1)路权专用、按信号指挥运行类型

该类型系统的线路完全封闭,在路权的使用方面具有排他性,与其他城市交通方式没有平面交叉。由于路权专用及按信号指挥运行,行车速度高且行车安全性好。属于该种类型的城市轨道交通系统包括市郊铁路、地下铁道、高技术标准的轻轨和自动导向交通系统等。

(2)路权专用、按视线可见距离运行类型

该类型系统在路权使用方面与上一种类型一致,行车条件较好;但信号控制自动化程度较低,行车条件较好。但由于无专用信号系统、按可视距离间隔运行,行车速度稍低。属于该种类型的城市轨道交通系统主要是中等技术标准的轻轨。

(3)路权混用、按视线可见距离运行类型

该类型系统的特点是其他交通工具共用线路,运行线路存在平面交叉。除在交叉口设置信号控制外,其余线路段按可视距离间隔运行,行车速度与行车安全稍差。属于该种类型的城市轨道交通系统主要是低技术标准的轻轨和有轨电车。

3. 按基本技术特征分类

基本技术特征是一种综合性的分类标准,是对高峰小时单向运力、路权及列车控制方式、运行区域等参数的综合评价,是较为常用的城市轨道交通分类标准,主要有地铁、轻轨、市郊铁路、有轨电车、独轨、磁悬浮系统和自动导向交通系统等类型。

1.1.2 常见城市轨道交通形式的运营技术特征

城市轨道交通系统的运营技术特征包括:线路投入实际运营后的行车间隔、列车定员数、列车编组数、单向运力、旅行速度等技术指标。

1. 地　　铁

地铁在诞生之初,由于线路通常被铺设在地下隧道里,因此被称为地下铁道。但如今的地铁已经成为一个“代号”,泛指高峰小时单向断面运输能力在3万人次以上的大容量城市轨道交通系统，通常在市中心为地下线路，市区以外为地面或高架线路。地铁和轻轨都趋向选用重型钢轨，划分两者的依据应是单向最大高峰小时客流量的大小，运量的大小决定了编组数、车辆、轴重和站台长度。对比见表1.1。

表1.1　地铁与轻轨运营技术特征对比

	单向最大高峰小时客流量（万人次）	轴重（t）	列车编组数（节）	车辆长度（m）	平面曲线半径（m）	线路规划方式
地铁	3～6	＞13	4～10	＞120	≥300	地下线为主，高架线和地面线路为辅
轻轨	1.5～3	＜13	2～4	30～120	100～200	高架线和地面线路为主

各国地铁系统的建设标准并不完全相同，大致可分为常规地铁和小断面地铁两种。

某常规地铁系统的技术参数如下：

最小运行间隔：1.5 min；

每节车辆定员数：310人；

每列车编组车厢节数：6～10节；

每小时单向最大运输能力：55 000～85 000人；

旅行速度：45 km/h。

当在车辆上使用线性电机时，可减小隧道断面，降低建设成本，这种地铁称为小断面地铁，如图1.1所示。小断面地铁的主要参数如下：

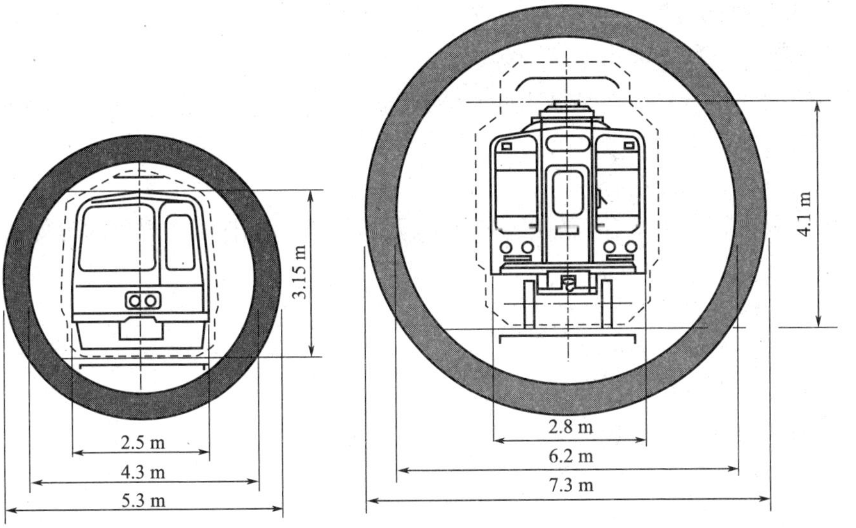

图1.1　小断面地铁与常规地铁隧道横截面比较图

最小运行时间间隔:1.5 min;

每节车辆定员数:142人;

每列车编组车厢节数:4～8节;

每小时单向最大运输能力:17 000～30 000人;

最高速度:80～120 km/h左右。

2. 轻　　轨

轻轨线路设计比较灵活,既可修建在市区街道上,也可修建在地下隧道或高架桥上,有一定比例的线路与其他交通方式完全隔离。轻轨线路大多是双线,但支线、短程区间或道路用地较为紧张的地段也有单线的情况。线路最大坡度可达8%,最小曲线半径可达30 m。典型的轻轨系统通常小时客流量在2万人次左右,可作为中小城市的骨干交通方式或作为大城市辅助交通方式。

部分城市的轻轨车辆起源于老式有轨电车,而后通过改造设计成新式轻轨车,具有容量大、轻型化、铰接式、低地板和宽敞舒适等特点。车辆座席有纵向和横向两种布置,双边或单边均可布置双人座或单人座。

某轻轨系统的技术参数如下:

最小运行间隔2 min;

每节车辆定员数:120～270人;

每列车编组车厢节数:2～10节;

每小时单向最大运输能力:6 000～30 000人;

最高速度:60～80 km/h。

3. 市郊铁路系统

市郊铁路是连接城市市区与郊区、城市核心区与周围几十公里甚至更大范围卫星城镇的铁路。它往往是城市间干线铁路的一部分,具有干线铁路的技术特征。与其他城市轨道交通类型不同,在市郊铁路线路上,可采用市郊通勤列车与干线乘客列车、货物列车混跑的形式。车辆内部以坐席为主,有些列车还采用双层客车来增加座位数量。在东京、伦敦、巴黎等世界著名城市都建有较大规模的市郊铁路运输网络。

某市郊铁路系统的技术参数如下:

最小运行间隔:5 min;

每节车辆定员数:80～118人座席;

每列车编组车厢节数:8～10节;

每小时单向最大运输能力:30 000人以上;

最高速度:120 km/h。

4. 独　　轨

独轨又称为单轨，是车辆或列车在单一轨道梁上运行的城市轨道交通系统。独轨的线路采用高架结构，车辆则大多采用橡胶轮胎。从构造型式上可分为跨座式独轨与悬挂式独轨两种，如图1.2、图1.3所示。跨座式独轨是指列车跨坐在轨道梁上运行，而悬挂式独轨则是指列车悬挂在轨道梁下运行。车辆是电动客车，采取轻型化设计，跨骑式独轨车体宽度约为3 m左右，悬挂式在2.6 m左右。车内座席可以根据客流量情况设计成纵向、横向和混合排列等不同布置。列车运行、供电、车站设施、防灾报警装置、站台监视及对乘客广播均由控制中心的计算机系统集中控制。

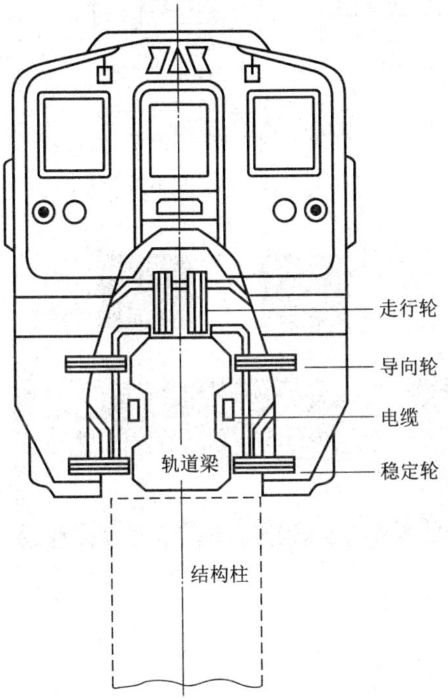

图1.2　跨座式独轨

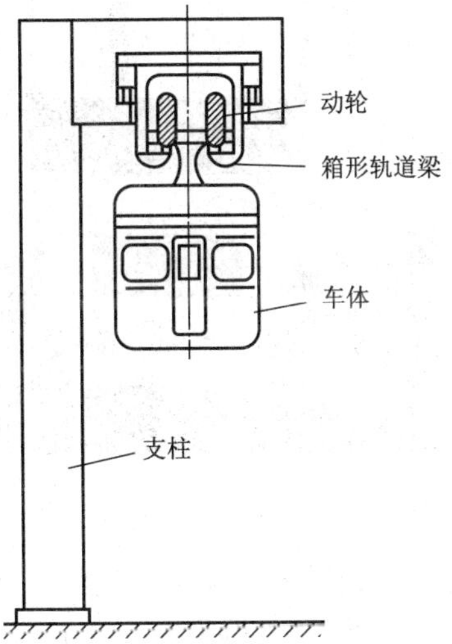

图1.3　悬挂式独轨

某独轨铁路系统的技术参数如下：

最小运行间隔30 min；

每节车辆定员数：140～190人(跨骑式)，80～120人(悬挂式)；

每列车编组车厢节数：2～6节；

每小时单向最大运输能力：5 000～20 000人；

最高速度：80 km/h。

5. 自动导向交通系统

自动导向交通系统采用混凝土道床，轨道中央或两侧侧墙上安装有导向轨；车辆采用橡胶轮胎，通过导向轮引导车辆运行；列车运行自动控制，自动控制列车上的限速装置和驾驶装置，可实现无人驾驶，自动化程度较高。线路长度通常在5～15 km间，以双线为主。最大坡度可达7%～10%，最小曲线半径可达10～30 m。车辆为轻小型，车体宽度在2 m左右，长度多为4～8 m。系统采用交、直流电力驱动，动力从侧面供给，如图1.4所示。

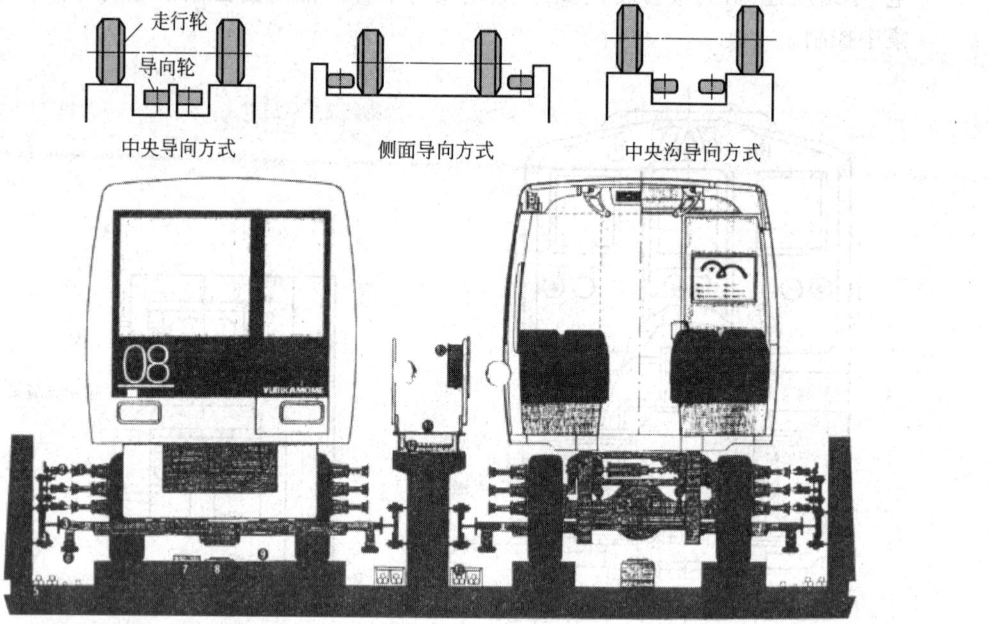

图1.4　自动导向交通系统

某自动导向交通系统的技术参数如下：

最小运行时间间隔：2 min；

每节车厢乘客人数：70人；

每列车编组车厢节数：4～12节；

每小时单向最大运输能力：8 400～25 000人；

旅行速度：30 km/h。

6. 磁悬浮列车系统

磁悬浮列车属于陆上有轨交通运输系统，主要有高速磁悬浮列车系统和中低速磁悬浮列车系统两种形式。磁悬浮列车通过利用电磁悬浮原理将列车悬浮在导轨上来代替传统的钢轮和轨道列车，是当今世界最快的地面客运交通方式，有爬坡能力强、能耗低、运行噪声小、安全舒适、不燃油污染少等优点，从根本上克服了传统列车轮轨黏着限制、机械噪声和磨损等问题，如图 1.5 所示。

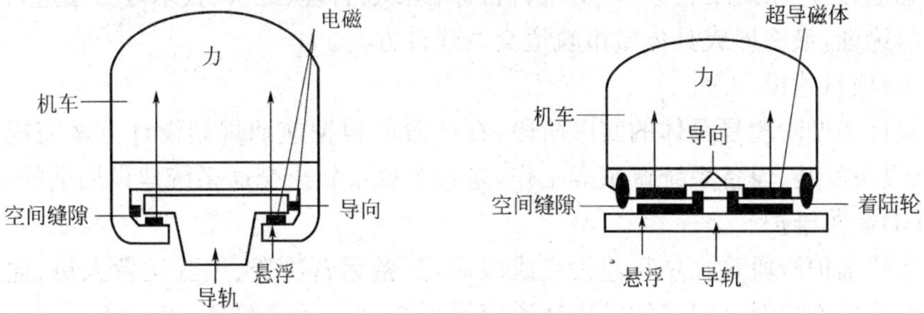

图 1.5　磁悬浮车辆构造示意图

以某磁悬浮列车为例，其技术参数如下：

最小运行时间间隔：5 min；

列车定员数：600 人(6 节编组)；

每小时单向最大运输能力：7 200 人；

最高速度：430 km/h。

1.1.3　城市轨道交通系统组成

城市轨道交通是一个庞大而复杂的系统，从纵向发展的生命周期来看，包括规划设计、项目建设、运营维护和拆除报废等阶段；从横向组成来看包括相对独立又相互联系的各个专业系统(主要包括车辆、机电、供电、通信、信号、工务等系统)，各专业系统自身又存在各自不同的发展阶段。这些专业系统构成了一个整体，它们相互联系，同时发生和并存，不只是单向、线性的关系，而是同时存在多个方向上的多种连接。城市轨道交通系统在不同的发展阶段，受到的“外力”影响也不尽相同，例如在项目的运营维护阶段，可能施加“外力”的相关方包括：当地政府监管部门、城市居民、新闻媒体、工程承包商和设备供应商等，同时也受到当地经济、文化、观念等各方面的综合影响。

1. 城市轨道交通系统生命周期

根据城市轨道交通系统诞生开始后的生命周期发展，可分为规划设计、项目建设、运营维护、拆除报废四个阶段，如图 1.6 所示。城市轨道交通系统发展周期是随着城市空间结构和交通服务体系完善而变化的，根据城市交通需求规模、交通布局和功能特性的变更可以分为起步期、发展期和成熟期。

图 1.6　城市轨道交通系统生命周期

(1)规划设计

规划设计阶段是在项目立项以后,以项目建设全过程为研究对象,在环境调查的基础上,运用系统工程原理,对项目目标、组织、管理、经济、技术等方案进行科学分析与论证,最终形成具体城市轨道交通建设方案。

(2)项目建设

项目建设阶段是具体的实施阶段,在此阶段根据前期规划设计方案完成土建工程、设备安装、设备系统调试等工作,是整个城市轨道交通系统建设周期的主体。

(3)运营维护

运营维护阶段是在项目建设完成以后,配备运营物资、进驻运营人员、通过运营组织管理方法对已建成的城市轨道交通系统进行运营验证,确保实现项目载客运营的目标。

(4)拆除报废

拆除报废阶段是指在城市轨道交通线路开通运营到一定年限(地铁设计年限大多为100年),系统内各专业设备已经达到报废条件,无法继续安全运营时,需要对城市轨道交通线路、车站进行改造、拆除重建或直接报废,以确保城市轨道交通的运营安全,是城市轨道交通生命周期的最后一个阶段。

2. 城市轨道交通专业系统组成

城市轨道交通从广义上看,是指采用轨道进行承重和导向的车辆运输系统,设置全封闭或部分封闭的专用轨道线路,具有车辆、线路、信号、车站、供电、控制中心和服务等设施,车辆以列车或单车形式,运送相当规模客流量的城市公共交通方式。因此,城市轨道交通系统包含车辆、供电、工务、通信、信号和机电等基础专业系统。

(1)车辆系统

城市轨道交通系统中,车辆是最重要的运输设备,它具有技术含量高、技术集成度大、技术先进等特点;它直接面对乘客,承担乘客的运送任务。因此,要求车辆既要具备先进、可靠、安全的基础特性,也要拥有美观、实用、节能、大运量的运营特征。为提高车辆的安全系数和运行效率,通常采用与信号系统相配合的列车自动防护和列车自动驾驶车载设备。城市轨道交通车辆主要有A、B、C等车型。一般车辆由车体、转向架、车钩缓冲连接装置、制动装置、受流装置、车辆电气系统、车辆内部设备七部分组成,是城市轨道交通运输承载设备主体。

(2)供电系统

城市轨道交通供电系统,担负着整个城市轨道交通系统运行所需电能供应与传输,是系统安全可靠运行的重要保证。电力是保证城市轨道交通列车正常运行及各种设备系统不间断工作的能源。一般取自城市电网,为一级负荷。供电系统应满足供电安全、可靠、经济、合理的要求,并且接线简单、运行方式灵活、工程实施和管理维护方便。供电系统主要包括三大部分:主变系统、牵引供电系统和动力照明供电系统。主变系统(主变电站和35 kV开关站)主要作用是负责全线的电能供给;牵引供电系统包括牵引变电站、接触轨、回流轨等,主要作用是供给列车动力电源;动力照明供电系统包括降压变电站、车站配电室等,其作用是供给各类400 V以下设备用电。

(3)工务系统

工务系统主要包含土建、桥隧、涵渠、轨道专业。正线、辅助线、出入段线(整体道床地段)采用60 kg/m钢轨,出入段线(碎石道床地段)及车辆段内线路均采用50 kg/m钢轨。全线地下正线及辅助线一般采用钢筋混凝土长轨枕式或短轨枕式整体道床,采用双侧排水沟。出入段线整体道床地段与正线的道床型式相同,车辆段内轨道道床类型根据功能需要可采用碎石道床或者整体道床。特殊减振地段采用钢弹簧浮置板道床,对于特殊减振轨道,则根据浮置板结构需要增设中心水沟,必要时需增设泵房排水。

(4)通信系统

通信设备是为了实现运营的集中统一指挥,以及为防灾、救援和事故指挥提供通信联络,并确保各个部门之间的有机联系。

专用通信系统是运营指挥、企业管理、服务乘客的网络平台。专用通信系统由传输、公务电话、专用电话、无线通信、闭路电视监视、广播、时钟、乘客信息、信息网络、集中录音、综合电源及接地、集中告警等子系统组成。传输系统是通信系统中最重要的子系统。

商用通信系统应相对独立于专用通信系统,并能满足商用通信运营的需求。商用通信系统应能满足各电信运营商移动通信引入城市轨道交通地下区域的需求。

警用通信系统既应满足公安部门的通信指挥、监视和信息共享需求,又满足全国公安一张网的要求。

(5)信号系统

信号系统是城市轨道交通运输基础之一。它犹如人的耳目和中枢神经担负着路网上各种行车设备状况的信息传输和调度指令控制的作用。信号设备主要由车站联锁设备、区间闭塞设备、列车自动控制系统这几种信号设备组成。

城市轨道交通信号系统是实现行车指挥、列车运行监控和管理所需技术措施及配套装备的集合体,是保障安全运行的重要系统。信号系统中各子系统应协同工作,构成一个有机整体,以行车指挥与列车运行控制为目标,具有保证行车安全、提高运行效率的作用。信号系统的核心是列车自动控制(ATC,Automatic Train

Control)系统,ATC系统主要由列车自动防护(ATP,Automatic Train Protection)子系统、列车自动驾驶(ATO,Automatic Train Operation)子系统、联锁子系统(CBI,Computer Based Interlocking)和列车自动监控(ATS,Automatic Train Supervision)子系统组成。

(6)机电系统

机电系统主要包括综合监控、火灾报警系统(FAS,Fire Alarm System)、环境与设备监控系统(BAS,Building Automatic System)、通风空调系统、消防系统、售检票系统等几项客运服务小系统,是一个复杂而又基础的设备系统,各小系统间相互独立而又相互联系,是确保客运服务安全的基本设备系统。

综合监控系统通过对关联系统的集成和互联,实现各系统间的监视。通过一个信息平台,提高运营的整体服务水平与救灾调度工作效率。综合监控系统采用两级管理模式,即中央级和车站级管理。

FAS在灾害发生初期能够及时发现、确认火灾,及时发送火灾指令。FAS是防灾系统中不可缺少的一部分,由全线车站、车辆段/停车场的车站级系统和车辆段的系统维护工作站等联网组成。

BAS采用先进的可编程逻辑控制器(PLC,Programmable Logic Controller)控制技术和网络技术,通过过程控制技术对城市轨道交通系统环控设施按功能设置、系统运行工况和地铁环境标准等进行监测、控制和科学管理,同时配合综合监控系统下FAS子系统、数据采集与监视控制系统(SCADA,Supervisory Control And Data Acquisition)子系统及其他互联系统实现特殊工况下的联动。为乘客及工作人员创造舒适、安全的乘车、工作环境,并达到节能高效的目的。

通风空调系统包括:①隧道通风系统:包括区间隧道的活塞通风、机械通风(兼排烟)与辅助设备及站内隧道排风(兼排烟)等;②大系统:是指车站出入口通道、站厅和站台公共区的通风及消防排烟;③小系统:车站范围内,除隧道通风系统和大系统服务范围以外的所有环境皆为车站的设备管理用房区域,满足该区域环境内不同房间的空调通风要求,并同时兼有排烟功能;④车辆段系统:车辆段及综合基地通风空调系统。

消防系统包括水消防系统和全自动灭火系统和手提灭火器。全线按同一时间内发生一次火灾考虑。车站、车辆段消火栓系统加压泵采用消火栓箱内水泵启动按钮直接启动、消防控制手动盘控制、消防泵房就地控制三种方式。其运行状态在消防控制室内显示。自动喷水系统加压泵采用压力控制开关自动启动、消防控制室手动盘控制、就地控制等三种方式。其运行状态在消防控制室内显示。

自动售检票(AFC,Automatic Fare Collection)系统是基于计算机、通信、网络、自动控制等技术,实现城市轨道交通售票、检票、计费、收费、统计、清分、管理等全过程的自动化系统。AFC系统一般由线路中央计算机系统、车站计算机系统、车站售检票终端设备、维修系统、培训及模拟系统、车票等组成。

3. 城市轨道交通系统对外接口

城市轨道交通系统在系统内各专业的相互作用下，形成其独特的发展模式和内部特性，城市轨道交通系统是一个开放性系统，它受到外力的影响和限制，同时又由于其服务特性影响外部系统的发展，与外部系统相互作用。从建设到运营的整个过程中，城市轨道交通系统不断与所在城市的居民、政府监管机构、工程承包商和设备供应商、新闻媒体、其他城市交通等外部对象发生交互作用。

(1)城市居民

城市人口及人流聚集程度是城市轨道交通线路、站点选择的关键因素之一。建成运营后城市轨道交通系统凭其快速、准时、便捷的优势，吸引沿线客流，极大缩短了沿线居民通勤时间，依托其良好的通达性，带动市民的居住空间向郊区或城市边缘地带迁移，直接或间接改变城市居民的出行、工作、购物和生活方式。城市居民是运营企业每天必须面对的群体，也是城市轨道交通的服务对象和运营主要收入来源。

(2)政府监管机构

城市轨道交通作为不以盈利为目的的公益性质基础建设项目，目前大部分城市采用政府主管并投资、运营的管理模式，城市轨道交通项目投资和建设资金一直以政府财政投资为主，在政府监管下的低票价政策需采用补贴优惠政策来维持城市轨道交通企业的正常运营。政府监管机构监管内容包括对运营安全的监管、对设备质量及安全的监管、消防和防恐的监管、节能降耗和环境保护的监管等。

(3)工程承包商和设备供应商

城市轨道交通系统从建设到运营的阶段，涉及线路、车站的建设，设备、物资采购、安装等，在此过程中与工程承包商和设备供应商密不可分；在运营阶段，工程的维护和设备、物资的使用过程中，由于技术、管理原因，涉及设备、工程委外维护或设备、物资的补缺供应等工作。同时城市轨道交通运营方对供应商的选择、管理方式具有决定性作用。

(4)新闻媒体

城市轨道交通作为城市骨干交通方式，也受到新闻媒体的重点关注，新闻媒体报道内容包括日常建设及运营信息、突发事件、乘坐城市轨道交通的安全和文明宣传等。同时这也是城市轨道交通企业与城市居民沟通的纽带。

(5)其他城市交通

随着城市轨道交通发展，逐渐成为城市公共交通系统骨干，城市交通出行比率及公共交通分担率随之改变；同时城市交通系统逐步向一体化交通体系发展，城市轨道交通系统需与公交、私家车、出租车、自行车等其他城市交通方式相互融合衔接，满足城市客运需求。

1.2 规划设计管理

城市轨道交通规划是在《城市总体规划》①和《综合交通规划》②等上位规划的基础上，开展的一项交通专项规划，是城市总体规划意图的体现，对城市总体规划有着以服务为导向(SOD, Service Oriented Development)及以公共交通为导向(TOD, Transit Oriented Development)的作用，城市轨道交通规划影响到城市总规划的定位和定格，同时对后续设计有着导向性的作用。城市轨道交通设计则是在城市轨道交通规划的基础上，对项目功能定位的落实和细化，项目从规划到设计全过程规范化、标准化、程序化管理对项目的实施和后续运营起着决定性作用。

1.2.1 行政审批

城市轨道交通系统因其投资大、工期长、影响面广，审批程序较为复杂。其中城市轨道交通建设规划需要建设部、国家发展和改革委员会(以下简称国家发改委)、国务院等部门依照国家有关文件分别进行审核。其前期工作的审批程序大致如下：

1. 依据《城市总体规划》和《综合交通规划》完成专项的《城市轨道交通线网规划》，该规划需通过地方主管部门组织的全国专家评审，由地方政府批准。

2. 依据《城市轨道交通线网规划》编制《城市轨道交通建设规划》，对近期将要实施建设的项目进行规划研究。审批原则为：经报请国务院批准，对已实施首轮建设规划的城市，其后续建设规划由国家发改委会同住房城乡建设部审批，报国务院备案；初次申报的城市首轮建设规划仍由国家发改委会同住房城乡建设部审核后报国务审批。同时为进一步提高工作效率，城市轨道交通建设规划及规划调整由省级发改委会同省级住房城乡建设(规划)等部门进行初审，形成一致意见。在规划环境影响审查意见、社会稳定风险评估完成后，省级发改委会同省级住房城乡建设(规划)部门向国家发改委报送城市轨道交通建设规划，同时抄报住房城乡建设部。

---

①城市总体规划是指城市人民政府依据国民经济和社会发展规划以及当地的自然环境、资源条件、历史情况、现状特点，对一定时期内城市性质、发展目标、发展规模、土地利用、空间布局以及各项建设的综合部署和实施措施。《城市总体规划》是城市规划编制工作的第一阶段，也是城市建设和管理的依据。

②综合交通规划是将城市对外交通和城市内的各类交通与城市发展和用地布局结合起来进行系统性综合研究的规划。《综合交通规划》编制的主要内容包括交通现状及发展趋势研究、交通需求预测及发展战略规划等。

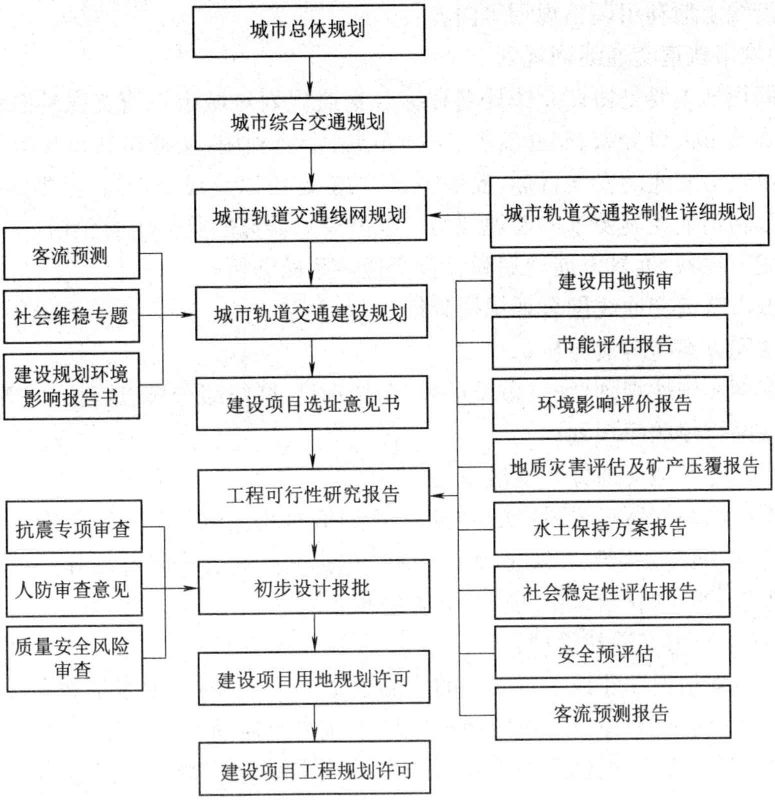

图1.7　城市轨道交通项目审批流程图

3. 根据《城市轨道交通建设规划》提出的项目建设顺序。对拟建项目的必要性和建设规模进行论证，提出项目建议书（一般用工程预可行性研究报告代替），由省发改委进行审批。

4. 对批准立项的项目进行工程可行性研究，再上报省发改委进行审批。

1.2.2　前期研究和设计阶段

城市轨道交通研究和设计工作，一般可划分为项目前期研究阶段和项目建设设计阶段。项目前期研究阶段是指为了项目立项而开展的工程可行性研究之前的规划和研究工作。项目经国家立项审批后进入建设阶段，按照国家基建程序开展建设工作，即可行性研究完成之后的项目建设设计工作。

1. 项目前期研究

项目前期研究阶段主要包括：城市轨道交通线网规划、城市轨道交通建设规划、工程预可行性研究报告（可代项目建议书）、工程可行性研究。还包括用地控制规划和沿线土地利用调整规划等内容。

(1)城市轨道交通线网规划

线网规划主要是协调总体规划和综合交通规划对城市轨道交通的总体要求。通过统筹城市人口分布、交通需求、空间布局、土地利用、交通枢纽衔接等情况,以确定城市轨道交通的发展目标、发展模式、功能定位以及线路走向、主要换乘节点、资源共享和用地控制要求的宏观规划。线网规划研究的具体内容包括:

①城市现状、远景发展规划和综合交通体系的分析;

②城市轨道交通线网合理规模分析;

③线网方案与客流分析;

④线网实施性规划(线路敷设形式、车场选址、联络线分布、运营方式等);

⑤线网修建顺序规划;

⑥线网与其他交通方式衔接规划。

根据线网规划所需要研究的内容,一般研究过程大致可分为三个阶段,即基础工作研究、线网构架研究和实施规划研究。根据研究内容和阶段划分,一般需要提出三个报告,即初始报告、中间报告和最终报告。

(2)城市轨道交通建设规划

建设规划是近期建设项目安排的实施性方案。根据《国家发展改革委关于加强城市轨道交通规划建设管理的通知》,城市轨道交通建设城市结合自身经济、人口、客流需求等情况,根据线网规划编制5～6年期的建设规划。以地铁为例,拟建地铁初期负荷强度不低于每日每公里0.7万人次,拟建轻轨初期负荷强度不低于每日每公里0.4万人次。项目资本金比例不低于40%,政府资本金占当年城市公共财政预算收入的比例一般不超过5%。研究的内容主要有:

①城市轨道交通建设发展环境分析;

②城市近期建设城市轨道交通的作用分析以及目标确定;

③城市远景城市轨道交通线网分析;

④城市轨道交通近期建设线路的选择;

⑤近期建设方案可行性;

⑥近期建设线路系统制式及主要工程方案;

⑦城市轨道交通建设规划与修建时序研究;

⑧城市轨道交通建设管理;

⑨城市轨道交通运营以及经营设想;

⑩安全保障措施;

⑪城市轨道交通建设投资匡算和投资计划;

⑫资金筹措以及安排;

⑬债务及盈利能力分析；

⑭资金平衡方案。

根据建设规划需要研究的内容，一般可按照以下思路开展建设规划的研究工作，如图1.8所示。

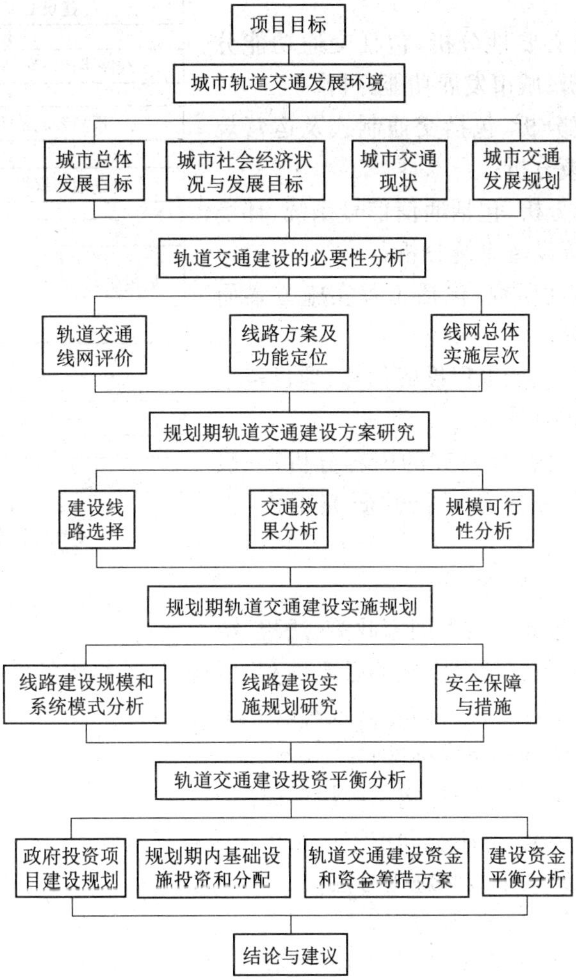

图1.8 建设规划技术路线图

(3)工程预可行性研究报告

根据建设规划的线路建设顺序，选择需要进行工程预可行性研究的线路。一般城市轨道交通建设项目的立项都是一期工程的立项，这是工程预可行性研究的重点。目前的通常做法是，城市轨道交通建设规划和工程预可行性研究同时进行。

对建设规划确定的近期建设项目均做预可行性研究。

预可行性研究重点是阐明项目建设的必要性,提出工程建设范围和规模、系统运能和水平,进行投资估算、资金筹措和经济分析,为项目建议书的编制、报批、项目立项提供依据和技术支持。根据预可行性研究要达到的目的,一般其研究的主要内容有:

①工程建设必要性分析,包括交通功能分析、网络功能分析、城市发展功能分析;

②工程规模分析,包括交通制式及运营规模分析、土建规模分析;

③设备系统分析,包括通信信号系统、环境控制系统、供电等设备系统分析;

④工程实施性研究,包括工程实施方案研究、工程进度计划;

⑤经济分析,包括工程投资估算、项目资金筹措分析、经济效果分析。

根据工程预可行性研究的内容分析,一般可按照以下思路开展预可行性研究工作,如图1.9所示。

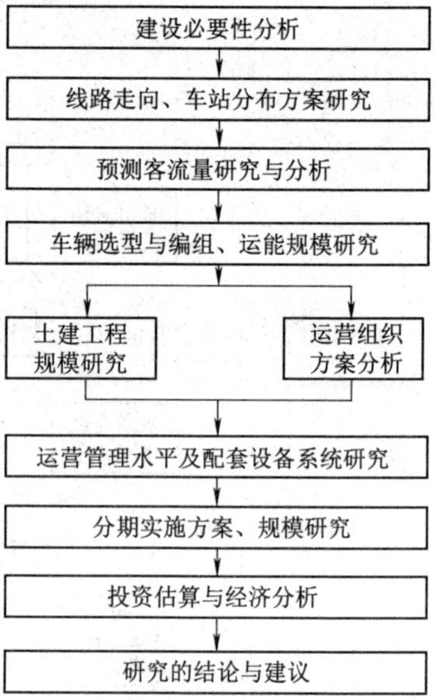

图1.9 预可行性研究技术路线图

(4)工程可行性研究

工程可行性研究是根据国家政策、法规,结合城市具体情况,研究项目实施的必要性和可行性。其报告的编制内容和深度可依据国家相应的管理文件。内容大致有以下几方面:

①重大设计原则和技术标准;

②根据客流预测结果,框定系统设计规模;

③选定线路走向、三维空间位置以及车站位置和基本形式;

④选择土建结构形式和施工方法;

⑤制定行车组织和运营方案;

⑥车辆选型、机电系统,以及对应的国产化率;

⑦车辆基地选址、功能分配和布局;

⑧环境影响分析和保护;

⑨工程筹划、资金筹措和经济评价。

工程可行性研究是确定工程规模和主要技术方案的重要依据,是省发改委审批工程投资概算,进行项目决策的重要依据。编制该报告,一般需以下文件作为主体报告的技术支持性文件:客流预测报告、环境影响评价报告、地质灾害评估报告、矿产压覆报告、水土保持方案、社会稳定风险分析报告、节能评估报告、招标方案等。

(5)工程用地规划控制报告

与城市轨道交通建设规划和预可行性研究同时进行的还应包括城市轨道交通用地控制及土地利用调整规划,以反映城市轨道交通项目和城市规划、城市土地利用的关系。

工程用地控制规划的研究原则是:

①工程用地规划应符合城市总体规划和城市土地使用布局,与城市发展规划相结合,少占城市用地,尽量减少拆迁工程。

②工程用地规划除满足城市发展规划和城市轨道交通系统要求外,还应考虑城市的环境保护要求与工程安全保护要求。

③工程用地规划的基础和前提条件是各线工程实施方案。根据工程实施方案确定的线路、车站、车辆段平剖面位置,结合城市建筑现状、规划以及道路布局,确定相应的用地控制规划边界,力求与城市现有规划协调一致,并能为城市规划部门提出相应的操作建议。

综上所述,根据项目前期研究的内容、任务及各个报告之间关系。城市轨道交通前期工作的研究流程如图 1.10 所示。

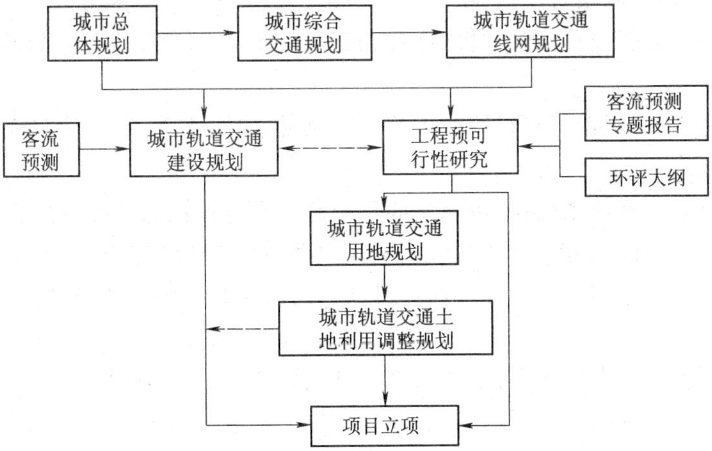

图 1.10 前期工作研究流程简图

城市总体规划、综合交通规划和城市轨道交通线网规划三者的相互关系中,前者是后者的前提条件,后者又是前者的支持条件,三者相互制约、相互影响。城市轨道交通建设规划和工程预可行性研究是在城市总体规划、综合交通规划和城市轨道交通线网规划基本确定的前提下开展的,是为工程立项所做的最为重要的前期工作,是工程项目建议书的基本支持文件。两者也是相互支持、相互制约、相互影响的。

2. 项目建设设计

(1)工程总体设计

该阶段正式开始线路的设计工作,总体设计由总体院牵头、工点院配合,各专业参与,主要目标为确定各专业系统组成和各系统间横向技术接口、统一工程的设计原则和技术标准、划分工程单元、筹划合理工期并控制工程总投资。设计重点为:

①行车组织:确定行车交路,提出车站配线要求,车站配线按线网(联络线、支线)、车辆基地(出入线)、线路折返(折返线,配线)、故障待避(停车线和渡线)等功能设置。

②车辆:确定车辆选型,提出选定车辆的技术参数。确定列车编组,确定列车动拖比配置方案。

③线路:在工程可行性研究的基础上,结合工程外部条件,进行主要方案(工可推荐和比较方案)具体线位的比较研究,落实线位。对线路敷设方式(地下、地面、高架)进行具体方案比选后确定。

④车站建筑:对每个车站的站位及其建筑布置进行多方案比选以确定推荐方案,包括建筑总平面布置图(含出入口、风井)、各层平面及纵、横剖面设计。提出各车站规模的具体数据:层数、长度、宽度、每层面积、总图面积、占地范围、出入口数量及长度等。

⑤土建结构:根据工程沿线的工程外部条件,沿线水文、地质情况确定区间、车站的结构型式和施工方法。

⑥机电设备专业系统:各机电专业系统确定本专业系统的组成内容,并对各系统采用的制式和技术方案以及相应的重大设备选型进行技术经济比较,提出推荐方案及其设计原则和技术标准。通过设计会议讨论确定各专业间的接口关系和相互要求。

⑦外部工程条件的落实:主动向有关部门汇报设计方案(规划部门、土地管理部门、交通部门、管线权属部门等),听取反馈意见、修改完善方案,使设计方案做到切实可行。

⑧进行工程方案技术与经济的综合协调平衡,控制工程投资总额。

(2)工程初步设计

初步设计应根据批准的可行性研究报告进行编制,要明确工程规模、建设目的、投资效益、设计原则和标准,深化设计方案,确定拆迁、征地范围和数量,提出设计中存在的问题、注意事项及有关建议,其深度应能控制工程投资,满足编制施工图设计、主要设备订货、招标及施工准备的要求。

初步设计文件应包括：设计说明书、设计图纸、主要工程数量、主要材料设备数量和工程概算。城市轨道交通初步设计由省发改委进行审批，同步需开展人防、抗震、安全质量等专题审查。

(3)工程施工设计

施工图应根据批准的初步设计进行编制，其设计文件应能满足施工、安装、加工及编制施工图预算的要求。施工图设计文件应包括：设计说明书、工程数量、材料设备表、修正概算或施工图预算。施工图设计文件应满足施工招标、施工安装、材料设备订货、非标设备制作，据以工程验收。施工图需由相应资质单位进行强审。

(4)施工图变更设计

随着项目的实施，规划、环境、建筑方案、施工方案发生变化或业主提出新的方案等，需要进行变更设计。

1.2.3 工程施工管理

施工阶段的主要内容有：施工前准备工作(完成招标、征地拆迁、三通一平、绿化移植、管线迁改、交通疏解)、土建工程施工(车站土建、区间土建、轨道土建、车辆段土建、主变电站土建和控制中心土建施工)、各系统机电系统施工(各系统机电设备采购、监制、交付、安装)和装修工程施工。施工阶段需要办理施工许可等行政审批手续。

城市轨道交通工程的施工方法按照地下工程、地面与高架结构施工进行分类。

地下工程施工方法有：明挖法、盖挖法、新奥法及浅埋暗挖法、盾构法、沉管法。

地面与高架结构施工方法有：地面筑堤法、高架桥法。

1.2.4 竣工验收管理

城市轨道交通工程验收按验收责任主体不同可划分为施工项目竣工验收和建设项目竣工验收(即国家验收)等阶段，为确保建设项目竣工验收及移交的顺利进行，由建设单位成立验交委员会，对施工项目的工程验收、工程实体移交和三权移交以及建设项目竣工验收等工作进行统一组织和管理。

1. 工程验收基本规定

城市轨道交通工程施工项目竣工验收工作主要指单位工程质量验收。主要依据是：国家相关法规、规章文件的规定，施工及验收规范，施工图纸及相应的工程变更条件，施工合同及有关政府主管部门的规定等。

建设项目竣工验收指新线工程的建设行为结束后，政府主管部门主持验收的全过程,包括工程遗留问题整改、政府专项验收、工程结算和竣工财务决算,以及竣工验收财务决算审计和编制有关验收文件等。主要依据是:国家相关法律法规、国家标准等,如《地下铁道工程施工及验收规范》《地下铁道设计规范》,及有关专业验收规范和设计文件。

2. 工程质量验收的组织和程序

主要分为:样板工程验收、分项工程验收、分部工程验收、单位工程验收的组织和程序。

3. 项目建设专项验收

主要由以下8项组成:工程质量专项验收、消防专项验收、卫生学专项验收、职业病防护设施专项验收、人民防空专项验收、安全专项验收、环境保护专项验收、其他专项验收。

4. 建设项目开通试运行、试运营及竣工验收(即国家验收)

(1)建设项目开通试运行

城市轨道交通建设项目完工后,应按照国家有关规定以运营模式进行系统试运转、安全测试等非载客试运行,在试运行中对建设项目的土建设施、车辆、机电设备、供电、通信、信号、售检票等系统,以及运营人员、运输组织、应急与演练、系统测试检验等方面进行检查和测试。建设项目试运行调试,并满足试运营基本条件后,方可投入载客试运营。

(2)建设项目开通试运营

工程项目全部单位工程质量验收合格后,政府决定开展试运营的,建设单位应按照市政府的要求在试运营前做好以下工作:

①负责取得工程项目具备试运营安全状况的评估报告;

②根据有关文件要求,向有关行业主管部门提出开通试运营的申请,取得同意试运营的文件;

③运营部门提交开通试运营组织方案;

④向市政府申办开通批复。

(3)建设项目竣工验收(即国家验收)

在工程试运营一段时间后,由新线验交委员会负责组织实施建设项目竣工验收。竣工验收应具备以下条件:

①建设项目已按批准的设计内容建设完成,满足使用要求;

②工程质量经相关部门评定质量合格;

③环境保护设施、劳动安全卫生设施、消防设施已按设计要求与主体工程同时建成使用;

④编制竣工决算书,并经审计部门审计;

⑤对所有技术文件材料进行系统整理、立卷，竣工验收后交档案管理部门；

⑥通过了政府各行业主管部门按照国家和地方的有关法律、法规及有关技术规范，组织的专项验收，专项验收过程提出的有关问题已整改完毕。

1.3　企业管理

城市轨道交通企业的主营业务为城市轨道交通线路的规划、建设和运营管理，但是，为了在保证社会效益的前提下，兼顾一定的经济效益、弥补巨大的运营及建设成本亏损，世界上绝大多数城市轨道交通企业依托城市轨道交通线路为载体（或平台）来进行资源开发（包括商业/广告开发、房地产开发、投资等），以增强企业的盈利能力。

1.3.1　城市轨道交通企业管理模式

根据受托方与经营权之间的关系，城市轨道交通企业管理模式可以分为国有国营模式、公司合营模式、国有民营模式和民有民营模式。由于城市轨道交通项目投资大、运营成本高、带有一定的社会福利性、项目盈利的可能性较小，私人及民营投资的积极性不高。我国主要采用的是国有国营模式，以下将主要对国有国营模式下的企业管理内容从网络化运营模式、市场结构模式和业务组织模式的三个方面来分析。

1. 网络化运营模式

城市轨道交通网络化运营是指针对线路形成网络后产生的运行组织、多样化、设备制式多样化的特征，通过建立安全、高效、系统的网络运营管理体系，统筹安排既有资源，统一协调线网关系，实现线网运营的有效性、安全性和可靠性，实现网络化运营的社会效益和经济效益的最大化。国内外城市轨道交通均经历了由单线式到多线式、最后进入网络化运营的发展阶段，这是发挥城市轨道交通网络经济效应的必然要求。在一定范围内，城市轨道交通网上的流量，随着网络节点的增加呈几何级数增加，网络节点数量越多，边际投资收益越大，加上在市场开发、模效应递增。城市轨道交通网络化运营已成为发展的必然趋势，但不同城市在具体的运用中又有细微差别，主要表现为全网络化运营和部分网络化运营两种模式。

(1)全网络化运营

全网络化运营是指：该城市的城市轨道交通线路完全由一家运营企业负责。该模式统筹考虑了城市轨道交通网络的有效衔接，同时避免了同一城市、不同经营主体之间的恶性竞争。例如香港地铁和广州地铁均采用全网络化运营模式。2007年12月，香港地铁公司与九广铁路公司的合并，使香港城市轨道交通成为一个有机整体,全网络化使得新经营主体的业务规模、范畴和地域覆盖显著扩大,极大地增强了其盈利能力。广州城市轨道交通亦借鉴了香港城市轨道交通的模式,坚持独家经营所有线路,以此获得网络经济效应。

(2)部分网络化运营

部分网络化运营是指:政府通过安排不同运营主体对1条或多条线路进行运营,而每一运营主体努力使各自的线路网络化。出于适度竞争的考虑,国内部分城市开始采用部分网络化的运营模式。部分城市通过公私合作(PPP,Public Private Partnership)模式引入不同的运营主体共同完成城市轨道交通网络运营工作。

2. 市场结构模式

基于各城市的具体发展情况及政府对城市轨道交通服务的不同定位,城市轨道交通行业的主体竞争结构存在差异,呈现出一家主体垄断经营和多家不同经营主体并存的情况。

(1)一家主体垄断经营模式

一家主体垄断经营是指:一个城市的城市轨道交通只有1个建设和运营主体。例如,由香港地铁公司与九广铁路公司正式合并,组建的香港铁路有限公司(即港铁公司),成为香港城市轨道交通的唯一经营主体。"两铁"合并带来了显著的规模效应,在香港专营公共运输市场的占有率增加,土地储备和租赁物业组合也相应增加,成为全球运营最成功的城市轨道交通系统之一。

该模式的主要优点:一是在城市轨道交通线网投融资、建设、运营、资源开发各环节的协调方面,决策快、掣肘少,具有无可比拟的成本优势。二是可以从全局出发、综合协调、整体推进、集中资源处理随时出现的各类问题。在线网规划、设计、运营互联互通、票务清分、资源共享、应急救援、突发事件处理的实施方面,在建设期枢纽站及换乘站的建设方面,在建设为运营创造条件及交接方面,在运营为建设反馈需求及工程质量把关方面,在建设为资源开发创造条件及运营拓展资源开发收益方面,均具有较低的协调成本。三是该模式更便于城市轨道交通的建设资金的跟踪和效益分析,便于对运营资产进行全寿命的分析和管理。

同时,该模式的缺点也很明显:该模式使城市轨道交通提供者缺乏竞争和成本控制的动力,投资效益得不到有效提高,机构庞大、臃肿,存在着管理不细、粗放式经营的趋势,容易滋生凡事推诿、官僚做派的严重风气。

(2)不同经营主体并存

不同经营主体并存是指:在一个城市轨道交通行业中,由不同的主体负责建设和运营不同的线路。

该管理模式的主要优点:一是对主体单位有较强的激励作用,促使其加强管理、降低成本、提高效率。二是多主体管理模式可以鼓励更多的社会公司投身到城市轨道交通的建设、运营当中，使城市轨道交通市场更具活力和创新。三是多主体管理模式可以吸引更多的社会资金流入城市轨道交通行业，使后续线路的建设和运营有充分的资金保障，有助于打破单纯政府投资的现状。

与此同时，也存在着以下的缺点：在多家不同经营主体并存模式下，由于各经营主体的所处位置、考虑角度不同，使融资主体、建设主体、运营主体的目标存在差异，使工作接口协调困难。多家建设主体不仅在工程设计、建设技术、车辆选型等方面存在一定程度的不一致性，而且在枢纽建设、客流衔接等方面存在着协调难度大的问题。运营主体之间存在着票务清分、资源调配、应急指挥等方面的协调问题。多家经营主体无法完全实现全网络化运营，不利于发挥规模效益。

3. 业务组织模式

城市轨道交通项目主要包含建设、运营及资源开发三种业务形式，由此可分为建设、运营、资源开发"一体化"和"分散化"两种业务组织模式。

(1)一体化业务组织模式

一体化业务组织模式是指：将城市轨道交通的建设、运营和资源开发整合在同一个平台上、统一运作。该模式将原先分担不同业务的利益主体结合成一个利益共同体，促使城市轨道交通提供者从整体上考虑经济可行性的问题，有效衔接各业务板块，并更好地创造和利用资源，降低建设和运营成本，保障日后的运营要求，实现整体效益最大化。同时，采用建设、运营和资源开发一体化的模式，也是实现城市轨道交通部分外部效益内部化的有效途径。一体化业务组织模式的特点是根据各业务板块设立部门，城市轨道交通建设、运营为主要业务，房地产、广告等商业资源开发为辅助业务。

一体化业务组织模式是城市轨道交通管理的常用模式，在我国已经运营地铁的城市当中在起始阶段几乎均采用一体化业务组织模式。香港地铁和广州地铁是一体化模式的典型。广州地铁坚持建设、运营、资源开发的"一体化"模式，高效地整合各类资源，发挥协同效应，形成了强有力的多条线路建设的组织协调能力和资源整合集成能力，提高了工作效率，降低了工程投资，缩短了建设工期，成为国内城市轨道交通建设的典范之一。

(2)分散化业务组织模式

分散化业务组织模式是指：城市轨道交通的建设、运营、资源开发分别由专业化公司来承担，各公司之间是完全相互独立的契约关系。

该模式的主要优点是：能够发挥专业化分工的优势，有利于快速完成大规模的建设、运营任务。但缺点也很明显：一是由于各职能分开，造成专业人员及其他资源分散，各业务环节也因为协调难度巨大而造成工作接口困难。比如，建设公司的主要目标是按期完成建设任务，没有内在动力去考虑运营企业提出的优化设计要求和资源开发的需求。建设与运营及资源开发的脱节,容易造成过高的改建成本,造成潜在的经营性资源不可逆的浪费。二是城市轨道交通线路运营、附属资源开发以及物业发展等密切相关,分散经营不符合行业的特殊性和范围经济特征。三是从系统工程角度来看,城市轨道交通建设、运营及资源开发是一个系统工程的不同环节或关联部分,分散化组织管理模式不仅容易造成经济成本过高、责任不清、后期运营和物业经营效益不理想等后果,也会增加政府协调工作的难度。

1.3.2 城市轨道交通企业管理模式的变化与选择

1. 城市轨道交通企业管理模式的变化

城市轨道交通企业的发展历程一般要经过创始期、成长期、成熟期。在不同的阶段,企业面临的环境、承担的使命、组织机构均会不一致,需要根据企业所处的阶段和面临的环境,随时进行调整。城市轨道交通企业则需要根据业务的发展和网络运营的形成,调整自身的组织机构和运行机制。在城市轨道交通从单线到网络的形成过程中,管理模式一般遵从一体化到多主体管理模式的转化,从垄断性一体化到竞争性一体化的转化。运营管理模式一般遵从职能部、事业部、分公司、公司的转化。具体到某个城市,则根据城市的社会文化、经济、政策法规、初始选择的不同而出现差异。上述的转化顺序也未必表明转化后的模式优越于前者,采用何种模式,主要视各城市的具体情况来确定。

2. 城市轨道交通企业管理模式的选择

影响城市轨道交通企业管理模式的因素众多,一般包括当地社会经济状况、城市轨道交通自身的属性、企业运营管理水平、经营策略、政治因素、城市轨道交通规划、公司的属性、演化历史、建设运营现状等。其中,当地社会经济状况和城市轨道交通自身属性应起决定性作用,企业的运营管理水平和经营策略、政治因素等也对管理模式选择起着重要的作用。

(1)当地社会经济状况影响

当一个地方的市场经济发达、市场竞争充分、资源配置主要由市场来决定时,城市轨道交通建设运营市场化的呼声较高,此时社会资源进入的压力也较大。城市轨道交通管理模式存在一体化管理向多主体管理模式转变、垄断性向竞争性一体化转变的趋势;运营模式应存在职能部门向事业部、事业部向分公司、分公司向公司制的转变趋势。

(2)城市轨道交通自身的属性

城市轨道交通自身具有的公益性和外部性两种特性,对运营管理模式的选择存在潜在性的影响。城市轨道交通的公益性是指城市轨道交通具有公共产品的属性,像城市道路、照明、绿化、公园一样,属于政府财政负责为社会公众提供的产品和服务。但它的建设、运营成本巨大，地方政府财政压力巨大。各项成本又不能完全由使用者负担，否则，高昂的票价将导致城市轨道交通无人乘坐，城市道路拥堵和空气污染问题也得不到解决。城市轨道交通的外部性是指城市轨道交通带来的效益，不仅仅体现在运营企业的票务收入和为公众提供的便捷、快速、舒适服务上，而且体现在城市轨道交通沿线的物业、商贸和土地的升值上，体现在城市环境质量的提高上。这部分升值并不能回馈到城市轨道交通的内部财务报表，所以，城市轨道交通具有很好的社会效益和较差的内部财务报表的特性。城市轨道交通的公益性和外部性特性，导致各城市的城市轨道交通一般由政府投资兴建，而社会投资的积极性不高。城市轨道交通的管理模式由政府决策，政府如需引进社会投资，则需要选择相应的管理模式及提供优惠政策。

(3)企业的运营管理水平和经营策略

现代化高水平的运营管理是城市轨道交通安全畅通和优质服务的保证，城市轨道交通要取得良好的运营效果和经济效益，就必须讲究经营策略。企业运营管理水平和经营策略的选择，都会对城市轨道交通企业模式的选择产生重要的影响，对于刚起步的城市轨道交通企业，运营管理水平相对偏低，经营策略也更为保守，更多选择一体化的管理模式，随着运营管理水平的提高，经营策略的转变，企业管理模式也会随着变化。

(4)政治因素(与政府的关系)

在城市轨道交通建设、运营的各个阶段中，政府始终处于举足轻重的地位，尤其企业的运营管理离不开政府的政策导向、政策支持甚至资金的扶持。在修建城市轨道交通时，政府要给予一定的资金支持以用作资本金。另外，政府还应给予城市轨道交通企业一定的优惠政策，如运营亏损补贴或者是线路沿线周边划拨一定的土地作为城市轨道交通开发房地产项目。因此，政府对城市轨道交通企业的政策支持、投资、期望一定程度上决定了城市轨道交通企业管理模式的确定。

1.4　运营管理体系

城市轨道交通线路建成通车后，安全运送乘客便是运营管理的中心任务，运营管理企业或机构大多在项目尚未建成前就应建立，以便根据建设进度充分熟悉和掌握每个阶段的技术特点，了解不同专业技术形成系统功能的内在联系。运营管理企业或机构根据不同的业务模块成立相应运营管理部门，不同的运营管理部门根据专业管理的具体要求开展工作，形成城市轨道交通运营管理体系。

1.4.1　运营企业组织架构

根据运营组织的工作内容、重要性、核心性，将所有业务分为三类：核心业务、保障性业务和日常性业务，运营企业的管理架构就是根据这三个业务模块来设立，成立不同的部门具体如图1.11所示。

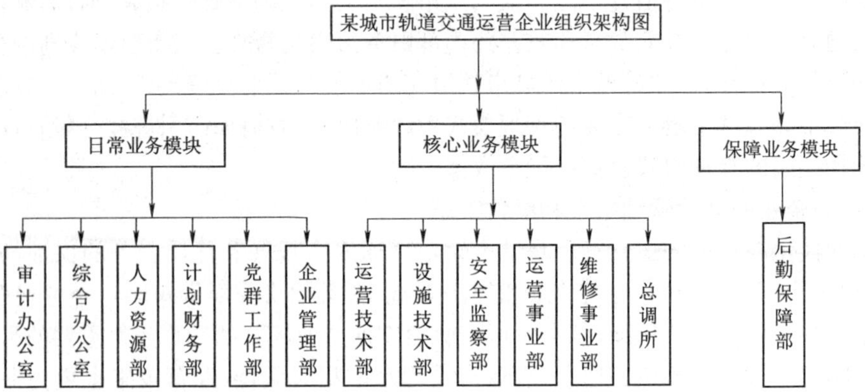

图1.11　某城市轨道交通运营企业组织架构图

1. 核心业务模块

(1)安全业务部门

安全是城市轨道交通运营的首要关键，运营企业需设置专门的安全业务部门，按照"集中领导、统一指挥、逐级负责"的原则，负责建立企业内部包含决策领导层、管理监督层、执行落实层等多层次的安全生产组织机构和安全网络，负责各业务运作中的安全检查和监督、安全责任的鉴定与裁决、各系统危险源的识别与管理、应急救援系统的制定与运作、安全与应急的教育等。

(2)运营策划业务部门

该部门负责制订运营组织方案及行车计划、客流调查与统计分析、运营统计数据处理、乘客意见处理、与其他公交部门的协调联络。负责制定驾驶员及客运服务人员服务守则和操作手册，实施乘客引导设施的管理与更新开发。

(3)调度指挥业务部门

调度指挥工作是城市轨道交通运营客运服务工作的载体。针对不同的管理职能，设置行车、电力、环控、客运调度、维修调度等岗位进行行车组织集中管理。根据行车调度控制范围，可以采用集中式、区域式和分散式运营控制中心的不同模式进行专业化管理，设立不同的管理层级、管理线网、按区域或单独某条线。

(4)客运(站务)业务部门

客运业务和职能主要包括:为乘客提供乘车指引和疏导、提供售检票服务、与乘客服务相关的车站运作等,以自然车站为基本单位组织。岗位一般设置站务员、值班员岗位对活动进行水平方向分工,纵向上设置值班站长对车站进行管理。

(5)乘务业务部门

乘务业务部门主要担负运营线路的列车运作、工程车运作、车场运作和工程维修、运输驾驶任务。针对车辆驾驶,乘务组织运作可以采用两种基本制式,即轮乘制和包乘制。可以按照区域或者线路分区管理,或者集中管理。设置乘务驾驶员岗位及调度与派班员等辅助性岗位。

(6)票务业务部门

票务业务部门的职能主要包括票务策略的制定、车票管理、现金管理、票务安全管理、收益对账与清分、自动售检票系统功能管理等。售检票职责由车站客运服务岗位承担,票务管理其他职责可成立专门的部门或者单位管理,以实现管理与运作的分离,或者在企业财务职能中管理,易形成检查和监督机制。

(7)设备维保业务部门

设备维保业务部门主要负责车辆、机电系统、供电系统、工务系统、通信信号系统的日常维护保养、故障维修、抢修及管理工作。按专业设置车间和班组。

2. 保障性业务部门

物资管理是城市轨道交通运营企业十分重要的职能管理,保证城市轨道交通的维修组织、客运组织、行车组织、乘务组织、票务组织等核心业务提供日常运作的物资保障,同时直接影响运营管理成本。主要负责物资规划与计划管理、采购管理、库存管理及调配、物资信息管理体系与平台的建设。

3. 日常性业务部门

日常性业务部门是指非城市轨道交通运营企业中专门设置的部门,是所有企业中所共有的业务部门。主要有:办公室,负责企业日常行政办公和外事接待;人力资源部,负责公司人事管理、员工培训、劳动报酬与劳动力资源管理;党群工作部,一般负责党务、工会、团员等工作;企业管理部,负责企业标准化管理、网络管理和商业开发;财务部,负责公司财务预算管理、费用报销等;纪检监察,负责对内部业务进行监察、处理重要信访工作、组织案件调查审理等。

1.4.2 运营企业专业管理组成

城市轨道交通运营管理从狭义的角度来看,仅指城市轨道交通专业管理,从大类上来看,可分为线路运行管理和设施设备管理,具体来说可以分为行车管理、站务管理、票务管理、设备维修管理等。这也是本书的重点内容。

1. 行车管理

行车管理是城市轨道交通运营管理的核心内容。运营企业根据线路客流时段分布特征,制订合理的运营计划,也就是确定运输任务;在此基础上编制列车运行图;在每天的行车组织监督和控制工作中,力争实现列车运行图,在必要时及时调整列车运行,保证按图行驶。行车管理主要分为编制运营计划、列车运行控制、行车组织过程控制和车场行车组织等内容。

(1)运营计划的编制

运营计划是城市轨道交通系统日常运输组织的基础。运营企业应根据线路设计运能和客流量现状需求,结合设备技术条件编制运营计划,运营计划应明确线路里程、开行列车对数、运营时间、区间运行时分、列车停站时分、列车折返时分等技术参数,以及运行限速、列车运行交路等技术要求。

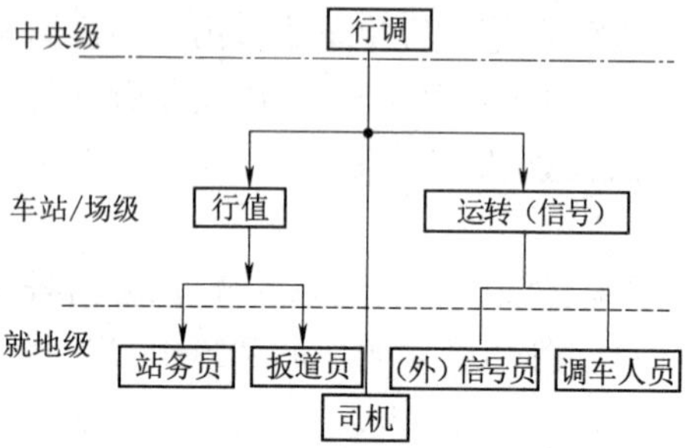

图1.12 运行控制层次示意图

(2)列车运行控制

列车运行控制方式根据信号设备所能提供的运行条件,一般分为调度集中控制、调度监督下的列车自动运行控制和半自动运行控制3种方式。在现代列车运行组织过程中,全线(单线)的列车控制为3级控制:中央级、车站/车场级、就地级,如图1.12所示。在单线条件下行车调度员(简称行调)承担全线的行车调度指挥工作;在网络化运营条件下,还需通过运营网络指挥中心协调各线行车调度工作,也就是在中央级上面附加了网络级控制。

(3)行车组织过程控制

整个城市轨道交通的行车组织全过程的工作包括:运营前的准备、列车出入场作业、运营中的调度监督、运营结束后的收尾及施工前准备工作4个环节。在首班车投入正线运营前,车站对线路情况、通信、信号、监控系统设备进行检查,核对当日运行图并掌握运用车使用情况,确保线路具备运营条件。出场列车由出库线进入正线运营,运营过程中,行车调度员需监督列车运行情况并及时处理各类突发性事件,确保安全。运营结束后,按运行图要求完成列车入库作业,完成当日各类数据统计分析、组织夜间施工作业,还可进行培训或演练。

(4)车场行车组织

车场行车作业是整个城市轨道交通系统行车组织的重要组成部分之一,主要包括车场管理、站场行车组织和乘务组织管理。负责列车出入场作业、站内调车作业以及制订合理的乘务组织计划以保证运营线路的列车服务、工程车辆开行、列车调试等各类作业的需要。

2. 站务管理

城市轨道交通的站务管理内容包括车站行车指挥和行车组织的辅助协调工作，车站工作人员需密切注意车站乘客动态，发现危及行车和乘车安全的情况，及时与有关人员联系，进行处理。站台工作人员还需与乘务人员密切配合，是全线行车指挥和车站行车组织的必要支持和补充，共同确保列车运行安全和乘务安全。

车站日常客运组织主要包括出入口组织、售票组织、检票组织和乘降组织。车站日常客运组织工作需依实际的客流状况进行实时调整以保证满足客流需求、提高通行能力并关注乘客安全。

3. 票务管理

票务管理是城市轨道交通运营管理企业票款收入的直接管理单元，票务管理主要包括票制、票价的确定和自动售检票系统及其运用、管理。票价的确定应考虑不背离价值的原则，同时兼顾公共交通的公共服务性质。票价方案应在政府相关部门的监管下制定基础票价，并规定乘客城市的基本准则，如时限、里程、票种选择性等。车站组织售检票工作，并负责设备的养护维修和运用管理，并根据客流情况对售检票系统（装备）的设置进行调整。由运营企业票务管理部门对全线的运量、运营指标等进行统计和进行财务、经济的核算、评价。

4. 设施设备管理

设备运营管理包括车站服务设施系统、通信及信号系统、票务系统、供电系统、环控系统、通风及排烟系统、防灾系统、给排水及消防系统、自动扶梯及电梯运载系统等设施、设备的日常运用和养护维修管理。作为设备的运用周期，一般可分为正常状态下的日常运用、非正常情况下（故障运行）的运用及紧急情况时的运用与维修管理。对设备的维护管理水平往往在很大程度上决定了城市轨道交通系统的运营安全及服务质量，同时也对企业的运营维修成本及人工成本产生非常重要的影响。

1.4.3　城市轨道交通的运营特性

1. 网络化运营

随着管辖线路里程和线路数量的不断增加，城市轨道交通系统将会由单线独立运营管理向多线综合运营管理的方向发展，由简单的单线系统逐步形成网络化系统，由单线运作模式逐步迈入网络化运营管理新时代。网络化运营随之也带来了许多新问题：网络化运营管理体制、换乘枢纽的管理、系统互联互通、设施设备资源共享、线路间运力协调、不同线路行车方案之间的协调与配合等。

(1)网络结构复杂化,如交通网络中有连通型的线路、城市环线、大型换乘枢纽、多线换乘等。

(2)城市轨道交通形式、功能和制式多样化,如分别服务于市域和市区、市郊功能的地铁线路、轻轨线路、市郊铁路、有轨电车等多种形式并存。

(3)网络化运营带来的客运需求的高增长和波动性,使客流量增长迅速。

(4)列车运行方式的多样化,如列车共线运行方式、大小交路方式、分段交路方式,甚至复杂交路等。

(5)故障会由单线向邻近线路蔓延,进而影响整个网络的稳定性和可靠性。

(6)与其他交通方式衔接需求的多重性,如与未来常规铁路、高速铁路、城际城市轨道交通、机场、高速公路等对外交通以及与地面公交的衔接配合等。

2. 系统联动

城市轨道交通系统建设和运营的目的是为乘客提供快速、安全、准时,舒适、便利的运输服务,使乘客能够便利地进站购票、安全而舒适地乘车、快速而准确地到达目的地,完成整个乘客运输过程。

完成这个任务需要行车工作安全、正点地按设定的列车运行图执行,并为乘客提供良好的服务。安全运行和优质的服务基础是:城市轨道交通各专业系统同时正常协调地运行,保障城市轨道交通 30 余项不同的专业设施、设备每天 24 h 正常而协调地运行。

各种专业设施设备的运行均有各自的特点,动态的,如车辆;看似静态的,如供电、通信、信号、接触网、线路、隧道、车站等。各种设施设备之间在正常运行时具有相互依托的关系,要求设备之间有严格的技术配合流程。如列车和钢轨;列车和接触网;列车和信号、列车和通信、供电和通信信号;通信和信号;供电和自动售检票等等。

可以说在列车运行时,系统中的各个设备之间互为联系,共同保证列车正常运行和良好的服务。任何一环出现故障都会不同程度地使列车的正常运行受到影响,严重的甚至造成列车停运。这些设施、设备系统在建设阶段和停运检修是各自独立的个体,一旦建成(修复)投入运行,它们就成为链轮和链条,共同维持城市轨道交通系统的正常运行。

3. 时空安排

城市轨道交通企业根据乘客的出行需要安排列车运行,营业时间多集中在 5:30—23:30 之间,市中心的旅行速度一般为 30~40 km/h,市郊为 60 km/h(线路最高行车速度可达到 100 km/h 以上),最小行车间隔为 2 min。

高速度、高密度的列车安全运行,形成了城市轨道交通运营企业和一般的制造业明显不同的时间和空间的概念。其产品是人的移动而不是物的加工,使时空概念变得尤为重要。其相应的时间和空间在城市轨道交通运营系统中不可储存，一旦失去势必造成列车运行晚点，严重的就会发生事故。

具体地讲：城市轨道交通系统在营业时间内要求安全、高效的运行，完成乘客运输任务；在夜间非运营时段，系统也是十分繁忙的，主要是安排试车作业或检修、维护作业。各专业进行检修都必须提前报计划经批准后才能进行，并根据规定的程序进行施工作业。由于夜间允许检修工作的时间又很短（一般为24：00至4：00），需统一指挥，严格按照时间完成，否则就可能发生人员和设备事故或者影响列车正常运行。

有的设备检修只要单一专业就可以完成，而有些设备的维修需要专业之间相互协调，有关专业人员需同时到场联合作业，如车辆检查时，车辆通信、信号检修人员需要同时到场，并排定三者的作业程序。因此在城市轨道交通运营企业中，时间和空间的概念是必备的。

4. 统一指挥

城市轨道交通系统的正常运行需要多专业多工种联合运行，对于时间、空间概念要求非常高，需要严格的高效率的统一指挥。控制中心（调度所）就是为行车工作的统一工作而设置的。正常情况下，现代城市轨道交通的自动化系统均可根据设定模式运行，列车在驾驶员的监护及必要的操作下正常行驶。同时运行的信息如列车位置、列车间隔及是否偏离设定的运行图、供电及环控系统运行状态在显示屏上实时显示，调度员可随时监视、掌握列车及有关系统运行状况。调度员还可以利用有线及无线通信系统随时和有关人员（列车驾驶员及行车、供电、环控等系统工作人员）联系了解有关情况。

发生一般的问题，如列车晚点、供电设备故障，系统设备自动调整运行或自动进行设备切换运行。遇有重大事故，如列车故障停运或牵引供电设备故障停运等，则由各专业调度员按照预案或紧急抢修方案有步骤地指挥有关的列车驾驶员、车站行车值班员、牵引变电所值班员、环控值班人员、事故现场抢修人员等，采取必要的措施迅速进行抢修。有关车站按照指令进行客运组织工作，在确保乘客安全的前提下，尽快恢复设备和列车的正常运行。必要时一边抢修，一边组织行车作业，缩小事故影响范围，并疏散滞留乘客。因此，城市轨道交通系统必须遵循统一指挥的原则，以保证指挥的严肃性和有效性。

复习思考题

1. 我国目前有哪些城市轨道交通系统？简述其运营技术特征。
2. 城市轨道交通专业系统包括哪些？

3. 我国城市轨道交通在规划设计时，主要经历几个阶段？请简单阐述工作流程。

4. 城市轨道交通企业管理模式有哪些？哪些因素影响着企业管理模式的选择？

5. 城市轨道交通运营专业管理组成有哪些内容？

6. 简述城市轨道交通的运营特性。

第2章　城市轨道交通系统设施设备

城市轨道交通系统是一个由土木工程、建筑工程和机电设备组成的复杂系统。其技术专业涵盖计算机、土木工程、建筑、机械、电机电器、电子产品、自动控制、通信信号传输等领域。目前，从行业内主要分为车辆专业、供电专业、工务专业、通号专业（通信、信号）、机电专业。城市轨道交通系统在各专业的协同作用下，既相对独立，又有相互联系。本章将根据专业分类的不同对城市轨道交通系统的设备进行简单介绍。

2.1　车辆专业

城市轨道交通系统设备中，车辆是非常重要的组成部分，它具有技术含量高、技术集成度大、技术先进等特点；直接面对乘客，承担乘客的运送任务。因此，要求车辆既要具备先进、可靠、安全的基础特性，也要拥有美观、实用、节能、大运量的运营特征。

目前国内采用的车辆主要由耐候钢车体和铝合金车体，并正在向铝合金车体和不锈钢车体发展。牵引系统有斩波调压直流（电机）和变压变频（VVVF，Variable Voltage and Variable Frequency）交流两种，发展方向为交流牵引。为提高车辆的安全系数和运行效率，通常采用与信号系统相配合的信号车载设备，为提高舒适度车内均采用空调系统。城市轨道交通车辆举例如图2.1所示。

（a）重庆独轨车辆　　（b）大连现代轻轨

图2.1　城市轨道交通车辆

2.1.1 城市轨道车辆主要组成部分

1. 车　体

城市轨道交通车辆的车体为整体承载结构，车体一般采用铝合金或不锈钢焊接而成。车体主要作用是承受外部阻力，传递牵引力、隔音、减振、保暖。在驾驶室端的底架上设置防爬器(见图 2.2)，防爬器是一种可承受压力相对客室区域较小的，可更换式吸能元件，用来吸收撞击时产生的能量，减少事故中客伤的风险。车体底架和顶盖各设置了两根边梁，其作用是在严重撞击情况下，防止过载穿透到车体客室。此外，车体还用于固定空气压力管，线缆及列车设备。

2. 转 向 架

转向架一般由构架、弹簧悬挂装置、轮对、轴箱和制动装置等组成，如图 2.3 所示。车辆转向架有动车转向架和拖车转向架之分，动车转向架装有牵引电机及传动装置；拖车转向架没有牵引电机及传动装置。转向架为车辆的走行装置，在车体与轨道之间，承担引导车辆沿轨道运行并顺利通过曲线，承受与传递来自于车体和线路的各种载荷，缓和或削减来自线路的冲击，提高车辆运行的平稳性，是保证车辆运行品质的关键部件。

图 2.2 城市轨道交通车辆防爬器

图 2.3 城市轨道交通车辆动车转向架

3. 车钩缓冲装置

车钩缓冲装置由车钩和缓冲器组成。它的作用是连接车辆组成列车，传递牵引力和缓和列车由于速度变化而引起的纵向冲击、列车冲动。利用车钩装置还可将车辆之间的电气和压缩空气管路进行连通。

车钩缓冲装置是车辆确保运营安全和运行品质的重要部件之一，一般使用密接式车钩。主要的作用是连接车厢，并传递车辆在运行过程中产生的纵向力，同时缓解纵向的冲击。城市轨道交通现在使用的车钩一般可以分为自动车钩、半自动车钩和半永久性牵引杆。自动车钩(见图 2.4)和半自动车钩(见图 2.5)一般位于列车端部(驾驶室)。

自动车钩的连挂、解钩过程均不需要人工辅助,自动车钩可以完成机械、气路和电路的自动连接。半自动车钩一般只能完成机械和气路的自动连接,电路连接需要人工手动完成。半永久性牵引杆用于车辆之间的编组,通过半永久性牵引杆将两车的连接方式变为直接的机械式连接,两车的风路和电路连接只能依靠手动完成。

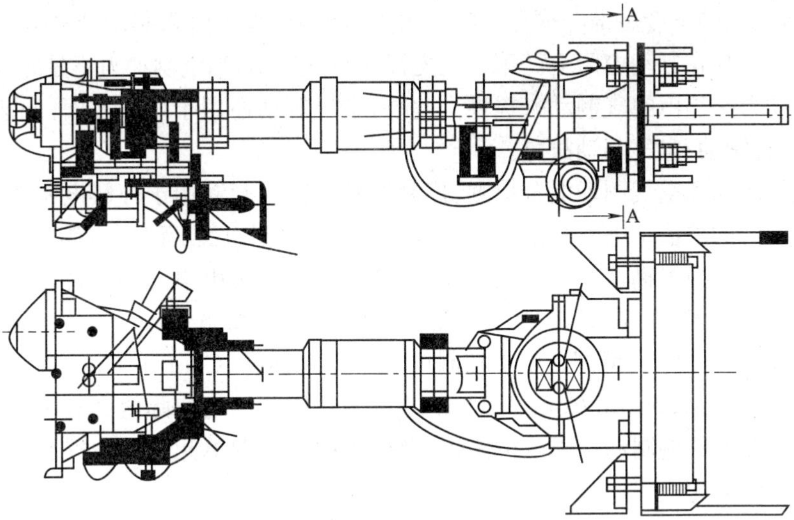

图 2.4　城市轨道交通车辆自动车钩

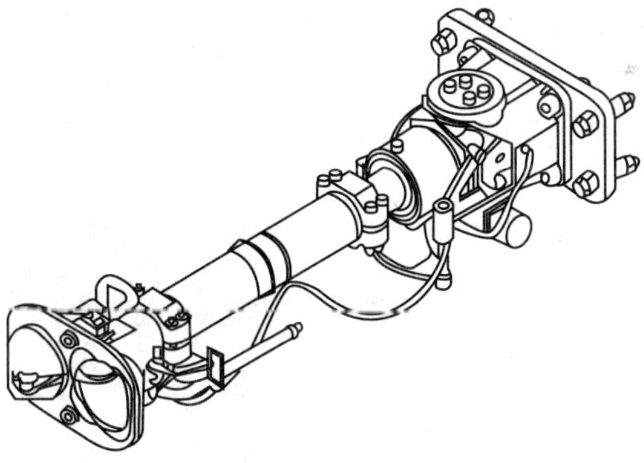

图 2.5　城市轨道交通车辆半自动车钩

4. 制动系统

制动系统保证列车在运行时按需要减速或停车,是保证列车安全运行必不可少的装置,动车、拖车都设有制动装置。除了常规的空气制动装置外还有再生制动和电阻制动。城市轨道交通车辆无论是采用旋转电机还是直线电机,其制动模式大多采用电气制动(再生制动/电阻制动)+空气制动(盘形制动/轮对踏面制动)形式。在运行中,列车制动以电制动为主,空气制动为辅;在电气制动时,优先采用再生制动,并具有电制动与空气制动自动协调配合的功能。

制动优先级和混合制动原则。第一优先级为再生制动,最大限度地将能量反馈回电网。牵引控制单元连续监控电网状态,检查能量的吸收。第二优先级为电阻制动,当电网不能一部分或全部吸收再生能量时,投入电阻制动,将不能再生的制动能量消耗在制动电阻上。第三优先级为空气制动,当电制动力不足时,所需要的总制动力必须由空气制动来提供。此外,空气制动还用于以下方面:低速;快速制动;紧急制动;电气制动故障。

电气制动和空气制动混合检测、控制原则。空气制动用于补偿电制动力与实际电制动力的差值。电气制动与空气制动的混合平滑过渡、无冲动,满足列车制动性能的要求。当车辆速度低于某限速时,电制动将逐步由空气制动替代。为了尽量减少对制动闸片的磨耗,同时又保证制动要求,尽量降低制动转换点。转换点一般设置在 5～8 km/h 可调。牵引控制单元(DCU,Drive Control Unit)向列车中央控制单元(CCU,Central Control Unit)连续发送电制动力实际值和有关信息。如果某个逆变器的电制动受限或被停止,则列车中央控制单元采用空气制动补偿以达到相同的减速度。

5. 受流装置

从接触网或导电轨(第三轨)将电源引入列车的装置称作受流装置或受流器。城市轨道交通受流器大致有五种形式:弓形受流器(简称受电弓);杆形受流器(俗称拖铃);侧面受流器(旁弓)用于单轨车;受电弓受流器(受电弓);轨道式受流器(受电靴)。目前常用的是受电弓和受电靴,分别如图 2.6、图 2.7 所示。

图 2.6　城市轨道交通车辆受电弓

图 2.7　城市轨道交通车辆受电靴

6. 车辆电气系统

车辆电气系统包括车辆上的各种电气设备和控制电路。按其作用分为主电路系统、辅助电路系统和电子控制电路系统三部分。

电气牵引系统由高压电器、电容器充放电单元、滤波单元、斩波和过电压抑制单元、逆变器单元、交流牵引电机及检测单元等组成。

牵引逆变器作为整个交传系统的重要组成部分，它的基本功能是，把从直流电源获得的直流电压变换成频率和幅值都可调的三相交流电，并给牵引电机供电。根据中间储能元件的不同来分类，逆变器可分为电压型逆变器和电流型逆变器。目前交流牵引多采用电压型逆变器。

辅助电源将直流电压逆变成三相交流电压，为辅助设备提供稳定的三相四线制的交流电压，并将交流电压通过充电机变换成低压直流负载使用的电压并给蓄电池充电。

7. 车辆内部服务设备

车辆内部服务设备包括服务于乘客的车体的固定附属装置和服务于车辆运行的设备装置。例如照明、通风、空调、消防器材、座椅、拉手等，如图 2.8 所示。

图 2.8 城市轨道交通车辆的车厢内部

2.1.2 车辆与其他专业的接口

车辆及其电气设备的电磁兼容性要求的范围涉及车载设备、信号设备、通信设备、供电设备、附近设备和邻区外部设备。车辆、供电、信号及通信各系统应相互配合，将相互间的干扰控制在各系统能正常工作的数量级。所有的车载设备应在电磁环境中能可靠工作，功能和性能不受影响，并且不得影响其他设备系统。

车辆与许多城市轨道交通系统有着密切的关系，包括土建、线路、供电、接触网、通信、信号、屏蔽门、车辆段设备等。

1. 与工务专业接口

电客列车需满足国家标准中关于城市轨道交通车型的限界标准。为保证车辆能在中国标准轨距的铁路上运送，还应符合国标对于限界的要求。限界要求是确保车辆能够安全运行的前提条件,车站站台面的高度、站台边缘与车体的距离等都影响到车辆通过车站的能力以及在站台开、关门的安全性。线路的坡度、曲线半径、道岔型号、站间距离、轨道特性等等都与车辆的选型、动力配置、运行能力和舒适性等有关;轨距、钢轨类型和轨道上部建筑结构形式和尺寸等,根据车辆技术条件和车辆载重、轴重、运行速度、加(减)速等性能参数确定选型;桥梁、隧道的结构型式和尺寸,根据车辆自重、载重、轴重、运行速度等计算确定。

2. 与供电专业接口

车辆的电气性能要与供电的电气性能相匹配,接触网或接触轨的位置与车辆的相对位置关系、牵引特性、供电系统的容量相互匹配,接触网或接触轨的性能要与车辆的特性和受电装置性能相匹配;供电方式、供电电压及电压波动范围,满足车辆的技术要求。

3. 与信号专业接口

车辆通过信号 ATO 系统实现自动驾驶。车辆的速度及门控受信号专业的 ATP 的监控和控制。车辆的停站时间和 ATO 状态下的运行等级由 ATS 进行监控和控制。信号系统通过车辆的有线通信系统和信息显示系统进行自动广播和信息显示。信号系统的车载设备安装在车辆内,车辆还必须预留一定的空间,并预布一定的线路供信号车载设备使用。

4. 与通信专业接口

控制中心(OCC,Operation Control Center)可以通过专用无线系统与驾驶员对话,也可以通过列车通信系统对乘客广播通过。车地信息交换系统完成列车信息与调度控制信息的交互。通信系统与信号系统一样在车辆上装有车载设备,同样必须预留通信车载设备安装的空间和线缆敷设路径。

另外,车辆的电气设备其他子系统,特别是通信、信号系统不能产生相互干扰,彼此之间应相互协调。车辆的电器设备本身应有良好的电磁兼容性和抗干扰性能。车站内车顶通风管道的布置和安装、站台板下通风道及风口的布置、地下车站屏蔽门的布置、结构和控制要求车辆段设备、车辆段维修设备必须根据网络化运营的总体布局以及车辆的情况进行选型、布置、安装,维修设备的性能必须与车辆性能、参数相一致。

2.2 供电专业

城市轨道交通供电系统,担负着整个系统运行所需电能的供应与传输,是系统安全可靠运行的重要保证。电力是保证城市轨道交通列车正常运行及各种设备系统不间断工作的能源。一般取自城市电网,为一级负荷。供电系统应满足供电安全、可靠、经济、合理的要求,并且接线简单、运行方式灵活、工程实施和管理维护方便,系统容量按远期运营高峰小时负荷设计。在经济合理的前提下,主变电所的位置、容量和35 kV馈线间隔数量应充分考虑后续延伸线的供电要求。如图2.9所示。城市轨道交通直流牵引供电系统有两种电压等级供选择,即DC 750 V和DC 1500 V。

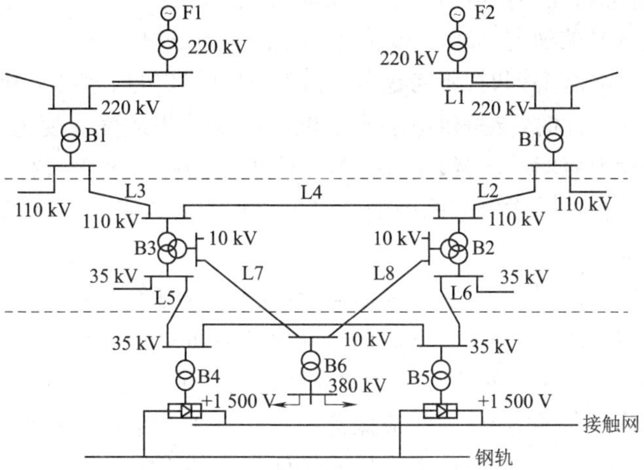

图2.9　城市电网一次电力系统和城市轨道交通供电系统图

F1、F2—城市电网发电厂;B1—城市电网区域变电所;B2、B3—城市轨道交通主变电所;B4、B5—牵引变电所;B6—降压变电所

2.2.1　供电系统的构成与功能

城市轨道交通供电系统包括外部电源、主变电所(或电源开闭所)、牵引供电系统、动力照明供电系统、电力监控系统。牵引供电系统包括牵引变电所与牵引网;动力照明供电系统包括降压变电所与动力照明配电系统。牵引用电负荷为一级负荷;动力照明等用电负荷可分成一级负荷、二级负荷、三级负荷。

一级负荷:应急照明、变电所操作电源、火灾自动报警系统设备、消防系统设备、消防电梯、地下站厅站台照明、地下区间照明、排烟系统用风机及电动阀门、通信系统设备、信号系统设备、电力监控系统设备、环境与设备监控系统设备、自动售检票系统设备、兼作疏散用的自动扶梯、屏蔽门、防护门、防淹门、排雨泵、车站排水泵。其中应急照明、变电所操作电源、火灾自动报警系统设备、通信系统设备、信号系统设备为特别重要负荷。

二级负荷:地上站厅站台照明、附属房间照明、普通风机、排污泵、电梯、自动扶梯。

三级负荷:空调制冷及水系统设备、锅炉设备、广告照明、清洁设备、电热设备。

1. 主变电所

主变电所一般设置两台主变压器,并分别由城市电网地区变电站提供两回独立可靠的110 kV进线电源,两个进线电源最好来自于不同地区变电站,也可来自同一地区变电站的不同母线。主变电所的两个进线电源应至少有一个为专线电源,以保证供电可靠性和供电质量。主变电所主变压器110 kV侧接地方式应根据电力系统的具体要求确定,35 kV侧采用小电阻接地方式。

当一座主变电所解列时,不考虑其35 kV侧母线(包括35 kV供电环网电缆)同时故障的情况。此时,支援供电的主变电所应能承担故障主变电所供电范围内的牵引负荷和动力照明一、二级负荷。当主变电所的一台主变压器解列时,另一台主变压器应能承担该所供电范围内的牵引负荷和动力照明一、二级负荷。

2. 牵引变电所

牵引变电所的位置和容量,应根据运行高峰小时的车流密度、车辆编组及车辆型式通过牵引供电计算,经多方案比选后确定。地面牵引变电所投资小,运行费用低,运行管理方便,有条件时应尽可能地设在地面。牵引变电所的设置距离应保证高峰时最大运营负荷的需要,同时应保证系统中任何相隔的两座牵引变电所发生故障时,其相邻变电所的过负荷能力仍能保证列车的正常运行。

3. 动力照明系统

动力照明系统提供车站和区间各类照明、自动扶梯、风机、水泵等动力机械设备电源和通信、信号、自动化等设备电源,它是由降压变电所和动力照明配电线路组成。一般情况下每个车站应设变电所,由于地下车站负荷较大,一般可以和牵引变电所合建为混合变电所。如图2.10所示。

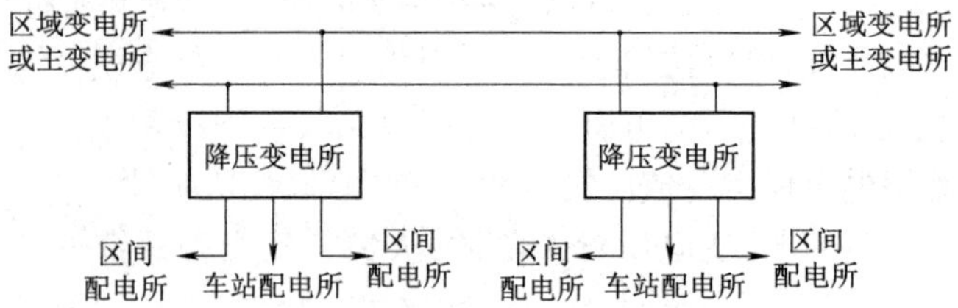

图2.10　动力照明供电系统示意图

2.2.2 牵引供电系统

牵引供电系统供给车辆运行的电能,由牵引变电所、接触网(轨)、钢轨等部分组成,如图2.11所示。

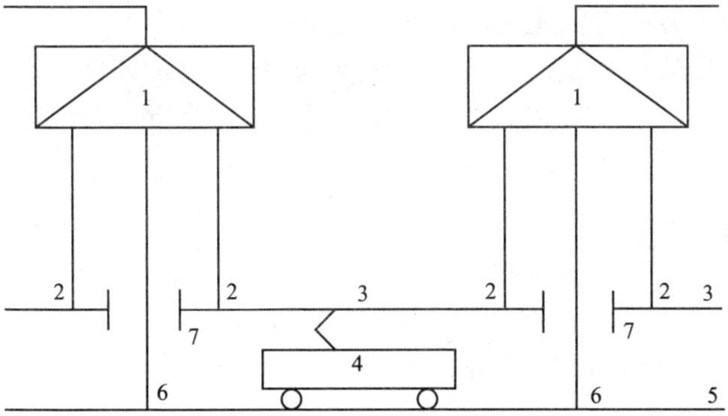

图 2.11　牵引供电系统示意图

1—牵引变电所；2—馈电线；3—接触网；4—电动列车；5—钢轨；6—回流线；7—电分段

1. 电压等级

城市轨道交通系统的牵引网均采用直流牵引，牵引电压等级较多，有 DC 600 V、DC 750 V、DC 825 V、DC 1 000 V、DC 1 200 V 和 DC 1 500 V 等，其发展趋向是国际电工协会推荐的电压标准 DC 600 V、DC 1 500 V。而我国国标电压标准为 DC 750 V 和 DC 1 500 V 两种。所以，目前国内各城市的地铁和轻轨采用的电压制式均选择 DC 750 V 或 DC 1 500 V。

2. 牵 引 网

按安装位置和接触导线的不同分为接触轨和架空接触网。其中接触轨（又称为第三轨）的主要优点是：使用寿命长，维修量小，对城市景观没有影响，适应于电压较低的城市轨道交通制式。但当出现电力停电故障时，或需断电对轨道区域检查时，对运营的影响较大。接触网的主要优点是：安全性较好，适用于电压较高的制式。

2.2.3　电力监控系统

电力监控系统（PSCADA，Power Supervisory Control And Data Acquisition）是保证在控制中心对供电系统的主变电所、牵引变电所、降压变电所设备的运行状态进行监视、控制及数据采集。它由控制中心的主机，设在各变电所的远程控制终端以及连接终端与中心的通信网络三部组成。

1. 电力调度原则

（1）牵引供电系统，必须设置电力调度机构，指挥和监控变电所及馈电线、触线网（轨）的正常运行及处理，最大限度地保证对城市轨道交通系统的连续供电。

（2）电力调度机构的设置应同线路的功能定位和车辆运营调度机构的设置相适应。

(3)电力调度方式宜优先采用计算机自动控制。

(4)电力调度的设置要求:系统模拟显示装置,可靠的不间断电源,远动通道具备必要的传输质量;变电所应有备用通道,监控装置平均故障间隔时间大于5 000 h。

2. 电力调度通信

(1)电力调度室与所辖变电所,同级电力调度室、行车调度及有重要关系的部门之间、与市供电局调度室之间均应设专线电话。

(2)调度电话应配备录音装置。

3. 电力监控设备

(1)利用计算机进行远距离数据采集和监控,作为牵引供电系统进行监控和提高调度运行管理水平的主要手段。

(2)监控设备功能至少应包括遥信、遥测、遥控3个功能。其中:

遥信实现对遥控对象的遥控,对各种断路器,隔离开关的有关位置信号、预告信号、各种事故信号等进行报警。遥控种类分选点式、选站式、选线式控制。

遥测能够实现远方测量交直流电压、电流、功率、电能中主要运行参数。

遥控能够实现远方控制断路器、隔离开关的动作。

2.2.4 供电与其他专业的接口

供电专业不但与城市轨道交通系统内部各专业存在接口,还与城市电网现状及规划情况有密切的关系。对上级接取电源的地区变电站短路电流及对主变电所继电保护整定有要求;主变电所位置选择及电源线路径路,还需要符合城市规划和道路规划要求。

1. 与工务专业的接口

主变电所一般为地面独立工程,与城市轨道交通系统其他工程合建时,要统筹兼顾合理安排。主变电所若设在车辆段内,一定尽可能保证进出线方便,在线缆敷设的路径要最大限度地减少对线路股道的跨(穿)越。电源线路若进入城市轨道交通系统工程范围时,需要做好与轨道、限界、建筑、结构的协调。

2. 与中压供电网络及牵引供电的接口

中压供电网络所需由主变电所出线回数及各回供电容量的确定。主变电所出线间隔设备以下桩头为界面。中压供电网络涵盖牵引供电系统与动力照明供电系统,一般采用牵引供电与动力照明供电共用系统。

牵引网通常由直流馈线电缆、架空接触网(或接触网)、钢轨、回流电缆组成。地面和高架线路的接触网(或接触轨),应符合城市规划对景观的要求,也应符合当地气象条件的要求。接触网(或接触轨)根据线路平面和纵断面图并符合限界的规定和要求。

电源及供电系统与主变电所接口分界点在主变电所 35 kV 环网开关柜馈出线端子。

牵引、降压变电所 35 kV 环网开关柜进出线端子。电源及供电系统专业在设计阶段就需要确定牵引整流机组容量、35 kV 侧主接线、运行方式、直流进出线回路数及牵引网载流回路导体选择。

电力监控与主变电所的接口分界为主变电所控制信号屏远程通信端子。采用数字通信方式时，分界为现场各保护测控、监控等智能单元通信接口；采用模拟连接方式时，分界为变电所综合自动化系统控制信号屏二次端子排；与杂散电流腐蚀防护及接地专业的接口。

车辆段、停车场钢轨电位限制装置二次电缆接线端子排，单向导通装置二次电缆接线端子排；电力监控系统专业负责车辆段、停车场内钢轨电位限制装置、单向导通装置二次电缆的敷设、连接，负责至杂散电流监测装置通信电缆的敷设、连接。杂散电流腐蚀防护及接地系统专业负责钢轨电位限制装置、单向导通装置的安装及与钢轨的连接。

在各变电所综合自动化系统控制信号屏远程通信接口外侧。车站变电所综合自动化系统接入所在车站的综合监控系统（ISCS，Intergrated Supervisory Control System），主变电所综合自动化系统接入临近车站的综合监控系统。

2.3　工务专业

城市轨道交通的特征之一是在固定导轨上运行，这一特性的基础设施便是工务专业的业务管理范围，主要包括轨道结构、线路、区间结构、限界等。

2.3.1　轨道结构

轨道结构是列车行驶的基础，轨道为行驶的列车提供导向引导和承载支撑。一般的轨道结构由钢轨、联结零件、轨枕、道床、道岔及其他附属设施等组成。现代轨道结构可分为有砟轨道和无砟轨道两大类。

1. 钢　　轨

钢轨是轨道的主要组成部件。钢轨质量的好坏直接影响到行车的安全性和平稳性。钢轨的主要作用是引导车辆的车轮，为车轮提供连续、平顺的滚动表面；直接承受来自车轮和其他方面的力并传之扣件、轨枕、道床等轨下结构；在自动闭塞区段，钢轨还可兼做供电电路、轨道电路的载体。

钢轨类型通常按每延米质量(kg)数划分，我国现行主要钢轨类型有 75 kg/m、

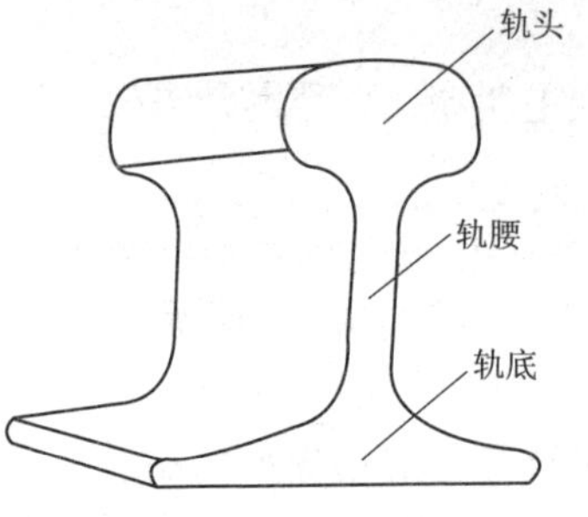

图 2.12 钢轨示意图

60 kg/m、50 kg/m、45 kg/m、43 kg/m、38 kg/m等,记为P75、P60、P50…。其中,60 kg/m及以上的钢轨为重型钢轨,50 kg/m及以下的钢轨为轻轨。

我国按单根钢轨的长度,将钢轨分为12.5 m长和25 m长两种。钢轨标准断面,由轨头、轨腰和轨底三部分组成。

2. 联结零件

联结零件包括接头联结和中间联结(亦称轨道扣件)两类。

(1)接头联结和接头联结零件

钢轨通过接头连接形成连续的轨道线路,提供列车行进途径。在城市轨道交通系统中,由于行车、环境以及舒适度的要求,均采用无缝线路。因此钢轨接头大为减少,但在缓冲区、轨道电路绝缘区、道岔区等地段钢轨仍采用接头连接。

钢轨接头均采用对接方式。按两股钢轨接头相互位置分为对接和错接两种。其优点是列车运行中车轮同时冲击钢轨接头,减少冲击次数,改善运营条件,列车运行平稳。

接头联结零件,包括夹板(鱼尾板)、螺栓、螺母及弹簧垫圈,如图2.13所示。

①接头夹板。夹板是钢轨接头联结零件的主要部分,作用是夹紧钢轨。每一个接头夹板上有六个螺栓孔,圆形孔和长圆形孔二种孔型相间布置,通过螺栓等零件将两根钢轨牢固地连接起来。目前,我国标准钢轨采用斜坡支承型双头对称式夹板,其优点是在竖直荷载作用下,具有较大的抵抗弯度和横向位移的能力。

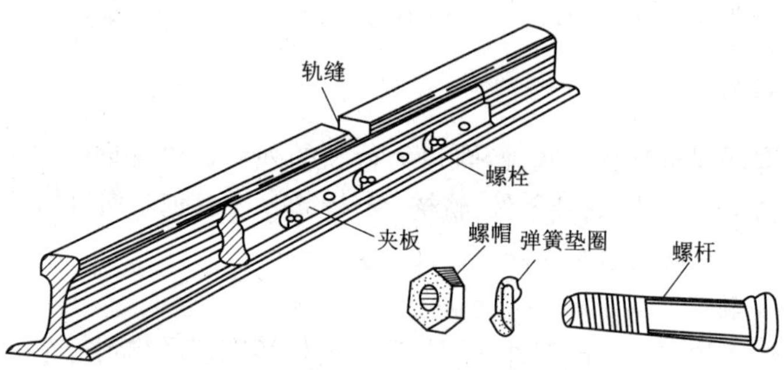

图 2.13 接头联结零件示意图

②接头螺栓、螺母及弹簧垫圈。接头螺栓与螺母是连接夹板、钢轨的主要配件,作用是紧固钢轨接头。螺栓宜采用高强度的碳素钢制成,并加以热处理,以提

高螺栓的紧固力和耐磨、耐腐蚀性能。弹簧垫圈的作用是防止螺栓松动，分圆形和矩形两种。

(2)中间联结零件

中间联结零件是连接钢轨与轨枕之间的零件，亦称扣件。弹条Ⅲ型扣件示意如图 2.14 所示。

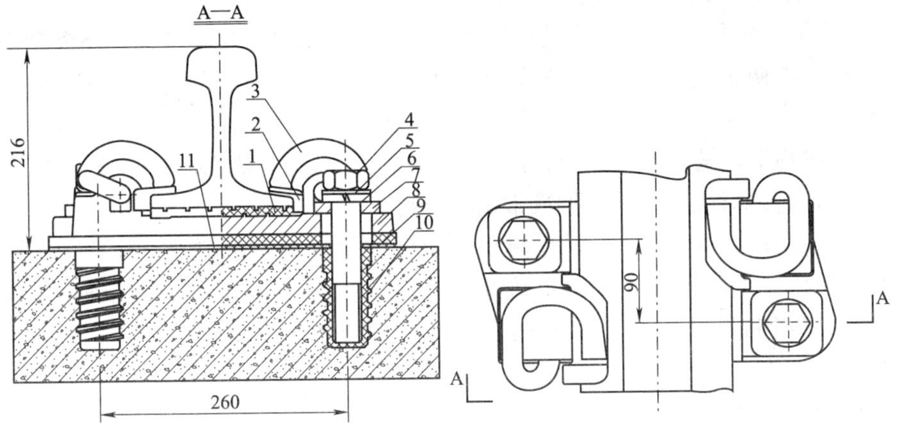

图 2.14　弹条Ⅲ型扣件示意图(单位:mm)

扣件的作用是将钢轨固定在轨枕上，保持钢轨与轨枕的长期有效联结，阻止钢轨相对于轨枕的纵向与横向移动。扣件按照不同的分类方式分为不同的类型，如按扣件与钢轨、轨枕的联结方式分为分开式和不分开式；按扣件的弹性性能分为全弹性扣件和半弹性扣件。对扣件的性能要求主要有以下几点：

①具有足够的强度和扣压力。一般扣件强度要求抗横向力大于等于 40 kN，抗垂向力大于等于 60 kN。足够的扣压力是指当钢轨弯曲和转动时，不致使轨底沿垫板发生纵向位移，要求扣件的纵向阻力大于道床的纵向阻力。但扣压力过大会使扣件弹件急剧下降，影响扣件使用寿命，所以扣压力也不宜太大。

②具有适当的弹性。扣件的弹性可以减小列车荷载对道床的压力，使钢轨承受的荷载均匀地传递到轨道上。

③具有一定的耐久性。结构尽量简单且力求标准化，通用性好，便于安装及拆卸。

3. 轨　　枕

轨枕在钢轨下部，其作用是支承钢轨，承受自钢轨传下的竖向垂直力、横向和纵向的水平力，并弹性地传布于道床，有效地保持轨道的几何形位。因此，轨枕应具有一定的坚固性、弹性、耐久性以及足够的刚度和承压面积。

轨枕根据不同的分类方式可分为不同的类型。

(1)按材质分，轨枕分为木枕、混凝土枕和钢枕等。

木枕和混凝土枕在我国用的较多。木枕的主要优点是弹性好，易加工，运输、铺设方便，有较好的绝缘性能等；主要缺点是使用寿命短，轨道几何形位不易有效保持，并且造成了树木资源的大量耗费。木枕的使用范围在不断缩小。

混凝土轨枕则节约了大量优质木材资源，不受气候、腐朽的影响，使用寿命长，具有较高的道床阻力，提高线路稳定性，在很多线路中都取代了木枕。但混凝土轨枕质量大，不便于更换，而且弹性差，需要使用弹性优良的轨下垫板，以提高线路减振能力。

(2)按构造及铺设方法分，轨枕分为横向轨枕、纵向轨枕、短枕和宽轨枕等。横向轨枕与钢轨垂直铺设，是一种最常用的轨枕。

(3)按使用目的分，轨枕分为用于一般区间线路的普通轨枕、用于道岔的岔枕和用于桥梁上的桥枕。在确定轨枕时，应使轨枕规格尺寸便于固定钢轨，有抵抗线路纵、横向位移的能力。同时轨枕还要造价低廉，制作简单，铺设及养护方便。

4. 道　床

道床是轨枕的基础，其铺设于路基之上，轨枕之下，是轨道的重要组成部分，要求其具有以下功能：

(1)扩散荷载，减小路基面上的荷载压强，保护路基顶面；

(2)为轨道提供纵横向阻力，保持轨道几何形位稳定；

(3)具有良好的弹性，可减缓和吸收轮轨的冲击振动。

应用的比较早的道床以道砟为材料，被称为有砟道床(见图2.15)。随着城市轨道交通的发展，传统的有砟道床在维修频繁程度以及维修费用等方面的劣势逐渐暴露出来，以整体式或固化道床取代颗粒道砟的各种整体道床得到应用推广。

城市轨道交通车辆运行时会发生不同程度的振动，会使道床产生下沉。有砟道床的日常维修工作量大，需要根据道砟下沉的具体情况定期对道床进行养护。另外，由于外界脏污物的侵入和来自于道砟颗粒摩擦形成的碎粒上升至面砟中，形成了道床的脏污，也影响了道床的正常工作。

混凝土整体道床(见图2.16)，是在坚实基底上直接浇筑混凝土以取代道砟层的新型轨下基础，常用于地下铁道、无砟桥梁及检修库内的轨道。整体道床可分为无枕式整体道床，也称整体灌注式整体道床；轨枕式整体道床，可进一步分为短枕式和长枕式整体道床；浮置板式整体道床；弹性整体道床。

图 2.15 有砟道床

图 2.16 整体道床

整体道床具有结构稳定，几何尺寸变化小，日常维修工作量小，外观整洁的优点；但是几何尺寸的调整没有碎石道床方便，由于沉降引起的道床开裂和变形后的维修工作难度较大。

5. 道　岔

道岔是引导列车由一条线路转入或越过另一条线路的设备，它把一条线路分支为两条或两条以上的线路，如图 2.17 所示。道岔是轨道的重要组成部分，也是轨道的薄弱环节之一，主要是因其构造复杂、寿命短、养护维修投入大、限制列车速度、降低行车安全等特性。

图 2.17 道岔示意图

根据用途和平面形状，道岔的标准类型有普通单开道岔（见图 2.18）、单式对称道岔（见图 2.19）、三开道岔（见图 2.20）、交叉渡线（见图 2.21）、交分道岔（见图 2.22）等。

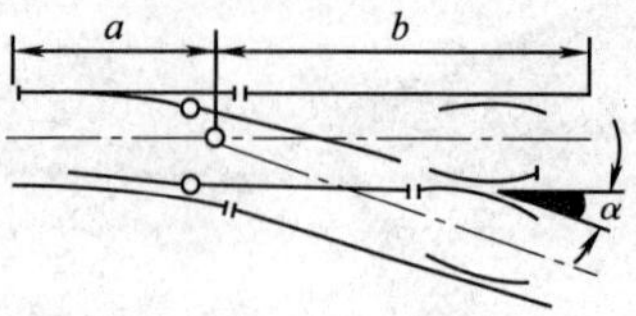

图 2.18　普通单开道岔

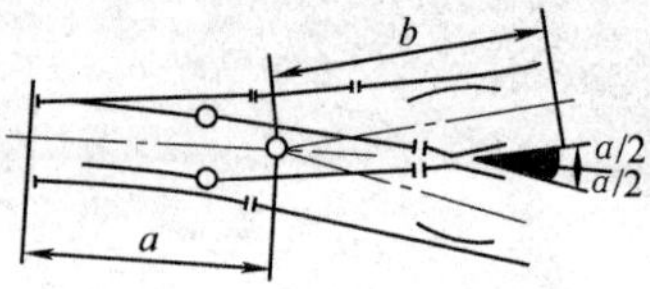

图 2.19　单式对称道岔

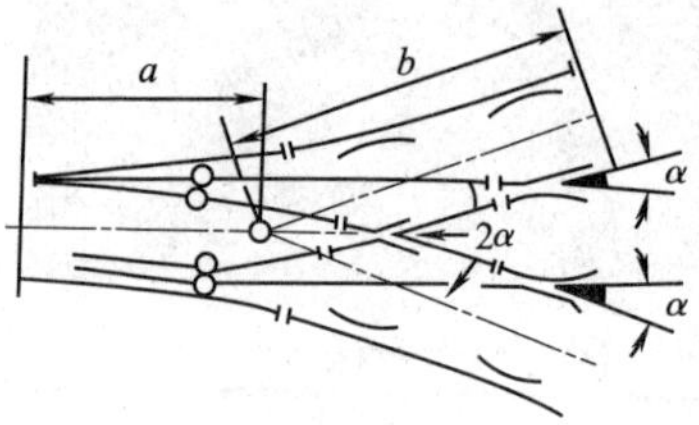

图 2.20　三开道岔

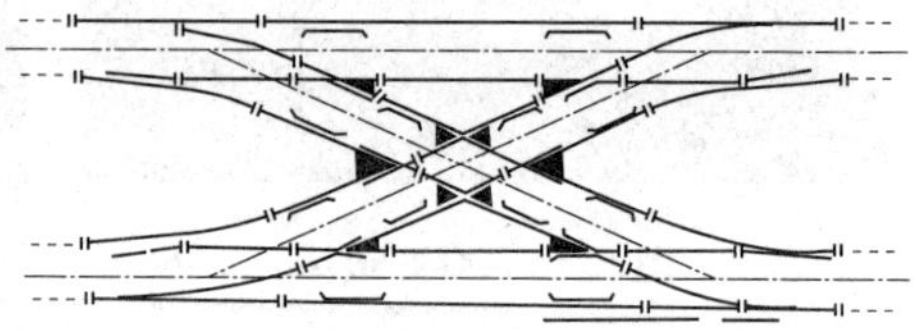

图 2.21　交叉渡线

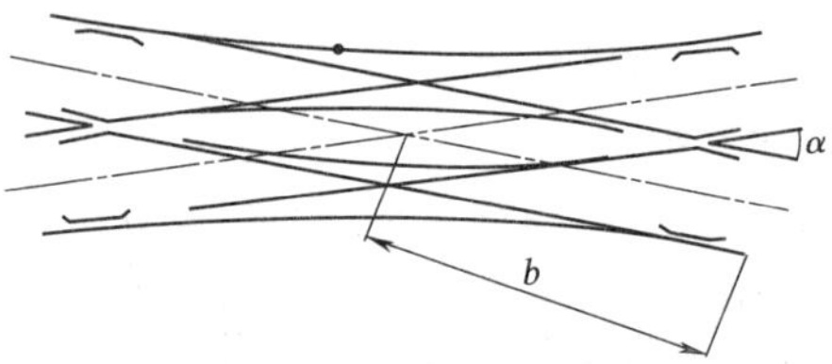

图 2.22　交分道岔

普通单开道岔也称单开道岔，单开道岔占全部道岔总数的95%以上，其主要构成如图2.23所示。

道岔号数为辙叉角余切的取整值，常用的道岔号数有7、9、12、18号等，号数越大的道岔，允许侧向通过的速度越大。

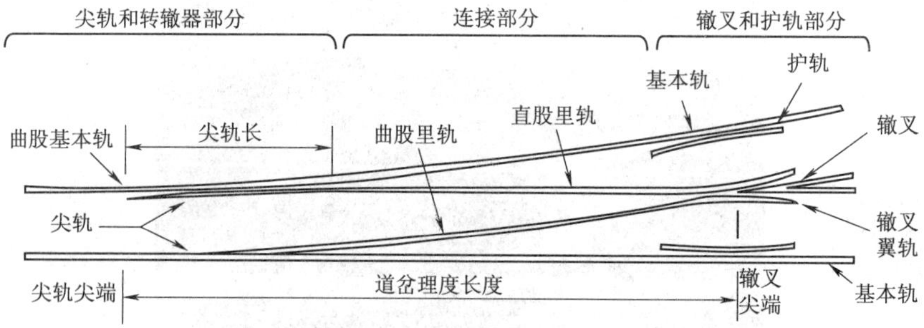

图 2.23　单开道岔结构示意图

2.3.2　其他附属设施

1. 防 爬 器

为增加轨枕线路的纵向阻力，防止钢轨在温度变化下发生爬行，在轨底安装防爬器，防爬器与轨枕之间加设隔离板，再用防爬销钉紧。如图 2.24 所示。

2. 轨距拉杆

通常在碎石道床线路的小半径曲线地段，岔前基本轨接头附近，导曲线以及其他薄弱地段或线路状态不良处安装轨距拉杆，用以保持轨距，并加强轨道框架结构的刚度。轨距拉杆按使用要求分为普通轨距拉杆和绝缘轨距拉杆，绝缘轨距拉杆用于装有轨道电路的线路上。如图 2.25 所示。

图 2.24　防爬器

图 2.25　轨距拉杆

3. 车　　挡

车挡是为保证行车安全在线路尽头设置的设施。一般在正线、折返线及试车线的终端设置缓冲式钢结构车挡。位置设在线路有效长度范围外，并且根据信号的需要，在挡车器的前端加设一定长度的信号安全区。滑移式缓冲车挡设有缓冲装置，能起缓冲作用，且能有一定的滑动距离，安全可靠，通常用于比较重要的处所，但是造价较高。如图 2.26 所示。

图 2.26　缓冲式钢结构车挡实物

4. 防脱护轨

防脱护轨一般安装于高架线路小半径曲线轨道内股钢轨的里侧，主要防止列车车轮发生爬(或跳、滑)轨脱线事故，确保行车安全。

新型防脱护轨由护轨、护轨支架、扣板、弹性绝缘缓冲垫片和联结紧固部件(螺栓、螺母)等组成。护轨支架安装在相邻轨枕(支承块)之间的基本轨轨底上，用螺栓和扣板将支架紧固在基本轨轨底上。护轨可采用 15 kg/m 的标准轻轨或角钢；护轨支架采用高强精密铸钢；其余联结紧固件均采用现行通用标准件即可。

2.3.3 区间结构

根据轨道线路与地面的相对位置，可分为地面线路、高架线路和地下线路。连接两个车站之间的建筑物即为城市轨道交通区间结构。

1. 区间隧道结构

区间隧道是连接两个地下车站的建筑物，根据沿线地段不同的工程地质及水文地质条件、线路埋深、城市规划、线路途径地区的环境条件、工程经验及工程投资等具体条件来选择相应的施工方法和结构形式。区间隧道一般的施工方法有矿山法、浅埋暗挖法、盾构法、明挖法，其中运用较多的为明挖法、暗挖法、盾构法；采用的结构形式有矩形、拱形、圆形及 U 形。

(1)明挖法区间隧道结构

明挖法适用于不同的地质条件，施工工艺简单、技术成熟、质量可靠，是一种造价经济、施工快捷的施工方法。因此在有条件的地方，应优先考虑明挖法施工。明挖法的缺点是对城市道路交通影响较大，有时还需要进行建筑物的拆迁。因此，采用明挖法施工隧道的使用条件为:场地开阔、建筑物稀少、在开挖范围内无重要的市政管线或市政管线可以迁改，施工期间对城市道路交通及周边商业活动影响较小。

明挖法施工的区间隧道结构，在暗埋段的结构形式一般为矩形，在敞开段的结构形式一般为 U 形。

(2)暗挖法区间隧道结构

为避免对城市道路交通产生较大的影响，在交通繁忙的市区修建地下隧道时通常采用暗挖法。其断面一般为拱形，分为单拱、双拱和多跨连拱。

(3)盾构法隧道结构

盾构法是在盾构机钢壳体的保护下，依靠其前部的刀盘或挖掘机开挖地层，并在盾构机壳体内完成出渣、管片拼装、推进等作业。盾构法具有振动小、噪声低、施工速度快、安全可靠，对沿线居民生活、地下和地面构筑物及建筑物影响小等特点，特别在松软含水地层中及城市地下管线密布、施工条件困难地段更显示出其优点。但也存在施工设备复杂、断面形式变化不灵活、盾构选型与地层条件密切相关等缺点。

采用盾构法修建的隧道一般为单圆或者多圆隧道。目前国内采用较多的为单圆盾构隧道，利用修建的两条单圆隧道作为地下线路的上、下行线。双圆盾构的优点在于，两区间隧道总宽度从原来的约18 m(或更大)减小为现在的11 m左右，缩小约40%，这样一方面缩小了双区间隧道所占用的地下空间，增加了选线的灵活性，显著减少工程量；另一方面，使得区间隧道沿线地面构筑物的影响控制范围大为缩小，更有利于地面规划和建设。

2. 区间高架结构

区间高架结构对城市景观和道路交通功能影响较大，应选用较大的桥梁跨径给人以空透舒适感；按桥梁经济跨径的要求，当桥跨结构的造价和下部结构(墩台、基础)造价接近时最为经济；从加快施工进度着眼，应采用预制预应力混凝土梁。一般地段桥梁形式的选择往往是多种因素、条件相互制约的结果。

据国内外高架线路的设计经验，城市轨道交通高架区间桥梁结构选用的标准桥梁结构体系主要有简支梁体系和连梁体系，简支梁是一种最常用的桥梁结构体系。

高架区间的标准跨径由经济和景观要求确定。从经济性而言，跨径为25～32 m。从景观要求而言，由于轨道梁的竖向刚度要求较高，需采用较大的梁高，适当加大跨径可以使桥梁高度、桥跨与桥下净空之间比较协调，并提高桥下的通透性，改善景观。

区间高架的梁型应综合考虑受力、经济和施工等因素来选择，主要有箱形梁、板梁、T形梁和槽形梁等形式。如图2.27至图2.30所示。

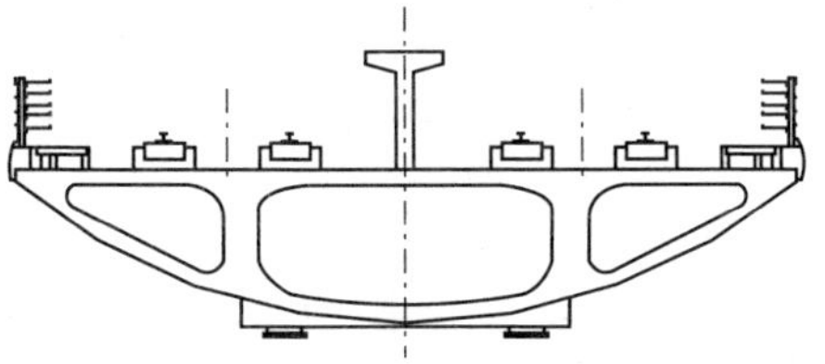

图2.27 整体箱梁

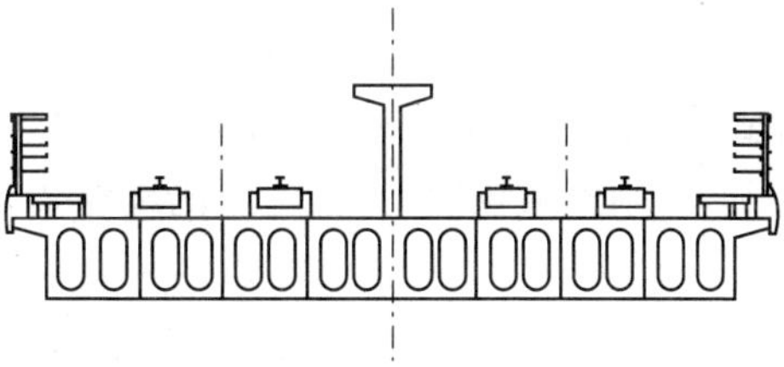

图2.28 预制空心板梁

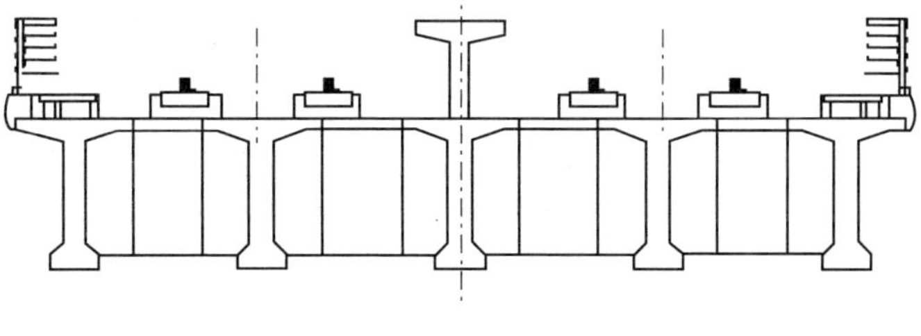

图2.29 预制T梁

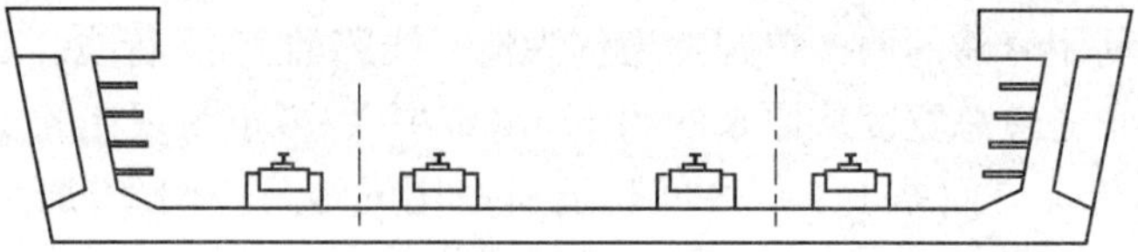

图 2.30 槽形梁

3. 桥墩结构

城市轨道交通高架桥的墩台除须承受上部结构的荷载外,还应考虑选择受力合理、体量较小,并与上部建筑风格相协调的形式。主要有T形桥墩、双柱式桥墩和Y形桥墩等。

(1)T形桥墩

T形桥墩占地面积小,是城市轻轨高架桥最常用的桥墩形式。这种桥墩既为桥下交通提供最大的空间,又能减轻墩身重量,节约工程材料,轻巧美观。特别适用于高架桥和地面道路斜交的情况。墩身一般为普通钢筋混凝土结构,截面采用圆形、矩形或六角形等。

(2)双柱式桥墩

双柱式桥墩在横向形成钢筋混凝土钢架,受力情况清晰,稳定性好,其盖梁的工作条件比T形桥墩的盖梁有利,无须施加预应力,其使用高度一般在30 m以内。但双柱式桥墩的美观性较差,占地面积较大。

(3)Y形桥墩

Y形桥墩结合了T形桥墩和双柱式桥墩的优点,下部成单柱式,而上部成双柱式,质量轻,占地面积少,外面美观整洁,有利于桥下交通,而且对盖梁工作条件有利,无须施加预应力,但施工比较复杂。

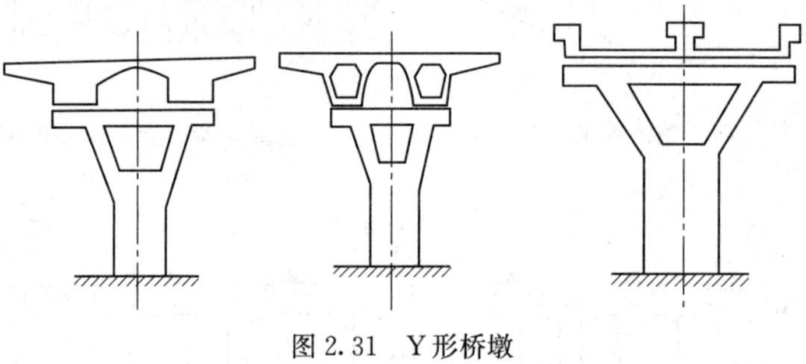

图 2.31 Y形桥墩

2.3.4 限　　界

限界是足以保证城市轨道列车安全运行的空间尺寸。为保证安全,各种建

(构)筑物和设备均不得侵入其中。

限界是确定行车轨道周围构筑物净空大小和管线、设备安装位置的依据。高架桥、隧道和路基的断面大小尺寸都需要根据限界来确定。

城市轨道交通的限界主要包括车辆限界、设备限界和建筑限界。它们是根据车辆外轮廓尺寸及技术参数、轨道特性、各种误差及变形,并考虑列车在运动中的状态等因素,经科学地分析计算确定的,部分限界示意如图 2.32～图 2.35 所示。

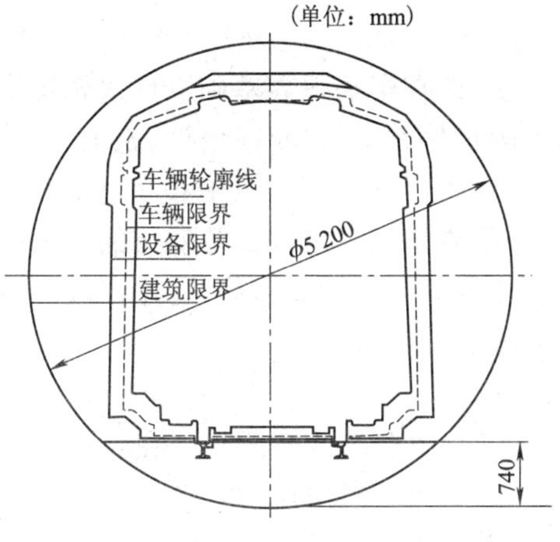

图 2.32　区间直线地段圆形隧道限界

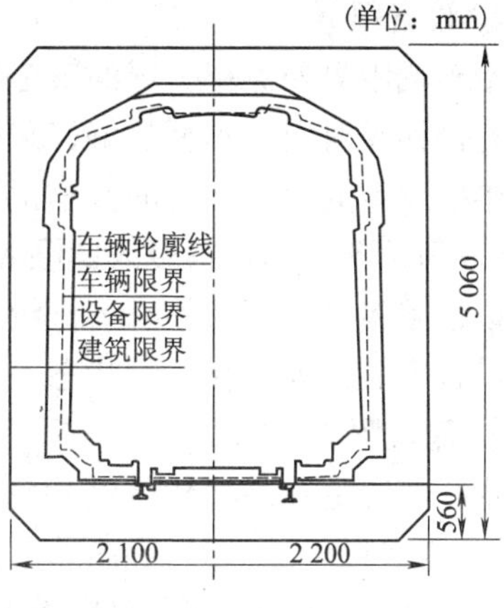

图 2.33　区间直线地段矩形隧道限界

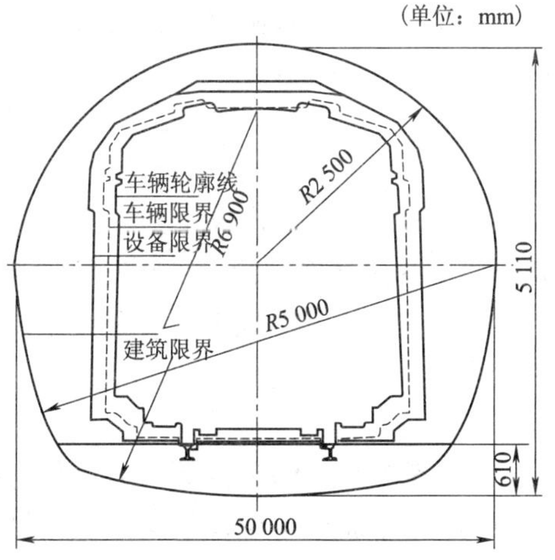

图 2.34　区间直线地段马蹄形隧道限界

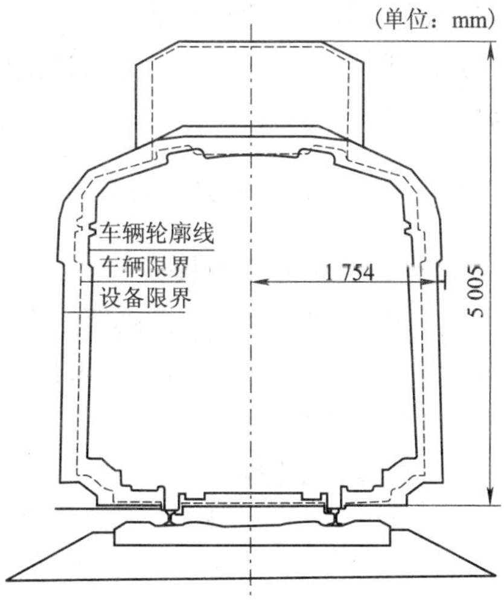

图 2.35　区间直线地段地面、高架限界

1. 车辆限界

指车辆在正常运行状态下形成的最大动态包络线，是根据车辆的轮廓尺寸和技术参数、考虑其静态和动态情况下所能达到的横向和竖向偏移量、按可能产生的最不利情况进行组合计算确定的空间尺寸。车辆限界是车辆在直线上正常运行状态下所形成的最大动态包络线，用以限制车辆设计和制造，以及制定站台和屏蔽门(安全门)限界。按隧道内外，分为隧道内车辆限界和隧道外车辆限界；按列车运行区域，分为区间车辆限界、计算长度内站台车辆限界和车辆基地内车辆限界。

2. 设备限界

指车辆限界外保持一定的安全量的界线，即在车辆限界基础上计入轨道出现最大允许误差时引起车辆的偏移和倾斜等附加偏移量，以及在设计、施工、运营中考虑难以预计的因素在内的安全预留量后确定的空间尺寸。所有设备和管线的安装，在任何情况下均不得侵入此限界。设备限界是用以限制设备安装的一条控制线。设备限界是车辆在故障运行状态下所形成的最大动态包络线，用以限制轨道区的设备安装。列车在故障状态下严禁突破设备限界。

3. 建筑限界

指行车隧道和高架桥等结构物的最小横断面有效内轮廓线。在建筑限界以内、设备限界以外的空间，应能满足固定设备和管线安装的需要。在设计隧道及高架桥等结构物断面时，必须分别考虑其施工误差、测量误差、结构变形等因素，才能保证竣工后的隧道及高架桥等结构物的有效净空满足建筑限界的要求，以保证列车安全高速运行。建筑限界分为隧道建筑限界、高架建筑限界、地面建筑限界。隧道建筑限界按工法分为矩形隧道建筑限界、马蹄形隧道建筑限界和圆形隧道建筑限界。

2.3.5 与其他专业的接口

1. 与各设备专业的接口

城市轨道交通的限界是确定行车线路周边的构筑物净空的大小和安装各种设备及管线相互位置的依据，应力求做到经济合理、安全可靠且能满足各种设备及管线安装的需要。

2. 与车辆专业接口

线路的坡度、曲线半径、道岔型号、轨道特性等都与车辆走行部的运行状态密切相关。轮轨关系达到一个相互平衡的节点，才能保证列车运行的安全性及舒适度，同时，确保车轮与钢轨的磨耗保持在平均水平。

3. 与信号专业的接口

轨行区设备的安装位置、整个线路的状况和技术参数均为信号系统提供基础数据。有岔车站线路布置的情况也将影响信号安全设计。轨道绝缘节的布置、道岔结构、道床结构及钢轨类型、线路速度限制(包括曲线、道岔及车站两端区间的速度限制)确定,将直接影响信号系统。

2.4 通 信 专 业

通信专业是维持城市轨道交通系统运行的"神经系统",主要包括专用通信系统、商用通信系统和警用通信系统三个子系统,其中保证系统设备运营安全重点子系统是专用通信系统。通信专业由多个子系统构成,主要包括电源、传输、无线、公务电话、专用电话、闭路电视监控、广播、时钟、乘客信息、信息网络、集中告警等子系统。通信专业为城市轨道交通提供可靠的语音、数字、图像等传输通道,实现调度、监视、校时、广播、内部通话等多项功能,为系统内部的各部门之间提供有机联系。

2.4.1 专用通信系统

专用通信系统是运营企业内部运营指挥、企业管理、服务乘客的网络平台。专用通信系统由电源、传输、无线、公务电话、专用电话、闭路电视监控、广播、时钟、乘客信息、信息网络、集中告警等子系统组成,构成传送语音、文字、数据和图像等各种信息的综合业务通信网,如图 2.36 所示。

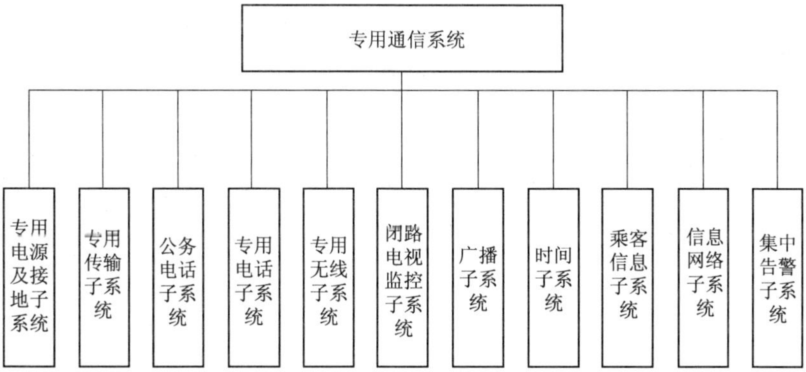

图 2.36　常见专用通信系统框图

1. 专用电源及接地系统

通信专用电源系统为通信各子系统及相关专业提供不间断电源,在市电中断时各子系统在有效的供电时间内正常运行。专用电源子系统一般由各处变电所引入两路独立的三相五线制交流电源至各通信电源室的交流配电柜，其中一路为主用，另一路为备用。当市电中断时，专用通信电源系统不间断电源(UPS，Uninterruptible Power System/Uninterruptible Power Supply)通过蓄电池经逆变器向负载连续供电。

2. 专用传输系统

传输系统是专用通信系统的基础网络，也是城市轨道交通通信系统的重要子系统。它为其他通信子系统和信号系统、自动售检票(AFC)、火灾报警系统(FAS)、门禁系统(ACS，Access Control System)等专业提供可靠、冗余、可重构、灵活的通道，且是保证城市轨道交通运行所必须信息的传输媒体。

3. 公务电话系统

公务电话系统用于系统内部的一般公务通信和系统内部用户与公用电话网用户的电话联络。在系统专用电话系统(如：调度电话系统)出现重大故障时，公务电话系统可以作为专用电话的应急通信手段。

4. 专用电话系统

专用电话系统为城市轨道交通工作人员提供用于运营、管理、维修等业务的专用电话系统，主要包括有线调度电话、站内电话及轨旁电话等。

(1)有线调度电话

根据城市轨道交通列车运行和业务管理的要求，一般设置为列车调度电话、电力调度电话、防灾环控调度电话。系统由中心设备、车站设备和传输通道3部分构成。中心设备设于运营控制中心，车站设备设于各车站、变电所、环控(防灾)值班室，如图2.37所示。

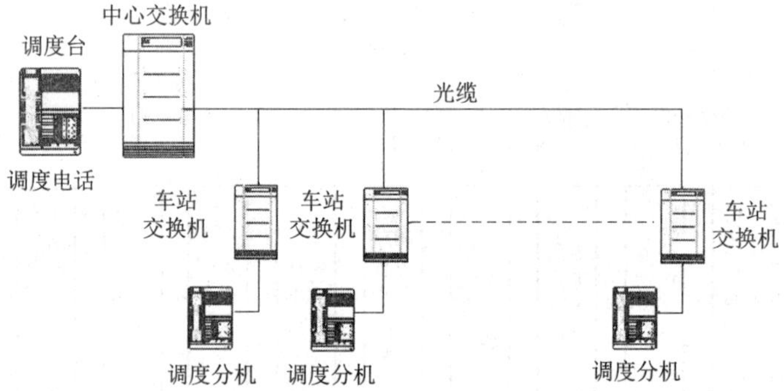

图2.37 有线调度电话布置示意图

(2)站内及轨旁电话

站内及轨旁电话可为车站特定位置与本车站值班员之间的直通电话。轨旁电话为作业人员在隧道及高架区间作业时与车站值班员提供通话，为维修作业人员提供便利的通信手段，同时作为列车在区间故障停车时驾驶员和车站值班员的辅助通话手段。

5. 专用无线通信系统

专用无线通信系统是为保证城市轨道交通系统能够安全、高密度、高效运营而建设的一个安全、可靠、有效的通信子系统。为固定用户（控制中心、车辆段、停车场调度员、站值班员等）和移动用户（列车驾驶员、防灾人员、维修人员）之间的语音和数据信息交换提供可靠的通信手段。它为行车安全、提高运输效率和管理水平、改善服务质量提供重要保证；同时，在城市轨道交通运营出现异常情况和有线通信出现故障时，亦能迅速提供防灾救援和事故处理等指挥所需要的无线通信手段。

6. 闭路电视监控系统

闭路电视监视系统是城市轨道交通维护和保证运输安全的重要手段。它能够为调度员、各车站值班员、列车驾驶员等提供有关列车运行、防灾救灾、乘客疏导及运营管理等方面的视觉信息。

7. 广播系统

广播系统是控制中心调度人员和车站值班员向乘客通告城市轨道交通列车运行以及安全、向导等服务信息、向工作人员发布作业命令和通知的通信设备。发生紧急情况时，广播系统将作为直接指导疏散乘客的重要手段。广播子系统设备一般分为中心级设备和车站（车辆段）级设备两级，如图 2.38 所示。

中心级广播设备主要包括中心广播的播音设备和网络管理设备（集成自动录音功能）。中心级广播与车站级广播通过传输网连接（语音和控制），其中广播信令采用共线控制方式。

8. 时钟系统

时钟系统通过接收标准的时间信息，为用户和维护人员提供统一的标准时间。并为通信其他子系统及其他需要时间信息的系统提供统一的标准时间信号，使各系统的定时设备与本系统同步，从而实现时间标准的统一。时钟子系统的标准时间来源于全球定位系统（GPS，Global Positioning System）的授时功能，并使用该时间信号对系统各级设备进行逐级校时；一般时钟子系统中各级设备都配置有高稳晶振。当接收不到上级设备发来的时间信号时，可以依靠晶振维持相对准确的时间。时钟系统构成如图 2.39 所示。

9. 乘客信息系统

乘客信息系统是依托多媒体网络技术，以计算机系统为核心，将车站和车载显示终端作为媒介，向乘客提供信息服务的系统。系统不但可以向乘客播放列车时刻预告、换乘信息及时间等与乘车有关的信息，还可以播放重要新闻、天气预报、广告等资讯信息。乘客信息系统(PIS,Passenger Information System)一般由线网播控中心、线路控制中心子系统、车站子系统、网络子系统和车载子系统组成。

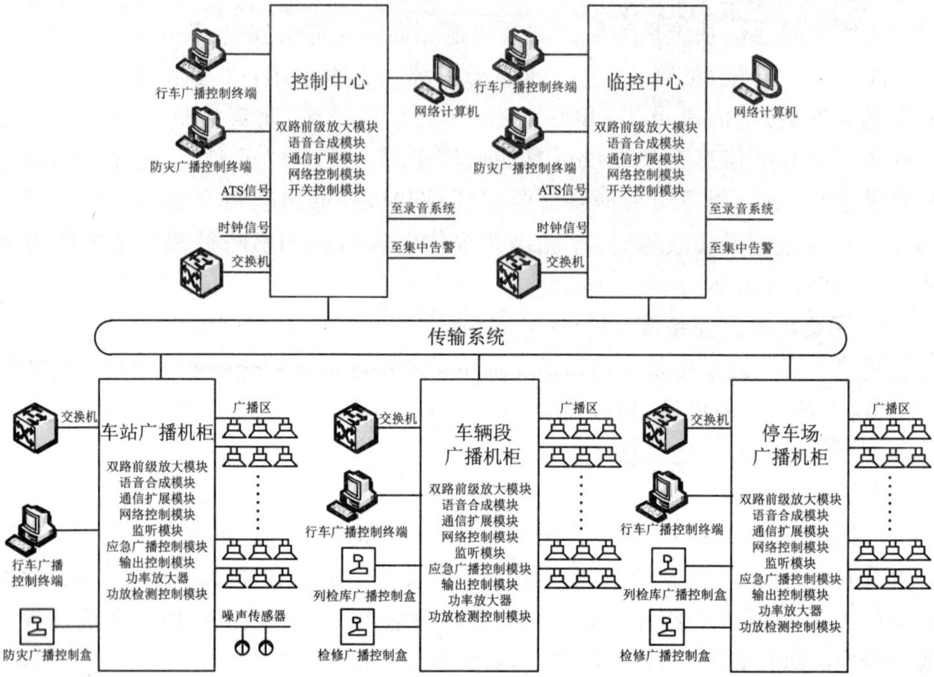

图 2.38　广播系统构成

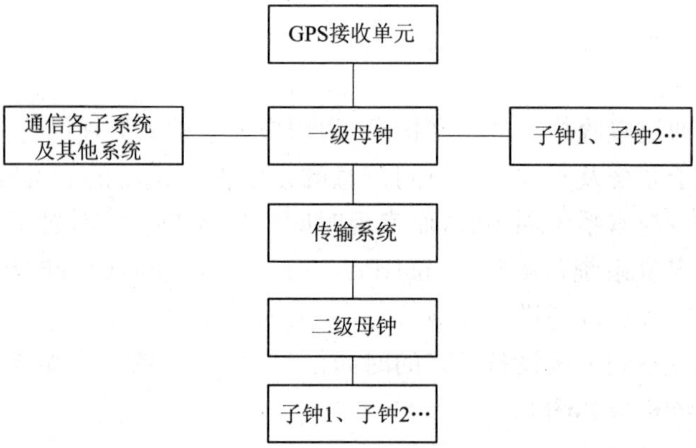

图 2.39　时钟系统构成

10. 信息网络系统

信息网络系统是一个以办公自动化、企业资源管理为主的系统。信息网络系统通过构筑内部通信平台，整合企业的信息资源，强化信息资源共享，实现企业业务流程智能化，经营和管理信息化，为企业管理提供准确的决策支持，提高企业的工作效率。

11. 集中告警系统

集中告警系统是利用计算机网络技术和计算机本身的数据处理能力，对通信系统中的各子系统进行集中管理。集中告警系统接收各子系统网管监控设备发来的各子系统状态信息，显示并存储这些信息。当状态信息中含有故障告警信息时，通过声音和图形发出告警信号，并确定故障发生的时间、地点、设备板卡位置、故障类型。通信维护人员根据告警信息能及时、准确了解整个通信系统设备的运行状况和故障信息；能够对子系统的告警进行汇总、显示、确认及报告，能进行故障定位。

2.4.2　商用通信系统

商用通信系统相对独立于专用通信系统，能满足各电信运营商移动通信引入城市轨道交通地下区域商用通信运营的需求。

各个车站设置各移动运营商的基站（由各运营商配置），基站设置在商用通信机房内。每个移动运营商基站的基带信号采用集中引入方式，通过传输通道接入各自交换中心，在地下通过传输系统的传输通道连接各车站基站。

2.4.3　警用通信系统

警用通信系统既应满足公安部门的通信指挥、监视和信息共享的需求，又满足全国公安一张网的要求。由警用视频监控系统、警用无线通信系统、消防无线通信系统、光纤网络系统和有线电话系统组成。鉴于公安部门的特殊性，必须保证该系统的独立性、保密性、安全性，在城市轨道交通范围内采用相对独立的网络。警用无线通信系统是为加强在城市轨道交通线管辖范围内日常治安管理，同时确保特别是各车站范围内出现重大案情或治安事件时，各级公安指挥人员能够对现场各警务人员统一进行指挥调度。

警用视频监控系统作为其有力的保障手段，不可或缺。可对所有车站的所有监视区实时监视，能够在远程和本地控制云台摄像机，并可设定优先级。车站设置公安数字录像机，对本站所有公安摄像机摄取的视频信号实施不间断录像。为保证城市轨道交通地下部分消防救援工作的顺利进行，在火灾现场提供一套高可靠性和稳定性的消防无线通信系统，实现地下车站的出入口、站厅层、站台层和隧道内消防人员畅通的无线通信联系。

光纤网络系统是为城市轨道交通公安分局与派出所及警务站提供数据及视频信息传送的网络平台，同时与上级公安计算机网络互联，可与之进行数据信息交流。

2.4.4 通信与其他专业的接口

1. 与土建工程的接口

与土建的接口主要是通信设备的安装问题。例如,地面线路两侧通信电缆的敷设和轨旁电话的安装;区间隧道通信电缆、漏泄同轴电缆的敷设和轨旁电话的安装;桥梁上通信电缆、漏泄同轴电缆的敷设及轨旁电话的安装;站台上闭路电视和时钟的布置及安装要求。同时,还需要注意轨行区内通信设备与限界的关系问题。

在控制中心、通信设备室、通信电源室在车站内的位置、通信电缆敷设及孔洞预留需要在土建设计阶段综合考虑布置及土建设计要求。通信电缆沟、槽、管、洞的预留位置,通信设备与限界的配合。

2. 与车辆专业的接口

通过车载通信设备可实现与控制中心的双向联系及对车厢内情况的实时监控。同时车内广播也由车载通信设备提供。车辆专业负责提供有关接口及预留安装位置。

3. 与动力及照明专业的接口

与动力及照明专业的接口设计分界点在各车站、车辆段、控制中心专用通信设备室的配电盘。

4. 与信号专业的接口

通信专业为信号专业提供通信信道及时钟信号。信号专业为通信专业提供车次号、列车位置等信息。信号专业提出区间、车站电缆管线及电缆敷设要求,并配合通信专业完成区间及车站通信信号电缆桥架以及全线贯通的接地扁钢的设计。

5. 与综合监控专业的接口

通信专业时钟、广播、视频监视、PIS、无线、网络管理系统与综合监控专业接口,时钟与综合监控接口分界点在通信机房配线架的接线端子外侧。通信 UPS 电源系统与综合监控专业的接口界面在通信机房 UPS 输出配电盘下线端口侧。

2.5 信号专业

信号系统是保证列车运行安全和提高行车效率的重要设备。由于城市轨道交通的行车密度高、站间距离短,对列车运行的安全性和自动化程度也有更高的要求。信号专业的系统设备必须满足故障—安全原则,具有唯一性。城市轨道交通信号系统是实现行车指挥、列车运行监控和管理所需技术措施及配套装备的集合体,是保障安全运行的重要系统。信号系统中各子系统应协同工作,构成一个有机整体,以行车指挥与列车运行控制为目标,具有保证行车安全、提高运行效率的作用。主要行车设备的计算机系统应采用双机热备，联锁、列车自动防护子系统等安全设备的计算机系统采用三取二或二取二加热备的冗余结构。正线信号系统具有安全、可靠的降级控制模式，当中央设备发生故障时，能够具有车站级控制功能。

信号系统的核心是列车自动控制（ATC，Automatic Train Control）系统。ATC系统主要由列车自动防护（ATP，Automatic Train Protection）子系统、列车自动运行（ATO，Automatic Train Operation）子系统和列车自动监控（ATS，Automatic Train Supervision）子系统组成。

2.5.1 ATC系统

ATC系统是一种能实现列车速度自动控制和列车运行间隔自动调整的信号系统。ATC系统取消了传统的地面信号，将车载信号作为主体信号，信号的含义发生质的变化，传递给列车的是具体的速度或距离信息。根据与先行列车之间的距离和进路条件，在车内连续地显示出容许的速度信息，或按设定的运行条件达到该容许速度的距离信息。根据上述信息列车自动地控制运行速度，进行超速防护，以达到自动调整行车间隔的目的，并实现列车在车站的定位停车。

ATC的基本原理是对列车运行自动进行控制，使其速度不超过地面信号设定的限制速度。根据列车位置检测方法及列车连接方法，ATC可以分为三类：阶梯式速度控制模式、一级制动控制模式和移动闭塞模式。目前，固定闭塞模式的列车位置检测方式与目标速度控制组合而成的阶梯式速度控制系统最常见，如图2.40所示。

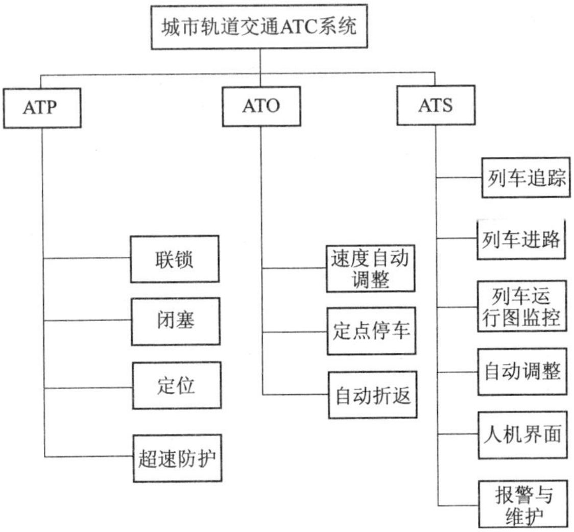

图2.40 城市轨道交通ATC系统结构

2.5.2 ATO 子系统

ATO 子系统的优点是可缩短列车间隔,提高线路的利用率和行车的安全可靠性。ATO 的功能包括:控制列车在允许速度下运行,并自动调整列车的速度;列车在区间或站外停车后,一旦信号开放,即可自动起动;系统控制列车到达站台的最佳制动,使列车停于预定目标点;停站结束、车门关闭后,列车能自动起动,通过与列车再生制动配合,还可以节约列车能耗。由于使用 ATO,列车可以经常处于最佳运行状态,避免了不必要的、过于剧烈的加速和减速,可显著提高乘客舒适度,提高列车准点率及减少轮轨磨损。

ATO 子系统包括 ATO 地面设备和车载设备,如图 2.41 所示。地面设备设置在每个车站 ATC 设备室内的车站停车模块或者 ATO 通信器、沿着每个车站设置的一组地面标志线或环路以及与 ATP、联锁系统的接口设备组成。车载设备由设置在列车每一端驾驶室内的 ATO 控制器、安装在列车两端底部用于接收和检测地面信息的标志器检测线圈以及用于接收对应停车点的对位天线组成。

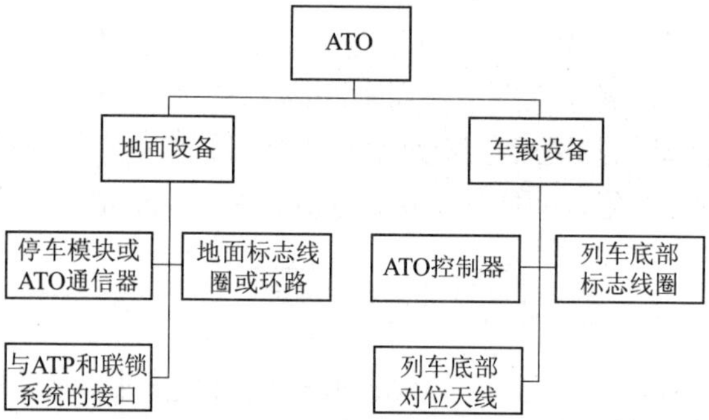

图 2.41 ATO 子系统结构

站间运行控制功能是 ATO 的主要功能。它可以生成牵引速度调节功能和制动控制信号,ATO 通过站间距离和站间运行时间自动计算出速度—距离曲线,通过连续比对实际速度和限速来控制列车的牵引和制动系统。

ATO 的列车自动调整功能。列车运行期间,ATO 列车通过自动调整列车实际运行时分以保证按图运行。用报文的形式把相应的信息通过轨道电路传递给列车车载设备。ATS 通过控制运营停车点的时间来控制列车的发车时刻,调整列车的站停时间。列车的自动调整功能原则是列车按照时刻表运行和最大可能的节能。

ATO 的定位停车控制功能是确保列车准确靠站停车的保证。定位停车控制一般采用距离控制方式。距离控制方式是根据制动的起停点并考虑起停点间的车速、车重、天气、惰行时间、线路条件等综合因素计算出制动模式,通过不断的修正和调整来减少停车位置的误差。

2.5.3　ATP 子系统

ATP 主要用于对列车驾驶进行防护,对与安全有关的设备和系统实行监控,实现列车间隔保护、超速防护等功能。ATP 的工作原理是:将信息(包括来自联锁设备和操作层面上的信息、地形信息、前方目标点信息和容许速度信息等)不断从轨道传至列车上,从而得到列车当前容许的安全速度,依此来对列车实现速度监督及管理。

ATP 子系统的功能包括:自动检测列车的位置和实现列车间隔控制,以满足规定的通过能力;连续监视列车的速度,实现超速防护。当列车实际速度大于允许速度时,施加常用制动;列车速度大于最大安全速度时,施加紧急制动,保证列车不冒进前方列车占用的区段。

ATP 子系统主要由车载和地面设备构成,如图 2.42 所示。

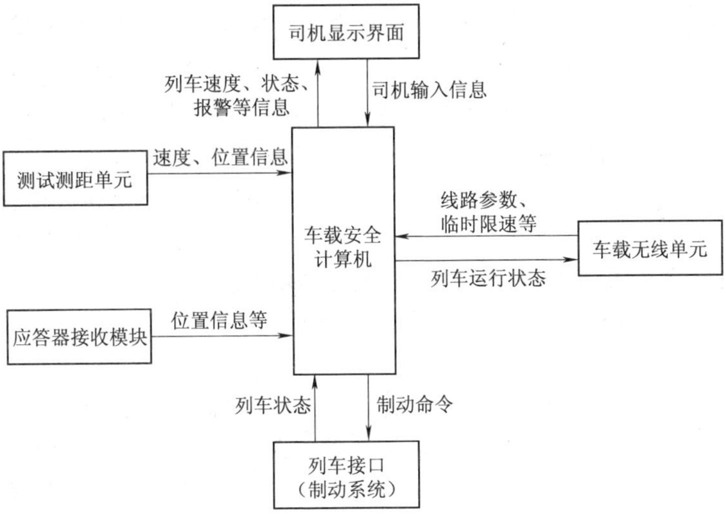

图 2.42　ATP 子系统结构

车载设备主要包括车载控制器(CC,Carborne Controller)、测速测距单元、地面信息接收单元、列车驾驶员显示屏等。其中 CC 是 ATP 车载的核心设备,用于从 ATP 各个模块获取关键信息,确定列车的位置,根据轨旁提供的信息生成列车制动曲线,实时监控列车的运行速度,并与制动曲线的允许速度作比对,如果出现超速立即向列车发出制动指令,从而控制列车安全运行。地面设备主要包括点式应答器、区域控制器(ZC),地面设备的主要功能是确保列车安全间隔和生成报文。列车安全间隔确保列车之间的最小安全距离,报文生成从各个轨旁设备中获取信息、整理数据并形成传达给车载设备的报文。

2.5.4 ATS子系统

ATS子系统主要是实现对列车运行的监督,辅助行车调度人员对全线列车运行进行管理。它可以显示全线列车运行状态,监督和记录运行图的执行情况,为行车调度人员的调度指挥和运行调整提供依据,如发现列车偏离运行图时可及时做出反应等。通过ATO接口,ATS还可以向乘客提供运行信息通报,包括列车到达、出发时间、列车运行方向、中途停靠点信息等。ATS子系统的功能包括:自动显示列车车次、运行位置和信号设备工作状态,自动或人工办理进路,编制和管理列车运行图,自动调整运行计划,自动描绘或复制列车运行实况,列车运行模拟仿真,车辆维修周期管理,向乘客向导系统提供信息,对运行数据自动统计和制表等等。

ATS配置多为多层体系结构,控制中心的中央ATS处于结构的高层,车站ATS处于结构的底层,与车站的前置机、联锁机及其他信号地面设备进行通信。当中央级ATS设备故障时,本地ATS可以接管中央的部分工作,并能实现联锁系统上位机的全部功能。位于控制中心的ATS可完成对全线列车的控制,实现列车时刻表管理、列车运行调整以及列车故障记录和报警等功能;还可以识别和跟踪列车,并将运行的实时情况显示在大屏幕上。车站本地的ATS可接收控制中心的信息编码,通过译码控制列车的站停时间。列车ATS负责接收、存储、发送列车信息,实现列车的跳停、运行登记和车门开关控制功能。

ATS子系统组成包括控制中心、车站、车辆段、列车识别系统及列车发车计时器等,如图2.43所示。

控制中心是ATS的核心,用于状态表示、运行控制和调整、列车追踪、时刻表编制及运行图绘制、运行报告、调度员培训等。ATS在控制中心的设备主要有网络设备、服务器、存储设备、显示设备等。ATS的这些设备可以分为系统硬件和系统软件部分:硬件系统包括不同的操作工作站、中央冗余服务器、培训设备及必要的通信设备;软件设备一般包括系统软件和应用软件两个部分。ATS的车站工作站用于特殊情况下人工调整在线列车的运行,车站值班员完成对本站所辖范围内列车运行状态的监督、进路铺排、道岔控制、信号开放等作业。对于设备集中联锁站和非集中联锁站的车站设备配置有所不同。集中联锁站设有ATS工作站,是ATS与地面其他信号设备的接口,采集车站设备信息传送控制命令,使车站联锁设备能接收 ATS 系统的控制,实现车站进路的自动控制。而非集中联锁站没有设置 ATS 工作站。非集中联锁站的车号识别、向导装置和发车计时器都通过集中联锁站的 ATS 分机与 ATS 系统联系。

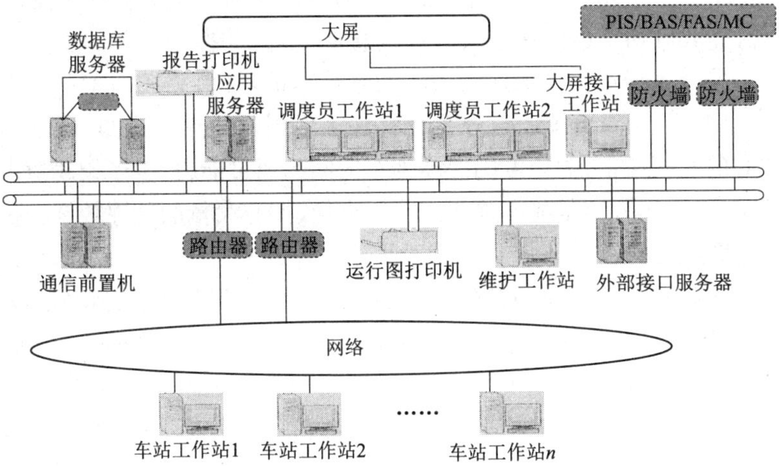

图 2.43　ATS 系统结构

ATS 子系统应该具备以下功能:网络应具有通用型、可扩展性,网络通信协议应采用国际标准协议;其次,应具有网络安全措施,对外部入侵及病毒等具有完备的防范措施和手段;整个系统有同步的时钟信号。无论在哪种控制模式,人工控制权限都应高于系统自动控制权限;正常监控模式应为控制中心自动监控模式,在各种控制模式转换过程中以及在新的控制模式转换成功并实现控制之前,原有的控制模式保持不变。

2.5.5　CBTC 系统

电气和电子工程师协会(IEEE,Institute of Electrical and Electronics Engineers)将 CBTC(Communication-based Train Control)定义为"利用高精度的列车定位(不依赖于轨道电路),双向连续、大容量的车—地数据通信,车载、地面的安全功能处理器实现的一种连续自动列车控制系统。"

与传统的以轨道电路作为信息传输媒介的 ATC 系统相比,移动闭塞制式可达到最小的运行间隔距离控制,提高行车效率。它采用无线通信技术,实现控制中心与运行列车之间的双向数据通信。移动闭塞是指当列车车载设备发生故障或列车前方出现障碍物时,列车和乘客能够置身于一个受到保护的区域内,即列车紧急制动后,在这个区域内能够安全地停车,不会与任何阻碍物(包括其他列车)相撞,也不会由于道岔位置没有调整到位而发生脱轨事故。这个安全区间会随着列车的移动而移动,故称移动闭塞。

1. CBTC 系统构成

CBTC 系统包括列车控制和信息传输两个主要部分,其中列车控制部分为 ATC 系统,完成对列车运行状态及数据信息的处理,并控制列车的安全运行。信息传输部分采用无线通信技术连续双向的进行车地通信,完成列车和地面之间的信息传输。CBTC 相对传统的信号系统有许多不同的特点。比如,可以实现车辆和控制中心的互相通信,大幅度的提高列车区间的通过能力;不依赖轨道电路的高精度列车定位;连续大容量的车地双向数据交换;拥有大量的处理数据和执行功能的车载及轨旁设备。

一个典型的 CBTC 系统包括列车自动监控系统(ATS)、区域控制器(ZC,Zone Controller)、数据库存储单元(DSU,Database Storage Unit)、联锁子系统(CI)、车载控制器(VOBC,Vehicle On-board Controller)及数据通信系统(DCS,Data Communication System)。ATS 完成列车运行监控和控制,但是它为一个非安全系统,主要功能为时刻表编辑和维护、进路铺排、运行图调整、列车运行记录及报警显示等。ZC 安装在轨旁,是基于处理器的安全控制器,基于区域内所有列车的位置和方向,根据来自列车的位置报告跟踪列车并对区域内列车发布移动授权,实施联锁,并持续更新和传输。DSU 保存所有的线路数据信息和配置文件。CI 完成管辖范围内列车进路的办理和取消,及道岔等设备的信息采集和相关操作。VOBC 主要负责列车安全定位,通过速度传感器和加速度传感器来确定列车的位置,并根据应答器绝对位置信息,矫正列车定位,提高列车位置精度,同时接收 ZC 发送的移动授权,对列车进行安全控制。DCS 实现 CBTC 系统各自系统之间的数据传输。

2. CBTC 系统特点

该系统具备大容量连续双向的车地通信;高精度的列车定位;地面及车载设备均采用安全计算机实施处理列车状态、控制命令、实现连续的列车间隔控制、进路控制、速度防护及自动驾驶;列车运行控制灵活、高精度、可实现移动闭塞;设备集成度高,可以减少地面设备,便于维修;系统结构简单,又利于降低系统全寿命周期内的运营成本。

2.5.6 与其他专业的接口

1. 与线路及轨道的接口

轨行区设备的安装位置,整个线路的状况和技术参数均为信号系统提供基础的数据基础。有岔车站线路布置的情况也将影响信号安全设计。轨道绝缘节的布置、道岔结构、道床结构及钢轨类型、线路速度限制(包括曲线、道岔及车站两端区间的速度限制)确定,将直接影响信号系统的设计。

信号设备与车站建筑和区间隧道(含桥梁)及限界的关系,信号设备室、车站控制室和信号维修用房的位置在设计阶段就必须考虑信号电缆沟、槽、管、洞的预留。发车指示器、紧急按钮和乘客向导指示装置的位置,在设计的阶段需要与后期的运营部门联系,充分了解运营的需求,做好既满足涉及的规范要求,又满足运营的实际需要。

2. 与车辆设备的接口

车载信号设备电源与车载信号设备电缆连接。同时,车载信号还需要掌握车辆专业的牵引、制动的基本参数,以保证信号软件系统与车辆协同工作的匹配性。

3. 与车辆段及综合基地的接口

车辆段站场布置及线路、轨道设计参数,试车线平、剖面情况都是信号专业需要掌握的。车辆段信号设备用房的位置、设备布置、信号设备安装及电缆的敷设、维修用房的位置、设备布置在设计阶段就需要考虑。

4. 与供电系统的接口

信号设备房内的综合接地网及接地线(母排)须严格按照规范要求。控制中心信号设备用房动力及照明供电必须单独设置,并在设备房内设置供电质量的检测设备。

5. 与通信系统的接口

信号专业的标准时钟信号由通信专业提供,确保信号系统与其他系统授时的准确性、同步性和唯一性。与乘客信息系统的接口,提供关于列车各站到发时刻的信息。此类信息主要包括车站的首末班车时间、站台上显示的当前列车到站时间、下趟列车到站时间、列车运行终点站等信息。信号系统也触发车站的列车到站广播。控制中心至各车站、车辆段的信号传输信道。

6. 与机电设备的接口

防淹门在区间内的位置、布置信息,以及门的开闭状态都纳入信号系统监视的范围与信号联锁的控制要求。控制中心、车站信号设备房的空调和通风系统需运转正常,保证设备房内的设备在适当的温度和湿度环境下可靠运行。信号系统与屏蔽门的接口主要有两个功能,一是列车到站对位停准后控制站台门关闭;二是监视屏蔽门的开闭情况,屏蔽门在非正常情况下开启时禁止列车启动出站或禁止列车进站,以确保乘客人身安全。

2.6 机 电 专 业

城市轨道交通机电专业涉及大量的设备和系统,本节重点介绍综合监控系统、火灾报警系统、环境与设备监控系统、通风空调系统、给排水系统、消防系统、自动扶梯与电梯系统、屏蔽门系统等八个方面。

2.6.1 综合监控系统

1. 功能概述

综合监控系统通过对关联系统的集成和互联,实现各系统间的监视。通过一个信息平台,提高运营的整体服务水平与救灾调度工作效率。

综合监控系统的主要功能包括对机电设备的实时集中监控功能和各系统之间协调联动功能两大部分,如图 2.44 所示。一方面,通过综合监控系统实现对电力设备、火灾报警信息及其设备、车站环控设备、区间环控设备、环境参数、屏蔽门设备、防淹门设备、电扶梯设备、照明设备、门禁设备、自动售检票设备、广播和闭路电视设备、乘客信息显示系统的播出信息和时钟信息等进行实时集中监视和控制的基本功能;另一方面,通过综合监控系统,还可实现非运营情况下、日间正常运营情况下、紧急突发情况下和重要设备故障情况下各相关系统设备之间协调互动等高级功能。

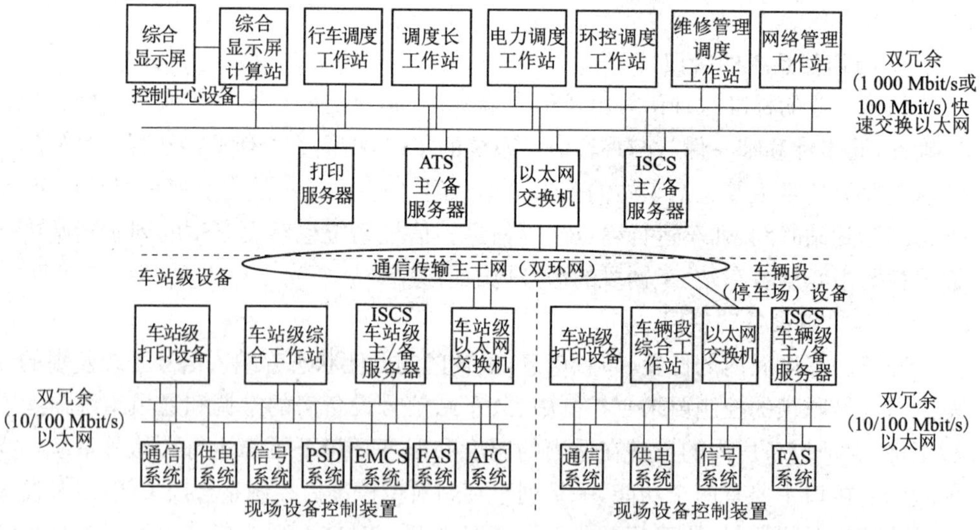

图 2.44 典型综合监控系统结构

综合监控系统采用两级管理模式，即中央级和车站级管理。正常情况下，由控制中心对全线机电设备进行统一监视和控制，车站设备仅起复示作用；也可通过中央授权车站对设备进行监视和控制。中央级综合监控系统主要由服务器、工作站、存储设备、前端处理器、交换机、打印机以及网络管理系统、大屏幕系统等部分组成。车站级综合监控系统对本站相关信息的采集和处理，车站值班员工作站可根据不同的用户权限激活相应的人机界面（HMI，Human Machine Interface），实现地铁车站级各监控系统的全部监视、控制功能。

设备操作采用三级控制方式，即中央级、车站级和现场级三级控制。对于设备而言，离设备越近，操作的优先权越高，就地级设备可以通过“本地”和“远程”转换开关强行获得设备操作权。设备处于低级控制模式时，控制优先权在底层。

2. 与其他专业的接口

综合监控系统涉及的系统接口众多，可以将综合监控系统的接口分为内部接口和外部接口两类。综合监控系统与集成系统间的接口为内部接口，与互联系统间的接口为外部接口。各系统具备以太网接口能力，接口位置在综合监控系统交换机。互联系统能够提供冗余接口，全部冗余接入综合监控系统。车站综合后备盘（IBP，Integrated Backup Panel）由各系统通过硬线单独连接。

车站级BAS系统通过以太网接口接入综合监控系统的车站级网络。车站级BAS系统通过硬线连接到IBP盘，实现故障或紧急情况下的关键控制功能。另外，FAS系统主机与BAS系统PLC之间还直接设置串行接口，实现在紧急情况时FAS系统与BAS系统之间的快速联动。

主变电所自动化系统远程通信光缆接入就近车站综合监控系统网络。

车站屏蔽门系统通过硬线连接到IBP盘，实现故障或紧急情况下的关键控制功能。屏蔽门与IBP盘的接口分界在车站控制室IBP盘配线端子外线侧。

门禁系统通过硬线连接到IBP盘，实现故障或紧急情况下对门禁终端设备的关键控制功能。

综合监控系统与PIS实现互联，在车站级和中央级均存在接口。综合监控系统与PIS的接口类型为通信接口。综合监控系统与广播系统在车站级和中央级存在接口。控制信号在车站/中央综合监控设备室配线架外线侧，音频信号在各车站级/中央级综合监控系统操作员工作站的外插口，接口类型为通信接口。综合监控系统与CLK的分界点在控制中心通信设备室配线架外线侧。综合监控系统与闭路电视系统在车站级和中央级存在接口，在车站/中央综合监控设备室配线架外线侧。CCTV目前逐步采用全数字化，接口类型为通信接口。

在控制中心的接口，接口分界点在中央信号系统设备室接口设备输出端口；信号系统与综合监控系统按既定的数据格式和数据交换方式信息交换。综合监控系统提供信号系统所需的大屏幕显示屏。信号系统负责在大屏幕上生成与信号有关的显示图像,并配合综合监控系统完成大屏幕的整体布局、显示。车站信号系统通过硬线电缆与车控室 IBP 盘接线端子连接。信号系统负责发送 IBP 盘与信号有关的显示及报警信号,接受 IBP 盘与信号有关的控制信号,接口类型为通信接口和硬线连接。

集中告警系统与综合监控系统存在互联接口,综合监控系统通过该接口接收集中告警系统各类告警信息并在统一的界面上显示。

综合 UPS 在车站和中央与综合监控系统存在互联接口,综合监控系统通过该接口接收全线 UPS 各类设备状态信息,并可对全线 UPS 进行必要的控制干预。

综合监控系统与防淹门之间设通信接口和硬线接口,实现在中央和车控室对防淹门故障报警、状态查询等功能,以及紧急状态下通过 IBP 盘对防淹门进行控制操作。

动力照明专业提供满足综合监控系统要求的接地,接口界面在车站、车辆段和控制中心的综合监控设备室接地箱接地端子,动照专业在各车站设置电气火灾预警系统。通信传输系统提供综合监控系统所需的 OCC 至各车站、车辆段等处的传输光纤,其界面在通信设备室的配线架外线侧。土建专业提供满足综合监控系统及各集成子系统的设备用房要求。

2.6.2 火灾报警系统

1. 功能概述

火灾报警系统(FAS)是防灾系统中不可缺少的一部分。FAS 由全线车站、车辆段/停车场的车站级系统和车辆段的系统维护工作站等联网组成。系统设置两级(中心、车站)管理,三级(中心、车站、就地)控制功能。全线 FAS 完全融入综合监控系统,作为其子系统,FAS 中央级、车站级以及全线维修维护功能统一由综合监控系统实现。

FAS 在灾害发生初期能够及时发现、确认火灾,及时发送火灾指令。通过综合监控系统、环境与设备监控子系统以及其他互联系统,控制相关设备按照既定的灾害工况模式运行。在紧急情况下,可以通过设在车站控制室的综合后备盘实现对消防联动设备的分类模式控制,尽可能将火灾危害降到最低点,为乘客和工作人员提供安全的乘车、工作环境。

FAS 中央级设备设立在控制中心,由火灾报警控制主机负责监视和接收全线各车站、控制中心、车辆段和停车场的火灾报警控制器。

FAS 现场级设备主要包括:火灾报警控制主机、消防专用电话系统、消防专用广播系统(设于车辆段/停车场)、消防联动控制盘、现场回路总线、隧道火灾探测系统及各类火灾探测设备等。

手动火灾报警按钮如图 2.45 所示。

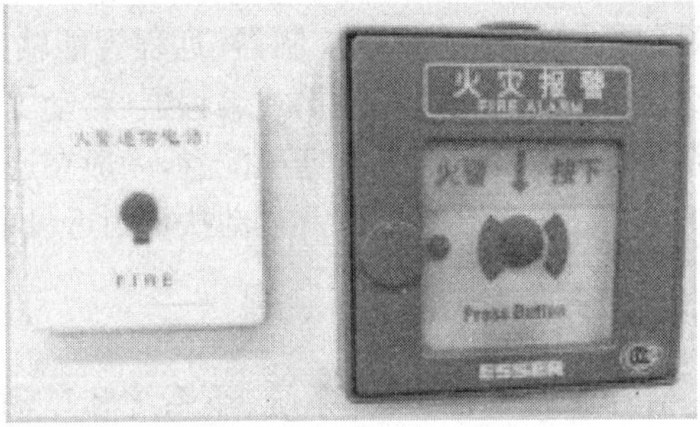

图 2.45　手动火灾报警按钮

2. 与其他专业的接口

FAS 根据消防、设备的需求向建筑专业提出设备用房、管理用房、管线布置位置的需求。

FAS 与防火阀的接口：在防火阀的执行器接线端子上。

FAS 与动力照明专业的接口：在接地箱端子排。在区间设备房供电电源切换箱出线端。在蓄电池充电柜的接口端子。在控制中心大楼、车辆段、停车场等建筑内非消防电源总开关接线端子。

FAS 与给排水及消防专业的接口：在地下车站消防给水系统管路的电动蝶阀执行器接线端子。在车站、车辆段消防（喷淋）泵房内消防水泵（喷淋水泵）就地控制柜接线端子。在水喷淋系统现场的水流指示计、信号蝶阀、压力开关、报警阀等设备的信号输出端子。

主变电所 FAS 作为全线 FAS 的一部分，主变电所 FAS 分机直接接入就近车站的综合监控系统网络或通过接入就近车站的 FAS 主机来接入全线网络。

2.6.3　环境与设备监控系统

环境与设备监控系统（BAS）采用可编程逻辑控制器（PLC）控制技术和网络技术，通过过程控制技术对系统环控设施按功能、系统运行工况和地铁环境标准等进行监测、控制和科学管理，同时配合综合监控系统下 FAS 子系统、SCADA 子系统及其他互联系统实现特殊工况下的联动。为乘客及工作人员创造舒适、安全的乘车、工作环境，并达到节能高效的目的。

BAS 是城市轨道交通系统现代化管理不可缺少的组成部分，由全线车站、车辆段/停车场的车站级系统和车辆段的系统维护工作站等联网组成。系统设置两级(中心、车站)管理,三级(中心、车站、就地)控制功能。全线BAS完全融入综合监控系统,作为其子系统,BAS中央级、车站级以及全线维修维护功能统一由综合监控系统实现。

BAS现场级主要包括:车站主PLC控制器、远程智能输入输出模块、各类传感器、执行机构、现场总线控制网络以及便携式编程器(移动工程师站)等。

就地级监控设备根据机电设备的设置情况配置,一般在通风空调配电室(或低压室)、照明配电间、环控机房、水泵房内以及自动扶梯附近设就地控制柜(箱)等。

2.6.4 通风空调系统

通风空调系统包括隧道通风系统、大系统、小系统和车辆段系统4个组成部分:隧道通风系统包括区间隧道的活塞通风、机械通风(兼排烟)与辅助设备及站内隧道排风(兼排烟)等;大系统指车站出入口通道、站厅和站台公共区的通风及消防排烟;小系统指车站范围内,除隧道通风系统和大系统服务范围以外的所有环境皆为车站的设备管理用房区域,满足该区域环境内不同房间的空调通风要求,并同时兼有排烟功能;车辆段系统指车辆段及综合基地通风空调系统。

正常运行工况时,充分利用列车行驶产生的活塞效应和活塞风井的吐纳作用,排除列车产生的余热余湿,吸入地面的新鲜空气对区间隧道进行通风换气,保证区间隧道内夏季最高平均温度不得高于40℃,冬季平均温度不应高于地层的自然温度,但最低不低于5℃,为乘客提供较舒适的乘车环境。

当列车阻塞在区间隧道内时,通过开启相关的射流风机、隧道风机及其相应的风阀,合理组织气流,系统向阻塞区间提供一定的送、排风量,保证列车通风与空调设备正常运行,维持列车内部乘客能接受的热环境条件。当区间隧道内发生火灾事故时,通过开启相关的射流风机、隧道风机及其相应的风阀,合理组织气流,形成一定的断面风速,迅速排除烟气,并向乘客、工作人员提供必要的新风量,以利人员疏散和消防员灭火救灾。对于隧道通风系统,应该在保证系统上述各种功能的前提下,使之尽量简化,以减少设备数量、占用机房面积和简化运行模式。

1. 活塞通风

当列车的正面与隧道断面面积之比(称为阻塞比)大于0.4时,由于列车在隧道中高速行驶,如同活塞作用,使列车正面的空气受压,形成正压,列车后面的空气稀薄,形成负压,产生空气流动。利用这种原理通风,称之为活塞效应通风。

活塞风量的大小与列车在隧道内的阻塞比、列车行驶速度、列车行驶空气阻力系数、空气流经隧道的阻力等因素有关。利用活塞风来冷却隧道,需与外界进行有效地空气交换,因此需要设置较密的风井,以满足有效换气量的设计要求。

2. 机械通风

当活塞通风不能满足要求时，要设置机械通风系统，可采用活塞通风与机械通风的联合系统。一般情况下，车站与区间分别设置独立的通风系统。车站通风采用横向的送排风系统，区间采用纵向的送排风系统，这些系统应同时具备排烟功能。

2.6.5 给排水系统

给排水系统为城市轨道交通系统提供运营所需的生活、生产、消防等用水；同时，收集生活、生产、消防中产生的废水，通过车站排水设备后排出车站。

1. 给水系统

车站给水系统一般由3个独立系统组成，车站生产生活供水系统、消防供水系统、空调水冷机组冷却循环水系统。其中生产生活供水和消防供水的水源来自市政的供水管路。供水由车站附近的市政管网引入。在靠近车站的地下设置有水表井，内部装有水表和阀门。供水管路一般沿着车站的风道出入口进入地下车站内部，车站内设置有总的进水阀门。

消防给水根据车站附近市政管网的情况，一般采用两路进水的方式。室内消火栓系统两路进水进入车站消防泵房后，每路各有一个加压水泵。消防管路在车站内以环状布置，并与隧道内的区间消火栓管道联通。每个地下车站消火栓增加泵负责一半区间隧道内消火栓的增压工作。

2. 排水系统

排水系统采用分流制，废水、污水、雨水就近集中，分别由潜污泵抽升后排入市政排水系统。排水泵根据设置的位置和排水的性质分别设为：车站废水泵房、车站污水泵房、区间废水泵房、局部集水坑泵房、洞口雨水泵房、车辆段污水处理场。每个排水泵房设两台潜污泵（靠近河流处和洞口雨水泵房设三台），平时一台工作，一台备用，当消防时或暴雨时两台或三台同时工作。全线生活污水经化粪池处理后排入市政污水管道，车辆段及综合检修基地的生产污水经处埋达到排放标准后排入市政污水管道。车站主废水泵、洞口雨水泵等设置水位自动控制、就地控制、监控室远程控制等，其余排水泵设置水位自动控制、就地控制。

3. 与其他系统的接口

城市轨道交通系统用水点的水源为城市自来水，每个站、段，均应设两条独立的引入管。引入管从不同的城市环状干管接入，须与当地自来水公司及消防主管部门协商，最终取得协议。各排水点的位置及排水方式，也应征得城市主管部门的认可。

与土建工程的接口。给水管道及阀门向土建工程提出在区间、车站（包括隧道、地面、高架）的敷设方式及位置和安装需求。车辆段及综合基地给排水及消防可成独立系统。给排水泵低压配电，其中车站和区间隧道的排水泵采用自动化泵房，设高、低、危险三个水位控制水泵的启动和停止。消防泵、洞口雨水泵和消防废水泵设两路供电。

2.6.6 消防系统

1. 功能概述

消防包括水消防系统和高压细水雾全自动灭火系统和手提灭火器。全线按同一时间内发生一次火灾考虑。地下车站一般只设置消火栓系统，与车站相邻设置的物业开发面积超过 500 m^2 的车站设置自动喷水灭火系统条件外，同时与物业开发区相连的站厅 10～15 m 范围内也设自动喷水灭火系统。站厅非乘客疏散区和通道疏散宽度外附设的小于 200 m^2 以下的小商铺设简易自动喷水灭火系统或利用高压细水雾灭火系统一并进行保护。车站、车辆段消火栓系统加压泵采用消火栓箱内水泵启动按钮直接启动、消防控制手动盘控制、消防泵房就地控制等三种方式。其运行状态在消防控制室内显示。自动喷水系统加压泵采用压力控制开关自动启动、消防控制室手动盘控制、就地控制等三种方式。其运行状态在消防控制室内显示。

气体灭火系统用于重要设备用房和办公用房，在火灾情况下采用惰性气体方式灭火，在车站内按照区域分成七个独立的子系统，每个子系统包括智能烟感/温感探测器、气体灭火药剂储存装置、气体分布管道、自动释放装置及其管道设备设施等，分别连接到火灾报警系统的车站控制主机上。当接收到火灾报警系统发来的火灾报警信息后，相关区域的气体灭火子系统自动按照预设模式控制气体灭火装置进行灭火操作。在无人值班场所，采用二氧化碳气体灭火系统，对于技术室、管理室等办公用房，采用七氟丙烷灭火系统。所有设备的状态信息都发送给火灾报警系统的车站级控制主机，并通过通信主干网将所有报警信息和设备运行状态信息发送到控制中心，由控制中心统一显示并管理。

2. 与其他系统的接口

消防系统作为城市轨道交通安全运营的基础，与各专业均有密切的联系。在设计阶段就需要整体系统地考虑消防设施设备的配置问题，以及与其他机电设备的接口兼容性问题。在建设阶段除了需要单独进行设备的安装调试外，还需要参与系统的联调。在正式试运营前还必须通过专项验收。

2.6.7 自动扶梯与电梯系统

自动扶梯是城市轨道交通车站内集散乘客的主要运输工具之一，通过它可以将乘客安全、快速、舒适的送入站台或安全疏散到地面。由于城市轨道交通客流大、乘客相对密集，这就对自动扶梯的性能提出了特定技术要求。为了方便残疾人乘坐城市轨道交通，在出入口和站厅至站台之间应各设一台电梯。

城市轨道交通的自动扶梯一般选用公共交通重载型梯，自动扶梯按照安装的位置分为室内型和室外型。电梯的日常管理和维护须按照特种设备的管理要求开展。运营企业需要安排专人负责电梯的管理工作，并根据国家、地方的法律法规要求取得对应的电梯管理、维护管理资质。地下车站内，在紧急情况下停止的下行自动扶梯，可固定用作紧急通道，上行自动扶梯可继续向上运转。车站出入口提升高度超过 6 m 时，应设上行自动扶梯；超过 12 m 时应考虑上、下行均设置自动扶梯。站台与站厅间应设上行自动扶梯，提升高度超过 6 m 时或重要车站上、下行均应设置自动扶梯。

车站站厅至站台、站厅至地面原则上配置垂直电梯，垂直电梯选用无机房电梯。站台至站厅电梯一般配置在付费区，站厅至地面电梯一般配置在非付费区并尽量与出入口结合，采用无人值班的方式，乘客能自行操纵电梯升降。

2.6.8　屏蔽门系统

1. 功能概述

屏蔽门(PSD，Platform Screen Door)的布置以有效站台中心线为基准，在车站站台边缘向两边对称布置，位于列车在车站的正常停车范围内，且列车驾驶员上下门位于端门外。屏蔽门的顶箱兼作站台导向板，应与车站建筑装修协调一致。每节车厢对应屏蔽门范围内设置一道应急门。屏蔽门滑动门、应急门布置范围内严禁设置任何形式的横向变形缝，屏蔽门安装应与站台板的坡度保持一致。屏蔽门主要有两种型式，一种为半高门(见图 2.46)；另一种为全高门(见图 2.47)。屏蔽门系统设备性能结构简单、维修方便、质量稳定、运行可靠，遵循模块化和冗余设计的原则。屏蔽门控制系统应采用标准、通用、开放、工业的通信协议，以便与综合监控系统的接口形式简化和运营安全可靠。

图 2.46　半高安全门

图 2.47　全高安全门

与信号系统的接口采用继电器触点硬线连接,并采用无源节点双切回路设计。屏蔽门电源为一级负荷,由动力照明专业提供两路相互独立互为备用的AC 380 V电源自动切换供电。正常运行模式能满足乘客上下车,事故状态时能为乘客提供安全疏散的通道,并配合完成相应的火灾排烟模式。

屏蔽门系统有如下三种运行模式。

(1)正常运行模式

在系统正常运行模式下,列车正确停站时,屏蔽门系统接受信号系统(ATC)指令控制活动门的开/关。开门操作:当列车停站,信号系统在收到驾驶员打开列车车门指令后,如果与允许开门继电器相一致,则自动向屏蔽门主控机(PSC,Platform Station Controller)发出开门命令,通过门机控制单元(DCU,Door Control Unit)等,执行解锁、开门等顺序操作。

列车准备发车时,信号系统在收到驾驶员关闭列车车门指令后,自动向PSC发出关门命令,通过DCU等执行关门、闭锁等顺序操作。在所有屏蔽门关闭后,PSC向信号系统发出所有屏蔽门关闭并锁闭的信号,允许列车离站。驾驶员确认所有列车车门和屏蔽门关闭完好、无夹人夹物后,方可发车离站。

(2)非正常运行模式

当系统不能正常运行时,如列车停位不正确、信号系统故障、信号系统与屏蔽门系统通信中断、屏蔽门系统局部故障等非正常情况下,驾驶员可通过站台屏蔽门系统端头控制盒(PSL,PSD System Local panel)进行屏蔽门的开门、关门操作。

开门操作:驾驶员先打开PSL上的钥匙开关,然后操作PSL的开门按钮,发出开门命令,DCU接收到开门命令后,执行解锁、开门等顺序操作。

关门操作:由驾驶员操作PSL的关门按钮,发出关门命令,DCU接收到关门命令后,执行关门、闭锁等顺序操作。在所有屏蔽门关闭后,PSL向信号系统发出所有屏蔽门关闭并锁闭的信号,允许列车离站。驾驶员确认所有列车车门和屏蔽门关闭完好、无夹人夹物后,方可发车离站。

屏蔽门关闭后无法发车:当所有屏蔽门关闭,但信号系统仍然不能确认而无法发车时,由驾驶员先打开PSL上的钥匙开关,然后操作PSL上的PSD互锁解除钥匙开关,发出强制发车信号,允许列车离站。驾驶员确认所有列车车门和屏蔽门关闭完好、无夹人夹物后,方可发车离站。

(3)紧急运行模式

当正常运行模式(系统级控制)、非正常运行模式(站台级控制)均不能操作屏蔽门时,在站台侧,由站台工作人员用钥匙打开活动门;在轨道侧,由驾驶员通过车内广播通知乘客使用PSD上的手动解锁把手自行开启屏蔽门。

在紧急情况下，如隧道内或者站台、站厅发生火灾等紧急情况，可由车站值班员操作车控室内屏蔽门操作指示盘（PSA，Platform Supervision booth local Alarm panel）控制按钮或经授权后通过电话和广播通知站台值班员操作 PSL 对活动门进行开/关控制。

以上各种运行模式下的控制，具有优先级处理功能，即紧急运行模式下的具有最高优先级，非正常运行模式下的控制优先于正常运行模式下的控制。

2. 与其他系统的接口

与土建工程的接口。屏蔽门的安装应满足限界要求，为保证屏蔽门在车站的安装方式、结构预埋件的位置及荷载负荷车站的整体要求。屏蔽门需要根据土建专业提供车站有关结构图、平面图、剖面图及部分详图，确定屏蔽门的尺寸、布置、结构和安装、与土建工程连接部分的附属部件及密封材料的选材。

与车辆的接口。车辆需通过信号车载设备与轨旁设备的接口，将列车开/关门命令信号送至屏蔽门控制系统。屏蔽门结构需根据列车编组形式、列车长度、列车车门布置及尺寸（高、宽）等主要参数确定。屏蔽门应满足列车停站位置及位置误差要求。

与弱电系统的接口。车站动力照明专业向屏蔽门系统提供两路三相 380 V、50 Hz 交流电源，负荷等级为一级，并提供双电源自动切换箱（设置在屏蔽门控制室）。屏蔽门控制室内应设置接地端子排。

与信号系统的接口。信号系统可采用有接点的方式。信号系统与屏蔽门系统之间的接口形式采用继电器触点方式，继电器触点信号按双回路方式敷设线缆，信息交接点为车站屏蔽门控制室主控机的端子排。屏蔽门因故采取互锁解除操作时，向信号系统发送互锁解除状态信息。信号系统向屏蔽门系统发送开/关屏蔽门命令，屏蔽门系统向信号系统发送所有滑动门及应急门关闭并锁紧信号。

与综合监控系统的接口。屏蔽门系统与综合监控系统通过现场总线及硬接线两种形式连接，信息交接点在车站屏蔽门控制室系统的主控机端子排、UPS 电源装置端子排，接口形式分别为总线接口和继电器触点接口。屏蔽门专业按系统间约定的通信规程将屏蔽门的状况、故障以及系统内其他设备信息按要求发送至综合监控系统，并将 UPS 的所有故障、状态信息以独立回路传送至综合监控系统。综合监控系统在车控室内实现屏蔽门的故障报警，状态查询以及运营管理等方面的功能。同时，综合监控系统可通过 IBP 盘对屏蔽门系统进行紧急级操作。

复习思考题

1. 简述城市轨道交通车辆制动模式及原则。

2. 简述用电负荷分类。

3. 简述车辆限界、设备限界、建筑限界的关系。

4. 简述专用通信系统组成。

5. 简述ATO、ATP、ATS三者的关系。

6. 简述综合监控系统的基本功能。

第3章 运 营 计 划

乘客的需求是多种多样的，而且各种不同的需求性质不同，特性也不同，客观上就要求有各种不同的供给形式与之相适应，来满足各种不同的需求。根据出行的目的，乘客对城市轨道交通系统的需求特性可以分为两大类：工作性出行和非工作性出行。编制运营计划的基本思想和最终目的就是充分认识需求的多样性和不同特性，尽量满足大多数乘客的出行需求，保证运能和运量的相对平衡，逐步增加运输供给，适应日益扩大的运输需求，合理引导需求。

在现代化的大都市中，在一年内的不同季节、一周内的不同日子、一天的不同时段，城市轨道交通的客流都有着自身的变化规律；同时，随着社会的发展，客流也保持了较快的增长速度。因此，城市轨道交通部门必须根据客运市场的变化、运输需求特点，制订合理的运营计划，综合平衡运量需求和运能供给、组织日常运输生产。

运营计划是城市轨道交通系统日常运输组织的基础。从社会服务效益看，城市轨道交通系统应充分发挥运量大和服务有规律的特点，安全、迅速、正点和舒适地将乘客运送至目的地。从企业经济效益看，城市轨道交通系统的运营应实现高效率和低成本。为了达到这个目标，运营组织必须以运营计划作为基础，即根据客流的特点、设备设施条件、组织能力、维护保养能力，合理编制运营计划，合理调度指挥列车的运行，实现计划运输。运营计划主要包括客流计划、全日行车计划、列车运行交路、车辆运用计划、列车开行方案等内容。

3.1 客 流 计 划

客流计划是对实现运营计划期间城市轨道交通线路客流的规划。它是编制全日行车计划、车辆运用计划和列车交路计划的基础。

3.1.1 客流概念

客流是指在单位时间内，运营线路特定运行方向运送的乘客人数。客流的概念既表明了乘客在空间上的位移及其数量，又强调了这种位移带有方向性和具有起讫位置。客流可以是预测客流，也可以是实际客流。客流是动态流，随天、时、地的变化而改变，这种变化是城市社会经济活动、生活方式在城市轨道交通系统的反映。

本章主要涉及的客流术语包括断面客流、最大断面客流、高峰小时最大断面客流。

(1)断面客流量

断面客流量是指在单位时间内,通过城市轨道交通线路某一地点的客流量。单位时间可以是一昼夜、一小时或其他的单位时间。在实际运用中,通过某一断面的客流量就是通过该断面所在区间的客流量。断面客流量可分为上行断面客流量和下行断面客流量。

(2)最大断面客流量

单位时间内通过城市轨道交通线路各个断面的客流量一般是不同的。最大断面客流量是指出现最大客流的断面客流量。上下行方向的最大客流断面一般不在一个断面。

(3)高峰小时最大断面客流量

在以小时为单位计算断面客流量的情况下,分时断面客流量最大的小时称为高峰小时。城市轨道交通线路的高峰小时一般出现在当地上班工作时间前的早晨和下班时的傍晚,故也称为早高峰小时和晚高峰小时。高峰小时最大断面客流量是指高峰小时最大客流断面的客流量,该指标是行车组织和车站设备容量确定的一项基础资料,也是评估车辆拥挤度的重要指标。

(4)车站客流量

车站客流量包含全日、高峰小时和超高峰期在轨道交通车站上下车和换乘客流量以及经由不同的出入口、收费区的进出站客流量和换乘客流量。超高峰期是指在高峰小时内存在一个15～20 min的上下车客流特别集中的时段。客流高峰小时和超高峰期客流量决定了车站设计规模,也是确定站台宽度、售检票机数量、楼梯和通道宽度等的基础数据之一。

对城市轨道交通的日常客流,一般统计三个数据:进站客流、出站客流、换乘客流。对应三个数据累加统计三个量:客运量、集散量、乘降量,统计周期多以日为单位。通常来说,城市轨道交通对外发布的客运量由进站客流与换乘客流之和得出,不再累加出站客流;而集散量则为进站客流加出站客流,乘降量为进站客流、出站客流、换乘客流的总和。

客流变化主要体现在空间分布和时间分布的变化两个方面。

3.1.2 客流变化分析

1. 一日内各小时的客流变化

一日内的小时客流变化主要分为工作日及双休日(节假日与双休日类似)小时客流变化两种类型。工作日客流呈现明显的早、晚高峰特征,因早晨客流的时间性较傍晚客流的时间性要求强，从而导致早高峰客流的密集程度及客流数量比晚高峰都大，而双休日及节假日客流没有明显的早晚高峰，往往呈现出明显的单峰特征。同时客流在高峰小时内分布也是不均衡的，往往还存在着 15～20 min 左右的超高峰期。全日分时最大断面客流量是确定城市轨道交通系统全日行车计划和车辆运用计划的基础数据。车站高峰小时客流量是确定车站出入口、楼梯、售检票设备数量，计算站台、楼梯、通道宽度的依据，超高峰系数为一般取值为 1.1～1.4。某城市轨道交通工作日线路小时客流变化情况如图 3.1 所示。

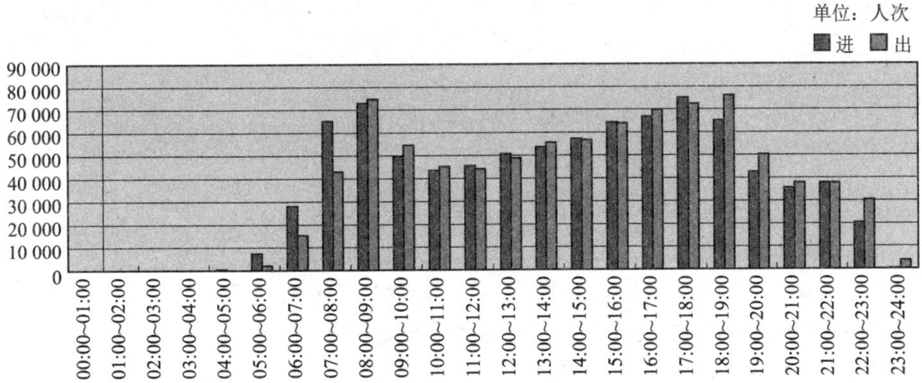

图 3.1 某城市轨道交通工作日线路小时客流变化图

客运量时段系数为各时段的客运量与全日客运量之比。假定 7:00—10:00 与 16:00—19:00 为高峰时段，其余运营时段为非高峰时段，G 为客运量高峰时段均值系数，H 为客运量平峰时段均值系数，一般交通需求时段分布的不均衡性为：很不均衡 $G/H \geqslant 2.0$，一般不均衡 $1.5 \leqslant G/H < 2.0$，较均衡 $G/H < 1.5$。

2. 一周内每日客流的变化

现代都市人的活动规律以周为循环，全日客流量在一周之内一般呈规律性日客流变化。在每周的工作日，通常会出现早晚 2 个高峰。双休日出现的早晚两次高峰并不明显，全日客流往往也有所减少；而在连接商业网点、旅游景点的城市轨道交通线路上，客流又往往会有所增加。周一与节日后的早高峰小时客流量，以及周末与节日前的晚高峰小时客流会大于一般工作日早、晚高峰小时客流。从运营经济性考虑，应根据不同的客流量在一周内实行不同的全日行车计划。

3. 季节性或短期性客流的变化

客流还存在着季节性变化特点。例如，每年的春节，因流动人口减少，线路客流通常是全年的低谷。在旅游旺季，城市中流动人口的增加会使城市轨道交通线路的客流也随之增加；而短期性客流的激增，通常是因为节假日、举办重大活动、遇天气骤变引起的。

4. 各条线路客流的不均衡

各条线路客流的不均衡体现为不同线路的客流量差异和客流分布的差异。包括现状客流分布的不均衡和客流增长的不均衡两个方面,共同构成整个城市轨道交通网客流分布的不均衡。

5. 各个方向客流的不均衡

在城市轨道交通线路上由于客流的流向不同,各条线路的上下行方向的客流通常是不相等的。在放射状的轨道线路上,早、晚高峰小时的各个方向客流的不均衡尤为明显。

$$\alpha_1=\frac{\max(A_{\max}^{上},A_{\max}^{下})}{(A_{\max}^{上}+A_{\max}^{下})/2} \tag{3.1}$$

式中 α_1——各个方向客流的不均衡系数;

$A_{\max}^{上},A_{\max}^{下}$——分别为上行、下行最大断面客流量(人/h)。

当 α_1 较大时,即出现了上、下行方向最大断面客流量不均衡,对于直线走向(需要折返)的城市轨道交通线路做到运力合理匹配就很困难,目前主要通过制定不均衡的列车运行图解决此问题。而在环形城市轨道交通线路上则可使用内外环线路安排不同运力的方式予以解决。

6. 各个断面客流的不均衡

在城市轨道交通线路上由于各个车站乘降人数不同,必然存在线路单向各个断面的客流存在不均衡现象。

$$\alpha_2=\frac{A_{\max}}{\sum A_{\mathrm{i}}/n} \tag{3.2}$$

式中 α_2——各个断面客流的不均衡系数;

$A_{\max}$——单向最大断面客流量(人/h);

A_{i}——单向断面分时客流量(人/h);

n——单向区间数量(个)。

当 α_2 较大时,即在断面客流量不均衡时,运营部门通常采用在客流量较大的区段加开折返列车、空车运行至客流较大的区段载客等措施,这将对运营组织和车站折返设备提出更高的要求。

7. 各车站乘降人数的不均衡

在城市轨道交通线路上,全线各站乘降量总和的大部分往往集中在少数几个车站上。新的居民住宅区、新的城市轨道交通线路投入运营、商业中心分布变化,都会使车站乘降量发生较大的变化,引发不均衡的加剧或新的不均衡。

3.1.3 客流计划

在新线投入运营时，客流计划根据客流预测资料进行编制；在既有运营线路的情况下，客流计划则根据客流统计资料和客流调查资料进行编制。客流计划主要包括站间到发客流量，各站方向别上下车人数，全日、高峰小时和低谷小时的断面客流量，全日分时最大断面客流量等。

表 3.1 站间到发客流表 单位：人/h

发/到	A	B	C	D	E	F	G	H	计
A	0	5 830	5 200	6 200	3 505	8 604	9 620	17 658	56 617
B	6 890	0	1 420	4 575	3 694	5 640	6 452	14 566	43 237
C	4 580	1 212	0	423	724	2 100	2 430	3 511	14 980
D	6 520	2 454	523	0	423	1 247	1 434	3 569	16 170
E	3 586	1 860	866	513	0	356	1 211	2 456	10 848
F	7 625	6 320	1 724	2 413	385	0	750	4 857	24 074
G	9 654	8 214	2 130	4 547	1 234	960	0	1 463	28 202
H	15 607	12 500	4 324	5 234	2 567	5 427	2 401	0	48 060
计	54 462	38 390	16 187	23 905	12 532	24 334	24 298	48 080	242 188

客流计划的编制基础为站间到发客流量资料，然后分步计算出各站上下车人数和断面客流量表。表 3.1 是某城市轨道交通线路的站间到发客流量表，A 站至 H 站方向为下行方向。根据站间到发客流量资料，可以计算出各站上下车人数，见表 3.2。根据各站上下车人数，可计算出断面客流量数据，见表 3.3。根据表 3.3资料可绘制断面客流图，见图 3.2。从图中可以直观地看出上行最大断面客流量出现在 D-E 区间，下行最大断面客流量出现在 C-D 区间。计算完毕的各时段最大断面客流表将是计算全日行车计划的基础。

表 3.2 各站上下车人数

下行上客数	下行下客数	车站	上行上客数	上行下客数
56 617	0	A	0	54 462
36 347	5 830	B	6 890	32 560
9 188	6 620	C	5 792	9 567
6 673	11 198	D	9 497	12 707
4 023	8 346	E	6 825	4 186
5 607	17 947	F	18 467	6 387
1 463	21 897	G	26 739	2 401
0	48 080	H	48 060	0

表 3.3 各区间断面客流量(人)

下行	区间	上行
56 617	A-B	54 462
87 134	B-C	80 132
89 702	C-D	83 907
85 177	D-E	87 117
80 854	E-F	84 478
68 514	F-G	72 398
48 080	G-H	48 060

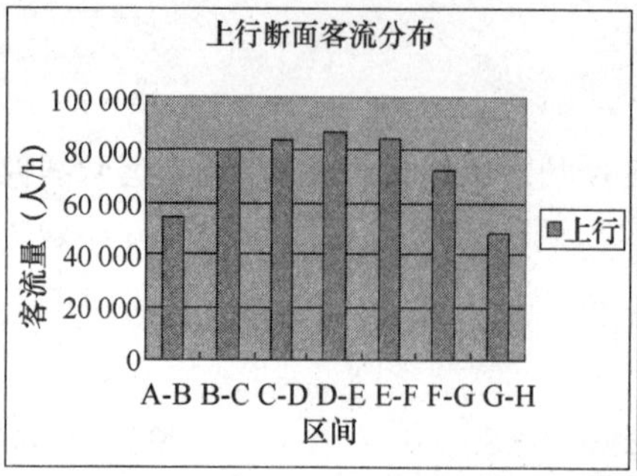

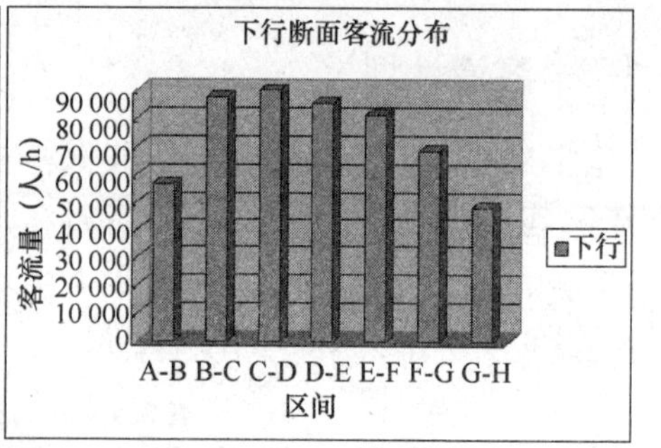

图 3.2 断面客流量示意

客流计划的编制以站间发、到客流量数据作为原始资料,通过计算得到各站方向别上、下车人数和全日分时最大断面客流量等客流数据。在客流计划编制过程中,高峰小时的断面客流量可以通过高峰小时站间发、到客流数据,以上面所述的步骤进行计算。也可以通过全日站间发、到客流量数据来估算。即采用全日站间发、到客流数据求出全日断面客流量数据后,依据高峰小时的断面客流量占全日断面客流量的一定比例来估算,比例系数的取值可通过客流调查来确定。详细内容将在下节中介绍。

3.2 全日行车计划

全日行车计划是城市轨道交通运营时间内各个小时开行的列车对数计划,它规定了城市轨道交通线路的日常运输任务,是编制列车运行图,计算运输工作量和确定车辆运用的基础资料,全日行车计划编制的基础是客流计划。

3.2.1 全日行车计划编制资料

1. 运营时间

城市轨道交通系统的运营时间因城市而异,运营时间的安排主要考虑两个因素:一是方便乘客,满足城市生活的需要,即考虑城市居民出行活动的特点;二是满足城市轨道交通系统各项设备检修养护的需要。根据资料,世界上大多数城市的城市轨道交通系统运营时间在 18~20 h 之间,个别城市是 24 h 运营,如美国的纽约和芝加哥。适当延长运营时间,是城市轨道交通系统提高服务水平的体现。目前我国普遍要求城市轨道交通线路载客运营时间不宜低于 15 h。

2. 全日分时最大断面客流量

全日分时最大断面客流量通常是在高峰小时断面客流量的基础上,根据全日客流分布模拟图来计算确定。如条件许可，采用分时断面客流量分布计算所得的全日分时最大断面客流量数据更为准确可靠。

3. 列车定员数

列车定员数是列车编组辆数和车辆定员数的乘积。列车编组辆数的确定以高峰小时最大断面客流量作为基本依据，在客流量一定的情况下，可采用增加列车编组辆数、缩短行车间隔时间、不同编组列车混跑等措施达到预定的运能要求。但在行车密度已经较大时，为满足增长的客流需求，往往会采用增加列车编组辆数的措施。此时，城市轨道交通系统保有的运用车辆数，车站站台长度和车辆段停车线长度等是增加列车编组辆数的限制因素，车辆定员数的多少取决于车辆的类型、尺寸、车厢内座位布置方式和车门设置数。一般来说，在车辆限界范围内，车辆长宽尺寸越大，载客越多，车厢内座位纵向布置较横向布置载客要多，车厢内车门区域较车厢中部区域载客要多。

4. 列车满载率

列车满载率是指在单位时间内特定断面上的列车载客能力利用率。在实际工作中，列车满载率通常是指在早高峰小时，单向最大客流断面的列车载客能力利用率，计算公式如下：

$$\beta=\frac{p_{\max}}{c_{\max}}\times 100\% \tag{3.3}$$

式中 β——列车满载率；

$p_{\max}$——单向最大断面客流量(人)；

$c_{\max}$——高峰小时线路输送能力(人)，等于电客列车数×列车定员。列车定员采用 AW2 工况为计算依据(AW2 是指列车工况级别，载客量＝座位数＋6 人/m^2×站立面积)。

列车满载率既反映了高峰小时开行列车在最大客流断面的满载程度，也反映了乘客乘坐的舒适程度。为了提高车辆运用效率、降低运输成本和提高经济效益，在编制全日行车计划时，城市轨道交通系统多采用列车在高峰小时适当超载的做法。

以地铁为例，列车载客工况等级一般分为 AW0、AW1、AW2、AW3 四个级别，分别代表列车空载、坐客载荷、定员载荷、超员载荷人数。空载即载客数为 0 人；坐客载荷即按设计座位数坐满的人数；定员载荷即坐客载客人数加剩余面积站立人数之和，剩余面积站立人数一般按照 5～6 人/m^{2}计算，通常取 6 人/m^{2}计算；超员载荷即坐客载客人数加剩余面积站立人数之和，剩余面积站立人数一般按照 8～9 人/m^{2}计算，通常取 8 人/m^{2}计算。

3.2.2 全日行车计划编制程序

1. 编制程序

(1)计算运营时间内各小时开行列车数(见式 3.4)

$$n_i=\frac{p_{i\max}}{p_{列}\ \beta} \tag{3.4}$$

式中 n_i——全日分时开行列车数(对);

$p_{列}$——列车定员数(人);

$p_{i\max}$——分时最大区间断面客流量;

β——可接受的线路断面满载率。

(2)计算行车间隔时间(见式 3.5)

$$t_{间}=\frac{3\ 600}{n_i} \tag{3.5}$$

式中 $t_{间}$——行车间隔时间(s);

n_i——小时开行列车数(列)。

(3)对各行车间隔进行调整

在对各时段行车间隔进行调整时因综合考虑以下因素:

①需满足大部分客流需求。

②便于正线行车组织及车场施工组织。

③需符合相关国标或者行业规范要求。如初期高峰时段列车最小行车间隔不宜大于 5 min,平峰时段最大运行间隔不应大于 10 min,远期高峰时段列车最小运行间隔不宜大于 2 min,平峰时段最大运行间隔不宜大于 6 min。

④行车间隔因平稳过渡,应保证一定时间内相对稳定。

(4)最终确定全日行车计划

行车间隔确定后,需进一步计算开行的列车对数,最终确定全日行车计划。

2. 实　　例

某线整个全日行车计划的编制过程和方法如下:

(1)编制资料

某城市轨道交通线路,全日分时最大断面客流分布示意如图 3.3 所示,某日的客流资料如下:

①全日客流量为 50 万人次;早高峰时段出现在 7:30—9:30,客运量约占全日客流总量的 23%;晚高峰时段出现在 17:30—19:30,客运量约占全日客流总量的 19.5%;全日最大高峰出现在 7:30—8:30 之间,出行总量占全日出行总量

的13.0%。

②列车编组为6辆，车辆定员为310人。

③线路断面列车满载率在高峰小时为120%，在其他运营时间为90%。

(2)编制步骤

①全日分时最大断面客流量数据。

②计算运营时间内各小时应开行的列车数，见式3.4。

全日分时开行列车数计算结果如图3.4所示。

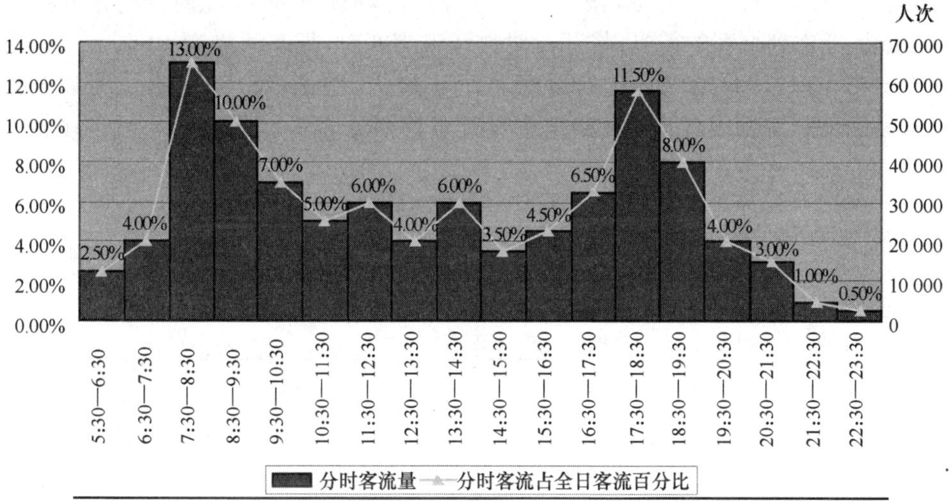

图3.3 全日分时客流分布示意图

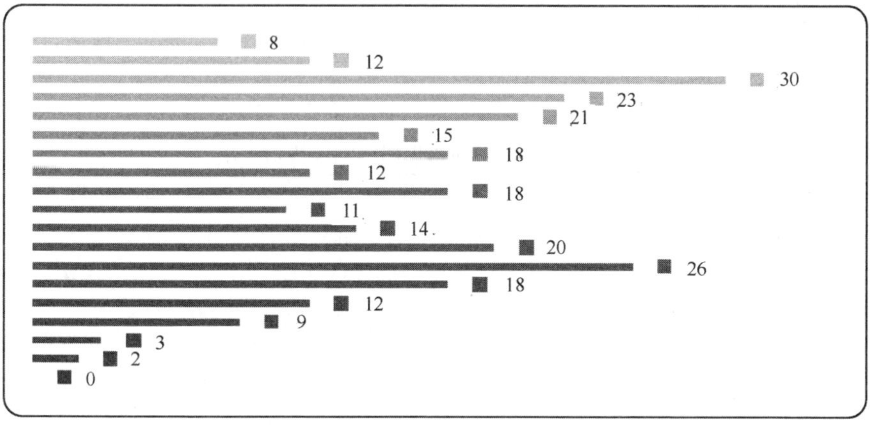

图3.4 全日分时开行列车数

(3)计算行车间隔时间

(4)最终确定全日行车计划

在计算得到各小时应开行列车数和行车间隔时间的基础上,根据线路所制定的服务水平进行调整。行车间隔时间过长,会增加乘客的候车时间,增加乘客的在途总时间,不利于吸引客流。为方便乘客、提高服务水平,可规定在9:00—21:00间的非高峰运营时间,线路的服务水平将最终行车间隔时间标准不大于6 min;而在其他非高峰运营时间内,最终确定的行车间隔时间标准不大于10 min。根据这原则,在22:30—23:30时段,按公式计算得开行对数为2对,此时的行车间隔为30 min。考虑到乘客的需要,将开行对数调整为6对,行车间隔为10 min。另外,对全日行车计划中的高峰小时行车间隔时间还需校验是否符合线路、信号以及其他设备条件和制约因素。最终确定全日行车计划见表3.4,早高峰小时运输能力见表3.5。

表3.4 全日行车计划

运营时间	列车对数	行车间隔	运营时间	列车对数	行车间隔
5:30—6:30	8	7 min 30 s	14:30—15:30	11	5 min 27 s
6:30—7:30	12	5 min 00 s	15:30—16:30	14	4 min 18 s
7:30—8:30	30	2 min 00 s	16:30—17:30	20	3 min 00 s
8:30—9:30	23	2 min 27 s	17:30—18:30	26	2 min 19 s
9:30—10:30	21	2 min 52 s	18:30—19:30	18	3 min 20 s
10:30—11:30	15	4 min 00 s	19:30—20:30	12	5 min 00 s
11:30—12:30	18	3 min 20 s	20:30—21:30	9	4 min 00 s
12:30—13:30	12	5 min 00 s	21:30—22:30	6	10 min 00 s
13:30—14:30	18	3 min 20 s	22:30—23:30	6	10 min 00 s
			合计	279	

表3.5 早高峰小时运输能力

时　间	2006年	时　段	7:30—8:30
单向最大断面客流量	65 000人	行车间隔时间	2分
列车编组辆数	6辆	开行列车对数	30对
列车定员数	1 860人	单向最大运输能力	66 960人次

3.3 列车运用计划

列车运用计划是指在一定类型的设备和行车组织方法条件下,为完成一定的运输任务而必须保有的列车。列车保有数包括运用车、检修车、备用车。

3.3.1 运用车

运用车(也称为上线车)是为完成日常运输任务而配备的技术状态良好的列车,运用车的需要数与高峰小时开行列车对数、列车旅行速度及在折返站停留时间各项因素有关,按式(3.6)计算:

$$N=\frac{n_{高峰}\theta_{列}}{60} \tag{3.6}$$

式中 N——运用车数(列);

$n_{高峰}$——高峰小时开行列车数(对);

$\theta_{列}$——列车周转时间(min)。

列车周转时间是指列车在线路上往返运行一周恢复到初始状态。所消耗的全部时间。它包括了列车在区间运行,列车在中间站停车供乘客乘降,以及列车在折返站进行折返作业的全过程。

$$\theta_{列}=\sum t_{运}+\sum t_{站}+\sum t_{折} \tag{3.7}$$

式中 $\sum t_{运}$——列车在线路上往返一次各区间运行时间之和(min);

$\sum t_{站}$——列车在线路上往返一次在各中间站停站时间之和(min);

$\sum t_{折}$——列车在折返站停留时间之和(min)。

当列车在折返站的出发间隔时间大于高峰小时的平均行车间隔时,须在折返线上预留列车进行周转,此时运用车数需相应增加。

3.3.2 检修车

处于检修状态的列车称为检修车。我国城市轨道交通运营企业多采用定期检修制度,是一项有计划的预防性维修制度。列车经过一段时间的运用后,各部件会产生磨耗、变形或损坏,为保证列车技术状态良好和延长使用寿命,需定期对列车进行检修。

目前列车检修制度一般分为预防性计划检修制度和技术状态检修制度两种。预防性计划检修制度是国内外城市轨道交通列车普遍采用的一种按列车运行周期进行计划检修的列车检修制度,列车的定期检修有日检(又称列检)、均衡修、架修和大修(又称厂修)等之分,各修程检修内容如下:

(1)日检:对与列车的行车安全相关部件进行日常技术检查,检修作业范围主要包括对受流器、空调、走行部、牵引电机、控制装置、各种电气装置、空气制动装置、车钩缓冲装置、车门、车体、贯通道、车灯等进行外观检查,并进行故障处理。

(2)均衡修:对与行车安全相关部件进行技术检查,主要对受流器、空调、走行部、牵引电机、控制装置、各种电气装置、空气制动装置、车钩缓冲装置、车门、车体、贯通道等系统进行检查及尺寸测量,对易损件和磨耗件进行检查更换;进行列车重点部件的清洁、润滑,更换磨耗件,进行静态、动态调试。

(3)架修:列车运行公里数或运行时间达到各线规定值时,对列车重要部件进行分解、清洗、检查、探伤、修理,并对列车进行全面检测、调试及试验,以恢复列车综合性能,达到规程要求和质量验收标准。

(4)大修:列车在运行公里数或运行时间达到各线规定值时,对列车各部件和系统包括车体在内进行全面的分解、检查、探伤和整修的综合修理,并对列车进行全面检测、调试及试验。以恢复列车原设计标准,或在原技术等级范围内局部改善,达到规程要求和质量验收标准。

不同的检修级别有不同的检修周期,表3.6为某城市轨道交通线路列车检修级别和检修周期对应表,列车检修级别和检修周期是根据列车各部件使用寿命以及列车运行环境等因数综合考虑确定的。通过对列车的不同部件制定不用的技术标准(检修规程)、检修级别和检修周期,使列车在经过不同种类的定期检修后,能在整个检修周期内保持列车良好的技术状态。

表3.6 列车检修级别、周期和检修停时

检修级别	运用时间	走行公里(km)	检修停时
日检	1天	400～500	50分钟
均衡修	1月	8 000～14 000	1天
架修	5年	550 000～700 000	30天
大修	10年	1 200 000	40天

列车维修周期是一个与车辆段的建设规模和作业组织关系密切的技术指标,它也是推算检修车数的基础资料之一。检修周期主要是根据设备的磨损和可靠性而定的,而列车运用时间和走行公里数通常是设备磨损和可靠性的表征,在实际过程中,这两个指标作为确定列车检修周期的标准。在列车运用时间和检修周期确定的情况下,根据每种检修级别的年检修工作量和每种检修级别的检修停时,可以推算出检修车数。除列车的定期检修外,列车临修的平均时间按运用列车每年1次,每次2天确定。

检修列车数量取决于运用车配备数、检修周期和检修时间。检修周期和检修时间对检修列车数量的影响可用检修系数反映。检修车计算公式如下:

$$N_{检修}=N_{运用}\alpha_{检修} \tag{3.8}$$

$$\alpha_{检修}=\frac{\sum T_{i检修}}{D_{年}} \tag{3.9}$$

式中 $N_{检修}$——检修车数(列);

$\alpha_{检修}$——检修系数(列);

$\sum T_{i检修}$——包括临修在内的各种检修程年均检修时间(天);

$D_{年}$——年检修工作日(天)。

某线路共配置37列车某日列车维修示例见表3.7。

表3.7 某线路某日列车维修情况示例

检修状态	日检	均衡修	架修	大修	扣车	列车部件整改	旋轮
列车在修车次	0129、0110、0112、0136、0126、0125、0124、0134、0135、0115、0108、0123、0120、0113、0118、0130、0127、0104、0111、0114、0109、0106、0119、0107、0116、0117、0122、0132、0133、0140、0121	0105、0128			0137、0138	0139	0131

检修列车数量需根据运用列车数量、综合维修能力、修程修制、库停时间和检修周期,一般为运用列车数量的15%~20%,扣车是指将车停放于车辆段或停车场,不上线运营,进行临修或故障检测及处理。

3.3.3 备用车

为适应客流变化,确保完成临时的紧急运输任务,以及预防运用车发生故障,必须保有若干技术状态良好的备用列车。备用车的数量一般控制在运用车的10%~15%。备用车原则上停放在线路中具备存车条件的车站或车辆段内。线路列车保有量可根据线路远期客流预测结果,远期计划运行行车间隔计算得出。

3.3.4 列车运用计划的确定

车辆部门在正常运营结束后,对列车进行检查,并根据列车的修程和状况,向车辆段(车场)的运转部门提供目前车辆的检修情况以及可供使用的列车运用计划。运转部门根据车辆部门提供的列车使用计划,并综合运行图所需的上线列车的数量和上线时间,编制列车运用计划,并在运营开始前通知行车调度员。列车运用计划的编制以确保正线运营的需要,并综合平衡列车的维修需要。

3.4 列车开行方案

我国城市轨道交通的列车开行方案大多采用单一交路、站站停车方案。随着既有城市轨道交通线路的延伸和城市轨道交通网络的形成,列车运行组织面临新的问题和挑战。即,在线路各区段客流相差悬殊时或不同城市轨道交通线路共线运行时,如何根据现有客流、设施条件,采用相适应的列车开行方案、实现乘客服务水平、线路通过能力利用和各项运营指标的最优化。

3.4.1 列车运行交路

1. 定　　义

列车运行交路是根据运营组织的要求及运营条件的变化,按列车运行图或由行车调度确定的列车运行路径。列车运行交路主要根据客流需求、配线条件、列车配置数量确定。

2. 列车折返方式

运行列车的折返是指列车运行至图定的终点站或临时折返站后进入反向线路,改变运行方向准备重新始发的过程。折返作业是驾驶员驾驶列车到达终点站或临时折返站,车站行车人员以及驾驶员按有关规定完成折返操作的程序与步骤。折返方式分为站后折返和站前折返两种。

(1)站后折返

站后布置的折返线示意如图3.5所示。其中,(a)图示意的是列车在终点站站后折返时的尽端线折返设备,(b)图示意的是列车在中间站站后折返时的单渡线折返设备。

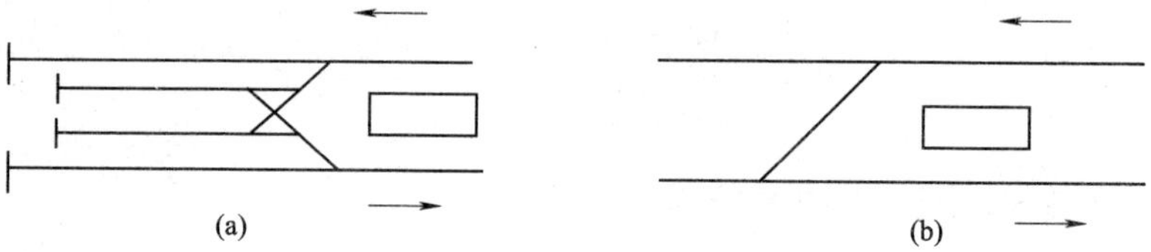

图3.5　站后折返示意图

采用站后折返方式,出发列车与到达列车不存在敌对进路;列车进出站速度较高,有利于提高旅行速度;列车进出站载客运行时不经过道岔区段、乘客无不舒适感;此外,采用尽头线折返设备,折返线既可供列车折返,也可供列车临时停留检修。因此,站后折返方式被广泛采用。站后折返方式的缺点是列车的折返走行距离较长。

(2)站前折返

站前布置的折返线示意如图 3.6 所示。其中,(a)图示意的是列车在终点站站前折返时的交叉渡线折返设备,(b)图示意的是列车在中间站站前折返时的单渡线折返设备。

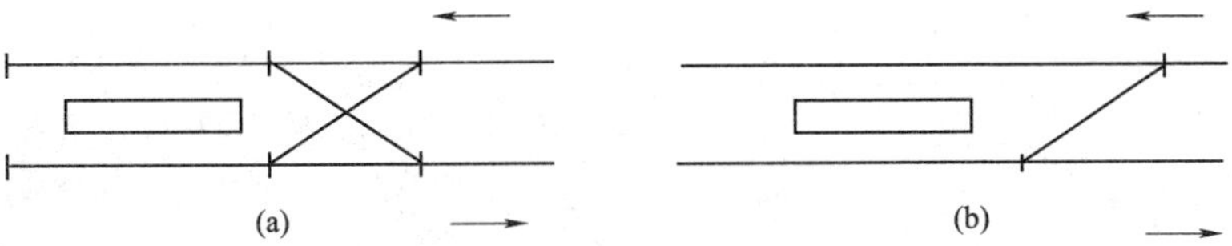

图 3.6 站前折返示意图

采用站前折返方式,列车走行距离较站后折返短,在进行折返作业时,乘客可同时上下车从而缩短停站时间;车站正线兼折返线、站线长度缩短,有利于车站造价的节省。站前折返方式的缺点是出发列车与到达列车存在敌对进路;因列车进站或出站侧向通过道岔,列车速度受到限制、影响乘坐的舒适感;在大客流量的情况下,站台秩序会受到影响。在采用站前折返方式的情况下,要完全消除接发列车作业的交叉干扰难度较大;而为了避免进路交叉,只能将接发列车作业在时间上错开,但这样又会对终点站的列车折返能力以及线路最终通过能力产生不利影响。

(3)混合折返

站后、站前混合布置的折返线示意如图 3.7 所示。采用混合折返方式的目的是为了提高列车折返能力与线路通过能力。混合折返兼有站后折返与站前折返的特点,有利于行车组织调整,适用于对折返能力要求较高的终端站。

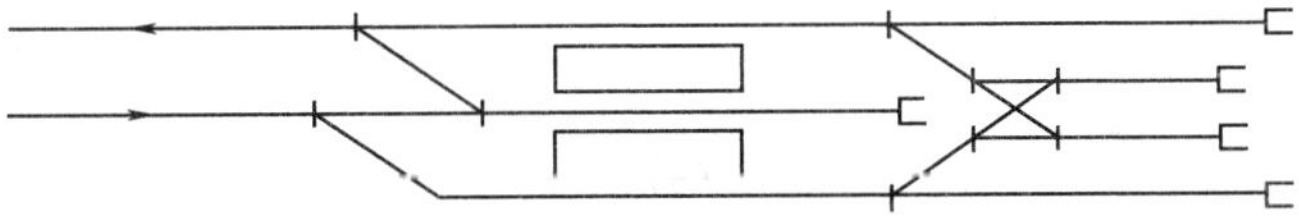

图 3.7 混合折返示意图

3. 交路类型

列车运行交路规定了列车的运行区段、折返车站及折返方式。在线路各区段客流量不均衡程度较大的情况下,采用合理的列车交路,能在不降低服务水平的前提下提高列车运用效率,避免运能浪费。列车运行交路主要有单一交路、大小交路、嵌套交路、衔接交路、交错交路、Y 形交路六种,具体形式及优缺点分析见表 3.8。

表 3.8 列车运行交路形式及优缺点

交路名称	交路形式	说　明
单一交路	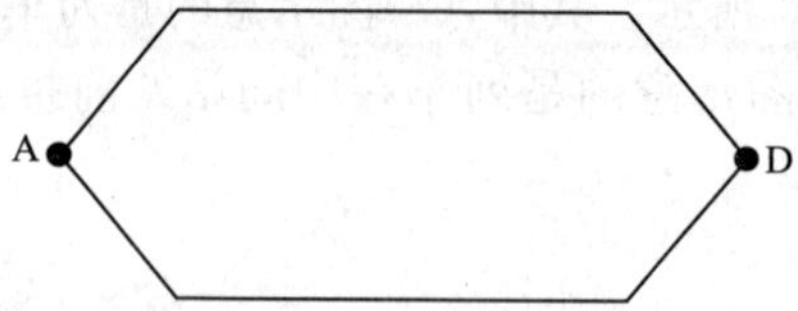	优点:运营组织简单; 缺点:不能根据客流的特性,合理安排运能,会导致一定运能的浪费
大小交路	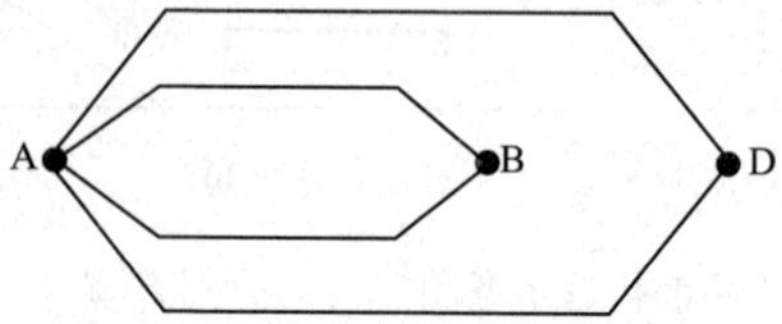	优点:根据客流特点,合理安排行车计划,提高运能的利用率,实现部分区段的增能; 缺点:运营组织及乘客引导相对复杂
嵌套交路	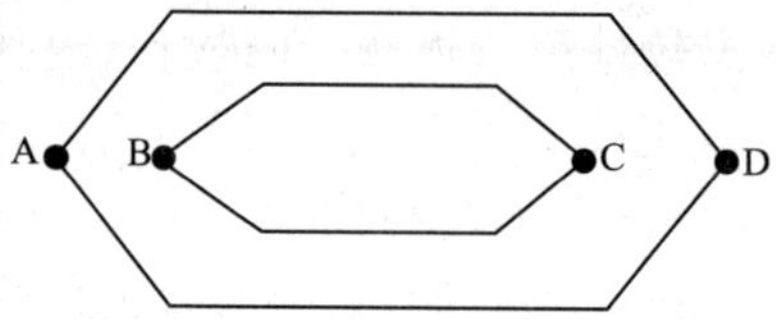	优缺点与大小交路类似
衔接交路	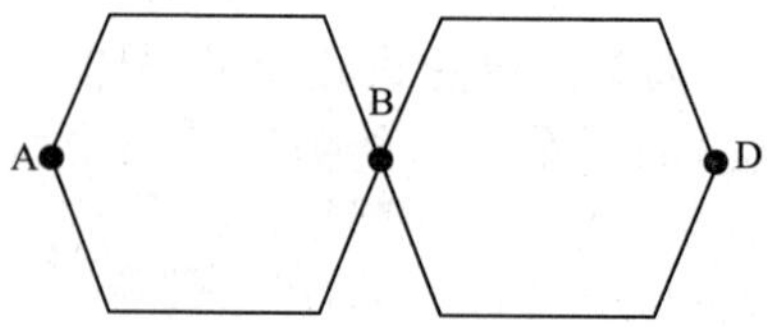	一般不采用此种交路,采用此交路往往是因为 AB 段与 BD 段无法共线运营及客运组织,比如 AB 段及 BD 段属于一条线路,采用一套信号系统,但是由于其两段的站台长度不一,AB 段与 BD 段的乘客必须在 B 站进行换乘
交错交路	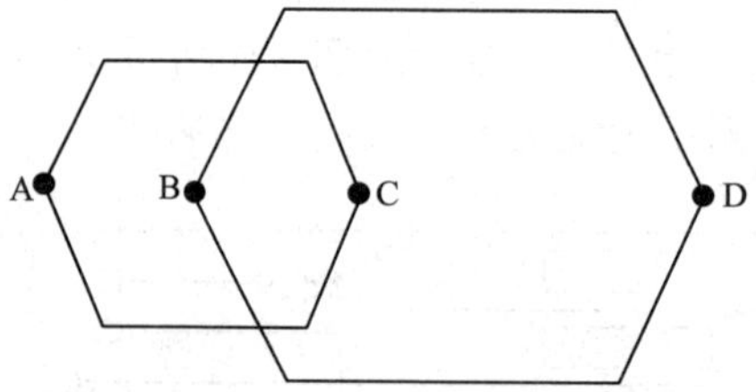	该交路对于客流的适应性与嵌套交路类似,采用嵌套交路在运营组织上较交错交路更优,因此一般不采用交错交路
Y 形交路	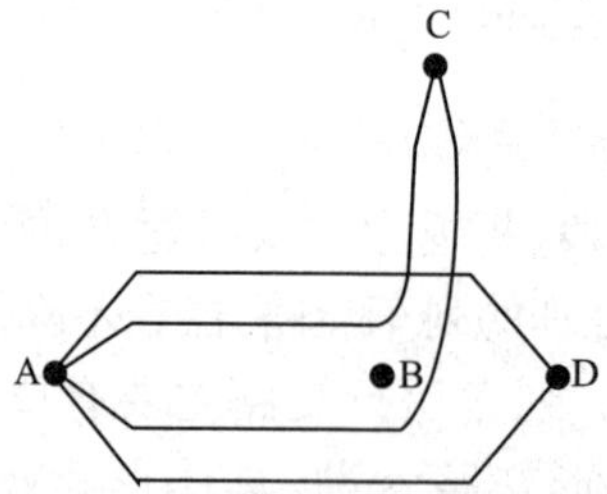	目前国内广州、上海、杭州、昆明等城市均有"Y"形线路,一般采用 Y 形交路进行运营组织,在交路内不再嵌套小交路运行。Y 形交路的运营组织及应急调整较为复杂

3.4.2　列车停站设计

传统的城市轨道交通列车停站设计，一般规定列车须站站停车。为提高列车旅行速度和节约乘客出行时间的角度出发，根据具体线路的客流特点，还可采用其他不同的列车运行方案。

1. 分段停车列车运行方案

该方案在长短列车交路的基础上，规定长交路运行列车在短交路区段外每站停车作业，在短交路区段内不停车通过；而短交路运行列车则在短交路区段内每站停车作业；短交路列车的中间折返点作为换乘站，如图 3.8 所示。

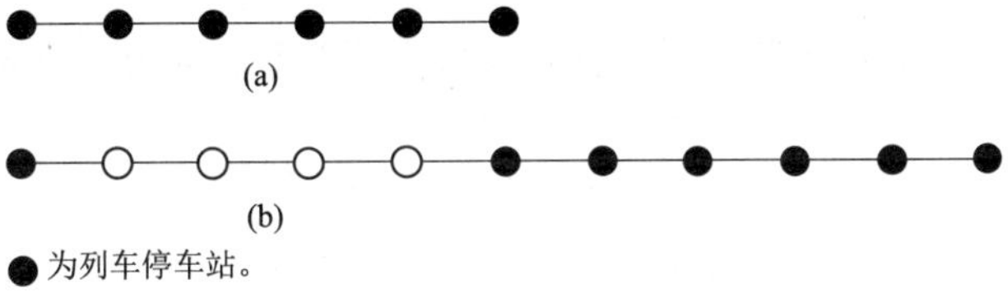

图 3.8　分段停车列车运行方案示意

分段停车列车运行方案减少了长交路列车的停站次数，因而能压缩长途乘客在列车上的总旅行时间；列车旅行速度的提高也有利于加快长交路运行车辆的周转。

该方案的主要问题是：上下车不在同一交路区段的乘客需要换乘，增加了在车站内消耗的时间。因此，采用分段停车列车运行方案的基本依据是乘客时间得到的总节约应大于增加的总消耗。

2. 跨站停车列车运行方案

该方案将全线车站分成 A、B、C 三类。A、B 两类车站按相邻分布原则确定，C 类车站按每隔若干个车站（图中是每隔 4 个）选择一站原则确定。所有列车均应在 C 类车站停车作业，但在 A、B 二类车站则分别停车作业，如图 3.9 所示。

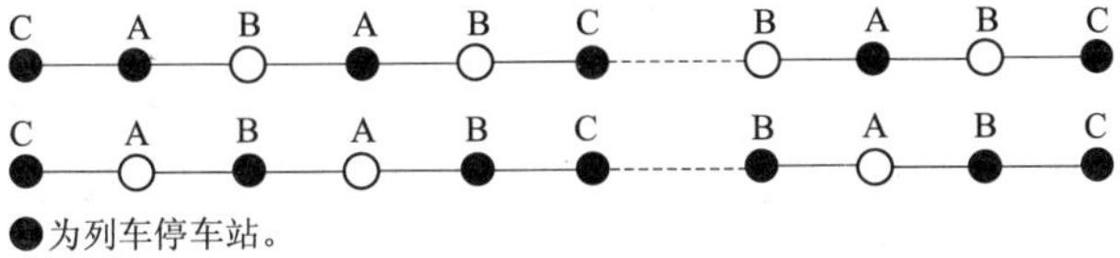

图 3.9　跨站停车列车运行方案停车示意

跨站停车列车运行方案减少了列车停站次数，因而能压缩列车旅行时间和乘客乘车时间、提高旅行速度；还能够加速车辆周转速度，减少车辆使用，降低运营成本。

该方案的问题是:由于A、B两类车站的列车到达间隔加大,乘客候车时间增加;此外,在A、B两类车站间乘车的乘客需在C类车站换乘,带来不便。因此,该方案比较适用于C类车站客流较大,而A、B两类车站客流较小,并且乘客平均乘车距离较远的线路。

复习思考题

1. 简述客流计划的主要内容。

2. 什么叫做列车满载率?调查所在某一特定城市轨道交通线路的列车满载率。

3. 什么是列车运行交路?列车运行交路有哪几种?各自特点是什么?

4. 简述列车周转时间的定义及计算方法。

5. 简述跨站停车列车运行方案及其适用条件。

6. 已知下表为某轨道交通线路各站全日OD(Original,Destination/到发)客流量。

单位:人次/日

发/到	A	B	C	D	E	F	G	H	计
A	—	7 019	6 098	7 554	4 878	9 313	12 736	23 798	71 396
B	6 942	—	1 725	4 620	3 962	6 848	7 811	16 538	48 446
C	5 661	1 572	—	560	842	2 285	2 879	4 762	18 561
D	7 725	4 128	597	—	458	1 987	2 822	4 914	22 631
E	4 668	3 759	966	473	—	429	1 279	3 121	14 695
F	9 302	7 012	1 988	2 074	487	—	840	5 685	27 382
G	12 573	9 327	2 450	2 868	1 345	1 148	—	2 133	31 844
H	22 680	14 753	4 707	5 184	2 902	5 258	2 015	—	57 499
计	69 551	47 570	18 525	23 333	14 874	27 268	30 382	60 951	292 454

上表为某线路全日的客流到发斜表,A→H站为下行方向,试计算:

(1)D—E区间(分方向)的OD客流包括哪些?E站的上行下客数,下行下客数包括哪些OD客流?

(2)请计算D—E区间的断面客流量。

(3)假设列车定员为1 860人/列,高峰小时最大断面客流量为36 000人次/h,列车最大满载率不超过60%,该线路的列车全周转时间为90 min,备车及检修车按运用车的20%计算。试计算高峰时段的行车间隔、运用列车数、保有列车数。

第 4 章　列车运行图

在每日的运营生产中，列车出库、正线运行、车站上下客、在终点站进行折返作业、回库等作业都必须以列车运行图为基础进行。列车运行图是城市轨道交通行车组织的基础，是协调城市轨道交通系统内各部门，按一定程序进行生产活动的重要工具。列车运行图是利用坐标原理来表示列车运行时空关系的图解形式，形象地描画出列车在正线以及车场的运行轨迹，一般可分为计划运行图和实际运行图。列车运行图既是运营企业内部使用的列车运行技术文件，也是运营企业运营组织的综合经营计划，对运营企业的生产效率和经济效益有着直接、决定性的影响。因此，编制列车运行图是城市轨道交通运营企业开展运营管理最基本、最重要的工作环节之一。编制一张经济合理的列车运行图，使城市轨道交通系统运能与运量达到最佳组合，既能满足乘客的出行需求，又能够使企业获得较好经济效益。

4.1　列车运行图的基本概念

4.1.1　列车运行图的含义

列车运行图是利用坐标原理来表示列车运行时空关系的图解形式，规定了列车占用区间的次序，列车在区间的运行轨迹及时分，列车在车站出发、到达或通过的时间，在车站停车时分和在折返站的折返时间，以及列车交路和列车出入段(场)时刻等；规定了线路、站场、车辆和通信信号等设备的运用，与行车有关部门的工作。

列车运行图有两种输出形式：图解表和时刻表。图解表又称为时距图(Distance-Time Diagram)，它利用坐标原理表示列车运行状况和运行时刻，将列车看作一个质点，斜线就是列车运行的轨迹，代表列车的运行线。坐标系有两种表示方法，如图 4.1 所示。在图 4.1(a)中，纵坐标为距离(s)，水平线间的距离即为站间距，横坐标(t)为事件，这种表示方法应用最为广泛。图 4.1(b)的表示方法正好与图 4.1(a)相反。

时刻表是运行图的表格化形式，将列车运行图包含的信息，如列车车次、始发终点站、发车及到达时间等通过表格的形式反映出来，是城市轨道交通电动列车驾驶员重要的行车依据，如图 4.2 所示。

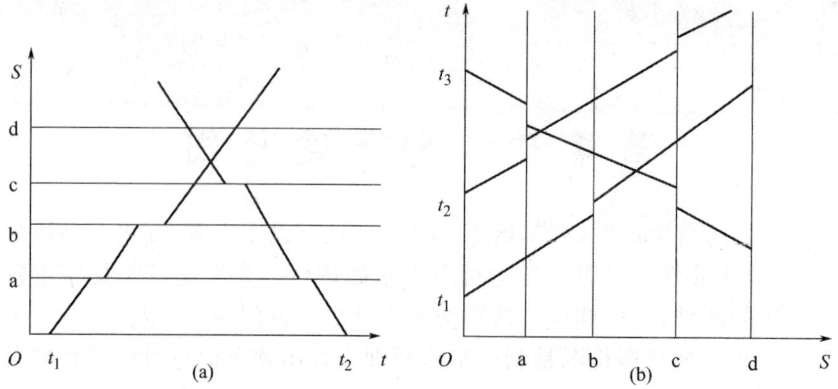

图 4.1　列车运行图图解表示示意图

序号	到/发	1	2	3	4	5	6	7	8
站名/车次		02201	00201	02301	00301	00401	02401	00501	00601
A站	到	07:05:03	07:32:30	07:38:00	07:43:30	07:49:00	07:54:30	08:00:00	08:05:30
A站	发	07:06:03	07:33:30	07:39:00	07:44:30	07:50:00	07:55:30	08:01:00	08:06:30
B站	到	07:01:42	07:30:16	07:35:46	07:41:16	07:46:46	07:52:16	07:57:46	08:03:16
B站	发	07:01:42	07:30:51	07:36:21	07:41:51	07:47:21	07:52:51	07:58:21	08:03:51
C站	到	06:57:56	07:28:00	07:33:35	07:39:05	07:44:35	07:50:05	07:55:35	08:01:05
C站	发	06:57:56	07:28:35	07:34:05	07:39:35	07:45:05	07:50:35	07:56:05	08:01:35
D站	到	06:55:42	07:25:59	07:31:34	07:37:04	07:42:34	07:48:04	07:53:34	07:59:04
D站	发	06:55:42	07:26:34	07:32:09	07:37:39	07:43:09	07:48:39	07:54:09	07:59:39
E站	到	06:53:45	07:23:54	07:29:29	07:34:59	07:40:29	07:45:59	07:51:29	07:56:59
E站	发	06:53:45	07:24:39	07:30:14	07:35:44	07:41:14	07:46:44	07:52:14	07:57:44
F站	到	06:51:42	07:21:18	07:26:53	07:32:23	07:37:53	07:43:23	07:48:53	07:54:23
F站	发	06:51:42	07:22:03	07:27:38	07:33:08	07:38:38	07:44:08	07:49:38	07:55:08

图 4.2　列车时刻表示意图

4.1.2　制定列车运行图的意义

为实现列车的安全、高效运行，要求城市轨道交通系统中各行车相关部门、工种之间相互协调配合：车站按列车运行图安排接发列车、进行客运组织工作；行车调度部门按列车运行图指挥列车运行；车辆段根据列车运行图确定每天需要的列车数和运行时刻，制定列车的检修和驾驶员的值乘计划；设备维护部门根据列车运行图规定的时间安排施工和检修计划。

为确保列车运行图的实现，要求各行车相关部门、工种之间相互配合、协调动作、时间准确的工作，使各次列车按规定的时刻运行，各项施工和检修按计划时间进行，以免在时间上互相牵制或矛盾。因此，列车运行图既是运营企业内部使用的列车运行技术文件，也是运营企业运营组织的综合经营计划，对运营企业的生产效率和经济效益有着直接、决定性的影响。列车运行图对乘客也具有重要的意义，供乘客使用的列车运行图以列车时刻表形式对外公布，使乘客了解城市轨道交通运营时间、首末班车时间、运营间隔等信息，便于乘客出行安排。

在运营生产过程中，列车运行组织是一个极其复杂的系统工程，不但有赖于设施设备保证列车的正常运行，而且要求各个部门、工种之间互相协调配合，统筹安排各项作业。列车运行图为城市轨道交通各业务部门工作提供一个核心依据，通过列车运行图，使得城市轨道交通这部庞大的联动机协调的运转，保证运营生产工作的正常运行。

综上所述，编制一张经济合理的列车运行图既要考虑城市轨道交通系统能提供的运输能力，又要在符合各时期、各时段客流量规律的前提下，使运能与运量达到最佳的组合，达到既方便乘客出行，又使企业获得较好经济效益的目标。

4.1.3 列车运行图分类

1. 按时间轴的刻度分

(1)一分格运行图：它的横轴以 1 min 为单位，用细竖线加以划分；10 min 格和小时格用较粗的竖线表示。主要适用于行车间隔较小的城市轨道交通系统。

(2)二分格运行图：它的横轴以 2 min 为单位，用细竖线加以划分。适用于行车间隔稍大的城市轨道交通系统，目前在国内城市轨道交通系统中广泛使用。

(3)十分格运行图：它的横轴以 10 min 为单位用细竖线加以划分，半小时格用虚线表示，小时格用较粗的竖线表示。适用于市郊铁路和城际铁路等行车间隔较大的城市轨道交通系统。

(4)小时格运行图：它的横轴以 1 h 为单位，用竖线加以划分。这种小时格运行图主要运用于编制铁路乘客列车方案图和车底周转图时使用，城市轨道交通系统通常不使用。

2. 按区间正线数分

(1)单线运行图：在单线区段，上、下行方向列车都在同一正线上运行。在现代城市轨道交通系统中，单线运行图使用较少，只在非正常的情况下的列车运行调整期间使用，或在运量较小的开行区段上使用，如图 4.3 所示。

(2)双线运行图：在双线区段，上下行方向列车在各自的正线上运行，因此，上下行方向的列车运行互不干扰，可以在区间内或车站上交会。城市轨道交通系统一般都设有双线，采用双线运行图，如图 4.4 所示。

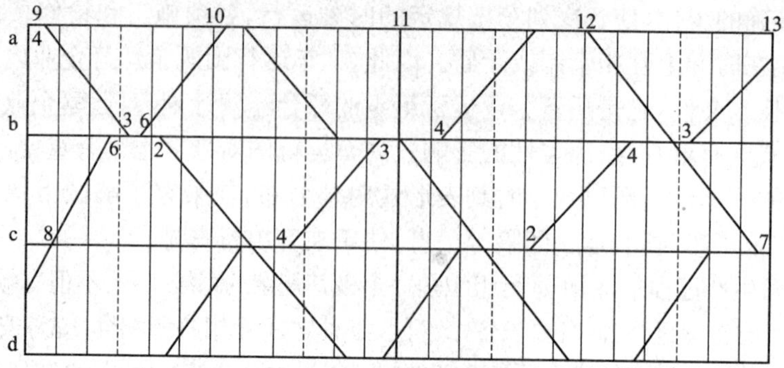

图 4.3　单线运行图

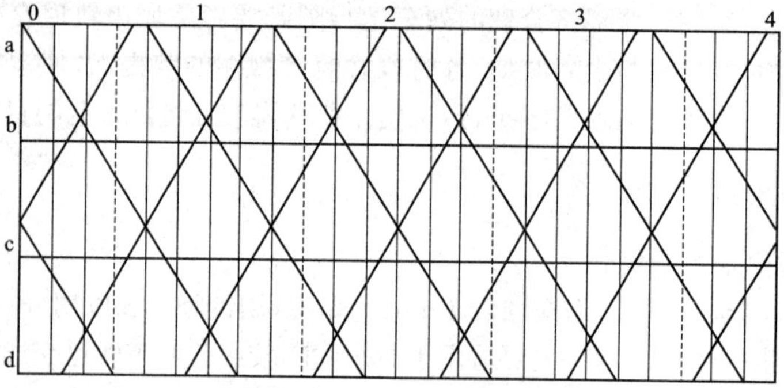

图 4.4　双线运行图

(3)单双线运行图:在既有单线区间,也有双线区间的线路上,按单线运行图和双线运行图的特点铺画列车运行图,如图 4.5 所示,a—b 区间单线运行,b—e 区间双线运行。这种运行图一般只在非正常情况下的列车运行调整期间或线路有维修作业时使用。

3. 按列车之间运行速度差异分

(1)平行运行图:在同一区间内,同一方向列车的运行速度相同,且列车在区间两端站的到、发或通过的运行方式也相同,因而列车运行线相互平行,如图 4.6 所示。

(2)非平行运行图:在运行图上铺有各种不同速度的列车,且列车在区间两端站的到、发或通过的方式不同,因而列车运行线为不平行铺画。

4. 按上、下行方向的列车数分

(1)不成对运行图:上、下行列车数不相等的列车运行图。

(2)成对运行图:上、下行列车数相等的列车运行图。

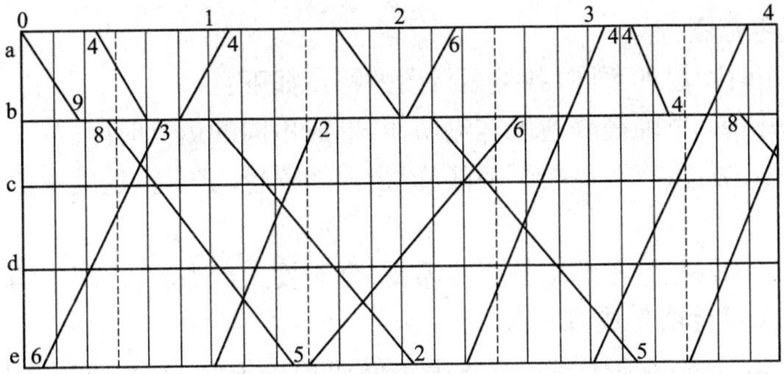

图 4.5 单双线运行图

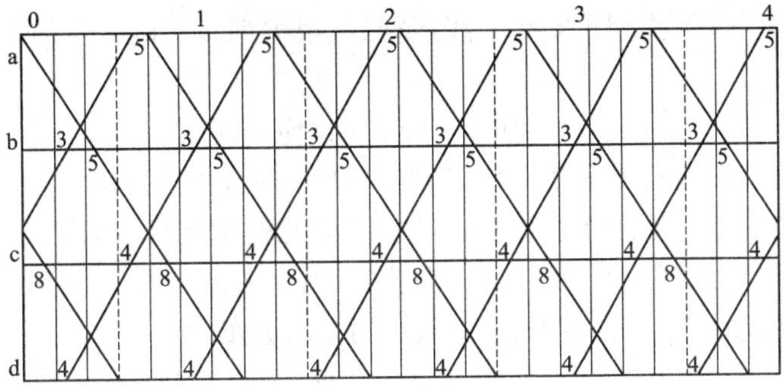

图 4.6 平行运行图

5. 按照同方向列车运行方式分

(1)连发运行图:同方向列车的运行以站间区间为间隔。单线区段采用这种运行图时,在连发的一组列车之间不能铺画对向列车。

(2)追踪运行图:同方向列车的运行以闭塞分区为间隔,即在一个区间内允许有一列以上同方向列车运行,在装有自动闭塞设备的单线或双线区段上采用,如图 4.7所示。

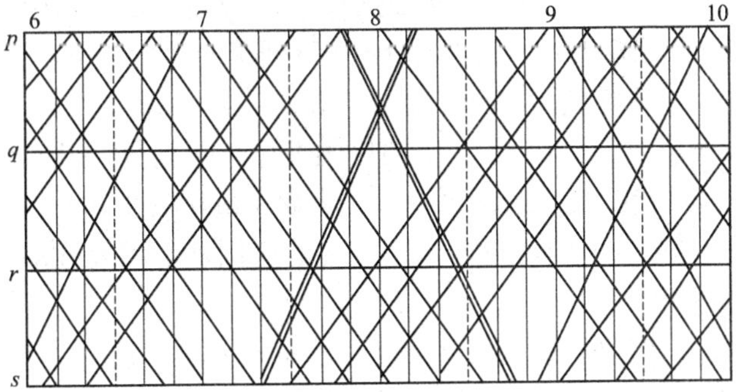

图 4.7 追踪运行图

6. 按使用范围分

根据使用时间段的不同,各类运行图的特点如下:

(1)工作日图:早晚高峰通勤客流明显,形成不同的运营时段。

(2)双休日图:没有明显的早晚高峰,全天间隔较均匀,需适度考虑夜间出行客流需要。

(3)节假日图:充分考虑出行客流需要,全天投入运力较大,间隔均匀。

7. 按列车运行图生成方式分

(1)计划运行图:根据线路、设备等条件而预先编制,有利于行车资源的有效配置。

(2)实际运行图:指列车实际上线运行后,根据列车实际运营情况编制的列车运行图。

为叙述方便,本章以下内容如无特别说明,均指计划运行图。应该指出,上述分类都是针对列车运行图的某一特点对列车运行图加以区别的。实际上,每张列车运行图都具有多方面的特点,例如,某一区段的列车运行图因其系统特征所致,一般均为双线成对追踪平行运行图。在节假日、双休日、工作日使用的运行图则反映了不同的客流特点,适应客流在空间、时间上的分布。

4.2 列车运行图的要素

城市轨道交通列车运行图组成要素分为四类:图解要素、时间要素、数量要素和其他相关要素。这是编制列车运行图的基础和前提。

4.2.1 图解要素

列车运行图实际上是为行车调度部门提供一种组织列车在各站和区间运行计划的图解形式。在我国大多数城市轨道交通系统的列车运行图中,采用图4.1中(a)的表示方法。在这样的列车运行图上,下行列车的运行线由左上方向右下方倾斜;上行列车的运行线由左下方向右上方倾斜。

1. 横坐标:表示时间变量,用一定的比例进行时间划分,一般城市轨道交通列车运行图采用1分格或2分格,即每一等分表示1 min或2 min。

2. 纵坐标:根据区间实际里程,采用规定的比例表示距离分割,以车站中心线所在位置进行距离定点。

3. 垂直线:是一组平行的等分线,表示时间等分段。这些垂直线将横轴按一定的时间单位进行划分,代表不同的小时和分钟划分。

4. 水平线:是一组平行的不等分线,这些水平线将纵轴线按一定比例加以划分,代表车站的中心线,通常中间站的车站中心线以较细线条表示,换乘站、折返站和终点站以较粗线条表示各个车站中心线所在的位置。

5. 斜线:是列车运行轨迹的近似表示,前提是假定列车在区间内匀速行驶。

6. 时刻:在列车运行图上,列车运行线与车站的焦点即表示该列车到达、出发或通过的时刻。由于城市轨道交通列车停站时间较短,运行间隔较小,一般不标明列车到达、出发时刻。

7. 车号及车次:在列车运行图上,每个列车均有不同的车号及车次,对于不同种类的列车,采用不同的列车运行线、车号和车次范围加以区别。一般按不同的列车类别、发车次序、信号设备要求确定。

4.2.2 时间要素

1. 区间运行时分

区间运行时分是指列车在两相邻车站之间的运行时间,它由车辆部门采用牵引计算和实际试验相结合的方法进行确定。

$$T_{运} = t_{纯运} + t_{起} + t_{停} \tag{4.1}$$

式中 $T_{运}$ ——列车区间运行时分(min);

$t_{纯运}$ ——列车不停车通过两个相邻车站所需的区间运行时分(min);

$t_{起}$ ——起车附加时分(min);

$t_{停}$ ——停车附加时分(min)。

列车区间运行时分的运行距离为车站中心线之间的距离。由于上、下行方向的线路平面、纵断面条件和列车编成辆数等行车基础数据可能不相同,所以区间运行时分应按列车类型和上、下行方向分别查定。列车到站停车的停车附加时分和停站后出发的起动附加时分,应根据动车组类型、列车编成辆数以及进出站线路平纵断面条件查定。此外,列车区间运行时分还应根据列车在每一区间两个车站上不停车通过和停车两种情况分别查定,如图 4.8 所示。

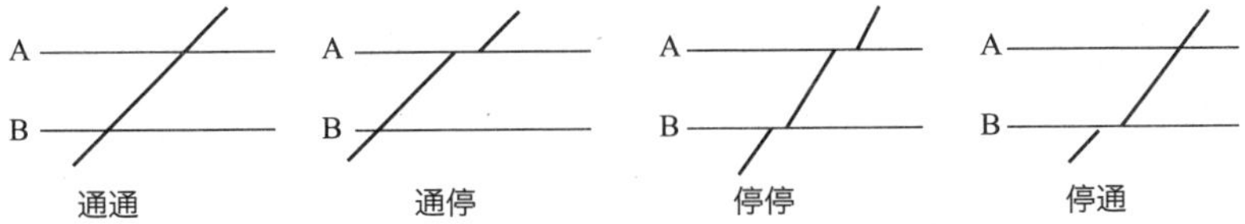

图 4.8 列车的不同区间运行方式

2. 行车间隔时间

一般说来,行车间隔时间取决于信号系统、车辆性能、折返能力、旅行时间、停站时间、投入运行的列车等诸多因素。在城市轨道交通系统的高峰小时内,线路上个别车站的客流量大,上、下车时间较长。在技术设备和工程投资条件一定的条件下,停站时间往往成为主要的制约因素。最小行车间隔应留有一定的余量,当列车运行秩序稍有紊乱时,信号系统和列车折返系统应有潜力缩短行车间隔时间,使整个系统的列车运行秩序尽快恢复正常。

3. 列车追踪间隔时间

追踪运行,是指同一线路上同方向有两列及以上列车,以固定或非固定的闭塞分区间隔运行。追踪运行列车之间的最小间隔时间,称为列车追踪间隔时间,即同一线路上连续两列同方向运行的列车,在互不干扰的情况下通过同一地点的最小间隔时间。列车追踪间隔时间,决定于同方向列车间隔距离、列车运行速度及信联闭设备类型。

(1)固定闭塞追踪列车间隔时间

固定闭塞将线路划分为固定的区段,每个闭塞分区内有且仅有一列车运行。在城市轨道交通中,通常以轨道电路或计轴装置来划分,具有列车定位和占用轨道的检查功能。固定闭塞模式下,后车追踪运行目标点为前车所占用闭塞分区的始端,列车控制采取分级速度控制模式。较为常见的有三显示和四显示两种追踪运行方式。

(2)准移动闭塞追踪列车间隔时间

准移动闭塞是一种介于固定闭塞和移动闭塞之间的闭塞方式,准移动方式同样利用轨道电路或计轴装置将线路划分为固定的闭塞区段,后车追踪运行的目标点仍为前车所占用闭塞分区的始端,并预留一定的安全距离。准移动闭塞与固定闭塞的最大区别在于准移动闭塞列车控制采取目标距离控制模式,又称为连续式一次速度控制,即后车根据目标距离、目标速度及列车本身性能确定列车制动曲线,不设定每个闭塞分区速度等级,采用一次制动方式。相对固定闭塞方式,准移动闭塞追踪运行间隔更小一些。

(3)移动自动闭塞追踪列车间隔时间

移动自动闭塞是在确保行车安全前提下,以车站控制装置和列车控制装置为中心的使追踪列车间的间隔最小的闭塞控制系统。移动闭塞系统中,两列车追踪运行的间隔距离根据当前位置最不利情况下的后车制动距离以及前车定位的不确定性和列车长度等因素决定。在这种模式中,列车准确定位是关键性技术。区间内运行的每一列车均与前方站的中心控制装置周期性地保持高可靠度的通信联系;车站中心控制装置接到列车信息后,根据列车牵引特性曲线及区间相关参数,计算出每一追踪列车的允许最大运行速度发送给列车,而对于接近进站的列车,则根据调度命令发出允许该列车进站及进入股道等信号。采用移动自动闭塞系统可以有效压缩追踪列车间隔时间,提高区间通过能力。

4. 停站时间

列车停站时间是指从列车停稳开始，到列车起动结束的时间段。列车停站时间长短需满足乘客乘降的需要，因而主要取决于车站的乘客集散量、车辆的车门数和座位布置以及客流的疏导与管理措施等，通常包括列车开关门时间、客流上下车时间、车门关闭的等待时间等。车门关闭等待时间受以下 4 项因素影响：

(1)车厢实际已经满载，仍有急切上车的乘客；

(2)乘客挡住车门以等待其他同行乘客上车；

(3)关门时的速度快慢(关门时间)；

(4)确认车门完全关闭后到列车出发的时间。

除了首末终点站以及客流很大的站以外，一般车站停站时间应控制在 20～30 s之间。停站时间过长会降低列车旅行速度，在行车密度大的情况下，还会影响后续列车的运行。在实际确认停站时间时，还需考虑车站的疏散能力，尽量避免不同方向的列车同时到发。

5. 折返作业时间

折返作业时分指列车到达终点站或在区间站进行折返作业的时间总和，是制约线路通过能力提高的主要因素之一。不同的折返布置形式，列车折返所需时间不同。通常折返作业时间包括办理进路时间、确认信号时间、出入折返线时间、驾驶员走行或换岗时间等。折返作业时间受折返方式、站台至折返线距离、列车长度、列车制动能力、信号设备水平、驾驶员操作水平等多因素的影响。关于折返作业能力的计算将在后续章节详细分析。在所要求的列车行车间隔时间小于列车折返所需时间时，必须采取其他措施，如在折返线预置另一列车进行周转以缩短折返时间。

4.2.3 数量要素

(1)全线分时段客流分布

全线分时段客流可根据客流的时间分布规律进行预测、调查分析，确定高峰、低谷时段客流量。根据不同时段的客流分布特点，工作人员可对列车编组数或列车运行列数等相关因素进行合理安排，并作为开行不同形式列车的主要依据。城市轨道交通的运能、线路走向所处交通走廊、车站所处区位的用地性质都是城市轨道交通车站客流在全天不同时间上分布的主要影响因素。纵观不同类型的车站，大致有以下 5 种车站客流日分布曲线类型，如图 4.9 所示。

(2)列车满载率

列车满载率指列车实际载客量与列车定员数之比，编制列车运行图时，既要保证一定的列车满载率，又要留有一定余地，兼顾某些不可预测因素带来的客流量波动，并兼顾乘客的舒适水平。

$$\beta_{列}=\frac{P_{实}}{P_{定}}\times 100\% \tag{4.2}$$

式中 $\beta_{列}$ ——列车满载率；

$P_{实}$ ——列车实际载客量(人)；

$P_{定}$ ——列车定员数(人)。

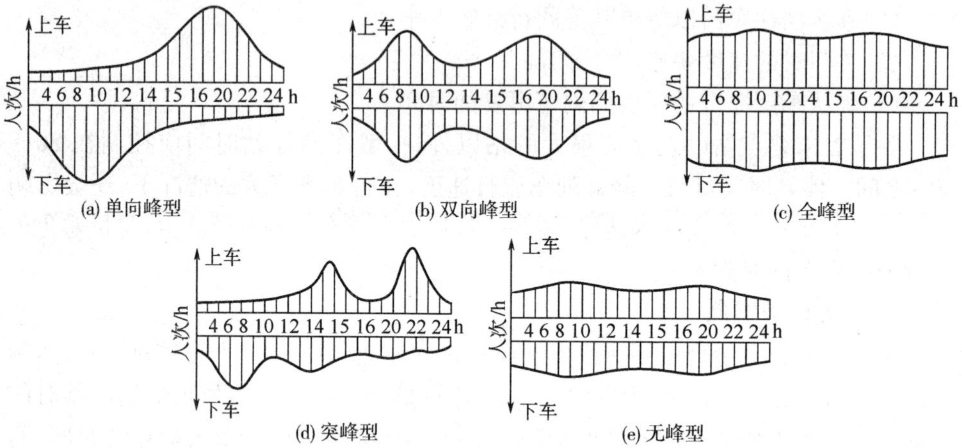

图 4.9 车站客流日分布曲线类型

(3)列车最大载客量

列车最大载客量即列车根据定员载客量和线路满载率计算的允许运送的最大乘客数。

$$P_{MAX}=P_{定}\times\beta \tag{4.3}$$

式中 β ——线路断面满载率；

P_{MAX}——列车最大载客量(人)。

(4)出入库能力

单位时段内通过出入库线出入运营正线的最大列车数，即出入库能力。由于车辆基地与线路车站之间的出入库线有限，加之出入库列车进入正线时还会受到正线通过能力的影响。因此出入库能力是编制列车运行图的重要考虑因素之一。

4.2.4 其他因素

(1)与其他交通方式的衔接

包括与其他交通设施的衔接，如铁路车站、港口、机场、公路交通枢纽等；不同城市交通方式线路之间的布置与匹配，如公交线路与城市轨道交通线路；静态交通设施的设计，如自行车停放、小汽车等其他车辆停放等。

(2)与其他城市设施的衔接

需要考虑的重点城市设施包括大型体育场所、娱乐、商业中心。这些场所产生的突发性的客流会对城市轨道交通系统的正常运营带来冲击,造成突发性运力和人力安排的困难。

(3)列车检修作业

为保证列车状态完好,需均衡安排列车运行时间与检修时间,既保证每列车的日常检修维护保养时间,又保证各列车的走行公里数较为接近。

(4)列车试车作业

检修作业完毕的列车应在车辆基地的试验线进行试车作业,测试合格后才能投入运营。当车辆段没有试车线,或者试车线不能满足试车要求时,可安排在正线上试车。

(5)驾驶员作息要求

根据驾驶员作息制度、交接班地点与方式、途中用餐等因素,均衡安排列车的运行时间和列车交路。

(6)车站的存车能力

在城市轨道交通系统中,在终点站、少数车站设有停车线,因此在线路上可存放一定数量列车,在日常运行时可用来停放备车,在夜间可存放列车以减少空驶里程,均衡早上运营发车秩序。

4.3 列车运行图的编制

4.3.1 列车运行图的编制原则

(1)列车运行速度是城市轨道交通系统的主要优势,在安全得到保证的前提下,通过提高列车运行速度,缩短列车的运行时间,提高系统的运行效率和服务水平。

(2)尽量方便乘客。根据客流变化的规律,在满足运行技术要求及控制运营成本的前提下,选择较小的列车发车间隔,以减少乘客候车时间。在安排低谷时段列车运行时,列车运行图的行车间隔亦不宜过大,以保持一定的服务水平。

(3)充分利用线路的能力。以折返能力为例,折返线折返能力通常是全线能力的限制因素,必须对折返线的折返作业时间进行精确计算,合理安排作业程序,尽可能安排平行作业;还可在正线安排备车停放,以便高峰时段投入运行。

(4)在保证运量需求的条件下,尽量降低运营车数。可通过综合考虑高峰时段列车运行速度、折返作业时间、列车开行方式等因素,使上线列车数量最少,降低系统的车辆保有量与运营成本。

(5)考虑车站,尤其是客流大站的疏散能力,避免列车集中到发可能造成客流拥堵。

(6)充分考虑与邻线首末班列车在载客能力与时间方面的协调与衔接。

4.3.2 列车运行图的编制步骤

城市轨道交通列车通常包括载客列车、空驶列车、工程列车和调试列车。其中载客列车只在车站进行上、下客的客运作业,行车密度较高。空驶列车不载客在正线运行,通常出现在运营开始或结束时段,或行车密度发生变化的时段。调试列车一般指新车或车辆维修作业完毕的车辆在非运营时段或低峰时段进行试运营,通常配备有必要的仪器设备和技术工作人员。

在新线开通或线路客流量、技术设备和行车组织方式发生变化时都需编制列车运行图。其编制步骤如图 4.10 所示。

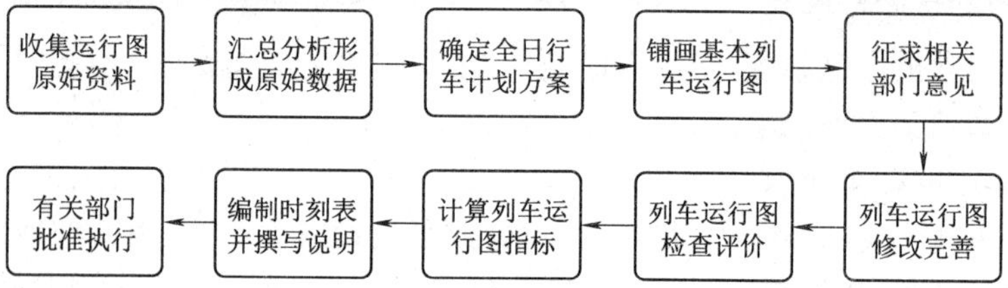

图 4.10 列车运行图的编制过程

(1)按编制要求和编制目标收集相关列车运行图编制的原始资料;

(2)汇总分析所有的原始资料,对需要进行数据校验的数据组织调查或研究试验,形成原始数据;

(3)对现行列车运行图的完成情况和存在问题进行总结分析,结合原始数据,确定全日行车计划方案(包括全日运营时段、投入运用列车数、列车运行交路及首末班车发车时间等运行图铺画的基本要素);

(4)根据原始数据和全日行车计划方案检查计算运行图的各项指标是否在规定范围内;

(5)根据全日行车计划方案及计算得出的各项指标数据铺画基本列车运行图;

(6)征求调度、客运、设施设备等相关部门的意见;

(7)结合各使用部门提出的意见以及计算的各项指标,对基本列车运行图进行修改和完善;

(8)对列车运行图的编制质量进行全面检查,并计算列车运行图的评价指标;

(9)根据基本列车运行图编制列车运行时刻表和编制说明;

(10)将编制完毕的列车运行图、时刻表和编制说明报有关部门审核批准执行。

4.3.3 列车运行图的编制说明

1. 运行图车站中心线的确定方法

车站中心线有按区间实际里程比例和按区间运行时分比例两种确定方法。

(1)按区间实际里程比例确定:即按整个区段内各车站间实际里程的比例来确定车站中心线。采用这种方法时,列车运行图上的站间距能反映实际情况,能明显地表示出站间距离的大小。但由于各区间的线路和纵断面不一样,使列车在各区间的运行速度有所不同,这样列车在整个区段的运行线往往是一条斜折线,既不整齐,也不易发现列车在区间运行时分上的差错。

(2)按区间运行时分比例确定:即按整个区段内各车站间列车运行时分的比例来确定车站中心线。采用这种方法时,可以使列车在整个区段运行线基本上是一条斜直线,既整齐美观,也容易发现列车在区间运行时分上的差错。

例:假设某城市轨道交通线路下行列车全程运行时间为 170 min,首先在运行图纵轴确定始发站 A 至终到站 B 的位置,在代表终到站 B 的横线上向右截取代表 170 min 的线段,得分割点 E,连接 A、E 两点。然后自始发站开始,根据各区间下行列车的纯运行时分,在表示终到站 B 的横线上向右依次截取相应的线段,得到相应的各分割点;接着以各分割点作为基点作横轴的垂直线,得到垂直线与斜直线的各交点;最后通过各交点做横轴的平行线,得到该线路 AB 间 a、b、c、d 各站的车站中心线,如图 4.11 所示。

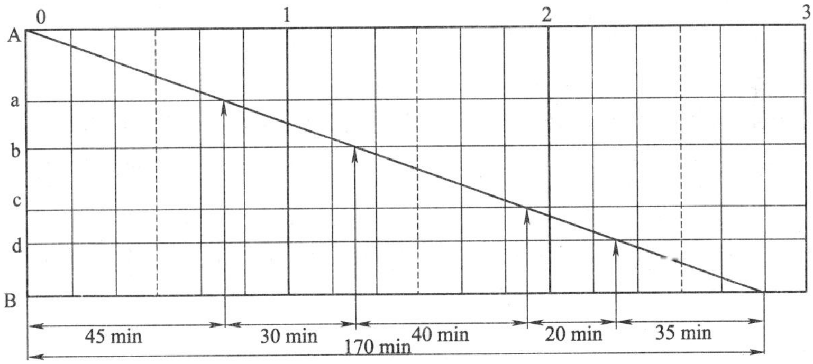

图 4.11 区间运行十分比率确定车站中心线位置示意图

2. 计算上、下行列车单程旅行时间

列车单程旅行时间等于单程各区间列车运行时分加沿途各车站停站时间之总和。由于上、下行单程旅行时间不一定相同,须根据上、下行分别计算。以此作为在列车运行图上铺画上、下行列车运行线的依据。

3. 计算列车运行图的运行周期

列车运行图的运行周期就是列车在正线区段往返运行一个运行交路所需的时间,它等于上、下行列车旅行时间以及折返时间之和。

4. 计算平均列车运行间隔时间

根据投入正线运行的电动列车数和列车运行图周期,就可算出平均列车运行间隔。

$$t_{间} = \frac{T}{N} \tag{4.4}$$

式中 $t_{间}$ ——列车运行间隔时间(min);

T ——运行周期(min);

N——上线列车数(列)。

5. 列车运行线的图示铺画

列车运行图上的列车运行线按其列车运行方向的规定可分为上行列车运行线和下行列车运行线。上行列车运行线是由左下角向右上角铺画的斜直线,而下行列车运行线是由左上角向右下角铺画的斜直线。

6. 列车车次的编号

列车车次是对列车的一个标识,原则上每列车车次号不得重复,以便区分列车的性质、类型、运行方向等。列车车次的编号规则因信号系统制式以及各城市使用习惯的不同而有所区别,通常包括以下主要元素:

(1)服务号:便于信号系统对列车属性的辨认,在一天的服务中保持不变,通常以数字表示,如某系统规定服务号为001～600,其中001～200表示正常计划内列车服务号。

(2)序列号:按列车运行顺序和方向顺序编制,通常以2位数字表示,上行为偶数,下行为奇数,列车每折返一次序列号加1,便于列车行驶单程的统计。

(3)目的地号:表示列车运行的目的地位置,可用字母或数字表示。

(4)车组号:某一特定列车编组的编号,通常按列车生产下线顺序编号,对于单列车而言,车组号始终不变。

各运营企业根据使用习惯不同对4个元素进行组合,使用较多的是按“服务号+序列号”、“车体号+目的地号”两种方式,调度员可根据使用习惯或现场需要在信号系统调度终端切换显示方式。

例1:某城市地铁线路车次按“服务号+序列号”显示为00112。

前三位“001”为服务号,表示当天第一列上线运营列车,第二列上线运营列车为002,后续依次类推;后两位“12”为序列号,表示该服务号当天运行第12个单程。若该列车折返后,服务号不变,序列号+1,车次号则变更为00113。

例 2:某城市地铁线路车次按"车体号＋目的地号"显示为 103AA。

前三位 "103"为车体号,表示 1 号线第 3 列车;后两位"AA"为目的地号,表示该列车的运行终点;若该列车折返后,车体号不变,目的地号将变更为下一个运行终点,如车次变更为 103HB。

7. 列车运行交路

列车到达终点站后,在满足图定列车折返作业时间标准的基础上,应画出该列车就近折返的列车运行线(含车次号),将列车终到站始发时间与折返列车运行线间用线段相连接,图 4.12 为列车运行交路的图解表示。

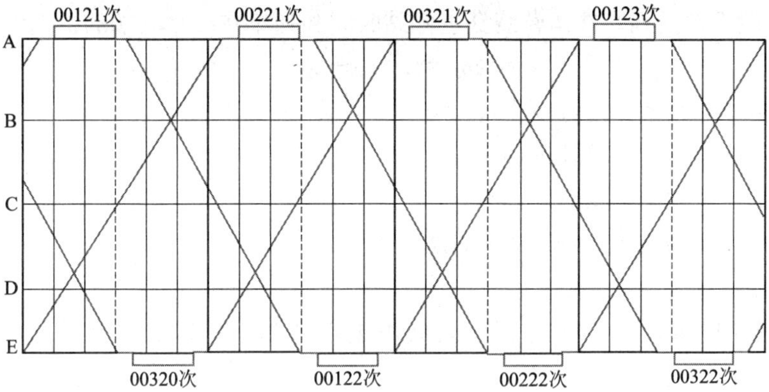

图 4.12　列车运行交路的图解示意图

4.3.4　列车运行图检查内容

列车运行图编完后,必须对运行图的编制质量进行全面的检查。检查的主要内容有:

(1)上、下行首、末端载客列车在始发站的开车时间是否符合营运时间的规定;

(2)列车运行图上铺划的列车数和折返列车数是否符合要求;

(3)各时段列车运行间隔是否符合高峰、一般及低峰客流时段的运能要求;

(4)列车运行线的铺画是否符合规定的各项作业时间标准;

(5)同一时刻在车站或配线上的车辆数停在折返线的列车数是否超过可容纳列车数;

(6)列车驾驶员的工作和休息时间是否符合规定的时间标准;

(7)换乘站的列车到发密度是否均衡。

4.3.5　列车运行图指标计算

在检查并确认列车运行图完全满足规定的要求后,接着就可计算列车运行图

的各项指标,部分指标的计算方法如下:

1. 总开行列车数

凡列车在运营线路上行驶一个单程,无论是全程行驶还是短交路折返,均记入总开行列车数。

总开行列车数(列)=载客列车数(列)+空驶列车数(列)

2. 技术速度

技术速度是指列车在运行线路上运行(不包括列车各站的停站时间)的运行速度。列车在各区间运行时间包括列车启动加速、在区间纯运行、慢行以及制动停车的时间,但不包括列车在运营线路上停站时间和列车在线路两端的折返停留时间。

$$v_{技}=L/(t_{运}-t_{站}) \tag{4.5}$$

式中 $v_{技}$——技术速度(km/h);

L——运营线路长度(km);

$t_{站}$——列车停站时间(h);

$t_{运}$——列车单程行驶时间(h)。

3. 旅行速度

旅行速度可根据列车在营业时间内走行列车公里数和所使用的时间来计算,即:

$$v_{旅}=\sum nL/\sum nt \tag{4.6}$$

式中 $v_{旅}$——旅行速度(km/h);

$\sum nL$——在营业时间内完成列车公里数(km);

$\sum nt$——上线列车在营业时间内消耗的列车小时数(包括运行时间、加减速附加时间及停站时间)(h)。

4. 全日车辆总走行公里

全日车辆总走行里程是指城市轨道交通车辆为运送乘客在运营线路上所走行的里程,图定的车辆空驶里程,以及由于某种原因列车在中途清客或列车在少数车站通过后仍继续载客的车辆空驶里程。

全日车辆总走行公里=∑(乘客列车数×列车编组数×列车运行距离)

5. 车辆日均走行公里

即每一运用车辆每日平均走行公里数,其中全日运用车辆数可采用早高峰小时的运用车辆数。

车辆日均走行公里=全日车辆总走行公里/全日车辆运用数

通过编制好的详图还可确定的指标包括:列车运营行驶里程、不同时段的行车间隔等多项指标。

4.3.6 编制列车时刻表

在铺画好列车运行图后，应编制列车时刻表。时刻表的编制依据就是列车运行图，各区间上下行列车运行时间和沿途各车站列车停站时间标准。时刻表按照不同的使用范围可分为对内使用的和对外公布两种。简易列车时刻表可人工编制，实施自动监控的列车运行图对应的列车时刻表可使用计算机编制，并可作为生成列车运行图使用。列车时刻表的编制可分载客列车和出入场空驶列车两大部分，先编制载客列车：上下行载客列车时刻表编在一起，然后再编制出入场的空驶列车时刻表，若有早、晚职工通勤列车，其时刻表也与空驶列车编在一起。

由于城市轨道交通系统的开行密度较高，对外时刻表包括主要的开行时段，开行间隔，以及首末班列车时刻表即可。某城轨线路的对外公布时刻表如图 4.13 所示。

周一～周五 From Monday To Friday				
名称	时段 Time	列车间隔 Interval Between Trains		
		往 A 站	往 B 站	往 C 站
早高峰	7:00～9:30	约 3 min	约 3 min	约 9 min
晚高峰	16:00～19:30	4～5 min	4～5 min	4～5 min
一般时段	9:30～16:30	5～8 min	5～8 min	约 10 min
	19:30～22:00			
其他时段	首班车～7:00	6～9 min	6～9 min	15 min
	22:00～末班车			

方向 站名	首班车		末班车	
	往 H 站	往 A 站	往 H 站	往 A 站
A 站	6:00	—	23:00	—
B 站	6:02	6:24	23:02	23:24
C 站	6:05	6:21	23:05	23:21
D 站	6:10	6:16	23:10	23:16
E 站	6:14	6:12	23:14	23:12
F 站	6:20	6:06	23:20	23:06
G 站	6:23	6:03	23:23	23:03
H 站	—	6:00	—	23:00

图 4.13 某线路对外公布时刻表

4.3.7 新图使用前的准备工作

列车运行图经最后批准后，为了保证新图能够正确和顺利地实行，必须在实行新图之前做好下列准备工作：

(1)新运行图经批准后，运营企业应向内部各相关部门发布实行新图的命令，确定新图启用时间，各相关部门应在新图启用之前做好相应准备工作；

(2)印刷列车时刻表，向企业内部各行车相关岗位分发列车时刻表，向社会公布列车时刻表；

(3)根据新图的技术特征，拟定相关技术组织措施，行车组织方案等，保证新图顺利执行；

(4)组织各相关岗位对新图及相关方案进行学习,使职工了解、熟悉新图的要求;

(5)根据新图的规定,组织各部门修订现有工作流程;

(6)将新图导入信号系统内;

(7)做好车辆和司乘人员的调配工作。

4.4 列车运行图标画

列车运行图是记录列车运行计划和当日列车实际运行情况的资料,是运营统计分析的基础。通常,信号系统正常情况下,采用系统自动打印运行图,但须补足运行图中未打印的线及加开列车的实际运行线。信号系统故障无法自动记录列车实际运行线时,采用备用运行图,对正常运行的列车,实际运行线可以不画,在计划线上打钩,实际运行与计划有偏差时,铺画实际运行线。

当列车晚点或因各种原因运行不正常时,在原有的列车运行图线基础上,按统一的格式采取人工补充标画,以达到运行图的完整、准确,便于查阅和统计分析。列车运行图标画的内容通常包括列车始发(终到)、列车停站、列车折返、临时退出运行、取消里程、空车放站、载客通过、反方向运行、列车运休及列车故障救援等。

4.4.1 标画图例

1. 列车始发(图 4.14)

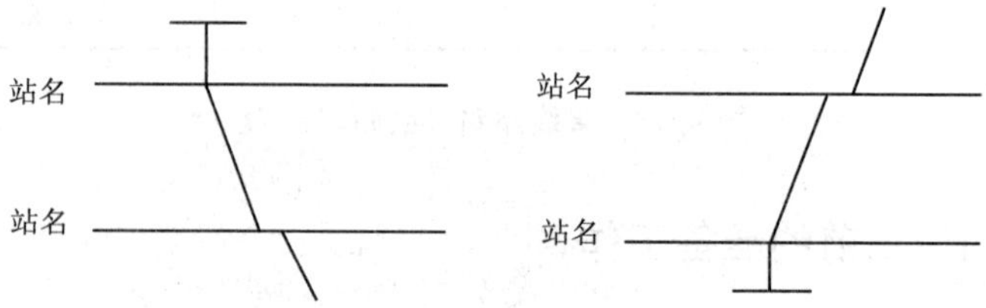

图 4.14 列车始发

2. 列车终到(退出正线)(图 4.15)

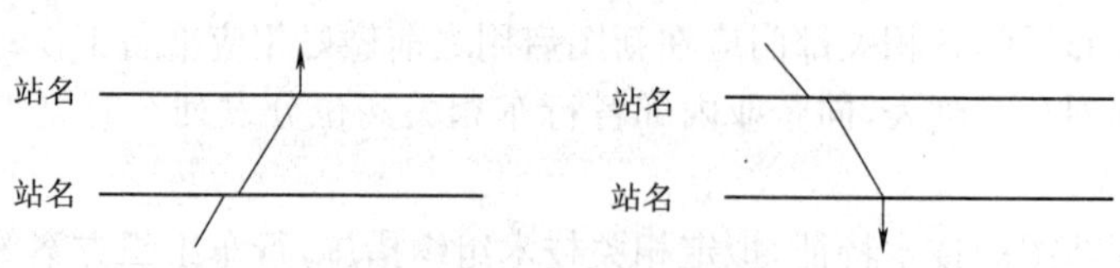

图 4.15 列车终到

3. 列车临时退出运行(进入折返线/存车线)(图 4.16)

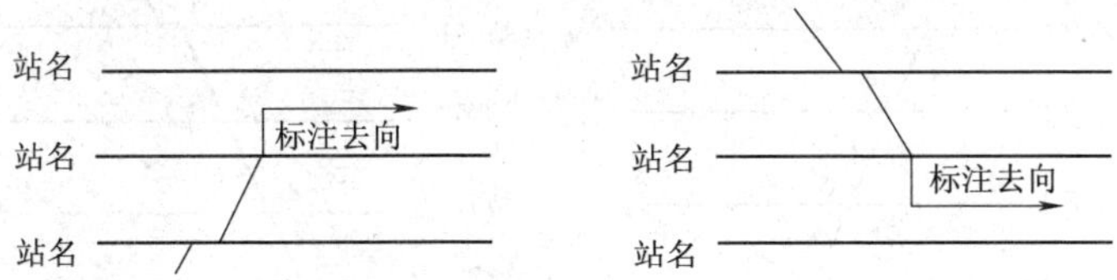

图 4.16 列车临时退出运行

4. 列车停站

(1)停站时间较长(图 4.17)

原则上在中途车站停站时间大于 5 min 的均按此铺画。

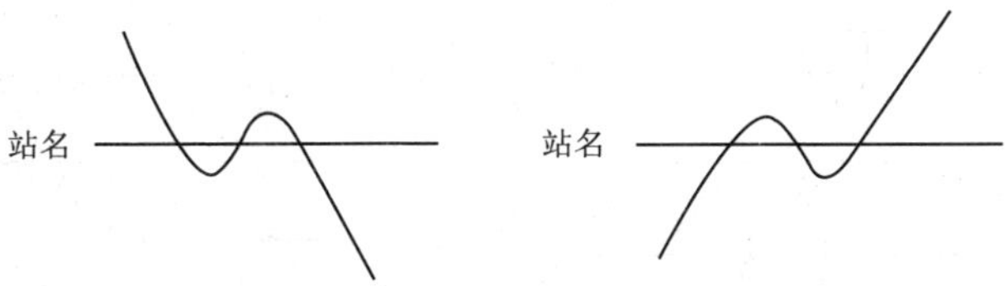

图 4.17 列车停站时间较长

(2)停站时间较短(图 4.18)

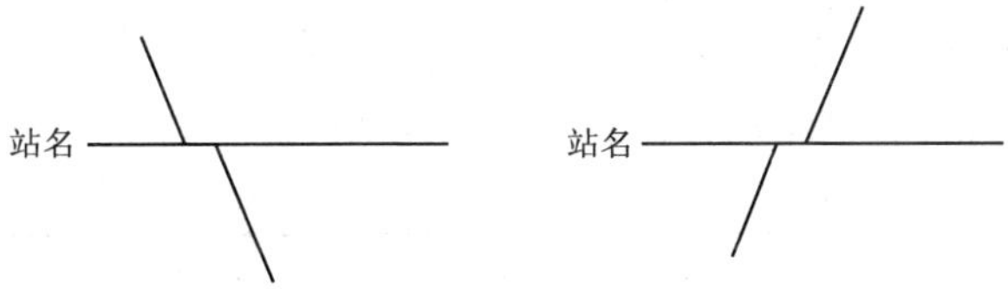

图 4.18 列车停站时间较短

5. 列车折返(含中途折返以及终端站折返)(图 4.19)

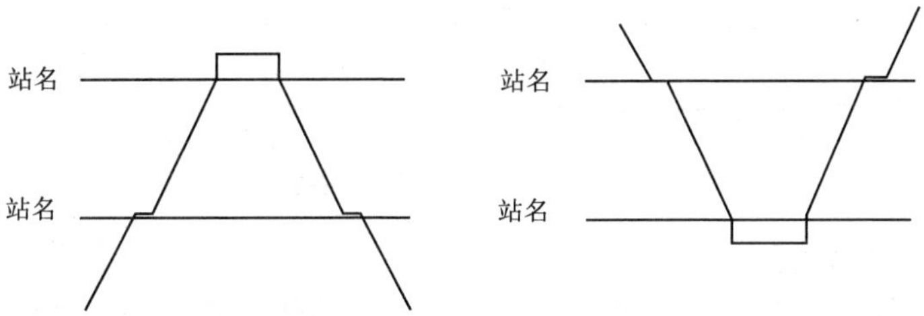

图 4.19 列车折返

6. 列车通过车站

(1)载客通过(图 4.20)

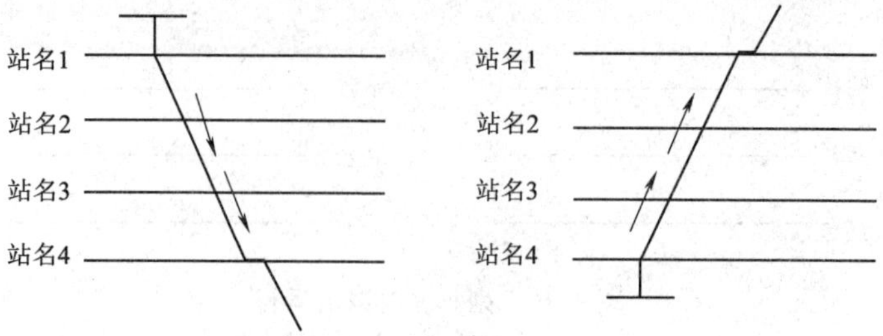

图 4.20 载客通过

(2)空车放站(图 4.21)

下行空车通过 1,2 号站;上行空车通过 3,4 号站。

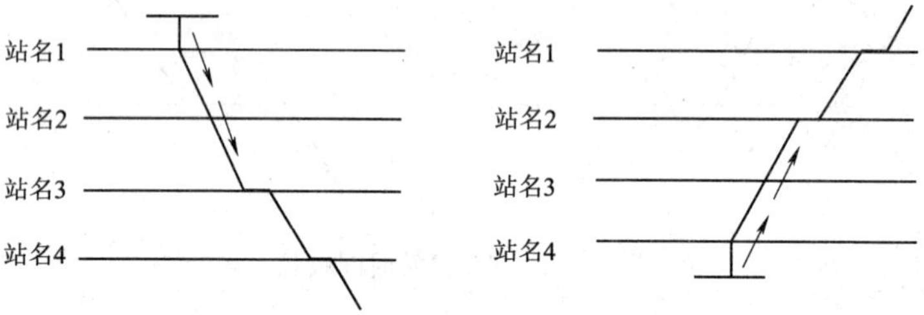

图 4.21 空车放站

7. 列车反方向运行(图 4.22)

以红色"="标注在列车反方向运行的区间实际运行线上。

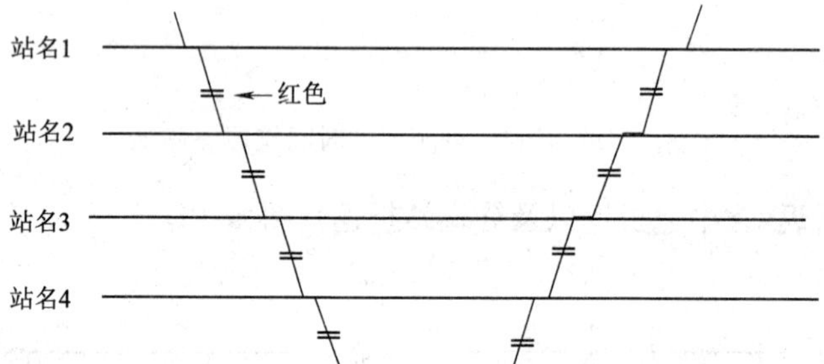

图 4.22 列车反方向运行

8. 列车故障救援

例:列车甲在 2 号站故障请求救援,列车乙在 1 号站清客担当救援,连挂后推进至 4 号站折返线,解钩后乙列车在 4 号站上客继续运行。如图 4.23 所示。

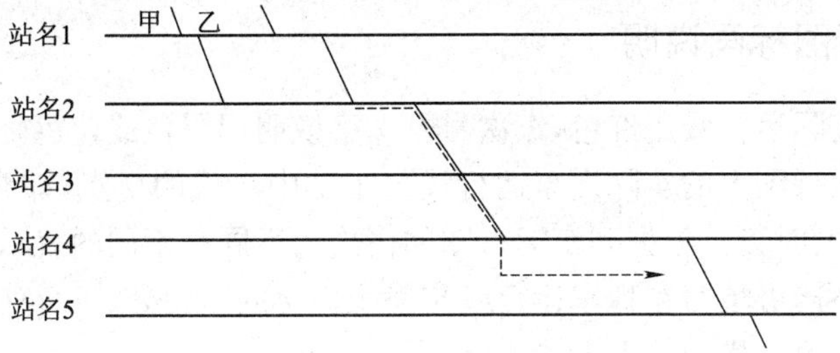

图 4.23 列车故障救援

故障列车：红------；救援列车：红——

9. 列车运休

用红"S"标画在计划列车运行线上，可均匀间隔几个区间标画，如图 4.24 所示。

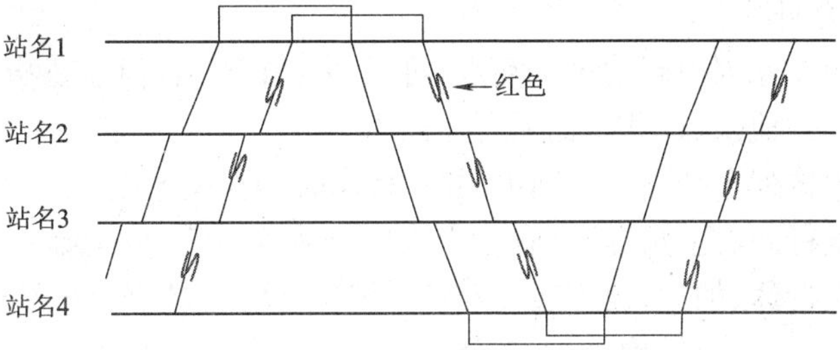

图 4.24 列车运休

10. 取消里程

用黑色或蓝色"S"标画在计划列车运行线上，每个取消里程的区间都需标画。如图 4.25 所示。

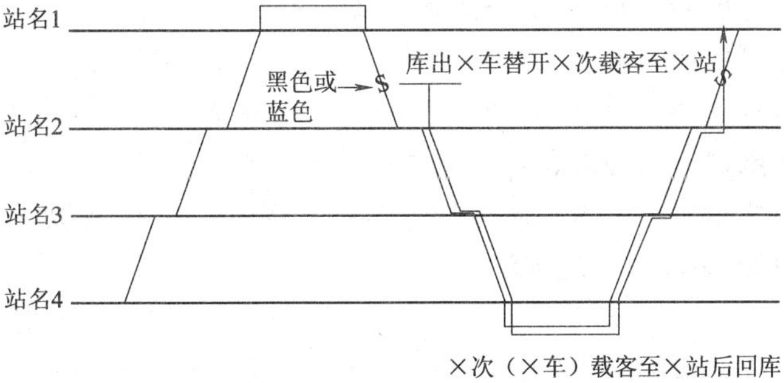

图 4.25 取消里程

11. 列车运行途中异常情况的标注

在列车运行异常（如清客、迫停、列车冲突等）的区段，将事件的大致情况（车次号、车体号、事件/故障情况）简单说明，并用蓝圈（黑圈）圈起。

4.4.2 运行图标画说明

(1)图中实际运行线用红色，车次号及文字说明用黑色或蓝色。

(2)列车运行图上的实际列车运行线与车站中心线的交点，即为列车实际到、发或通过车站的时刻。根据列车运行图的格式的不同有不同的表示方法。表示时刻的数字或符号，可填写在列车运行线与横线相交的钝角处，下行列车填在横线的下方，上行列车填在横向的上方。

(3)列车晚点标画及统计应区分2分钟晚点和5分钟晚点，2分钟晚点发车以“F”表示，到达晚点以“D”表示，5分钟晚点则在“F”“D”的标记旁标画“5”表示。

(4)早晚点情况应标注在实际线旁(锐角内)。

(5)列车运行图中每一个晚点均需说明原因。停站时间比图定停站时间超过2分钟以上需说明原因。

(6)对于同一原因引起的多个晚点，可只写一个原因，但需要指出包含哪些晚点，如当中夹有其他晚点原因，也须另外标明。

(7)换车须将列车交路标于图中，并在换车表中注明原因。

(8)每一运行图右上角标明到达、出发晚点列车数(2分钟晚点和5分钟晚点分别标明)以及运休、加开、载客通过和清客情况；晚点按发车晚点和到达晚点分别标明，标明格式为“2分钟晚点数/5分钟晚点数”(2分钟晚点数不包含5分钟晚点)；运休和加开的标明格式为“载客/空车”。

复习思考题

1. 列车运行图的作用、基本含义是什么？

2. 列车运行图的分类方式有哪几种？

3. 列车运行图的要素有哪些？如何确定？思考各要素对运行图编制的影响。

4. 试分析编制一张经济合理的运行图对运营企业的意义。

5. 下表为某城市地铁各区间运行时间和车站停站时间，A站—T站为下行方向，请根据表中数据回答下列问题：

(1)假设该线路正常运营期间，列车由A站至T站循环运行，行车间隔5 min，列车在A站和T站均采用站后单一折返线折返，折返时间3 min，请计算运行周期和上线列车数。

(2)请采用1分格运行图确定各车站中心线位置。

(3)假设该线路列车均由车场出场至A站，列车由出场信号机运行至A站站台计划时间均为120 s，A站、T站首班车时间均为6:30，请结合(1)给出的条件和计算结果，在(2)确定的运行图上铺画列车出场及正线运行的计划运行图(空驶列车区间运行时间参照表格数据，忽略列车在车站启停对区间运行时间造成的影响)。

站名	区间运行时间(s)		站停时间(s)	
	上行	下行	上行	下行
车站A	—	—	60	60
	120	120		
车站B			25	25
	160	155		
车站C			25	25
	130	125		
车站D			25	25
	260	265		
车站E			35	35
	340	340		
车站F			35	35
	120	125		
车站G			25	25
	140	145		
车站H			25	25
	270	270		
车站I			25	25
	180	180		
车站J			25	25
	120	125		
车站K			25	25
	130	125		
车站L			30	30
	110	110		
车站M			25	25
	145	145		
车站N			25	25
	90	90		
车站O			25	25
	150	150		
车站P			45	45
	125	125		
车站Q			30	30
	160	160		
车站R			25	25
	170	175		
车站S			25	25
	220	220		
车站T	—	—	60	60

第 5 章　行车组织

行车组织是指在运输生产过程中，为完成运送乘客的任务而开展的一系列与运输相关的工作，是城市轨道交通系统运营管理的中心工作。按行车场所可以分为正线行车组织、车场行车组织和车站行车组织。其中，正线行车组织直接为乘客提供服务，是城市轨道交通行车组织的核心，任何工作均为确保正线列车按照列车运行图正常行车而开展。城市轨道交通行车密度大、运营间隔小、运量大的特点，决定了行车组织具有系统性、规范性、及时性的特点，安全、正点、高效、有序的行车组织是城市轨道交通系统对外提供优质运输服务的基础保障。

5.1　概　　述

5.1.1　行车组织架构

城市轨道交通系统是技术密集型的公共交通系统，各个工作环节紧密联系、协同运作，必须实行集中管理、统一指挥，逐级负责的原则。运营控制中心(OCC)是实现系统日常运输工作的指挥中枢，对运输生产活动进行全面地指挥和监督。凡与行车有关的各部门、各工种都必须在 OCC 的统一指挥下进行日常生产活动。

城市轨道交通行车指挥通常分为两级指挥，二级指挥服从一级指挥。一级指挥通常包括行车调度、电力调度、环控调度等；二级指挥包括维修调度、运转值班员(车场调度)、驾驶员组长、值班站长等。OCC 是城市轨道交通行车组织的指挥中枢，负责正线行车组织的直接指挥，协调车场、车站各级行车管理人员开展工作。行车调度是城市轨道交通行车指挥体系的最高指挥者，全面负责城市轨道交通的行车指挥；运转值班员(车场调度)负责车场内行车组织的指挥；车站值班员负责车站行车组织的指挥。各级管理人员在行车调度的统一指挥下，统筹安排管辖范围内的行车组织作业，确保正线行车组织工作正常进行。某城市轨道交通行车指挥架构如图 5.1 所示。

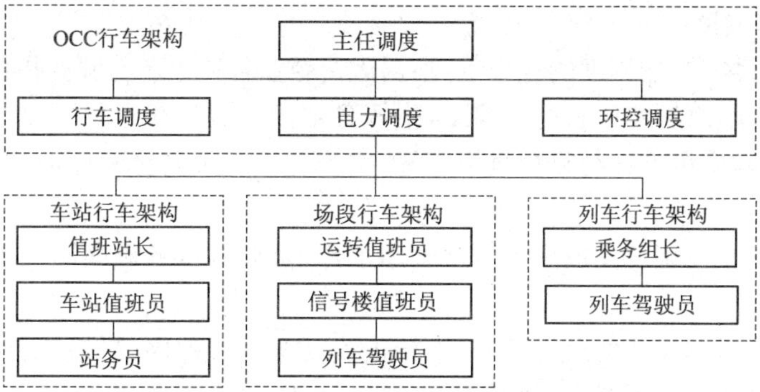

图 5.1 某城市轨道交通行车指挥架构图

5.1.2 主要行车岗位职责

1. 主任调度

主任调度是基层调度班组的管理者，也是班组安全工作的第一责任人，负责对本班组调度员进行日常管理和安全管理，根据运营生产任务，组织当值调度员全面监控各系统运作，及时决策运营模式和列车调整方法，正确指挥处理运营突发事件、事故，落实完成施工计划。具体岗位职责如下：

(1)班组的日常和安全管理：负责班组成员的日常管理，组织班组成员开展培训、演练工作，定期召开班组安全会议，落实安全防控措施；

(2)组织交接班会议，向各工种调度布置工作任务，传达有关文件、会议精神及上级领导指示；

(3)行车组织：组织各部门按照列车运行图的要求开展工作，按照行车相关规章的规定，协调行车各岗位的运作，组织运营工作的落实，确保行车系统的正常运作；

(4)信息管理：及时、准确搜集运营信息，并根据需要向上级领导及各部门通报；

(5)施工管理：组织班组施工会议、布置当天施工工作，及时协调处理施工冲突，负责审批、组织抢修施工，组织施工单位按计划施工，监督各工种调度员落实施工计划通告，监督落实安全防控措施，确保施工作业安全；

(6)应急处置：发生运营应急事件或事故时，及时制定处置方案及列车运行调整方案并下达各相关岗位执行，监督协调各工种调度员妥善处理应急事件或事故，如实记录应急处理经过，通报故障情况及列车延误情况；

(7)收集、填写运营工作有关数据和指标，及时完成相关报表填记工作。

2. 行车调度

行车调度在主任调度的领导下,根据运营企业各项生产与服务指标要求,监控行车设备运作,组织实施轨行区施工,指挥各部门按照列车运行图要求开展工作,确保公司运营质量方针与目标贯彻实施,实现客运服务安全有序的目标。具体岗位职责如下:

(1)协助主任调度完成班组日常管理工作,协调其他各调度岗位工作,共同完成运营生产任务;

(2)监控行车设备的运行情况,维持正线列车运行秩序,严格执行行车组织有关规章制度;按运行图要求,协调行车各岗位工作,确保行车安全、正点;

(3)及时正确处理运营应急事件或事故,最大限度减少对运营的影响,并如实记录处理经过,通报故障及延误情况,及时调整列车运行,尽快恢复正常运营;

(4)严格执行施工计划通告,合理组织电客列车、轨道车开行,合理安排施工作业,监督落实施工安全防护措施,满足运营设备维护需要;

(5)负责收集并记录行车设备的故障信息,将故障信息及时反馈给相关部门,确保行车设备状态良好,满足运营需要;

(6)根据工作需求,完成相关培训及演练工作。

3. 车站值班员

车站值班员是车站现场生产工作的控制中枢,负责车站设备控制,车站行车组织,组织或协调开展施工作业等工作,具体岗位职责如下:

(1)执行行车调度命令,按列车运行图组织行车,监控列车在车站的到发、通过及站台作业情况,发现异常情况及时汇报行调并组织车站人员处理;

(2)监控设施设备运行状态,按操作手册操作 FAS、BAS、广播系统、CCTV、IBP 盘等就地控制设备;

(3)协助值班站长处理各类突发事件,及时向 OCC 汇报信息并向车站各岗位传达 OCC 发布的命令;

(4)非正常情况下,经 OCC 授权后车站值班员可接管信号 HMI 控制权,排列列车运行、折返进路,组织列车运行;

(5)采用电话闭塞法行车时,按照行车调度命令,正确办理闭塞手续,并向行车调度报点。

4. 运转值班员(车场调度)

运转值班员(车场调度)负责所管辖车辆段/停车场的日常作业管理和车场范围内突发事件的应急处置,包括接发列车作业、调车作业、洗车作业、驾驶员派班作业、施工检修作业、接触轨停送电作业等,具体岗位职责如下:

(1)根据车辆部门提供的用车计划编制当天列车出入库计划并上报 OCC,按照列车运行图要求，合理安排驾驶员班次，排列出入库进路，组织列车出入车场；

(2)负责车场范围内施工检修作业的审批，根据需要组织车场内接触轨停送电；

(3)监控车场范围内行车设备的运行状态，发现异常时及时进行先期处置，并通报相关专业，影响正线运行或车场接发列车时上报OCC；

(4)根据生产需要合理编制调车计划，负责调车进路的办理，组织调车计划落实。

5. 列车驾驶员

列车驾驶员是从事城市轨道交通电客列车驾驶作业的人员，按照列车时刻表要求，负责安全正点驾驶列车，列车在车站停站作业以及运营期间列车故障处置等工作，具体岗位职责如下：

(1)列车出场前，进行检车作业，对列车状态进行检查，按照时刻表要求驾驶列车出入车场；

(2)按照列车运行图要求，安全、正点驾驶列车；

(3)驾驶列车在车站停车或通过作业，停站时进行站台作业；

(4)运行过程中进行瞭望，监控列车运行状态，发现异常及时上报行车调度并进行故障排除，根据行车调度命令驾驶列车。

5.1.3 行车组织原则

(1)行车组织必须贯彻安全生产的方针，坚持高度集中，统一指挥，逐级负责的原则，各行车相关部门必须紧密配合，实现安全、正点、高效、便捷、舒适的运营目标。

(2)行车时间以北京时间为准，从零时起计算，实行24小时制；行车日期划分以零时为界，零时以前办妥的行车手续，零时以后仍视为有效。

(3)列车运行图是行车组织工作的基础，所有与列车运行有关的部门与单位，必须根据列车运行图的规定，正确组织本部门、本单位工作，保证列车运行图的实现。

(4)正常情况下，行车作业应按双线单方向组织运行，行车有关人员必须严格执行行车调度命令，服从调度统一指挥；行车调度应严格按照列车运行图指挥行车，因突发事件导致列车运行秩序紊乱时，行车调度应积极采取措施，尽快恢复列车正常运行秩序。

(5)行车各岗位应密切关注列车在车站的到发及区间的运行情况，及时、正确处理突发事件。

5.2 行车组织

城市轨道交通行车组织按作业地点划分主要包括控制中心(OCC)行车组织、车站行车组织车场内行车组织。OCC主要负责运营线路正线、辅助线的行车组织管理,协调指挥车站、车场相关行车岗位工作,确保正线行车组织工作安全、有序、高效开展;车站、车场主要负责管辖范围内的行车组织管理,在OCC的统一指挥下做好列车及相关行车设备状态监控,根据OCC命令做好行车组织工作。

5.2.1 行车岗位接口关系

1. 行调与运转值班员(车场调度)

(1)运营开始前,运转值班员向行调提供当天列车出入库计划,并在HMI上编制列车出入库计划,并根据运行图及出入库计划要求,按时组织列车至出入段线转换轨,行调根据运行图要求,组织列车出场投入运营。

(2)列车回库前,行调与运转值班员确认回库条件,按回库顺序组织列车至出入段线转换轨,运转值班员安排列车回库。

(3)当车场施工影响正线行车或正线施工影响车场行车时,行调/运转值班员应及时通知对方,征得对方同意后方可批准施工。

(4)当车场行车设备故障影响车场接发车作业时,运转值班员应及时汇报行调并积极采取措施,避免或减小对正线行车组织的影响。

2. 行调与车站值班员

(1)每日运营前,行调组织各车站进行运营前检查,车站值班员向行调汇报运营前检查结果。

(2)车站行车相关设施设备发生故障或发生突发事件时,及时进行先期处置,并向行调汇报,根据行调指令进行处置。

(3)行调向车站值班员发布调度命令,车站根据调度命令执行并反馈执行情况。

(4)夜间施工时,车站值班员负责审核施工申请单,落实施工防护要求,并向行调请销点。

3. 行调与驾驶员

(1)列车出场时,驾驶员与行调进行通话测试,确认车次号,根据行调指令出场。

(2)列车运行过程中发生故障时,驾驶员负责前期处置并汇报行调,及时汇报故障处置进度,根据行调指令行车。

(3)行调向驾驶员发布调度命令，驾驶员根据调度命令执行并反馈执行情况。

(4)列车回场时，驾驶员与行调联系确认回场路径，并根据行调指令回场。

5.2.2 控制中心行车组织

控制中心是城市轨道交通行车组织的指挥中枢，负责管辖线路的列车运行指挥、设备监控、运营信息管理、施工管理、突发事件应急指挥和运营调整等工作。

OCC行车组织工作主要包括：

(1)组织列车出入车场：按照列车运行图要求，运营开始前组织列车出场进入正线按时投入服务；运营结束后组织列车回场或运行至正线指定地点存放。

(2)监控列车运行：运营期间，监控正线列车运行状态，发生故障或其他突发事件导致列车运行秩序紊乱时，及时采取有效措施，恢复按图行车。

(3)突发事件处置：发生突发事件时，根据事件影响及时启动相关预案，做好信息通报工作，影响列车运行时及时采取运营调整措施。中央无法监控列车运行时，下放控制权至车站，由车站进行控制组织行车；采用电话闭塞法行车时，及时发布调度命令，组织受影响范围内各车站、列车按电话闭塞法组织行车，并做好车站、列车行车作业的监护。

(4)调试列车、轨道车开行：运营结束后，根据列车调试或轨道车开行要求，组织调试列车、轨道车出入车场，配合办理列车进路，监护列车在正线的运行状态。

(5)相关准备工作：为确保正线行车组织工作顺利进行而必须完成的准备工作，包括运营前检查、施工作业计划组织落实、接触网(轨)停送电等。

5.2.3 车场行车组织

车辆段/停车场是供列车停放、检修、整备的基地，通常由车场调度(运转值班员)负责车场行车组织管理工作。

车场行车组织工作主要包括：

(1)组织列车出入车场：根据列车运行图要求以及车辆部门提供的用车计划，编制列车出入库计划并上报OCC，合理安排列车驾驶员班次，办理/取消列车出入库进路，按时组织列车出入库，满足正线运营和列车日常检修要求。根据列车调试和轨道车开行需求，组织调试列车和轨道车出入库。

(2)调车作业：根据车辆作业检修需求，合理编制调车作业计划，安排调车驾驶员班次，办理/取消调车进路，组织落实调车作业计划。

(3)洗车作业：根据洗车作业计划，合理安排列车洗车作业。

(4)试车线管理：根据车辆调试计划，按照调车作业程序将列车调至试车线，并配合排列试车线相关进路。

(5)相关准备工作:为确保车场行车组织工作顺利进行而必须完成的准备工作,包括车场运营前检查、施工作业组织落实,接触网(轨)停送电等。

5.2.4 车站行车组织

在城市轨道交通行车组织过程中,车站起着重要的作用。车站是线路上供列车到发、通过的分界点,部分车站还具有列车折返、临时停放等功能。

车站行车组织工作主要包括:

(1)正常情况下的行车组织作业:通过信号系统、CCTV等监控列车的正线运行及折返作业情况,安排人员在站台进行列车接发作业,监护列车在车站的到、发或通过情况,监护乘客上下车安全;监控主要行车设备运行状态,发现异常时及时上报OCC并跟进处理情况等。

(2)非正常情况下的行车组织作业:信号系统故障时,车站通过OCC授权,取得信号系统控制权,办理/取消列车进路,监控列车运行状态并向OCC汇报;采用电话闭塞法行车时,按照要求办理行车闭塞手续,记录列车在车站的到发、通过时间并向OCC报点;执行OCC行车调度下达的调度命令调整列车运行并与列车驾驶员执行联控措施。

(3)相关准备工作:包括车站运营前检查、施工作业组织落实等。

5.3 运行质量分析

OCC需根据日常运行记录,定期统计计算运营指标数据,建立运营分析制度,分析运营指标质量,分析对运营造成影响的重要事件以及查找运营过程中存在的问题,不断改进提高运营管理水平。

5.3.1 行车调度运行记录

运行记录、图表主要包括:列车运行图,工作日志,调度命令登记簿,运营生产日报表,交接班记录,列车换车记录,列车的早晚点、清客、放站情况表,设备故障缺陷登记表和施工检修登记表等。

(1)列车运行图:分为计划运行图和实际运行图。计划运行图是行车调度员组织指挥列车运行的依据;计划运行图由运营主管部门编制提供。实际运行图是根据列车实际的运行情况绘制的。行调必须保证实际运行图的完整、准确:应包括在实际运行中的列车晚点、清客、放站、加开、运休、小交路折返、列车救援连挂等情况。

(2)工作日志:每班调度员日常工作的记录,是各项报表的基础依据,每日关于行车调整、设备故障、客运组织、突发事件及重大施工情况等必须在行车日志上翔实记录。行车日志的记录要以时间为顺序，自接班时起至交班时为止。记录内容有事件发生时间、地点、内容及影响以及处理结果，记录事项均应闭环。

(3)调度命令登记簿：用于记录行调当班期间发出的口头命令、书面命令及抢修命令。

(4)运营生产日报表：反映一天内运营情况的综合性报表，主要包括列车运行情况、客流票务情况、施工检修作业情况，设施设备故障修复情况以及其他重要运营事件情况等；填记时间范围为从每日运营开始至次日运营开始。

(5)交接班记录：每班调度员对本班运营的简单总结，对通信、信号、线路、设备、运营情况、各项报表数目、调度命令使用情况、近期要求等进行交班。

(6)列车换车记录：统计和记录当日列车运用车情况，及因计划改变或运营调整进行列车换车的情况记录。表中需要记录的内容包括车次号、车体号、时间及换车原因。

(7)列车的早晚点、清客、放站情况记录表：按照当日运营计划的完成情况进行填写，列车的早晚点情况按每 2 h 进行统计并对早晚点原因进行分类统计，清客、放站情况的填写要求同早晚点情况的要求一致，并与运行图统计数据，能一一对应。

(8)设备故障缺陷登记表：由调度员负责填记，将当班期间发生的各设备故障情况、故障修复情况、采取的应急措施以及故障报修人员、故障修复单位人员等。

(9)施工检修登记表：由行调按要求填写，是行调控制施工安全、体现施工情况的综合性报表。

5.3.2 运营指标统计

1. 运行指标

(1)图定开行列次

统计期内，按照线路计划运行图或特定情况下制定的运行图开行的总列次。包括计划开行列次为列车运行图(包括特殊情况下的临时计划运行图)中载客、空驶列车数之和。不包含调试车和计划外的加开列次。

$$N_{图定}=N_{图载}+N_{图空} \tag{5.1}$$

式中 $N_{图定}$——图定开行列次；

$N_{图载}$——图定载客列次；

$N_{图空}$——图定空驶列次。

(2)实际开行列次

为完成运营生产任务在正线上行驶的次数,分为载客列次和空驶列次两部分,包括计划外的加开列次。列车在运营线路上行驶一个单程,不论线路长短,是全程或是区间,均作一列次计算。

$$N_{实}=N_{实载}+N_{实空} \tag{5.2}$$

式中 $N_{实}$——实际开行列次;

$N_{实载}$——图定载客列次;

$N_{实空}$——图定空驶列次。

(3)运行图兑现率

运营时间内,根据运行图定计划内实际开行的列次与计划开行的列次之比,用以表示运行图兑现的程度。

$$A=\frac{N_{图实}}{N_{图定}}\times 100\% \tag{5.3}$$

式中 A——列车运行图兑现率;

$N_{图实}$——运行图计划内开行的实际列次;

$N_{图定}$——图定开行列次。

(4)列车晚点数

比照运营时刻表单程每列延误一定时间(通常为 2 min)以下为正点,以上为晚点,按列次统计。因列车调整需要,在两端站晚发的列车不计发晚,但在单程运行过程中晚点 2 min 及以上时计为到晚;加开列车、空驶列车按正点统计。

(5)正点率

统计期内,列车运行正点列次,与运行图计划总开行列次之比,用以表示运行图计划时刻表执行情况。

$$B=\frac{N_{正点}}{N_{图定}}\times 100\% \tag{5.4}$$

式中 B——列车运行图正点率;

$N_{正点}$——正点列次;

$N_{图定}$——图定开行列次。

部分城市将列车晚点分为始发晚点及终到晚点 2 种类型,因此在统计晚点列次时存在将同一列次统计为出发及到达晚点的情况,其正点率按如式(5.5)计算。

$$B=\frac{N_{实}\times 2-N_{晚}}{N_{实}\times 2}\times 100\% \tag{5.5}$$

式中 B——列车运行图正点率;

$N_{实}$——实际开行列次;

$N_{晚}$——晚点列次。

(6)运营里程

运营里程为列车在运营线路上行驶的全部里程，包括载客行驶和空车行驶的全部里程。

$$L_{运营}=L_{载}+L_{空} \tag{5.6}$$

式中　$L_{运营}$——运营里程(列公里)；

$L_{载}$——载客里程(列公里)；

$L_{空}$——空驶里程(列公里)。

(7)载客运营里程

载客运营里程为载客列车在线路上的行驶里程(站后折返距离不计算在内)。

$$L_{载}=\sum L_{线}\times N_{载} \tag{5.7}$$

式中　$L_{载}$——载客里程；

$L_{线}$——线路长度；

$N_{载}$——载客列次。

(8)空驶运营里程

空驶运营里程为列车在线路上的行驶里程，它等于除载客运营里程外的其余运营里程。

$$L_{空}=\sum L_{线}\times N_{空} \tag{5.8}$$

式中　$L_{空}$——空驶里程；

$L_{线}$——线路长度；

$N_{空}$——空驶列次。

(9)清客列次

在运行图计划执行过程中，已进行载客的列车因故无法按计划继续执行载客业务，需要在车站(始发站除外)、区间内乘客全部下车的列次数。

注：衡量列车清客的唯一标准就是列车已按照计划执行了载客作业，但因故需要将列车内的乘客清空。

(10)清客频率

统计期内，发生清客的平均运营里程。

$$C=\frac{L_{运营}}{N_{清客}}\quad(车公里/列次) \tag{5.9}$$

式中　C——清客频率；

$L_{运营}$——运营里程，车公里；

$N_{清客}$——清客列次。

(11)列车运休次数

运营时段内，在运行图计划执行过程中，图定运行计划因故无法得到执行的均统计为运休，按列次统计。

2. 技术指标

(1)运营速度

地铁列车在运营线路上运行时的平均速度。

$$v_{运}=\frac{L_{线}\times 2+L_{折}}{T_{周}} \tag{5.10}$$

式中 $v_{运}$——运营速度，km/h；

$L_{线}$——线路长度，km；

$L_{折}$——折返线长度，km；

$T_{周}$——运营周期，h。

(2)旅行速度

列车在运营线路上运载乘客时的速度(包括列车在各中间站的停站时间)。

$$v_{旅}=\frac{L_{线}}{t_{运}+t_{停}} \tag{5.11}$$

式中 $v_{旅}$——旅行速度，km/h；

$L_{线}$——线路长度，km；

$t_{运}$——所有区间运行时间之和，h；

$t_{停}$——中间站停站时间，不包括两端终点站停站时间，h。

(3)技术速度

列车在运营线路上自起点至终点不计停站时间的运行速度。

$$v_{技}=\frac{L_{线}}{t_{运}} \tag{5.12}$$

式中 $v_{技}$——技术速度，km/h；

$L_{线}$——线路长度，km；

$t_{运}$——所有区间运行时间之和，h。

(4)负荷强度

运营线路单位长度上平均负担的乘客。

$$D=\frac{K_{周}}{L_{线}} \tag{5.13}$$

式中 D——负荷强度，人次/公里；

$K_{周}$——客运周转量，人次；

$L_{线}$——运营线路长度，km。

(5)客运强度

客运量与运营长度之比，反映单位长度上的载客量，在一定程度上体现运营效率。

$$E=\frac{K_{运}}{L_{线}} \quad (人次/公里) \tag{5.14}$$

式中 E——负荷强度；

$K_{运}$——客运量；

$L_{线}$——运营线路长度。

(6)乘客密度

地铁列车在运营中，每列车平均载有的乘客人数。

$$F=\frac{K_{运}}{mN_{载}} \quad (人/车) \tag{5.15}$$

式中 F——乘客密度；

$K_{运}$——客运量；

$N_{载}$——载客列次；

m——列车编组数。

(7)上线列车数

上线列车数指列车技术状态经车辆管理部门确认满足运营要求，交付车务部门使用，并担当正线运营任务的列车数。凡因运营需要当日上线的运营过的列车均统计为上线列车，按列统计。

(8)备用列车数

备用列车数指列车技术状态经车辆管理部门确认满足运营要求，可交付车务部门使用，但在车辆段或车站备用线上停放备用，随时可担当正线运营任务的列车数。按列统计。

(9)检修列车数

由于故障或计划维修需检修，由车辆维修部门安排在库内进行检修作业的列车，按列统计。

3. 客运指标

(1)客运量

统计期内，客运量由本线进且本线出客流、换入至本线客流、由本线换出客流、途经客流四部分组成。公务票、老年票、纪念票等非付费客流也计入在内。

特殊情况下人工检票进站人次不作换乘的客运量统计。

$$K_{运}=\sum(K_{进出}+K_{进}+K_{出}+K_{途}) \quad (人次) \tag{5.16}$$

式中 $K_{运}$——线路客运量；

$K_{进出}$——本线进且本线出客流；

$K_{进}$——换入至本线客流；

$K_{出}$——由本线换出客流；

$K_{途}$——途经客流。

(2)出行量

统计期内,利用城市轨道交通出行的乘客数量,进站客流量的总和,包含公务票、老人票、纪念票等非付费客流。乘客在网络中换乘一次或多次时,均视为一个出行人次。

$$K_{出}=\sum K_{机检}+K_{人检} \quad (人次) \tag{5.17}$$

式中 $K_{机检}$——进站闸机检票进站人次;

$K_{人检}$——特殊情况下人工检票进站人次。

$$K_{网出}=\sum K_{出} \quad (人次) \tag{5.18}$$

式中 $K_{网出}$——网络出行量;

$K_{出}$——单线出行量。

(3)平均运距

定义:在统计期内乘客一次乘车的平均距离。

$$L_{均运}=\frac{\sum L_{人}}{K_{客}} \tag{5.19}$$

式中 $L_{均运}$——平均运距;

$L_{人}$——乘客人公里数;

$K_{客}$——客运量;

$K_{周}$——客运周转量。

(4)平均乘距

在统计期内乘客平均一次出行全程的总乘车距离。可依据自动售检票系统的数据统计计算。

$$L_{均乘}=\frac{\sum L_{人}}{K_{出}}=\frac{K_{周}}{K_{出}} \quad (公里) \tag{5.20}$$

式中 $L_{均乘}$——平均乘距;

$L_{人}$——乘客人公里数;

$K_{出}$——出行量;

$K_{周}$——客运周转量。

5.3.3 分析制度

通常按分析对象的不同,可分为运营分析、施工分析和专题分析等。

1. 运营分析

对运营生产各项指标的归因分析和重大运营事件的分析,通过对运营报表相关指标的记录进行汇总后,对运营完成情况进行统计分析,以找出提高运营质量的办法。同时对日常调度工作进行综合分析，以发现问题，制定措施，另外还需对班组调度员的报表填计及运营生产完成情况进行审查、考核。包括过程分析、日分析、月分析、半年/年度分析四级分析，还包括特殊运营活动的专题分析。

运营分析一般包含以下内容：

(1)正点率、兑现率、列车加开、运休情况及运营里程；

(2)换车、放站、清客、列车救援及严重晚点、反方向运行情况；

(3)设备故障、列车故障情况；

(4)列车旅行速度、平均运距；

(5)高峰小时客流、日均客流等客流数据；

(6)各种记录报表及运营指标的评比考核工作。

2. 施工分析

对施工计划兑现情况及工时利用情况进行分析，通过对施工统计数据进行对比分析，发现问题，制定措施，合理安排施工计划，提高施工兑现率和工时利用率。

施工分析一般包括以下内容：

(1)计划施工数、实际施工数、临时施工数、抢修施工数、变更施工数、违规施工数；

(2)计划工时、实际工时；

(3)施工兑现率、工时利用率、变更率。

3. 专题分析

对某一任务组织专题分析，以便总结提高。

(1)发生对运营影响较大的事件或列车发生较大晚点时，应组织专题分析，调查事件经过，对调度处置措施的合理性进行分析，对存在的问题提出整改措施并组织落实；

(2)在新设备、新运行图启用或特定的运输任务前，需进行专题研究、分析评估；

(3)遇有演练、重大运营活动等，应及时进行专题分析。

5.4 运营规章体系及行业标准

对城市轨道交通运营企业而言，安全生产永远是第一位的，行车安全是重中之重，确保行车安全的必要手段是管理，而管理的核心是规章制度。规章制度是规范人员生产活动中的行为准则，各岗位人员只有严格执行规章制度才能使得规模庞大且技术复杂的城市轨道交通系统安全、有序、高效地运转。

行车规章体系按照适用范围可划分为通用型规章和非通用型规章，根据适用范围由不同层级正式发文后正式执行,通常包括运营公司级和部门级发文。通用型规章指与线路运营相关的部门、岗位均需执行的规章,通常列入公司级发文执行,包括行车组织规则、调度规程、施工管理办法、综合应急预案、专项应急预案等;非通用型规章指针对某一特定作业场所或特定岗位编制的规章,通常列入部门级发文执行,包括车场管理办法、车站工作细则、岗位作业指导书、操作手册、现场处置方案等。非通用型按照适用场所又可划分为OCC行车规章、车站行车规章、车场行车规章,对应应急预案的层次关系如图5.2所示。

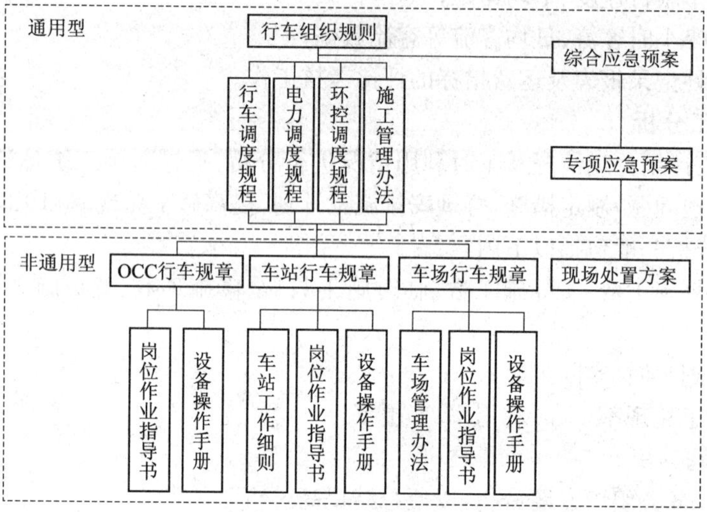

图5.2 行车规章体系

完善的行车规章体系是保证城市轨道交通运营管理工作顺利开展的基础,使得日常的运营管理和突发情况下的应急处置有章可循,有据可依,从而保证了城市轨道交通运营这一庞大的联动运输机构的正常运行,更好地保证"城市动脉"的畅通和社会的发展。

5.4.1 通用型规章

1. 行车组织规则

行车组织规则是城市轨道交通运营管理和行车组织的基本法规,它规定了各部门、各单位在从事城市轨道交通运营管理和行车组织过程中,必须遵循的基本原则、工作方法、作业程序和相互关系;规定了各相关部门的主要职责等内容。

行车组织规则具体内容如下:

(1)总则:包括适用范围、引用标准、专业术语解释以及总体要求等内容。

(2)行车设备：主要包括行车设备的设置原则和位置，设备主要参数等，如线路、道岔、车辆、信号设备、供电设备等。

(3)行车组织规则：包括行车组织基本原则、行车组织指挥架构、调度命令发布、列车车次号规定。

(4)列车运行规定：包括行车闭塞法使用规定，列车正线、车场内运行规定，非正常情况下的行车组织规则等内容。

(5)应急处置：重要行车设备故障或其他影响行车安全的突发事件应急处置原则和程序等内容。

任何单位、部门编制的规章制度均须符合行车组织规则的规定，在行车组织规则没有命令修改前，任何单位、部门或个人不得违反行车组织规则的规定。同时，行车组织规则应随着现场运营情况的不断变化和各系统设备功能的逐步开通、完善，逐渐充实和完善。

2. 行车调度规程

行车调度工作是城市轨道交通行车组织指挥的核心，担负着日常行车指挥工作以及运营秩序紊乱时的运营调整工作，组织各单位、各部门正确执行运行图，组织各项施工作业计划的实施，确保城市轨道交通运输任务的高质、高效完成。行车调度规程是用以规范行车调度指挥过程中各项工作的作业程序、作业标准，确保行车调度指挥工作规范化、标准化、统一化。

行车调度规程通常包括以下内容：

(1)行车调度的工作职责、工作范围、工作分工、指挥权限以及与其他相关岗位的接口关系等内容。

(2)行车调度的工作制度，包括日常工作制度、培训制度、交接班制度以及运营分析制度等内容。

(3)行车控制中心设备简介，包括行调使用的信号、通信等专业设备以及综合办公系统等设备的设置情况；基本功能介绍等内容。

(4)日常工作内容：列车运行监控要求、调度命令发布规定、人工铺画运行图标准、标准化用语等内容。

(5)非正常情况下的行车组织规定：包括列车清客、反方向运行、列车退行等内容。

3. 施工管理办法

施工管理办法适用于城市轨道交通管辖线路、车站、车场、变电所范围内的设施设备检查、维护、检修，动车调试等施工检修作业的管理，任何与施工相关的单位、部门或岗位必须严格遵守施工管理办法的相关规定。

施工管理办法通常包括以下内容：

(1)施工人员管理:施工负责人及相关施工人员的资质、职责规定,以及施工相关人员应遵守或禁止的行为规定等。

(2)施工计划管理:施工作业计划的分类,不同类型施工计划的申报、审批、变更流程及相关注意事项等内容。

(3)施工组织管理:不同类型施工计划组织实施流程,包括施工登记、请点、实施、注销等作业环节的相关规定及注意事项等内容。

(4)施工安全管理:包括施工安全监督责任,施工作业安全防护措施要求及设置/取消程序等内容。

(5)施工作业指标统计:包括作业指标统计内容和方法,以及对不达标单位、部门的考核管理措施等。

5.4.2 非通用型规章

1. 岗位作业指导书

岗位作业指导书是指导各岗位各项作业的标准,运营企业应结合岗位作业内容和性质,针对每个岗位编制作业指导书。

岗位作业指导书通常包括以下内容:

(1)岗位职责:本岗位的主要工作职责和工作内容等。

(2)设施设备:本岗位所涉及的设施设备介绍,如设备概况、功能、位置等。

(3)日常作业:本岗位日常作业内容、作业流程、作业标准、作业安全防护以及注意事项等内容。

(4)应急处置:本岗位可能涉及的突发应急事件的处置原则、处置流程、处置标准及注意事项等内容。

(5)报表填记:本岗位涉及报表的填记说明、填记标准、填记要求等内容。

2. 车站工作细则

车站工作细则是结合车站概况、设施设备实际情况,车站作业内容等编制的用于指导车站各项作业的规章,通常每个站均应结合本站实际编制本站车站工作细则。

车站工作细则通常包括以下内容:

(1)车站概况:车站的位置、性质、等级和作业内容等。

(2)设施设备概况:线路、信号、通信、供电、机电、售检票系统、客运设施设备等车站设施设备的概况。

(3)车站行车组织:正常情况下及非正常情况下,车站行车组织办法。

(4)车站客运组织:正常情况下及非正常情况下,车站客运组织办法。

(5)车站基础管理:车站人员、岗位管理,日常班组管理,交接班管理,台账报表管理等。

(6)车站施工管理。

在编制车站工作细则时,应以行车组织规则为基准,对相关条款进行细化补充,并结合车站工作实际需求,对细则进行补充完善,使其对车站具体工作有实际指导意义。

3. 车场管理办法

车场管理办法是结合车场概况、设施设备实际情况、车场内作业内容和性质等编制的用于指导各车场各项作业的规章,每个车场应结合本车场实际情况编制车场管理办法。

车场管理办法通常包括以下内容:

(1)车场概况:车场位置、建筑情况、车场具备功能情况。

(2)设施设备:场内线路概况、相关技术设备概况等内容。

(3)作业组织:车场内行车作业、调车作业、洗车作业、试车线作业、施工作业等相关作业的规定。

(4)管理办法:车场内日常管理的相关规定,包括治安管理、人员管理、属地化管理等规定。

(5)应急管理:车场内发生设施设备故障和突发事件情况下的应急处置规定和注意事项等内容。

4. 设备操作手册

设备操作手册通常包括设备的功能概况介绍、各功能的操作方式方法和操作的注意事项等内容,可按"一机一册"或"一岗一册"方式编制,目的是使各岗位在操作相关设备时有明确的方式方法指引,避免因操作方法不正确或人为操作失误造成设备损坏,进而对城市轨道交通运营造成影响。

"一机一册"是指根据设备类型的不同,每一类设备单独编制一本操作手册,内容涵盖设备介绍、设备操作方法、设备维护方法和相关注意事项等内容,"一机一册"内容覆盖全面,适用范围广;但在城市轨道交通系统中,设备管理维护和操作使用通常由不同的部门完成,且每个岗位需使用的设备较多,不利于岗位设备操作培训、学习。

"一岗一册"是指将岗位所需操作设备的操作手册合并编制,根据岗位对设备操作使用需求不同而编制不同的内容,如对于设备使用方,编制设备相关操作方式方法等内容,而对于设备管理维护方,编制设备管理维护方法等内容。"一岗一册"针对性较强,内容仅涵盖本岗位所需操作方式方法,便于岗位培训学习。

5.4.3 部分行业标准

1.《城市轨道交通运营管理办法》

《城市轨道交通运营管理办法》(以下简称管理办法)适用于城市轨道交通的运营及相关管理活动,目的是为了加强城市轨道交通运营管理,保证城市轨道交通正常、安全运营,维护城市轨道交通运营秩序,保障乘客和城市轨道交通运营者的合法权益。

管理办法共分为总则、运营管理、安全管理、应急管理、法律责任、附则六个章节,从运营管理、安全管理、应急管理、法律责任等四大方面规定了国务院、省、自治区、市各级人民政府对城市轨道交通的监督管理职责;规定了城市轨道交通运营企业在城市轨道交通运营管理、安全管理、应急管理等方面的职责、义务和应遵循的规范,以及违反本办法应承担的法律责任;规定了城市轨道交通乘客为维护城市轨道交通运营安全应遵守的规定以及违反本规定应承担的法律责任。

2.《城市轨道交通运营管理规范》

《城市轨道交通运营管理规范》(GB/T 30012—2013,以下简称管理规范)适用于城市轨道交通运营管理,规定了城市轨道交通运营的总体要求,以及行车组织、客运组织、车辆及车辆基地、设施设备、土建设施、人员和安全管理等方面的基本要求。

管理规范对城市轨道交通运营企业的职责,相关行车组织作业规范和标准,客运组织管理和服务标准,车辆及其他主要设施设备检修维护标准,行车主要岗位人员资质和培训要求,安全管理制度制定、隐患管理、应急管理要求等内容作出了明确规定,并明确了城市轨道交通主要运营指标标准。

3.《城市轨道交通管理条例》

《城市轨道交通管理条例》通常由城市轨道交通所在城市市级人民政府颁布实施,结合城市轨道交通行业特点、地区特点以及国家和地方性法律法规编制而成,主要内容通常包括城市轨道交通的建设与投资管理、运营管理、安全管理、保护区管理、应急管理和法律责任等,规定了市级政府、交通监管部门、运营企业、乘客等应遵守的相关管理规定以及违反条例应承担的法律责任。

4."三大员"技能和素质要求标准

"三大员"是指从事城市轨道交通的行车值班员、列车驾驶员和行车调度员岗位。

"三大员"技能和素质要求标准规定了从事地铁、轻轨和单轨的行车值班员、列车驾驶员、行车调度员所必须具备的基本素质、岗位理论知识和岗位技能,规定了三个岗位上岗要求和在岗培训要求。

复习思考题

1. 简述行车组织的基本原则。

2. 简述城市轨道交通主要行车岗位及其工作职责。

3. 图5.1描绘的行车指挥架构是否合理，简述理由。

4. 简要分析控制中心、车站、车场行车组织工作的区别及联系。

5. 5.4节描述的规章体系是否完善？若有不足，需补充完善哪些内容？

6. 根据第5.1节行车调度运行记录内容，结合岗位职责，思考车站值班员、运转值班员（车场调度）等行车相关岗位需进行哪些行车工作记录？

7. 某城市1号线线路全长25 km，共设20个站，列车循环运行，两端均采用站后折返。假设该线路运行指标要求为：中间站每站停站30 s，始发站、终点站停站60 s，区间运行120 s，折返时间120 s，试计算线路运行周期、旅行速度和技术速度。

第6章 运营调度指挥

运营控制中心(OCC)是城市轨道交通系统运营调度指挥的中枢,负责管辖运营线路列车运行状态的监控和行车组织指挥;负责供电、环控系统运行状态的监控和相应工况、模式开启与关闭;负责正线施工作业计划的组织落实和监管;负责线路运营信息的收集和发布;负责突发情况下的应急处置和运营调整;凡与行车有关的各部门、各工种均应在OCC的统一指挥下进行日常生产活动。

6.1 正常情况下的行车组织

正常情况下,OCC的主要工作包括运营前准备工作、列车出入段(场)、运营期间的监控、运营工作的交接和运营收尾工作等。

6.1.1 运营前准备工作

在当日首列车投入正线运营前,行车调度(以下简称行调)应组织沿线各车站、车辆段(场)以及其他工种调度对运营条件进行检查确认,检查内容主要包括:

1. 施工情况

行车调度要与车站值班员或运转值班员确认线路上或车场内所有施工检修作业已经注销,线路空闲,无侵限,设备正常。

2. 设备系统

确认接触轨(网)系统、消防环控系统、通信信号系统、电力系统等与运营相关的系统设备运行状态良好;各集中站完成对全线信号设备(道岔、信号机、进路等)及屏蔽门测试工作;检查确认OCC中央监控设备、CCTV、广播、电话、无线对讲系统等调度设备正常。

3. 车辆使用情况及运行图核对

检查中央信号系统运行图装载正确,与运转值班员(信号楼)核对运行图,确认当日运用车数符合运营要求,车辆状态良好。

4. 校对时间

以中央母钟时间为标准,与车站值班员、车场运转值班员等行车相关岗位校对时间。

5. 台账填记

依照运营前检查表对以上条件进行检查确认，并如实填记在台账检查表上；对不满足运营条件的事项，组织相关人员进行确认处理，确保运营条件。

6.1.2　列车出入段(场)

1. 列车出段(场)

(1)运转值班员根据当天运行图及车辆情况，编排当日列车出入库计划并提交OCC。

(2)行车调度确认具备列车出库条件后，通知运转值班员按计划组织列车出库。

(3)列车由停车库运行至出场信号机前停车与行车调度联系，行车调度与驾驶员核对车次、时间后，根据列车运行图，组织列车进入正线投入运营。

(4)计划列车出场：列车到达转换轨后，列车自动监控系统(ATS)根据列车运行图及出入库计划自动赋予列车车次，自动触发运行进路，驾驶员经行调同意后，确认信号正确，驾驶列车进入正线按照列车运行图投入运营。

(5)非计划列车出场：列车到达转换轨后，根据列车运行计划人工赋予列车车次，手动排列列车运行进路(或根据目的地码自动触发进路)，驾驶员经行调同意后，确认信号正确，驾驶列车进入正线。

2. 列车入段(场)

(1)行调与运转值班员确认场(段)内具备接车条件后，根据列车出入库计划顺序组织列车回库。

(2)列车到达与场(段)接口车站后，与驾驶员确认车上乘客已全部下车，手动排列(或根据车次自动触发)列车回库进路。

(3)驾驶员经行调同意后，确认信号正确后动车运行至转换轨处入场(段)信号机前停车向运转值班员申请回库。

(4)运转值班员接到驾驶员回库申请后，排列转换轨至相应停车股道进路，驾驶员经运转值班员同意，确认信号正确后，驾驶列车至相应股道停放。

(5)计划列车入场：若为ATS系统所确认的计划列车时，可由ATS系统自动控制列车，并确认计划列车目的地号，监督列车回库。

(6)非计划列车入场：行车调度员应令运转预先办理入场进路，并人工排列回库进路，令驾驶员确认信号后凭速度码回库。

3. 非电客列车出入段(场)

非电客列车出入段(场)时，在信号系统功能正常的情况下，凭调度命令及地面信号显示出入车场；无信号系统或信号系统故障停用时，由运转值班员及场(段)接口站按照电话闭塞法组织列车出入场。

6.1.3 运营监控

列车进入正线运营后，行车调度应以 ATS 大屏、工作站以及现场汇报情况为基础，监督列车运行情况，及时处理各类突发性事件，确保列车安全、正常运行。

通常情况下，根据列车的性质、用途将列车等级由高到低分为专运列车、客运列车、调试列车、回空列车和其他列车。行车调度在进行列车运行调整时，应贯彻安全、有序、高效、立体的调度指挥原则，在保证安全的基础上积极采取有效措施在最短时间内恢复按图行车，并尽可能保证高等级列车的优先正常运行。

遇突发事件或大客流导致列车运行秩序紊乱或车站人员拥堵时，各工种调度应在当值主任调度指挥下，参照"应急处置预案"的各项规定，各司其职，尽快恢复运营正常。为调整列车运行，行车调度可采取跳停、扣车、催发车、加开、运休、备用列车顶替、变更交路、调整区间运行等级、调整停站时间等办法恢复列车按图行车；遇有大客流等情况，行车调度员应尽量组织备车投入运行，并采取相应的客运组织措施及时疏散乘客。当正线运用车少于运行图所需用车时，应及时调整行车间隔，尽量使列车间隔保持均匀。

6.1.4 运营工作交接

交接班会上，由交班主任调度向接班班组介绍上班及本班运营情况及发生的重要事件，各行车设备系统运行状况及遗留故障情况，需传阅的文件、通知和注意事项等内容；接班主任调度对本班当天工作进行布置安排。

班组利用运营较为平稳的时间，组织班组内各工种调度对有关文件、通知、近期运营注意事项、工作要求及业务知识进行传达学习。

6.1.5 运营收尾及施工准备

1. 运营收尾工作

当日运营结束后，行调应按运行图要求保证各类列车运行终止或完成入库作业；行车调度打印当天实际运行图并对异常情况进行人工标画；整理分析当日运营情况，统计分析相关运营指标并完成相应的报表填记。

2. 施工前准备

(1)每日施工作业开始前，主任调度组织各调度工种对当天施工计划进行推演，及时协调处理施工冲突，布置施工安排及有关注意事项。

(2)运营结束后，根据当日施工计划，组织调试列车/工程车出场；对需接触轨(网)停电的施工计划，行车调度与电力调度办理停电手续，组织相应区段接触轨

(网)停电。

(3)对于需挂接地线的施工,由相关专业人员挂设完成后告知电力调度,电力调度确认地线挂接完毕后告知行调,行调方可批准该类施工。

(4)对于需开行调试列车/工程车的施工,行调应与施工单位提前核对列车开行计划,提前准备列车进路,根据施工需要封锁相应区段配合施工。

注:挂接地线是一项重要的电气安全措施,通过接地线将停电设备与大地连通,防止意外送电对作业人员造成伤害。

3. 施工收尾

施工作业完成后,施工单位应进行施工销点,行调确认所有施工作业销点完毕,统计施工兑现率、工时利用率等相关施工作业指标,并完成相应报表的填记。

6.2　非正常情况下的行车组织

在日常运营组织过程中,行调应严格按照列车运行图指挥行车,发生非正常情况或应急情况时,行调应及时判断事件影响,启动相应应急预案;非正常情况或应急情况导致列车无法按图行车时,行调应运用列车运行调整方法,及时采取有效措施,对列车运行秩序进行调整,尽快恢复按图行车。必要时,授权实行降级控制,保证列车运行安全。

6.2.1　列车运行调整方法

列车运行调整指列车未按运行图要求运行时,行调采取措施对列车运行情况作出调整,使列车尽快恢复按图行车的过程。

一般情况下,调度员常用的运营调整方法包括:

1. 正线收车

正线收车指行调组织部分正常运行的列车退出运营服务,安排列车至正线停车线或返回车辆段存放,减少正线运营车辆数量,降低运能,提高效率。通常用于线路出现运能受限,线路效能大幅降低,且短时间内无法恢复时;或列车发生故障且无法维持正常运营服务时。此种调整方式在运行图上的表示为“运休”或“取消里程”。

2. 列车加开、替开

列车加开是指在计划开行的列次之外,增加列车开行列次;列车替开是指使用备车接替原先开行的列车继续维持运营服务。列车替开、加开通常用于突发大客流、列车晚点、列车故障或开行专列等情况,以保证运营列车的数量或运营服务质量。

3. 载客通过

载客通过是指列车在某些车站不停车直接通过。通常用于某列车晚点较多导致后续列车拥堵,短时间内难以恢复正点运行时。采用载客通过时,应尽量避免安排首、末班车,广播故障的列车不停站通过,同时应尽量避免列车在站台广播故障的车站、客流大站、换乘站等车站通过。

4. 列车清客

列车清客是指原正常运营的列车在某个车站或区间时,将列车上乘客全部清空。通常出现在列车发生故障无法保证列车运行安全,或因为列车运行调整要求,需要改变运行交路时,清客作业对乘客造成影响较大,行车调度应尽量少用、慎用清客命令。

5. 列车反向运行

通常,投入运营的线路按照上、下行双线进行区分。正常情况下,列车在上、下行线的运行方向是固定的,即在上(下)行线路列车往上(下)行方向运行。列车反向运行是针对列车正常运行方向而言的,即在上(下)行线路列车往下(上)行方向运行。通常用于当一个方向列车密度较大而另一个方向密度较小或某一运行方向前方线路堵塞列车无法通行时,利用有岔站的渡线将列车转到密度较小或列车可通行的线路上反向运行。一般情况下,信号系统设计时均考虑了列车反向运行需要,反向运行列车由信号系统进行防护;但若没有信号系统保护或信号系统不具备列车反向运行防护功能时,只有在满足必要的条件后,调度员才可以考虑这一调整方式。

6. 列车退行

列车退行是指列车由区间退回上一发车站台。通常用于列车在站台发生冲标或列车运行前方突发紧急情况导致列车无法到达前方站,为避免列车长时间停在区间时。行调在组织列车退行时,应保证列车停车位置至退行车站区段及车站站台空闲,后续列车已扣停在退行车站后方车站或后续列车虽已进入区间但已停车,且停车位置距离退行车站能够保证安全间隔,行调方可下达列车退行命令。

7. 改变运行交路

改变运行交路是指调度员根据运营调整需要,延长或缩短列车正常运行交路。通常用于发生某些突发事件,导致线路局部中断运营时;列车无法在原计划车站进行折返作业时,或当一个方向运行密度大,另一方向运行密度小,为弥补密度较小方向列车运行间隔时,调度员可根据线路条件,改变列车正常运行交路。有时,在既有运营线路的延伸线路刚开通时,在车辆供给不足,运量分布不均的情况下,也采取大小交路套跑的形式。

8. 运行图倒接

运行图倒接是指在两个基本运行计划之间的切换。首先,要确定切换的具体时间;其次,根据切换时间制定切换方案;再次,通过正线收车及加开备车的方式,完成运行图倒接。目前,运行图倒接主要在正常工作日运行图与节假日运行图之间实施,或者在新图投入使用时有时也会采取倒接的方式。

9. 线路封站

线路封站是指在某些特定情况下,将某一个或者多个车站封闭,只办理列车通过作业,但不办理客运作业的方式。通常用于车站因突发事件不具备办理客运作业条件时。

10. 列车扣车、限速运行

列车扣车、限速运行是指将列车扣停于车站或降低其运行速度的方法。通常用于当前方列车或车站出现设备故障影响列车运行时,将列车扣停于后方车站或限速运行,避免列车在区间停车,并保证前方列车或车站有足够时间进行故障处置;或列车行车间隔不均匀时,通过对部分列车采取扣车、限速运行措施,调整列车与前、后方列车的距离,保证行车间隔均匀。

11. 列车单线双向运行

列车单线双向运行俗称"拉风箱",是指在一条固定的线路范围内,同一时间只有一列车往返运行。通常用于某一运行方向线路堵塞时,在另一运行方向相同区段采用此种方式,以保证该区段双方向均有列车运行。采用此种调整方式时,单线双向运行区段两端站必须控制好列车进路,防止其他列车进入该区段。同时,若该区段距离过长,列车单向运行时间较长时,该区段内各车站乘客候车时间将延长。

12. 提前、推迟发车

提前、推迟发车是指通过减少或增加列车在站台的停靠时间,使列车对比运营图规定时间,提前或推迟在车站的发车时间,以缩短或加大列车与前、后车的距离,从而保证列车运营间隔均匀。通常用于列车发生晚点或某个车站客流较大时。

13. 列车救援

列车救援是指采用状态良好的列车连挂故障列车,将故障列车推进或牵引至就近存车线或车场(段)内停放。列车发生故障导致列车运行速度缓慢或无法动车时,势必会造成线路的堵塞,给全线列车正常运行秩序造成较大的影响,此时可采用救援方式,尽快将故障列车清出运营线路,保证线路运行通畅。通常采用电客列车救援电客列车方式,当发生牵引供电系统故障导致列车失去动力且短时间内无法恢复牵引供电时,可采用工程车救援电客列车方式,但应提前准备好转换车钩。

6.2.2 特殊情况下的行车规定

1. 列车反方向运行

在城市轨道交通运行过程中,原则上不得组织列车反向运行,因列车运行调整、列车故障救援运行或夜间电客列车调试/开行工程车等特殊情况需组织列车反方向运行时,必须严格执行调度命令,并遵守相关行车规定。反方向运行时一般有两种驾驶模式:人工 ATP 驾驶模式与切除 ATP 人工驾驶模式。

(1)人工 ATP 驾驶模式:此种模式用于信号系统具备列车反向运行功能,列车反向进路可排列时。此种模式下,列车在 ATP 的保护下运行,行车凭证是列车收到的速度码,发车凭证为行调的调度命令。

(2)切除 ATP 人工驾驶模式:此种模式用于信号系统不具备列车反向运行功能、信号系统故障以及列车反向进路无法排列时。此种模式下,列车需切除 ATP 人工驾驶,列车发车及行车凭证均为行调下达的命令。在列车反方向运行过程中需要满足规定的运行区间间隔要求及列车运行速度限制。同时严禁对向列车进入反向运行区段内并与反向运行区段末端保证足够的安全距离。行调应重点对反向运行列车进行跟踪调度指挥,必要时可封锁反向运行区段以确保运营列车的安全。

2. 列车退行

列车因故在区间停车需退回车站时,驾驶员必须报告行调。行调必须严格确认退行条件满足方可下达列车退行命令。列车退行过程中,站台站务员负责站台安全,驾驶员负责列车退行过程中的运行安全;原则上列车未全部出清站台退行时,可不换端驾驶,若列车已全部出清站台,驾驶员应换端驾驶。列车退行至车站站台停稳后,驾驶员应立即向行调报告。

列车退行条件:

(1)退行列车停车位置至需退行车站站台间线路空闲。

(2)行调应确认需退行列车后续列车已停车,若后续列车未进入相邻站间区间,则将后续列车扣停在后方站;若后续列车已进入相邻站间区间,则将后续列车扣停在区间,并确保停车位置距离需退行车站站台有足够安全距离。

(3)行调应与需退行车站确认站台安全,若站台装有安全门时,还需确认安全门状态正常且关闭良好,或虽有安全门故障但处于关闭状态或已做好防护措施。

3. 载客通过

载客通过对乘客影响较大,一般情况下应尽可能避免采用载客通过措施,若特殊情况必须采用载客通过措施时,应提前做好安排,并及时通知相关车站、驾驶员做好广播,并遵守下列规定:

(1)广播故障的列车、车站以及换乘站原则上不办理通过作业。

(2)图定载客的首、末班车(对外公布的)不办理通过作业。

(3)应尽量避免连续多列车通过同一车站或载客列车连续通过多个车站。

(4)高峰时段,凡不影响后续列车正点运行及始发站折返的,原则上不办理通过作业。

(5)通过车站安全门关闭正常时,原则上由行调在信号系统上操作相应车站跳停(释放停车点)功能,列车以 ATO 模式通过车站;车站站台无安全门或安全门故障处于开启状态时,行调应通知车站做好防护,驾驶员在通过车站时加强站台安全瞭望,适当限速通过车站。

4. 列车进站未按规定位置停车

(1)列车未按规定位置停车,但车门可正常打开且不影响乘客上、下车时,不必再次动车对位。

(2)列车未到停车牌停车时,驾驶员应以手动驾驶模式向前移动对位,禁止使用自动驾驶模式,防止列车冲标或直接通过。

(3)列车越过停车标时,按列车退行规定处置,但当列车越过停车标超过一定距离时(根据信号系统确定),驾驶员报告行调并经许可后,可运行至下一站上下客,驾驶员应做好客室广播。

(4)终到站列车越过停车标时,原则上行调必须组织列车退行对位;始发站列车越过停车标时,在不影响后续列车正点运行或折返时,行调应尽可能安排列车退行对位。

5. 列车清客

运营列车发生故障或其他突发事件导致无法保证列车运营安全以及运营调整需要时,行调可组织对列车进行清客,但应遵守以下规定:

(1)行调根据需要作出清客决定后,应通知车站、驾驶员做好清客准备。

(2)车站、驾驶员应做好清客广播,列车到达清客车站后,由车站负责,驾驶员配合在规定时间内完成清客作业,车站应做好乘客解释工作。

(3)清客完毕后,车站、驾驶员应及时汇报行调,行调确认后指挥驾驶员动车。

(4)若在规定的时间内未完成清客工作,车站或驾驶员应及时汇报行调,行调根据情况决定继续清客或关门动车。

(5)若列车动车后车上乘客仍未清完,行调应组织列车在退出正线前最后一个车站再次清客,提前通知车站及公安配合;若仍未清完,行调应通知接车部门及公安人员进行处理。

(6)清客过程中,列车故障排除可恢复正常运营时:

①若已清客完毕或已开始执行清客命令,可安排列车空车运行至前方站再决

定是否投入载客服务；

②若清客命令未执行，行调应及时通知车站、驾驶员取消清客命令，恢复载客服务。

6. 列车救援

(1)救援准则

①正线列车发生故障救援时，一般遵循“正向救援、尽快恢复”的原则；

②行调在确定救援组织方案时应尽量减少多余作业环节，提前办理途经进路，确保列车运行安全；

③原则上，故障列车停在车站范围内时应就地清客；停在区间时，则救援至最近第一个车站时应实施清客；

④故障车停在车站配线内时，其余列车可变更进路维持运营时，可暂不实施救援，视车辆抢修及影响运营情况组织救援，原则上列车救援不得影响邻线列车运营；

⑤救援连挂列车应根据运营线路情况，对牵引和推进两种方式分别对列车运行作出限速要求。

(2)救援要求

①行调接到救援申请或决定救援后，应迅速判明影响程度，制定救援方案，下达救援命令，在确保安全的前提下尽快开通正线；

②救援方案确定后，行调应及时通知相关车站和列车驾驶员做好救援准备，组织救援列车清客进入区间实施救援；

③救援过程中，行调应密切关注列车动态，掌握救援进度，调整列车运营间隔，做好恢复运营准备；

④救援结束后，行调应及时采取运营调整措施，尽快恢复按图行车。

7. 道岔故障

(1)处置原则

①道岔故障后，按“先通后复”的原则组织行车，视故障情况及行车需要及时组织抢修；

②优先考虑变更进路，绕开故障道岔；

③道岔故障准备进路时遵循“能单操不手摇，优先考虑道岔既有位置，减少处置时间”的原则；

④道岔故障需组织列车运行时，必须现场确认道岔处于需要的位置并加钩锁器后，方可组织列车通过。

(2)处置流程

①发现道岔故障后，对故障道岔进行操作测试，及时确认影响范围，通知相关

专业部门现场处理；

②车站至现场确认道岔状态及道岔位置，根据行车需要做好手摇道岔人工准备进路准备工作；

③行调启动道岔故障应急预案，对受影响区段内列车适当进行调整，为后续运营调整做好准备；

④车站人工准备进路完毕后，组织列车运行；折返站道岔故障时，由车站以调车方式组织列车折返；

⑤根据列车运行情况，利用行车间隔安排抢修人员至现场抢修；

⑥故障修复后，对故障道岔进行测试，测试合格后进行运营调整，恢复按图行车。

8. 恶劣天气

遇恶劣天气情况时，地面、高架线路行车将受到不同程度的影响，行调应根据影响程度采取以下措施：

(1)列车进站时，驾驶员应鸣笛示警，加强瞭望，遇有险情立即采取停车措施；

(2)行调应及时通知车站加强车站巡视，维持站厅、站台秩序；通知变电所及相关专业部门，加强管辖范围内设施设备巡视，做好突发事件应对准备；

(3)影响瞭望距离时，应及时通知驾驶员限速运行，加强瞭望；

(4)依据列车晚点情况，制定合理有效的运营调整方案，及时发布客运信息，合理组织客流；

(5)因恶劣天气导致列车无法继续维持运行时，及时组织区间列车进站停运，进行运营调整维持地下线路的正常运行。

6.2.3 电话闭塞法行车组织

电话闭塞法是相邻两站以电话记录号码形式确认区间空闲办理闭塞的方式。电话闭塞法的启用、取消及实施区段须根据行车调度命令内容执行。

1. 电话闭塞法行车要求

(1)运营期间信号设备故障，自动闭塞设备不能正常使用；运营结束后开行工程车、轨道车或其他非规定制式列车等特殊情况下使用电话闭塞法行车。

(2)采用电话闭塞法行车的启用条件为行调下发的调度命令。

(3)一个闭塞区段内只允许有一列车运行，应保证同方向相邻列车的最小发车间隔满足行车安全要求。国内各城市最常用安全防护距离为“两站两区间”。

(4)电话闭塞法的行车凭证为路票，信号机不再作为行车凭证。动车凭证为车站人员的发车手信号；列车驾驶员根据行车凭证行车，但须注意线路状况，如有异常须及时采取措施。

2. 启用电话闭塞法程序

运营期间因自动闭塞设备故障等特殊原因需采用电话闭塞法行车时,按以下步骤进行:

(1)扣停列车:行调命令准备采用电话闭塞法行车的区段内所有列车停车待令,扣停开往该区域的列车。

(2)确认列车位置:车站站线列车位置由行调与车站共同确认,区间列车位置由行调与驾驶员共同确认,确认完毕后,行调向故障区段车站通报故障区内所有列车位置。

(3)组织区间列车进站:确认列车位置后,行调组织区间列车运行至前方车站待令。具体操作如下:

①列车停车位置到前方车站站线之间线路无列车占用且无道岔时,行调命令驾驶员限速 25 km/h 进站待令;

②列车停车位置到前方车站站线之间线路无列车占用但有道岔时,行调须在道岔人工钩锁后命令驾驶员限速 25 km/h 进站待令;

③列车停车位置压上道岔时,行调指令驾驶员限速 25 km/h 进站后,由车站将道岔加钩锁器;

④如前方车站站线有列车占用,行调必须待前方车站站线列车通过电话闭塞法驶离车站后,再口头命令区间列车驾驶员限速 25 km/h 进站待令。

(4)准备进路。行调通知故障区段内车站将道岔钩锁在需要的位置;进路准备完毕后,车站与行调共同确认道岔位置正确并加钩锁器。

(5)发布调度命令。行调向故障车站发布采用电话闭塞法行车的调度命令,并口头通知全线驾驶员。

(6)实施电话闭塞法行车。

3. 电话闭塞办理流程

(1)发车站确认行车调度已发布采用电话闭塞法行车的调度命令,前方区间空闲,本站发车进路准备妥当后,向接车站请求闭塞,接车站进行复诵;

(2)接车站确认与发车站、前方站之间无闭塞占用,本站的接发车进路(包含前方站接车进路)准备妥当后,同意发车站的闭塞请求并及时填写“车站值班员台账”,发车站进行复诵;

(3)发车站在得到接车站的闭塞同意后,填写“车站值班员台账”及路票;

(4)发车站值班员确认路票填写正确,由车站工作人员将路票交至驾驶员,确认无误后,驾驶员关闭车门、屏蔽门,车门、屏蔽门关闭良好后,车站工作人员方可向驾驶员显示发车手信号;

(5)驾驶员收到发车手信号确认满足相关动车条件后,动车运行至下一车站;

(6)列车启动、出清站台后，站台站务员向车站值班员汇报，车站值班员根据启动点，记点并向接车站及行车调度报发点，接车站进行复诵；同时与后方站解除闭塞；

(7)接车站在得到本站报发点后，迅速安排行车人员至站台头端靠近停车牌的位置接车，待列车头部接近车站时向列车显示停车手信号；

(8)列车驾驶员根据停车手信号显示停车；

(9)列车整列到达后，接车站向驾驶员收取路票并在路票正面对角划"×"，并向行车调度报到点；

(10)待列车整列出清接车站，确认闭塞解除条件满足后，首先向前方站报发点，再次行车调度报发点，最后向发车站报到点并解除闭塞给出电话记录号。

4. 路票办理

(1)路票填写规定

①路票填写内容包括：电话记录号、车次、发车站及到达站、车站值班员姓名(手写姓名)、日期和行车专用章六要素(注：行车专用章可以事先填写好，车站做好交接班)；

②路票须在确认闭塞区间空闲，发车进路准备完毕，并取得接车站同意闭塞的电话记录号码后方可填发，路票由车站行车人员填记，经车站值班员(及以上人员)复查无误后方可递交列车驾驶员；

③路票填写不得增添字句及涂改，否则应视为废票，须重新填写。路票作废时，车站值班员须在路票反面手写"作废"字样，并注明作废原因，从上部撕口后整理保存；

④列车驾驶员在接到路票后须对路票进行确认，准确无误后按规定行车；

⑤列车到达接车站后，车站值班员应及时收回路票，在路票正面对角划"×"以示注销，整理保存；

⑥路票填写的日期以接车站同意闭塞的时间为准，零时前办理的闭塞，列车驾驶员如在零时后收到路票，仍视为有效。

(2)路票递交规定

①路票应本着"先收后交"的原则进行交接；

②路票填写完毕后，车站值班员先进行自检，确认无误后才能交给发车人员检查确认，经两人共同确认无误后方可交给驾驶员，并要求驾驶员复诵。

(3)发现错误路票及行车凭证丢失的规定

①列车驾驶员在发车站发现错误路票时，应将错误路票退还车站值班员，并立即报告行调，按行调指令运行；

②列车驾驶员在发车后发现错误路票时，应立即停车并报告行调，后按行调指

令运行,到站后将错误路票交车站值班员;

③接车站发现回收的路票错误时,应在相关行车报表中记录,并报告行调;

④列车驾驶员取得路票并确认正确后,遇在途中丢失时可继续运行至接车站,将情况报告接车站值班员和行调,车站值班员应在相关行车报表上说明。

6.3 调度命令

在组织指挥列车运行过程中,行车调度员在进行某些行车作业时需发布调度命令,以保证行车调度员在指挥列车运行过程中发布指令的严肃性和强制性。行车调度员在发布调度命令前,应详细了解现场情况,并听取有关人员的意见,调度命令发布后,有关行车人员必须严格执行。

6.3.1 行车调度命令分类

调度命令是行车调度在调度指挥工作中对行车有关人员发出的要求其配合完成某些行动的指令。通常将调度命令分为书面命令、口头命令、抢修命令以及口头指令四种。

(1)书面命令:一般是向多个受令对象以书面形式发布的有较长时效的指令,发至驾驶员的书面命令由车站或车场值班员送达驾驶员。

(2)口头命令:一般是向单个受令对象(如列车驾驶员)直接发布的短期性指令。

(3)抢修命令:是重要设施设备发生故障时,行车调度向特定人员发布的需要相关设备单位立即组织人员进行抢修的指令。

(4)口头指令:是行车调度要求车站或驾驶员等相关行车岗位配合完成某些行动的指令,无需给出命令号码。

6.3.2 发布调度命令的一般规定及填记标准

1. 一般规定

行车相关的调度命令只能由当值行车调度或主任调度发布,发布命令前,行车调度应详细了解现场情况,认真听取有关人员汇报,并遵守以下规定:

(1)调度命令内容应一事一令,先拟后发;命令内容力求简明扼要,术语标准,不得随意简化;发令时应用语规范,口齿清晰,语速适中。

(2)当调度命令发布后,需要更改时,必须取消原发命令,重新发布新的调度命令,不得在原发命令基础上进行补充说明。

(3)受令人员必须指定一人复诵,受令人员在接受命令时如有遗漏或不清楚的情况，应及时与发令调度员核对并更正。

(4)在具备良好通信与录音设备的条件下，行车调度可通过录音电话直接向相关岗位发布口头命令；遇通信或录音设备故障停用时，部分可能涉及安全的调度命令应发布书面命令，如列车救援、区间下人等情况。

(5)在日常运行过程中，如无法及时将书面命令传递给驾驶员，应通过电话告知驾驶员命令内容，并适时完成书面命令的补交手续。

(6)凡给出命令号的调度命令均需在调度命令记录本上登记，填记内容应按规范填写，确保正确无误，且不得随意涂改。因填记错误需更正时，必须使用划线更正法，并由更正人在修改处签章确认。

2. 填记标准

调度命令应填记的内容包括命令号、发令日期、发令时间、受令处所、命令内容、发令人、复诵人、接令人等，填记时应使用黑色钢笔或碳素笔填写，字迹必须清晰、完整。

(1)命令号：根据行车相关规程的规定，通常按调度命令的分类以不同的号段区分，如书面命令号码范围为“01～99”，口头命令号码范围为“100～199”；

(2)发令日期：发令当天的日期，应记明发令当天的年月日，如“2016年10月1日”；

(3)发令时间：行调实际发出命令的时间，按24小时制表示，如“22:10”；

(4)受令处所：接受命令的处所，通常为沿线车站或车场调度，应填记处所全称，如“××站或××车场调度”；

(5)命令内容：参照上述命令模板，填记内容应与实际发布命令内容完全一致；

(6)发令人：发令调度员的姓名或代码；

(7)接令人：接受命令人员的姓名或代码；

(8)复诵人：复诵人员的姓名或代码。

6.3.3　调度命令标准用语示例

1. 口头命令

(1)切关门旁路动车

适用情况：空驶列车关门灯不亮，或载客列车在区间内关门灯不亮，驾驶员确认车门关闭完好时。

行调发令：“命令号码××，准××次切关门旁路以××方式运行至××处(站)恢复/退出服务，行调××。”

(2)列车由区间退回车站

适用情况：运营期间遇列车故障、线路阻塞或特殊需要时。

行调发令:“命令号码××,××次换端退行至××站××线待令/清客,行调××。”

(3)列车救援

故障车(口头指令):××次做好救援准备,救援车从××方向开来。

救援车:命令号码××,××次××车在××站××线/××区间(百米标××处)发生故障,××次(运行到××站上/下行线清客后)改开××次担当救援列车,(经××线)将故障车推进/牵引至××站××线/车场存放(故障车在××站××线清客)[救援车在××站××线清客(载客救援时)],行调××。

(4)区间下人

适用情况:因隧道内线路等各种原因,需电动客车带人进、出隧道时。

情况一:“命令号码××,××次××车,准××人员自××站跟车至××处,停车后待命,××人员处理完毕后,将其带至××站,行调××。”

情况二:“命令号××,××次××车,将××人员自××站带至××位置,行调××。”

情况三:“命令号××,××次××车,至××处停车,将××人员带至××站,行调××。”

(5)载客通过

适用情况:遇列车晚点较多,采取“载客通过”时,通知车站、驾驶员广播。

行调发令:“命令号××,××次在××站(××站、××站)不停站通过,行调××。”

始发站发车不载客时:“命令号××,××次空车运行至××站开始载客,行调××。”

(6)列车越过红灯

适用情况:遇信号/道岔故障,列车须越过前方红灯运行时。

行调发令:“命令号××,准××次××车以××模式越过前方红灯,行调××。”

2. 书面命令

(1)施工开行调试列车/工程车命令

受令处所:××站至××站,运转/××站交××次驾驶员。

①根据××施工需要,准(××车辆段)××站××线××电客车/工程车开行××次;

②××次经(出/入场线出场沿)××线运行至××站××线待令;

③返程××站××线××次沿××线运行至××站××线待令(经出/入场线回××车辆段);

④列车凭车载信号/地面信号显示及行调指令动车。

(2)封锁线路命令

受令处所:××站至××站,××站交××驾驶员。

①自发令时起,××站(含/不含站线/折返线)至××站(含/不含站线/折返线)上/下行线线路封锁;

②准××次凭令及施工号在封区内运行;

③××次凭调试/施工负责人指令动车;

④××次作业完毕后,运行至××站××线待令。

(3)解封线路命令

受令处所:××站至××站。

自××时起,前发××号令取消,××站(含/不含站线/折返线)至××站(含/不含站线/折返线)上/下行线线路封锁解除。

(4)线路限速命令

受令处所:××站至××站,运转/××站交××驾驶员。

自发令时起,××站至××站上/下行线(百米标××至××处)限速××公里/小时运行。

注:运营期间突遇线路、接触轨或其他事件须临时限速时,向驾驶员发布口头命令;限速区段不是车站至车站时,须写明限速区段起止百米标。

(5)取消限速命令

受令处所:××站至××站,运转。

自发令时起,前发××号令取消,××站至××站上/下行线(百米标××至××处)恢复正常速度运行。

(6)变更行车闭塞法(改为电话闭塞法)

受令处所:××站至××站。

自发令时起,××站上行线至××站上行线,××站下行线至××站下行线采用电话闭塞法行车,命令号码×××。

行调与驾驶员(口头):自发令时起,××站上行线至××站上行线,××站下行线至××站下行线采用电话闭塞法行车,命令号码×××。

注:发给车站的命令与发给驾驶员的命令为同一命令号。

(7)变更行车闭塞法(恢复正常行车法)

受令处所:××站至××站。

自发令时起,前发××号令取消,××站上行线至××站上行线,××站下行线至××站下行线恢复正常行车,命令号码×××。

行调与驾驶员(口头):自发令时起,××站上行线至××站上行线,××站下行线至××站下行线恢复正常行车,命令号码×××。

注:发给车站的命令与发给驾驶员的命令为同一命令号。

6.4 施工管理

施工管理是城市轨道交通日常运营管理的重要工作环节之一,其工作的好坏影响着行车组织安全和运营服务质量,因此施工作业必须坚持“归口管理,协调配合”的原则,坚持“安全、及时、有序、高效”的原则,确保运营安全、顺畅。

6.4.1 施工人员管理

施工作业人员通常包括施工负责人、作业人员和配合人员三类施工人员,施工人员应取得相应的施工资质或设施设备操作资质,并严格遵守国家、行业、省、市的相关法律法规,严格执行施工管理制度,严格遵守劳动纪律。

每项施工均应配备施工负责人,施工负责人应经过培训并取得相应资质方可担任。施工负责人对施工作业总体负责,负责施工人员、设备、物料的管理,办理施工作业登记、注销手续;负责作业前的安全交底,作业中的组织指挥及安全监督;负责设置、撤销作业安全防护措施;负责与作业相关单位联系作业有关事项;负责施工涉及的设备恢复到正常状态,并确认人员、物料、工具出清情况,做到工完场清。

施工配合人员负责协助施工主体单位办理施工登记、注销手续;协助施工主体单位对本专业设备进行操作、确认,确保施工条件满足,并在施工作业结束后确保本专业设备恢复正常状态;协助施工主体单位设置、撤销作业安全防护措施;协助确认人员、物料、工具出清。

为确保施工作业的安全,施工人员禁止出现以下行为:

(1)施工人员、特种作业人员未经安全教育或不具备相关操作资质从事相关工作;

(2)未申报施工计划、未经批准,擅自进行施工作业或擅自越出批准的施工区域施工、延长施工时间;

(3)未办理动火许可证,进行动火作业;

(4)未按规定进行施工交底、登记、注销或未按要求穿戴必要的防护用品、设置相应安全防护措施;

(5)动用与本施工无关的设备设施造成设备设施损坏或施工出清不彻底,设备恢复不到位,造成设备设施侵限或影响到运营组织;

(6)不服从现场人员管理。

6.4.2　施工计划管理

施工作业应实行计划管理，各维护部门应根据本部门管辖设备实际情况制定制定施工检修作业计划，并向施工计划管理部门申报施工计划。为提高施工作业的效率，施工计划应实施分类管理，根据不同的维度，可以将施工计划分为不同的类型，例如可按作业审批时间、作业地点、作业性质和作业影响程度等维度进行划分。某城市地铁施工作业分类见表6.1。

表6.1　某城市地铁施工作业计划分类

划分维度	作业类别	解　释
按作业性质和影响程度划分	常规施工	设施设备的日常维护、检修、调试、设备故障维修等，施工结束后设施设备状态不发生改变的作业
	专项施工	可能造成关键运营设施设备功能变化或缺失，行车安全受到影响、运行效率降低、运营模式发生重大改变、造成重大运营服务影响的施工
	抢修施工	设施设备发生故障危及行车安全、降低行车效率或对运营服务产生重大影响，须立即组织处理或当天运营结束后安排处理的施工
按作业审批时间划分	周计划	各部门根据设施设备维护、检修、调试要求，向施工计划管理部门提报的一周作业计划，以一周为一个周期
	临时计划	未申报周计划但必须在本周期内完成的施工作业计划
	抢修计划	因设施设备故障，须当天运营结束后安排处理的施工作业计划
按作业地点和作业性质划分	AA类	在正线范围内进行需侵入轨行区的施工作业或在变电所、信号楼等非轨行区进行的，但影响正线行车的施工作业计划
	AB类	在正线范围内进行，不侵入轨行区、且不影响正线、辅助线的施工作业计划
	BA类	在车场范围内进行，需侵入轨行区的施工；或在车场变电所等地点进行，不侵入轨行区，动用相关设备影响车场行车但不影响正线行车的施工作业计划
	BB类	在车场范围内进行，不侵入轨行区，且不影响车场、正线行车的施工作业计划

施工作业相关部门、单位应设置施工计划管理员，负责本部门、本单位的施工计划管理。各部门、各单位应根据本部门、本单位的实际工作情况，制定本部门、本单位的施工作业计划，提报施工计划管理部门审核，施工计划管理部门综合审核各部门、各单位提报的施工作业计划，召开施工协调会，对施工计划进行统筹协调，解决施工计划冲突，明确施工安全防护措施，明确施工配合单位及配合意见。施工协调会后，各部门、各单位根据会议协调结果，修改本部门、本单位施工计划，正式提

报施工计划管理部门审批;经批复后形成施工计划通告下发各部门、各单位,各部门、各单位根据下发的施工计划通告组织本部门、本单位施工作业。

施工计划通告下发后,各部门、各单位原则上不得对施工作业计划进行变更,但因特殊情况需取消施工、变更施工负责人等时,计划申报部门应在施工作业开始前向施工计划管理部门提出书面变更申请,经施工计划管理部门同意后方可变更,变更后应及时将变更内容通知施工方和配合单位。

6.4.3 施工组织管理

施工组织通常分为施工登记、施工请点、施工实施、施工注销四个环节。

1. 施工登记

施工作业开始前,施工负责人应清点确认施工人员、配合人员已到位,施工所需工器具齐全,并向相关施工人员进行安全、技术交底后,持施工负责人证、已批准的施工申请单及其他相关材料到车站/变电所进行施工登记,车站值班员/变电所值班员与施工负责人核对施工登记信息无误后,根据施工类型批准施工或向 OCC 申请施工。

2. 施工请点

OCC 接到车站/变电所的施工申请后,与车站/变电所值班员核对施工信息无误,确认施工条件满足后批准施工,给出批准命令号和批准时间,并在施工登记本上进行记录。若施工作业涉及车场时,OCC 在批准该项施工前,须与车场调度进行确认。

3. 施工实施

施工负责人与车站/变电所确认施工已批准,车站清点、记录进入施工现场人员数量,施工负责人设置相应的安全防护措施后方可开始施工作业;施工负责人必须全程在施工现场组织指挥、监管施工。因特殊情况不能按时完成作业时,施工负责人应提前向施工批准人申请延长施工作业时间,得到批准后方可延长到许可的时间。

4. 施工注销

施工作业完成后,施工负责人确认人员、工器具全部出清,设备恢复,向车站/变电所申请施工注销,车站/变电所确认人员、工器具全部出清,设备恢复,注销手续正确后向 OCC 申请施工注销;OCC 与车站/变电所确认施工工完场清后给出施工注销令号和注销时间,施工结束。施工负责人与车站/变电所确认注销手续完备后方可离开。

6.4.4 施工安全管理

为确保施工作业安全，施工相关人员应遵守以下规定：

(1)所有施工作业人员必须接受车站/变电所值班员等属地化管理人员的监督管理，服从 OCC 的统一指挥。

(2)施工现场管理人员发现有施工人员违章作业时，应立即停止该项施工，并向 OCC 汇报。

(3)所有人员进入正线轨行区前，必须征得 OCC 行车调度的同意；凡进入轨行区的人员必须按要求穿戴反光背心，并根据作业性质和作业要求使用相关安全防护用品；车站应对进入轨行区的人员做好监督。

(4)任何人员及所持物品均应与接触轨/网保持适当的安全距离，当安全距离无法满足时，必须组织接触轨/网停电，并根据需要设置接地线。

(5)动车作业时，应在动车区域两端设置红闪灯防护；动车作业结束后，应及时撤出。动车作业与人工作业在同一线路同时进行时，应预留适当的安全防护距离。

(6)施工作业期间，除动车作业外，原则上正线道岔均应单锁至定位，以防误动；因道岔检修需操作道岔时，现场必须有人员监护。

(7)动火作业前，应按要求办理动火许可证，严禁无证动火；作业时，应检查并清理作业现场易燃物，准备灭火器具，防止火灾发生。

6.5 线网运营指挥中心

城市轨道交通线网运营指挥中心（TCC，Traffic Control Center）是城市轨道交通线网发展到一定规模后，为满足不断提高的运营管理需求，实现城市轨道交通线网运营指挥一体化、资源集约化、信息共享、线网协调统一运作等功能，基于线网层面建立的城市轨道交通运营管理中心。

线网运营指挥中心作为整个线网监视、控制、协调、指挥、调度和管理的中心，对全网列车运行、电力供应、车站设备运行、防灾报警、环境监控、票务管理以及乘客服务等现场运营的全过程实行调度指挥监控的中心，领导和组织相关线路下属各车站完成日常运营各项工作；是通信枢纽和信息交换中心；是紧急情况下组织抢修救灾的指挥中心；为列车快速、舒适、安全、有序的运行，实现行车指挥和列车运行自动化提供重要的保证，为各系统和设备及运营管理人员提供良好的运行环境和工作环境。

城市轨道交通运营指挥中心根据线网规模、功能定位及控制范围的不同，通常分为集中式和区域式两种类型。

集中式线网运营指挥中心把整个城市轨道交通系统的运营指挥、控制集中到一处，对线网内所有线路的行车、供电、消防及环控、运营服务组织和信息收发等各环节进行集中控制，修建一座规模能满足城市近期线网规划要求的控制中心。其设置方式如图6.1所示。

区域式线网运营指挥中心根据线网内主要行车设备(如车辆、信号等)和线路所在区域的不同，划分若干个区域控制中心来进行指挥、控制；区域运营控制中心对其管辖线路的行车、供电、消防及环控、运营服务组织和信息收发等进行集中控制。通常在各区域控制中心之上建立线网协调与应急指挥中心，负责协调各区域控制中心工作。其设置方式如图6.2所示。

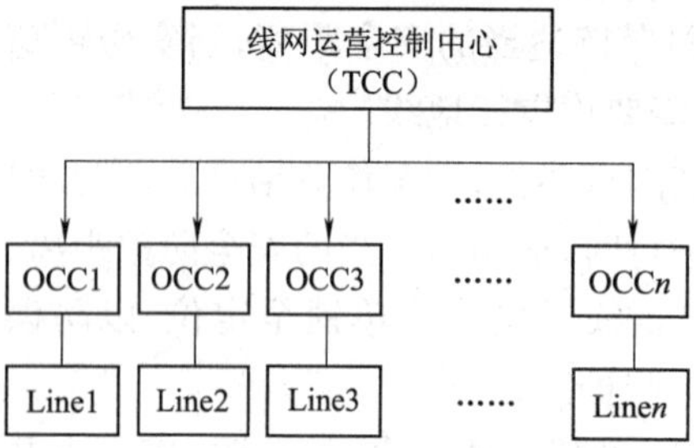

图6.1　集中式线网运营指挥中心

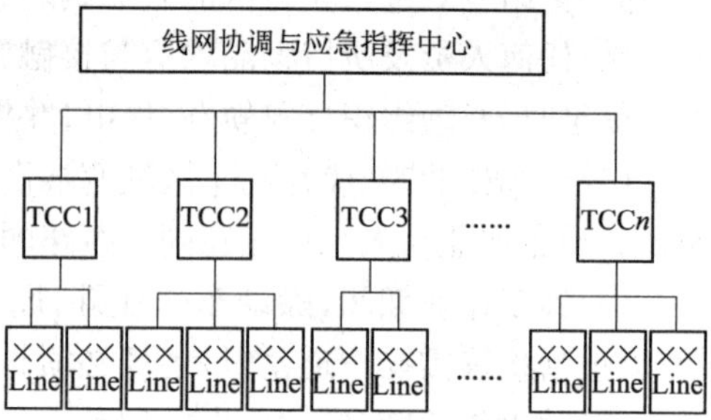

图6.2　区域式线网运营指挥中心

对城市轨道交通而言，线网运营指挥中心作为中央协调角色，负责协调各线路控制中心及各运营主体，应具有监视、控制、运营协调、应急指挥、信息共享、维护指导、线网数据统计、运营评估等多项功能。同时，城市轨道交通作为城市公共交通的重要组成部分，线网运营指挥中心除应具有网络运营统筹协调及线网内部应急处理协调职能外，还应与政府对城市轨道交通的管理职能相关联，使得指挥中心能够为政府管理职能的实现提供良好的技术支持平台。

线网运营指挥中心的建立，使得城市轨道交通由之前的车站、线路OCC两层管理，变为现场车站层、线路OCC层、线网中心层三层管理，管理层级变更后，对于现场车站层管理影响不大，但线网指挥中心和OCC的管理职责、管理范围等发生了较大的改变，因此需对线网运营指挥中心和OCC的管理范围、职责划分以及接口关系进行明确，见表6.2。

表6.2　线网运营指挥中心与OCC的管理界面划分

项目	线网运营指挥中心(TCC)	线路控制中心(OCC)
数量	1个	多个
管理范围	全线网	所辖特定线路

续上表

项目	线网运营指挥中心(TCC)	线路控制中心(OCC)
服务对象	政府、上级交通主管部门、线路控制中心、公司内各部门、外部单位	线网运营指挥中心、车站等现场管理层
设备控制	监视线网的各线路关键设施设备,不直接操控设备	监视、操作所辖线路设备
运营指挥	制定线网运营组织方案,下发并协调各线路控制中心执行,协调各控制中心关系	接收 TCC 下达的指令,对所辖线路行车、供电、环控等直接指挥,直接指挥现场管理层
信息发布	向政府、上级交通主管部门上报线网运营情况,向司内各部门发布相关信息,向公众发布地铁资讯,授权 OCC 通过 PIS 发布乘客资讯	向所辖线路内各车站发布运营信息,经 TCC 授权,通过 PIS 向乘客发布运营信息

6.6　案例分析

案例一:列车收不到速度码

事件概况:×月×日 14:39,0112 次(112 车)驾驶员报,列车在××站至××站上行连续 4 个站站台作业完毕后,列车未收到速度码(车门及屏蔽门均关闭正常),驾驶员重新开关车门和屏蔽门后收到速度码。15:10,行调组织备车加开至终点站折返后替开 0113 次,组织 0112 次(112)车运行至终点站后退出服务空车回场。

故障影响:下线 1 列,加开空车 2 列。

分析点评:此类故障将会延长驾驶员在各站的停站作业时间,如在运营高峰期,对运营产生的影响更加明显。本次事件处置过程中,行调未安排故障列车就近站清客退出服务,通过提高故障列车的区间运行等级,缩短故障列车区间运行时间来避免故障列车产生晚点。同时,行调采用了正线收车和列车加开、替开的调整方法,有效减少了故障对运营造成的影响。

案例二:车门故障

事件概况:×月×日 9:32,0609 次(133 车)驾驶员在××站下行线报 1333 车 2/4车门故障。9:35,驾驶员报车门切除无效,行调指令其清客退出服务,空车回场。9:45,行调组织备车加开至××站下行线投入服务。

故障影响:晚点 2 列、清客 1 列、下线 1 列,加开载客 1 列,未完成单程 1 列。

分析点评:单扇车门故障驾驶员至现场切除后列车可维持正常运营,遇无法切除时行调应及时组织列车就近车站清客退出服务。本次事件处置过程中,行调接报驾驶员无法切除故障车门信息后,立即组织故障列车清客就近退出服务,采用了列车清客,正线收车,列车加开、替开等调整方法。

案例三:屏蔽门故障

事件概况:×月×日 10:04,00301 次(112 车)驾驶员在××站下行线报整侧屏蔽门无法打开,驾驶员操作 PSL 开门无效,行调指令车站协助驾驶员操作 PSL 开门无效后,每节车厢对应打开一扇安全门上下客作业。10:09,00301 次上下客完毕,行调指令车站操作"互锁解除"发车。10:11,车站使用 PSL 对屏蔽门进行开关测试,屏蔽门恢复正常。

故障影响:晚点 1 列。

分析点评:正常情况下,屏蔽门与车门联动开关。当发生整侧屏蔽门无法打开时,应遵循"先通后复"的原则,使用 PSL 尝试操作开门,仍无法打开时,应每节车厢对应手动打开一扇屏蔽门上下客,此类故障会造成列车在车站停站时间过长,尤其在高峰期影响更为明显。本次事件处置过程中,行调接报整侧屏蔽门无法打开后,能严格执行处置流程,使列车最快恢复动车,并安排车站利用运营间隔对屏蔽门进行测试恢复,避免了故障对后续列车的影响,处置得当。

案例四:中央 ATS 故障事件

事件概况:×月×日 17:42,某线路中央 ATS 故障,MMI 及大屏全部灰显,C-LOW显示正常,故障造成全线列车车次号丢失,无法自动步进,运营停车点无法取消。行调使用中央 ATS 工作站进行两端折返站联锁区信号控制,将其余联锁区控制权下放集中站控制。18:12,通信服务器 COM1 重启成功,MMI 显示恢复正常,通信服务器 COM2 处于关机状态。18:55,全线列车秩序恢复正常。

故障影响:造成上下行线乘客最大等待时间约 10 min。

分析点评:中央 ATS 故障造成 OCC 对全线列车无法进行监控,行调应下放控制权至车站,由车站进行行车控制。本次事件处置过程中,行调忙于通过 C-LOW 更改信号机功能,未及时将控制权交车站控制,通知车站接收控制权时未明确指令车站使用"强行站控"功能,导致控制权交接耗时较长。行调对信号系统功能认识不足,接报 COM1 重启成功,COM2 仍关机后,当值班组仍认为故障未恢复,同时在故障恢复后未及时更改错误车次号,停车点无法自动释放,导致故障修复后部分列车仍继续增加延误。

案例五:列车救援

事件概况:×月×日 13:33,00711 次(210 车)驾驶员在××站下行线报,HMI4 个 MCM(牵引逆变器)显示红色,整列车 HSCB(高速断路器)跳闸无法合上,列车无法动车。13:40,经驾驶员处理无效,OCC 发布救援命令,组织后续列车清客后前往××站下行线连挂故障列车并推送至入段线存放。13:52,救援列车与故障列车连挂完毕动车。14:00,救援列车推进故障列车至入段信号机前停车做好制动措施后与故障车解钩完毕,14:55,全线列车运营秩序恢复正常。

故障影响:晚点 1 列,清客 1 列,未完成单程 4 列,下线 1 列,加开载客列车 1 列。

分析点评:列车故障无法动车,为避免线路堵塞对运营造成影响,行调应组织列车救援,尽快开通线路并进行运营调整。本次事件处置过程中,行调严格按照救援流程规定,把控列车故障处置时间,驾驶员在规定时间内未排除故障后,及时发布救援命令组织救援,同时安排后续列车进行小交路折返,采用了列车清客,列车救援,列车加开、替开,改变运行交路等调整方法。

复习思考题

1. 列车运行调整方法有哪些？分别适用于哪些情况？
2. 电话闭塞法组织行车的要求有哪些？如何启动电话闭塞法组织行车？
3. 列车在车站未在规定位置内停车时,行调如何处置？
4. 调度命令分为哪几种？每种调度命令的使用范围分别是什么？
5. 简述施工作业计划组织实施的程序。
6. 运营调整练习：

下图是某地铁部分线路图,A 站 1/3、5/7、9/11、13/15 道岔,C 站 2/4 道岔为联动道岔,其余为单动道岔;A 站为终点站,采用站后折返。若你是行车调度,试回答以下问题：

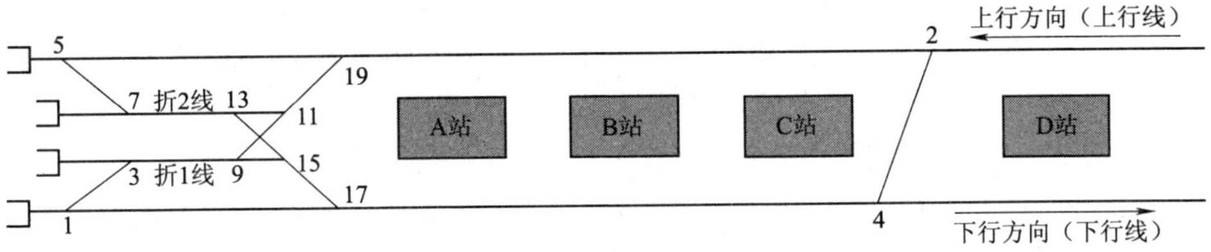

(1)若A站9号道岔失去表示,该如何组织列车运行?若19号道岔失去表示,又该如何组织列车运行?

(2)若列车在B站上行故障需救援时,如何组织?试发布救援命令。

7. 案例分析:

下面是某地铁列车发生区间溜逸事件经过,尝试对该事件进行如下分析。

(1)试分析驾驶员在列车故障处置方面存在的问题。

(2)试分析列车救援过程中各相关岗位存在的问题。

(3)试分析行调采取了哪些运营调整方法,是否合理?

21:24　1326次(2728车)以ATP模式进A站上行站台(由学员××负责驾驶,其已取得“实习司机驾驶证”),对标停车后,驾驶员按压“左门开”按钮后车门无法打开,进驾驶室发现“左门开”按钮指示灯不亮,认为无开门使能信号,按压强行开门按钮给出开门使能信号,但左门开指示灯还是不亮。

21:27　1326次驾驶员关钥匙后切除ATP,左门开指示灯仍不亮。

21:29　1326次驾驶员报行调切除ATP后仍然不能开门。行调问驾驶员是否对准停车标,驾驶员回答列车已经对准停车标。行调命令驾驶员使用继电器开门。

21:30　1326次驾驶员到客室打开设备柜后用钥匙按压8K01/8K07继电器车门仍不能打开(回场后要求驾驶员××用继电器开左门时,其错误按了下一行的2K03继电器)。

21:30　行调命令1326次驾驶员解锁车门清客并与车站联系,驾驶员做好清客广播后,解锁了1A28车的2个车门,此时车站值班站长通过驾驶室进入列车车内,解锁紧急开门手柄手动开启车门,前两节车厢因乘客比较多,每节车厢手动开启两个车门,其他每节车厢开启一个车门,共解锁8个车门疏散乘客(800人左右)。

21:30　2410次(3738车)驾驶员××以ATO模式正点到达C站上行站台,开门后行调要求驾驶员开门清客待令,驾驶员按命令执行。

21:32　行调问1326次驾驶员清客情况,驾驶员回答没有清客完毕;行调命令驾驶员清客完毕后,打车门旁路动车不停站退出服务。

21:32　A站行车值班员通知值班站长及车站全体员工列车晚点延误信息,延误时间15 min左右。行车值班员放延误自动广播。

21:33　1326次驾驶员清客完毕后报行调。

21:33　C站上行2410次清客完毕后,行调命令改开602次担当救援任务;以ATO模式到达前方A站故障车前自动停车后,做好救援连挂准备工作。

21:34　1326次驾驶员报列车关不了门,行调命令驾驶员按压“强行关门”按钮关门。

21:34 602次列车以ATO模式动车，自动停车后转换RM模式运行到离故障车1 m一度停车。

21:36 行调询问1326次驾驶员动车没有，驾驶员报正在尝试动车；行调命令其能动车就沿途不停站通过到终点站。驾驶员按命令执行，因当时列车已切除ATP，就操作了车门旁路2S13，当时驾驶员台旁路指示灯亮。

21:36 602次救援列车驾驶员使用对讲机联系故障列车驾驶员，但无应答。

21:37 1326次驾驶员发现旁路车门后，推牵引手柄列车出现保压制动不能缓解，4个DCU中等故障，驾驶员将方向手柄回“0”，重新牵引一次仍然不能动车，驾驶员马上报行调。

21:37 行调决定救援，此时A站值班站长上车给1326次驾驶员提供了另一条方孔钥匙，驾驶员和学员一起去切B09(未施加停车制动)，驾驶员切除了1A28、1C28、1B27车的B09后返回1A28驾驶室报告行调列车已切除B09；学员切除了1B28、1C27、1A27车的B09跟随驾驶员返回1A28驾驶室。

21:41 行调询问救援列车602次驾驶员联挂好没有，救援列车驾驶员说未见到故障车驾驶员，未清楚故障车的防护情况。

21:42 1326次驾驶员到达1A28报告行调已切完B09；行调命令：开行602次，与救援车驾驶员做好连挂后，推进回厂。

21:43 1326次列车发生向前溜动并加速；但1326次驾驶员误认为列车已经连挂并在被推进运行中，未采取任何停车措施。

21:43 602次驾驶员发现前方故障车以3 km/h的速度向前移动，驾驶员马上报行调。

21:44 行调问故障车驾驶员现在列车是什么样的状态，故障车驾驶员回答后面的车推进运行，其在前面监控。

21:45 行调询问故障列车连挂情况(故障列车驾驶员反馈当时列车移动的速度达到15 km/h)时，命令驾驶员马上拉停列车，驾驶员马上施加停车制动，并恢复1A28、1B28车的B09。

21:46 行调问故障列车停车没有，驾驶员回答已经停车。行调随后命令驾驶员恢复三节车B09后限速30 km/h到终点站退出服务。驾驶员回复行调是否再恢复两个B09，行调再重新命令驾驶员只恢复(列车)两个B09后限速25 km/h到终点站退出服务。

21:47 行调要求602次驾驶员进A站上行站台不开门待令。

21:49 行调问故障车驾驶员动车没有，驾驶员报列车出现4个DCU严重故障,不能动车。行调命令故障车驾驶员切除车上的B09,到后端与救援车驾驶员做好联挂后报行调。

21:51 行调命令602次驾驶员动车到A站～B站区间担当救援任务;

21:53 连挂完毕后故障车驾驶员换端,切除1A28、1B28车的B09。

21:55 到达1A28驾驶室指挥救援车驾驶员动车。

第7章　车站行车组织管理

在城市轨道交通运营生产过程中，车站起着非常重要的作用。车站是列车在线路到发、通过的分界点，某些车站还具备折返、备车存放、停车日检等功能；车站是客流集散的场所，是乘客出行乘坐列车的出发地、目的地和换乘点，也是运营企业与服务对象的主要联系环节，包括购票、进出站、候车等功能。车站的日常运营生产活动主要由行车组织作业和客运组织作业两部分组成，本章重点介绍车站的行车作业组织。车站的客运组织管理将在本书第10章中介绍。

7.1　车站概述

车站是完成城市轨道交通运营生产任务的一线场所，也是运营企业对外的窗口单位，在城市轨道交通网络中有多种不同类型的车站，具有不同的规模和功能，各类车站的建筑、空间布局结构都要服务于其功能定位。

7.1.1　车站分类

城市轨道交通车站的分类标准很多，其中比较常用的是根据车站建筑结构形式、运营功能、管理职能或信号设备控制权限不同划分。

1. 按车站建筑结构形式划分

根据车站内线路与地面的高低位置关系，可以把车站分为三种形式：线路平面在地面的为地面站，线路平面在地面以下的为地下站，线路平面在地面以上的为高架站。在城市尤其是中心城区范围内，已有的地面建筑往往难以改变，地面空间资源又十分有限。因此城市轨道交通车站常设置于地下或地上，其造价比地面站高。

(1)地面站

地面站造价比较低，但会对线路所经过区域造成分割，一般修建在用地面积不受限制或者不具备地下站或高架站施工条件的区域。

(2)高架站

为了节省车站周边的地面资源,并充分利用线路与地面之间的垂直空间,高架车站多采用双层设计,站台层在地面三层,站厅层在地面二层,也可以利用高架桥下的站外广场作为站台层。

(3)地下站

根据车站结构顶板与地下深度的不同,地下车站又可分为浅埋式车站和深埋式车站两种。浅埋车站通常为矩形断面,一般分为二层。深埋车站可按横断面形式分为单拱、双拱、三拱及多拱式,一般设置二至三层,最多四层。地下车站除了其结构的特点以外,在防火、防灾及环控方面还有更特殊的要求,与地面站和高架站有着显著的区别。

2. 按车站运营功能划分

根据车站实现本条线路乘客的输送、列车的折返及与其他线路的换乘的不同功能,车站可以划分为中间站(一般站)、折返站、换乘站、枢纽站和终点站,站型示意如图7.1所示。

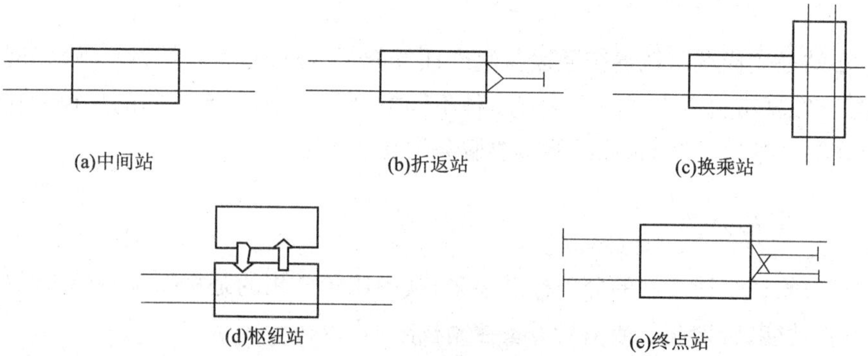

图7.1　各种运营功能的车站示意图

(1)中间站(一般站):中间站仅供乘客上、下车之用,功能单一,配线形式简单,是最为常见的车站。少数中间站还设有具备临时停车功能或上、下行转换的配线,以便在列车故障时能快速有效地进行列车调整,尽快恢复正常的列车运行秩序。

(2)折返站(区域站):折返站是指进行列车折返作业的车站,是行车交路的终点,站内设有折返线和设备,具有折返功能,能够进行折返作业。根据客流量大小，合理组织列车运行，可在两个折返站之间的区段上改变行车密度。折返站兼有中间站的功能。折返功能的实现可以通过折返线和存车线的不同组合实现。根据折返线与车站的相对位置可以分为站前、站后、站前站后混合设置等多种折返形式。

(3)换乘站：换乘站是位于两条及两条以上线路交叉点上的车站，其主要功能是实现客流在线路间的换乘。

(4)枢纽站：枢纽站是两种及以上交通工具在空间上集中，实现大量客流在交通方式间交换的车站，往往是衔接地面公交、出租车、铁路、航空等交通方式的综合性站点。

(5)终点站：终点站是设在线路两端的车站。就列车上、下行而言，终点站也是起点站(或称始发站)，终点站同时也是折返站，设有可供列车全部折返的折返线和设备，也可供列车临时停留检修、备车存放。

3. 按运营管理职能划分

为方便管理，通常将一条线路划分为若干区域，每个区域设置一个区域站，下属管理多个一般车站。这样，在车站管理层与线路管理层之间增加了中间管理层，即区域管理层，每个区域站管理3～5个一般车站。某线的车站运营管理职能层次如图7.2所示。

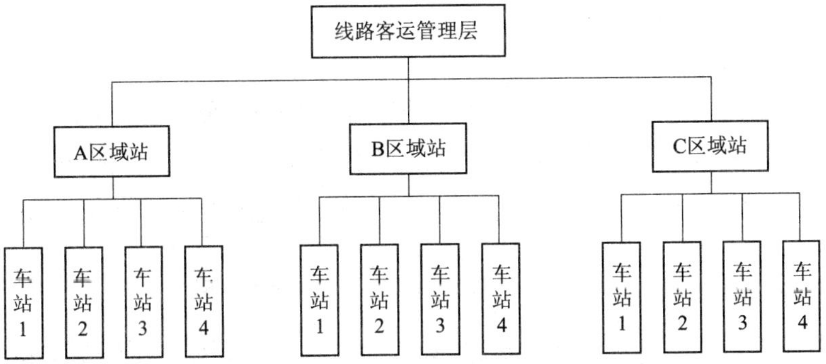

图7.2 车站运营管理职能层次示意图

区域站是客运管理体系中承上启下的行政管理层次，区域站的管辖范围还与车站配线和行车设备相关。实行区域制管理的非区域站(一般车站)可以不设置区域站长，仅设置值班站长即可，由区域站长统一管理。

4. 按信号设备控制权限划分

在城市轨道交通系统中，采用了信号自动控制系统，在一般情况下，线路行车调度组织采用中央控制模式,也就是中控模式。当出现非正常情况时,可采用由车站控制模式,也就是站控模式。车站按信号设备控制权限不同分为集中站和非集中站。

(1)集中站

集中站是指具有车站控制功能的车站,集中站车站值班员根据调度命令,在授权的情况下可监控集中站,负责管辖线路上的列车运行、办理电话闭塞行车和执行扣车、催发车等行车作业。集中控制站通常为有道岔车站。

(2)非集中站

非集中站是指不具有站控功能的车站。非集中站通常为无道岔车站。

7.1.2 车站建筑空间组成

车站是为乘客提供购票、乘降、集散、候车的场所,也是为列车运行提供管理、控制和通信的场所。为了实现客运服务和列车运行组织,车站一般由车站主体(站台、站厅、设备用房、管理用房等)、出入口及通道、通风道及通风亭等附属建筑物组成。其中,车站主体是实施客运服务和列车运行组织的主要场所,出入口及通道是供乘客进、出车站的建筑设施,通风道及地面通风亭等环境控制设施则保证了车站具备舒适的站内环境。车站主体根据功能的不同,可分为乘客使用空间和车站用房两大部分。

1. 乘客使用空间

乘客使用空间是直接为乘客提供购票、乘降、集散和候车服务的空间,是车站设计的重点。乘客使用空间的设计涉及车站总平面布局、车站平面和结构横断面的形式、功能布局、人流路线组织等方面问题。乘客使用空间可以从不同的角度进行划分。

(1)非付费区和付费区

为了区别乘客是否具备乘车权限,乘客使用空间又可分为非付费区和付费区。站厅层的检票闸机(验票后)以内部分和站台层属于付费区,站厅层检票闸机以外部分及出入口和通道层属于非付费区。

付费区是获得乘车权限的区域,付费区以检票闸机为界,付费区内设置站台、楼梯和自动扶梯等为乘客乘降、候车提供服务的设施。

非付费区是指无乘车权限的区域,以检票闸机为限,乘客通过进站检票闸机之前或通过出站检票闸机后即进入非付费区。它一般应有一定的空间布置售检票设施。根据需要还可设银行、公用电话、便利店、自助充值机等设施。非付费区的最小面积一般可以参照车站能容纳高峰小时 5 min 内可能聚集的客流量进行推算。

(2)功能区域和设备

乘客使用空间可以根据服务环节划分为多种功能区域,如出入口区、售票区、检票区、信息服务区、楼梯区、通道区和候车区(乘降区)等。其中,售票区、检票区、信息服务区、候车区(乘降区)等提供票务、信息和乘车等客运服务的区域称为服务区域;出入口区、楼梯区和通道区等连接不同厅层和服务区域的空间称为连接区域,可以称为步行空间。

为了提高客运服务的能力,车站在合适的位置设置多个各类功能区域,每个功能区域均可根据需要设置多个成组同类功能设备,直接为乘客提供服务,包括人工售票点、自动售票机、信息服务台、进出站检票闸机、候车点(乘降点)和导向系统等服务设备,以及出入口、楼梯、自动扶梯和通道等连接设备(或称为步行设备)。多个同类设备成组使用,构成相应的服务区域。

2. 车站用房

车站用房是车站管理和运行所需的空间,包括运营管理用房、设备用房和辅助用房 3 部分。

运营管理用房是为保证车站具有正常运营条件和营业秩序而设置的办公用房,由日常工作和管理的部门人员使用,主要包括站长室、会议室、警务室、维修工区、保洁工具间等。

设备用房是为保证列车正常运行、保证车站内具有良好环境条件及在突发情况下能够及时排除灾情不可缺少的设备房间,主要包括环控机室、变电所、车站控制室、通信机房、信号机房、污水泵房、附属用房及设施等。技术设备用房是整个车站的心脏所在地,这些用房与乘客无直接联系,一般设在离乘客流线较远的地方。

辅助用房是为保证车站内部工作人员正常工作生活所设置的用房,主要包括厕所、盥洗室、更衣室、休息室、茶水间、储藏室等。

7.1.3 标准站的布局

在城市轨道交通车站设计中,设计者根据车站的功能和要求在设计前收集各种基础资料、分析各种设计要素,尤其是有利和不利的因素,以在设计中体现和满足功能、人性化及规范的需要。车站设计的重要原则是设计合理、经济实用、安全可靠,而标准站的设计达到经济与实用的最大化,较好地达到这些要求。标准站规模设计恰当,车站使用效率高;车站布局较好,设备与管理用房的面积合理,不造成浪费。标准站在设计时应综合考虑车站间距、车站型式和埋深等各项因素,控制轨道交通站的规模,严格控制车站设备和管理用房面积,优化车站布局。目前,只要是设计及施工条件允许的情况下,大多轨道交通车站采用标准站设计,具体如下。

1. 站厅公共区布局

标准站站厅公共区的布局大多采用如图 7.3 所示的平面布局,特点如下:

(1)出入口为对称式的设计,每边两个出入口,便于乘客进站出入口选择的便利及站内客流的相对均衡;

(2)出站闸机布局在站厅两端分别设置,具体数量根据客流预测量大小有所不同,便于出站客流的分流及出站票务事务的处理;

(3)进站闸机布置在中部,分两组集中布置,具体数量根据预测客流量有所不同,进站闸机集中布置便于对进站客流的管理,尤其是目前乘客乘车需要安检,此种布局更利于安检机的布置。

2. 站台公共区布局

标准站站台通常采用如图 7.4 所示岛式站台设计,具体站台的宽度、容纳量等根据预测客流量的大小有所不同,岛式站台相较于侧式站台有以下优点:

(1)在相反方向列车不同时到达时,岛式站台利用率高;

(2)管理集中方便,便于乘客中途折返;

(3)建筑艺术管理较好,空间完整。

3. 设备区布局

标准站设备区大多分为 A、B 端(大多以线路上行方向为依据,依次分为 A 端和 B 端),其中一端为大端头,向内拓展空间较大,设备用房布局较多,主要的变电站、通信用房、信号用房、环控机房、管理办公用房等都布置在大端头端,如图 7.5、图 7.6 所示,分别为站厅设备区和站台设备区的大端头一侧。另一端为小端头,向内拓展空间较小,主要布置环控机房所用,其他设备用房和管理办公用房很少在此侧布局。此种布局方式设备及管理用房相对集中,便于建设期间的施工及运营后现场的巡视和管理。

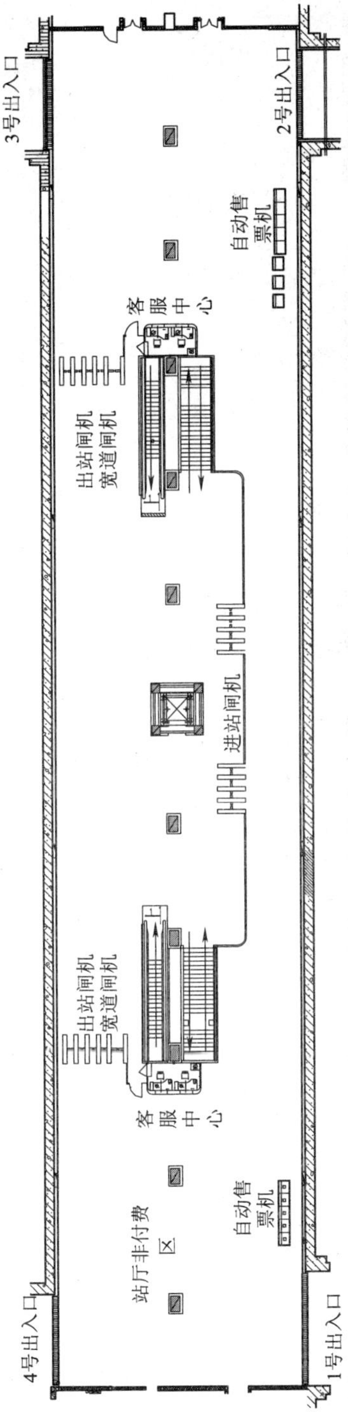

图 7.3　标准站站厅公共区布局图

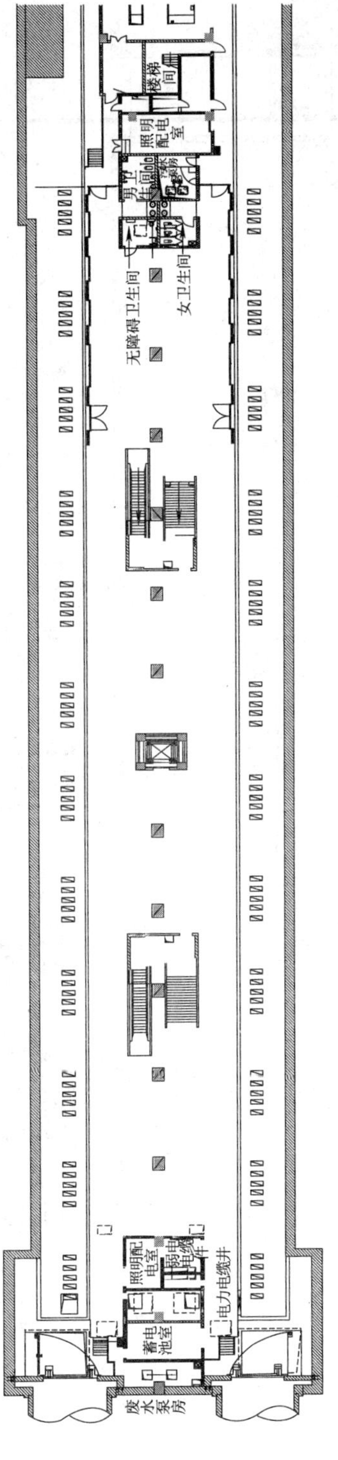

图 7.4　标准站站台公共区布局图

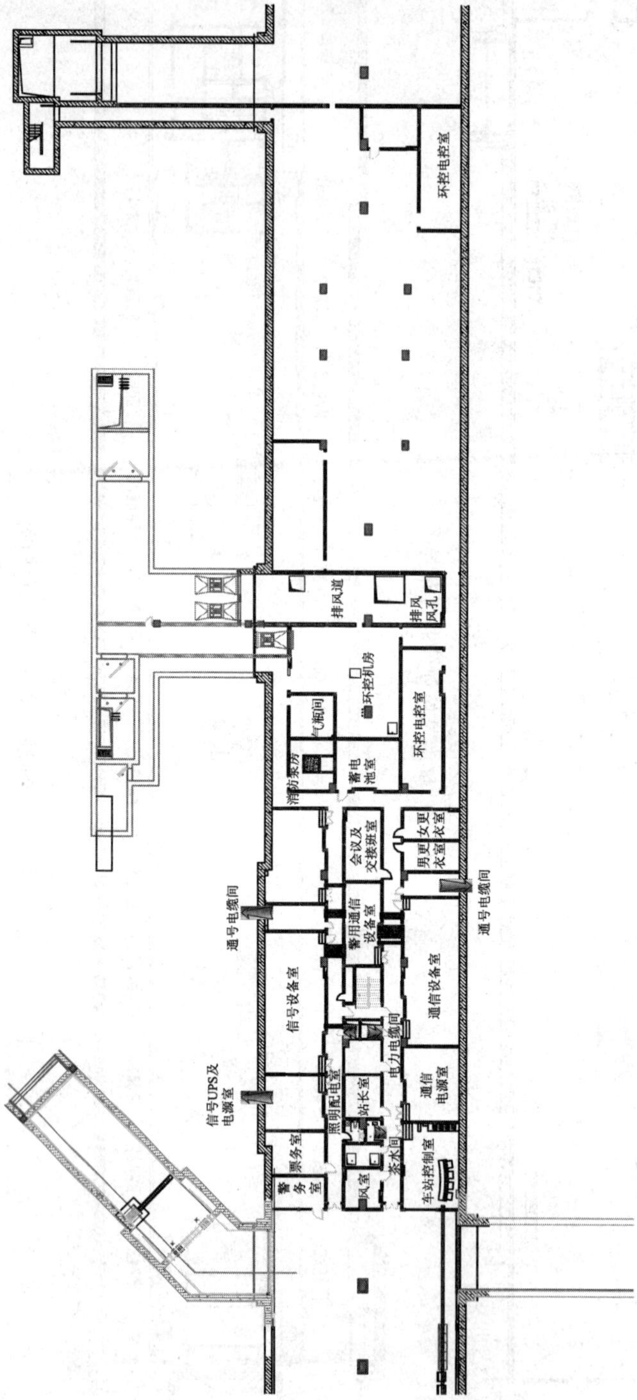

图 7.5 标准站站厅设备区布局图

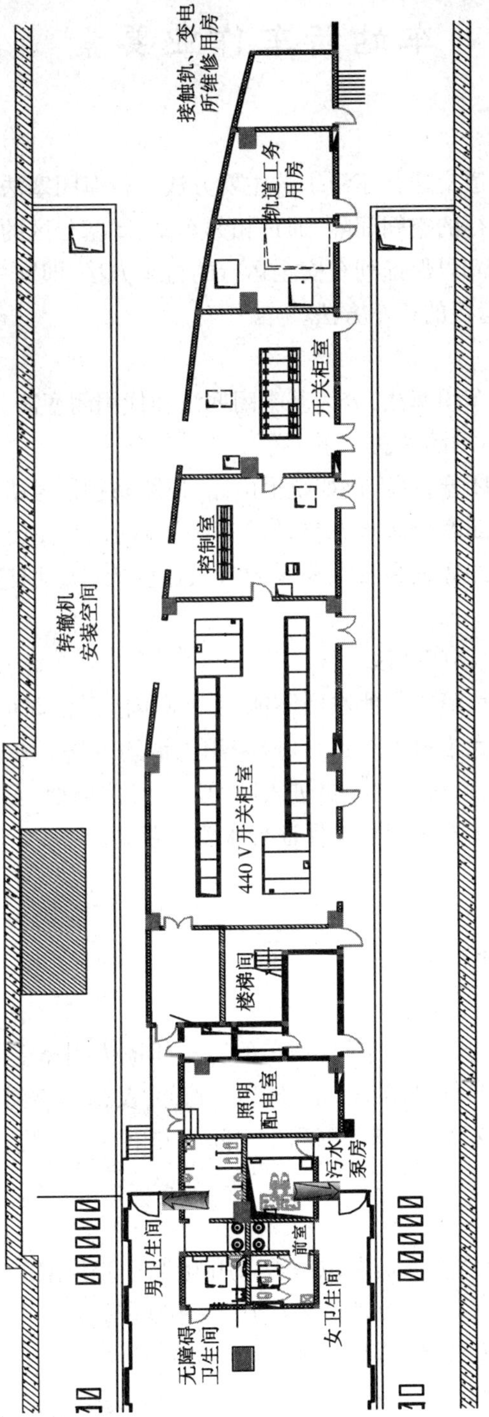

图 7.6　标准站站台设备区布局图

7.2 车站行车作业要素

7.2.1 行车组织方法

行车闭塞法是城市轨道交通行车组织的主要方法。行车闭塞法是指采用站间区间或闭塞分区为列车运行的空间间隔,通过相邻车站、闭塞分区的设备或人为控制,使列车间保持一定间隔,以保证列车安全运行的行车方法,即同一时间、同一地点、同一方向仅有一列车运行的行车方法。

1. 行车闭塞法分类

我国城市轨道交通行车闭塞法,分为基本闭塞法和代用闭塞法。

(1)基本闭塞法——自动闭塞法

各车站均须装设基本闭塞设备,例如轨道电路、进路防护信号机等。自动闭塞法是根据列车运行及有关闭塞分区状态自动转变信号显示,驾驶员凭信号行车的闭塞方法。列车进入区间的凭证为收到非零的有效速度码,或没有速度码时凭出站信号机的开放信号。

(2)代用闭塞法——电话闭塞法

当基本闭塞设备发生故障或其他原因不能使用基本闭塞法时(如单线半自动闭塞出站信号机故障等),为维持列车运行,应采用电话闭塞法。在夜间开行工程列车、轨道车也使用电话闭塞法。驾驶员进入区间的凭证为路票,发车凭证为车站值班员的发车手信号。列车发车间隔须保证行车安全距离。

2. 自动闭塞法

(1)实施条件

列车自动控制系统运行正常。

(2)执行要求

列车凭发车指示器的指令关闭车门;列车的行车凭证为列车受到的允许速度码;列车驾驶员确认车门(屏蔽门)关闭、信号机开放正常及列车收到的允许速度码动车;列车自动防护系统(ATP)自动控制列车之间的安全运行间隔。

3. 电话闭塞法

(1)实施条件

发生下列情况,由行车调度人员考虑是否采用电话闭塞法组织行车。

①信号系统不具备(或开通初期功能未达到)联锁功能;

②信号系统设备具备联锁条件,但联锁区联锁故障;

③联锁区计轴区段全部红光带;

④遇计轴大面积受扰或集中站计轴器停止工作时，则对故障区段实施电话闭塞法行车；

⑤或正线与车场接口故障；

⑥降级运营情况下，后备模式运行故障时；

⑦夜间非运营期间开行工程车辆。

(2)执行要求

①电话闭塞法行车时，同方向相邻列车最小发车间隔需满足一个闭塞区段内只允许有一列车运行的原则。

②电话闭塞法的行车凭证为路票，信号显示等均不再作为行车凭证。动车进入区间凭证为调度命令或车站人员的发车手信号；列车驾驶员根据行车凭证行车，但须注意线路状况，如有异常需及时采取措施。

③办理电话闭塞的所有车站必须将本站所有列车的到点、发点报行车调度，严格按流程办理闭塞。

7.2.2　行车凭证及行车记录

1. 行车凭证

城市轨道交通行车凭证是指列车进入区间或闭塞分区的凭证。行车凭证分为两大类：采用基本闭塞法时的行车凭证为自动闭塞的列车速度码及出站信号机的显示；当基本闭塞法停止使用后采用代用闭塞法，此时的行车凭证为路票或特殊情况下使用的调度命令(书面命令、口头命令等)。

(1)路票

路票是在电话闭塞法行车时，根据区间空闲相邻两站所承认闭塞的电话记录号码而填发的行车凭证。

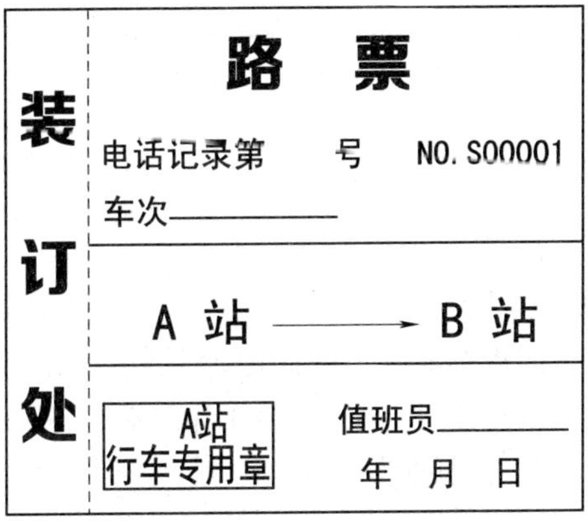
装订处

路　票

电话记录第　　号　NO.S00001

车次________

A 站 ——→ B 站

A站行车专用章　　值班员________

年　月　日

图 7.7　路票样张

路票的要素包括：电话记录号码、车次、列车运行方向、车站行车专用章、行车值班员签名、日期，如图 7.7 所示。电话记录每日自 0 时起至 24 时止，按日循环编号；相邻车站不能使用相同号码；每个号码在一次循环中只准使用一次，号码一经发出无论生效与否，均不得重复使用。

填写路票应注意：值班员签名处必须由当班值班员手写，不能使用值班员印章；路票日期以零点为界，按邻站给予确认闭塞的电话记录号码时间为准；路票作为一种行车凭证，具有严肃性，不得做任何涂改，一经涂改立即作废。

(2)调度命令

调度命令是指在按规定进行某些行车作业时，向行车值班员、驾驶员发布的作业指示，有严肃性、授权性和强制性，如图 7.8 所示。调度命令只能有当班行车调度员发布，且一事一令，先拟后发。接调度命令后，行车值班员栏须由当班值班员手写，无本站行车专用章的调度命令单不能作为行车凭证使用；调度命令单的填写必须符合固定的规范。

调度命令

年　月　日　时　分　第　号

受令处所		调度员姓名	
内容			

行车专用章：　　　　　　　　　　受令人：

图 7.8　调度命令样张

2. 车站行车记录

车站行车记录是指在列车运行及设备保养等活动中，车站行车人员及相关人员根据现场实际情况而记录下来的原始资料。车站行车记录种类有：车站值班站长工作日志、车站值班员工作日志、车站值班员台账、车站设备故障检修登记本、行车日志等，样张如图 7.9～图 7.13 所示。各类车站行车记录都应由车站行车工作人员认真及时填写，做到填记正确，字迹清晰。

车站值班站长工作日志

当班值班站长：　　　　　　　　　　　　　　　　　　　　年　月　日　　星期　　天气　　班

<table>
<tr><td rowspan="10">当
班
情
况</td><td colspan="4">岗位安排</td><td colspan="2">会议记录及文件(上级通知)传达</td></tr>
<tr><td>姓名</td><td>岗位</td><td>姓名</td><td>岗位</td><td colspan="2" rowspan="8"></td></tr>
<tr><td></td><td></td><td></td><td></td></tr>
<tr><td></td><td></td><td></td><td></td></tr>
<tr><td></td><td></td><td></td><td></td></tr>
<tr><td></td><td></td><td></td><td></td></tr>
<tr><td></td><td></td><td></td><td></td></tr>
<tr><td></td><td></td><td></td><td></td></tr>
<tr><td></td><td></td><td></td><td></td></tr>
<tr><td colspan="5">当班重要事件</td><td>施工安全预想</td></tr>
<tr><td rowspan="7">交
接
班
事
项</td><td colspan="3">重点事项</td><td>备品交接</td><td colspan="2">乘客事务</td></tr>
<tr><td colspan="3" rowspan="6"></td><td></td><td colspan="2"></td></tr>
<tr><td>违章违纪</td><td colspan="2">安全情况</td></tr>
<tr><td></td><td colspan="2"></td></tr>
<tr><td colspan="3">交接班确认</td></tr>
<tr><td colspan="3">交班值班站长：　　　　接班值班站长：</td></tr>
<tr><td colspan="3">交接班时间　　　　年　月　日　时　分</td></tr>
<tr><td colspan="7">备注：1. 必须用黑色圆珠笔填写，字迹严禁潦草，填写错误需用红笔沿中部划水平“—”线并签章或签名确认，原则上签章确认。
2. “交接班事项”栏：下班前需将当天需重点交班的内容填写此处，必须保证连续3个班交接完整并传达到相关人员，并留有记录，检查人员检查交接班情况只以此为准，同时可抽查相关人员确认交接班落实情况，其他项目为辅助内容。</td></tr>
</table>

图7.9　车站值班站长工作日志样张

车站值班员台账

当班车站值班员________　　　　___年___月___日(星期___)___班

<table>
<tr><th>当班重要事件</th><th colspan="2">文件及上级通知传达</th></tr>
<tr><td></td><td colspan="2"></td></tr>
<tr><td colspan="2" rowspan="4">交接班事项</td><td>设备备品交接情况</td></tr>
<tr><td></td></tr>
<tr><td>重要行车设备状态</td></tr>
<tr><td></td></tr>
</table>

<table>
<tr><th colspan="8">调度命令(口头命令)</th></tr>
<tr><th>日期</th><th>受令时分</th><th>受令号码</th><th>受令处所</th><th>内容</th><th>受令人</th><th>复诵人</th><th>行车调度</th></tr>
<tr><td></td><td></td><td></td><td></td><td></td><td></td><td></td><td></td></tr>
<tr><td></td><td></td><td></td><td></td><td></td><td></td><td></td><td></td></tr>
<tr><td></td><td></td><td></td><td></td><td></td><td></td><td></td><td></td></tr>
<tr><td></td><td></td><td></td><td></td><td></td><td></td><td></td><td></td></tr>
<tr><td></td><td></td><td></td><td></td><td></td><td></td><td></td><td></td></tr>
<tr><td></td><td></td><td></td><td></td><td></td><td></td><td></td><td></td></tr>
<tr><td></td><td></td><td></td><td></td><td></td><td></td><td></td><td></td></tr>
</table>

<table>
<tr><th colspan="2">道岔擦拭</th><th>路票</th><th>施工异常情况</th><th>交接班确认</th></tr>
<tr><td>道岔编号</td><td>道岔擦拭情况</td><td>上行___～___</td><td rowspan="4"></td><td rowspan="4">交班值班员：　接班值班员：
交班时间：　年　月　日　时　分</td></tr>
<tr><td rowspan="3"></td><td rowspan="3"></td><td></td></tr>
<tr><td></td></tr>
<tr><td>下行___～___</td></tr>
</table>

图7.10　车站值班员台账样张

车 站 值 班 员 工 作 日 志

记录人：　　　　　　　　　　　　　　　班次：　　　　　　　年　月　日

序号	时间	内　容

图 7.11　车站值班员工作日志样张

车站设备故障检修登记表

序号	日期	故障现象	报　修				维修/修复				车站确认人	备注
			报修时间	报修人	接报部门	接报人	修复时间	维修部门	维修人	修复情况		

图 7.12　车站设备故障检修登记本样张

行车日志(人工组织行车或晚点时填写)

当班车站值班员_______　　　　____年____月____日(星期____)____班

上行								下行							
车次	到达			出发			备注	车次	到达			出发			备注
	电话记录号码及收发时分	邻站出发	本站到达	电话记录号码及收发时分	本站出发	邻站到达			电话记录号码及收发时分	邻站出发	本站到达	电话记录号码及收发时分	本站出发	邻站到达	

图 7.13　行车日志样张

7.2.3 车站主要行车设备功能和操作概述

1. 车站级信号系统工作站

(1)描述

车站级信号系统工作站又称 ATS 工作站、HMI 等,具体的英文缩写依据设备供应商的不同有所差异,本章下文统一使用 HMI。HMI 是信号系统和行车工作人员之间进行交互和信息交换的媒介,实现信息的内部形式与人类可以接受形式之间的转换。

HMI 连接可编程序控制器(PLC)、变频器、直流调速器、仪表等设备,利用显示屏显示,通过输入单元(键盘、鼠标等)写入工作参数或输入操作命令,实现人与机器信息交互的数字设备,由硬件和软件两部分组成。

(2)功能

HMI 功能分为信号控制模块、运营管理模块、维护操作模块。信号控制模块包括站场图显示、邻站显示、进路办理/取消、人工解锁进路、进路交自动控/人工控、道岔单操等功能，也是日常行车过程中使用最多的模块；运营管理模块主要是运营过程中对列车的控制；维护操作模块主要是设备维护专业人员使用，车站使用的功能只有站控和中控的转换功能。集中站和非集中站 HMI 具备的功能也有所不同，具体见表 7.1。

表 7.1 HMI 功能分布

功能大类	功能操作	集中站具备功能	非集中站具备功能
信号控制	站场图显示	本集中站	本集中站
	邻站显示	邻站集中站	邻站集中站
	进路办理/取消	站控/紧急站控	
	人工解锁进路	站控/紧急站控	
	进路交自动控/人工控	站控	
	信号重开	站控/紧急站控	
	进路引导办理/取消	站控/紧急站控	
	引导总锁	站控/紧急站控	
	信号机封锁/解封	站控/紧急站控	
	自动通过进路办理/取消	站控/紧急站控	
	站台扣车/取消扣车	站控/紧急站控	
	站台提前发车	站控	
	站台设置跳停/取消跳停	站控	
	区段故障解锁	站控/紧急站控	
	计轴复位	站控/紧急站控	
	道岔单操	站控/紧急站控	
	道岔单锁	站控/紧急站控	
	道岔单解	站控/紧急站控	
	设置/取消自动折返进路	站控/紧急站控	
	上电解锁	站控/紧急站控	
	取消全站封锁	站控/紧急站控	
	站中控转换	站控/紧急站控/中控	
	区域选择	站控/紧急站控/中控	
运营管理	站台运行等级控制	站控	
	站台停站时间控制	站控	
	设置/取消站台清客	站控/中控	

续上表

功能大类	功能操作	集中站值班员	非集中站值班员
运营管理	查看站台信息	站控/紧急站控/中控	
	使能/取消区间列车数量限制	站控	
	设置车组号	站控	
	删除车组号	站控	
	设置计划车	站控	
	设置头码车	站控	
	设置人工车	站控	
	列车信息显示	站控	
	变通设置	站控	
	列车运行信息显示	站控/中控	
	区段切除/激活跟踪	站控	
维护操作	设备状态监视	站控/中控	

(3)控制模式

正线信号分车站、中央两级控制,“站控”、“中控”、“紧急站控”三种状态。HMI只能实现本集中站的“站控”、“中控”、“紧急站控”控制。

(4)操作要求

①HMI登录用户应为当班车站值班员,车站值班员交接班时,交班人员应及时注销HMI,接班人员及时登录HMI,保证HMI一致处于登录状态;

②维修人员维修HMI时,必须使用自己的密码登录后方可操作,操作完成,设备恢复正常后,及时注销;

③HMI操作实行“一人操作、一人监控”的双人确认制度;

④HMI命令操作必须得到行调允许方可进行;

⑤严禁未取得HMI操作资格的人员操作HMI;

⑥严禁夜间道岔区域有施工作业,未与现场人员做好安全联控就操作道岔。

2. 道　岔

道岔是供列车、车辆转线的连接设备,通常设置在车站上和车辆段内,是线路的重要组成部分。

(1)道岔的四种状态

①定位状态,即道岔开通岔线直向,并密贴于基本轨;

②反位状态,即道岔开通岔线侧向,并密贴于基本轨;

③转换状态，又称动作状态，即道岔正由“定位”状态向“反位”状态动作或由“反位”状态向“定位”状态动作；

④四开状态，即道岔尖轨不密贴于任何一根基本轨，且不在“转换”状态，但要同道岔的“四开表示”区别开。

道岔密贴：就是道岔尖轨的一端与基本轨的一端紧密贴合，其贴合处存在的间隙必须小于规定的最小限度，把这种状态称道岔“密贴”状态，它也是道岔的另一种状态。

道岔四开：也称为道岔定反位无表示。道岔位置表示是由道岔实际开通位置、转辙机上的自动开闭器接点位置及道岔表示继电器位置三者的一致性来反映的。也就是说，这三者的位置一致时，才能正确地反映出道岔的实际位置。其中的一个位置不正确，则反映道岔在四开状态（道岔在正常转换过程中除外）。但此时道岔很可能是处于“定位”或“反位”状态的，只不过是由于后两者的原因而造成的道岔四开表示。

(2)手摇道岔

正常情况下道岔采用遥控操作、电气锁闭。在故障情况下道岔采用现地手摇、人工锁闭。一般来说道岔的操作由扳道员专人负责，在没有扳道员的车站可以由站长指定可以胜任该工作的其他人员进行操作。

①手摇道岔工具(图7.14)

a. 防护用品：绝缘靴、绝缘手套、反光背心、手电筒；

b. 钥匙：端头门钥匙、转辙机钥匙、钩锁器钥匙；

c. 其他用品：无线调度台、对讲机、信号灯/旗、扳手、手摇把、钩锁器、钩锁器锁头、岔区示意图。

②手摇道岔流程

a. 打开遮断器使道岔断电

遮断器的复位必须由维修事业部信号专业人员完成。遮断器未打开时，手摇把插孔将被铁片挡住，导致无法手摇道岔。

b. 打开手摇把孔盖

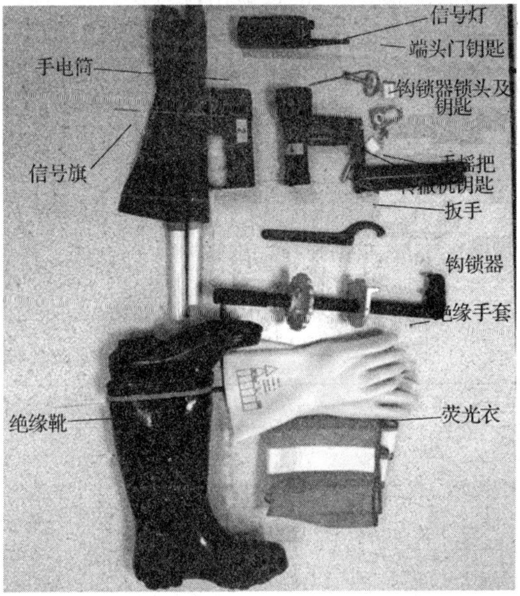

图7.14　手摇道岔工具示意图

c. 手摇道岔四个步骤

一看:看道岔编号、所处定/反位、是否加钩锁器、尖轨与基本轨之间有无异物、尖轨与基本轨是否密贴等现场情况,并向车站值班员汇报。操作要求:摇岔人员必须“手指口呼”确认相关要素,正常情况下,汇报值班员只需汇报道岔位置及有无加钩锁器的情况,若有特殊情况需一并汇报。双人时,值班员及以上人员一人确认并汇报,另一人做好监护即可。

二摇:将手摇把插入孔内,转向所需方向,直至听到咔嚓落槽声。双转辙机须确保1、2机都听到咔嚓声,转动到位。操作要求:若之前加了钩锁器,需撤除钩锁器再摇动道岔。若为双转辙机,转辙机操作人员相互进行监护,后方人员配合前方摇岔人员操作,保持速度一致,手摇操作到位时,每个转辙机均应听到“咔嚓”声。转动方向确定:站在尖轨前方,判断尖轨移动方向。若应向右移动,则手摇道岔时,应该向右(顺时针)旋转手摇把。反之,向左(逆时针)旋转。转动方向与手摇把孔位置无关。

三确认:确认道岔操作到位并锁闭,尖轨与基本轨之间顶端4 cm以内无大于2 mm的间隙,且转到所需位置已加钩锁器。操作要求:道岔转到位后加钩锁器,确认道岔情况。双人时,值班员及以上人员一人确认并汇报,另一人做好监护即可。

四汇报或显示:汇报道岔位置及钩锁器加锁情况。如需显示引导手信号,现场人员根据值班员命令显示。操作要求:汇报道岔位置,加锁情况,最后还包括整个进路的准备情况、线路出清情况、人员是否已站在安全位置等。根据值班员命令显示引导手信号。

d. 出清现场

车站值班员根据行调命令通知现场摇岔人员撤离时,摇岔人员须理清所有手摇道岔工具离开现场,完成手摇道岔全部工作。

手摇道岔标准用语见表7.2。

表7.2 手摇道岔标准用语

序号	步骤	车站值班员	扳道员	备注
1	准备工作	1. 布置:带好手摇道岔工具至××号道岔现场	2. 复诵:已带好手摇道岔工具至××号道岔现场	手摇道岔工具:绝缘靴、绝缘手套、反光背心、手电筒、端头门钥匙、转辙机钥匙、钩锁器锁头及钥匙、无线调度台、对讲机、信号灯/旗,扳手、手摇把、钩锁器、岔区线路示意图

续上表

序号	步骤	车站值班员	扳道员	备注
2	现场确认	4. 复诵:已带好手摇道岔工具至××号道岔现场	3. 汇报:已带好手摇道岔工具至××号道岔现场	
3		5. 布置:准备××线至××线进路确认××号道岔现场位置	6. 复诵:准备××线至××线进路确认××号道岔现场位置	查看道岔位置、轨缝间是否有异物、尖轨与基本轨是否密贴、是否加有钩锁器
4		8. 复诵:××号道岔现处于×位,未加(已加)钩锁器	7. 汇报:××号道岔现处于×位,未加(已加)钩锁器	
5	布置进路	9. 布置:将××号道岔扳至×位,并加钩锁器	10. 复诵:将××号道岔扳至×位,并加钩锁器	若需转换道岔位置,须根据车站值班员命令,将进路上的相关道岔扳至正确位置并加钩锁器
6	听取汇报	12. 复诵:××号道岔已扳至×位,钩锁器已加,××线至××线进路准备完毕	11. 汇报:××号道岔已扳至×位,钩锁器已加,××线至××线进路准备完毕	必须确认进路上相应的所有道岔位置及钩锁器加锁正确,线路出清情况
7	引导接车	13. 布置:站在××号道岔安全位置,向驾驶员显示引导手信号,将列车由××线引导至××线	14. 复诵:站在××号道岔安全位置,向驾驶员显示引导手信号,将列车由××线引导至××线	扳道员站在接车安全位置,面向来车方向,向驾驶员显示引导手信号
8	听取汇报	16. 复诵:列车已整列到达××线	15. 汇报:列车已整列到达××线	列车到达指定位置停稳后向车站值班员汇报

关键步骤:准备手摇道岔工具→扳道员至现场确认道岔位置→车站值班员布置进路→扳道员准备进路→进路准备完毕扳道员汇报→根据车站值班员布置显示引导手信号→列车到达指定位置停稳后扳道员向车站值班员汇报。

③确认道岔锁闭方式

手摇道岔时必须确认锁闭,确认锁闭的常用方式如下:

a. 尖轨密贴:尖轨与基本轨间,顶端4 cm以内无大于2 m的间隙;

b. 手摇操作到位:以听到电动转辙机箱内动接点与静接点接触后发出的“咔嚓”声为准;

c. 必要时还要加钩锁器:加钩锁器一般在非电器锁闭的情况下,手摇道岔无“咔嚓”声或其他特殊情况时,由行车值班员下达命令才进行。

(3)道岔的维护保养

①道岔的日常维护保养规定

a. 车站内道岔有行车值班员在运营结束后负责清洁保养,正常情况下每个夜班当班的值班员都要对所负责的道岔(定、反位)保养一次,如遇雨雪、冰冻天气视情况及时擦拭上油,确保正常运转。

b. 行车值班员擦拭道岔必须在运营结束后,经当班行车调度同意,得到允许擦拭的施工号方可进行。首先应在操纵台对将擦拭岔道进行单锁,确认所携带的对讲机与行调通话正常后方可离开车控室,擦拭工作务必在行调给定的时间内完成,不得影响其他施工作业,如果夜间施工、调试任务较忙,行调一时难以安排时,可在巡道时间内完成,但不得影响巡道人员的正常登记与注销。

c. 道岔擦拭完毕后,值班员应对所擦拭道岔检测一次,确认正常后方可向行车调度申请注销,将站控权上交,每次擦拭完毕做好记录备查,因故不能擦拭或只能擦拭某一状态(定位或反位),均应在登记本上注明。在日常检查保养中发现道岔由不同程度的损坏或其他异常情况时,值班员应立即向有关部门报修。

d. 车站要制定"道岔清扫制度",对站内所有道岔落实包干,确保每副道岔(定位或反位)至少每周上油一次,每半月擦拭一次。

②道岔日常维护保养方法(擦拭道岔)

在确认线路空闲、道岔状态良好的情况下,先用钢丝刷、沙皮等工具将杂物、铁锈铲除干净,再用抹布将滑床板表面清理干净,用铲子彻底清洁;用抹布再次将滑床板清理干净;将机油用油刷均匀地涂刷在滑床板上。

道岔擦拭作业完毕后还需确认道岔滑床板板面无油污;尖轨、辙叉部分干净、无油污,护轮轨槽内无杂物;道岔连接杆与道床之间留有约2指宽间隙;道岔区内无杂物、无脏物;上油不能上在尖轨、护轮轨、基本轨、翼轨及辙叉心上;确保表示器、标志灯、矮型信号机清洁、无积灰。

道岔日常维护保养操作内容见表7.3。

表7.3　道岔清扫保养及检查操作内容

<table>
<tr><td colspan="5">道岔擦拭及检查操作表</td></tr>
<tr><td>顺序</td><td colspan="3">操作要求</td><td>责任人</td></tr>
<tr><td>1</td><td colspan="2">向行调请点</td><td></td><td rowspan="3">车站值班员</td></tr>
<tr><td>2</td><td colspan="2">向行调申请 HMI 站控</td><td>HMI 转换至站控</td></tr>
<tr><td>3</td><td colspan="2">定(反)位单锁</td><td>单锁需擦拭道岔</td></tr>
<tr><td>4</td><td colspan="2">定(反)位擦拭</td><td>开始擦拭</td><td rowspan="7">擦拭人员</td></tr>
<tr><td rowspan="6">5</td><td rowspan="6">现场作业</td><td>顺序</td><td>物品(备品)</td></tr>
<tr><td>(1)铲油污</td><td>铲刀</td></tr>
<tr><td>(2)擦清滑板</td><td>棉纱</td></tr>
<tr><td>(3)磨锈斑</td><td>钢丝刷</td></tr>
<tr><td>(4)擦清滑板</td><td>棉纱</td></tr>
<tr><td>(5)涂油</td><td>机油</td></tr>
<tr><td>6</td><td colspan="2">转动道岔</td><td>定(反)位单解</td><td>车站值班员</td></tr>
</table>

续上表

顺序	操作要求		责任人
7	反(定)位擦拭	反(定)位单锁	擦拭人员
8	按现场作业流程擦拭另一位置	至所有道岔全部完毕	
9	整理擦拭工具至车控室销点	人员、工具清	
10	确认设备状态(单操擦拭道岔一个来回)	道岔定(反)位表示正常	车站值班员
11	向行调销点	遥控(收权)或销点	
12	记录擦拭情况	车站值班员台账	

3. 屏 蔽 门

(1)描述

屏蔽门是一项集建筑、机械、材料、电子和信息等学科于一体的产品,将站台和列车运行区域隔开,通过控制系统控制其自动开启。

屏蔽门分为封闭式、开式和半高式,其中开式和半高式通常被叫做"安全门",只起到安全和美观的作用。封闭式的通常被叫做"屏蔽门",也是最常用的一种。

(2)功能

屏蔽门除了保障列车、乘客进出站时的安全外,站台安装屏蔽门还可以大幅度地减少驾驶员瞭望次数,减轻驾驶员的思想负担,并且能有效地减少空气对流造成的站台冷热气的流失,降低列车运行产生的噪声对车站的影响,提供舒适的候车环境,具有节能、安全、环保、美观等功能。

(3)控制级别

系统控制等级由高至低依次是:系统级、站台级、灾害级、手动级,其中手动级包括手动解锁或就地控制盒(LCB,Local Control Box)操作两种;操作等级高至低依次是:手动级、灾害级、站台级、系统级,如图7.15所示。

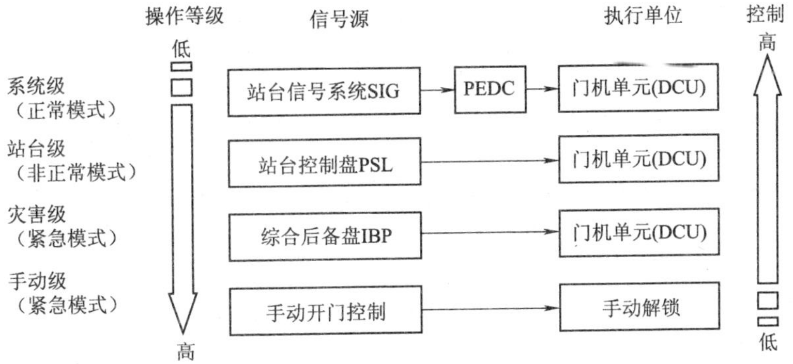

图7.15　屏蔽门控制级别示意图

(4)应急处置

车门与屏蔽门未实现联动时的故障处理程序见表7.4。

表7.4 车门与屏蔽门未实现联动时故障处置程序

处理程序	责任人
发现屏蔽门故障后,立即报告车站值班员:"××站台××号(所有)屏蔽门不能开启(关闭)";接报屏蔽门故障后,尽快到达故障点处理; (1)不能开启的处理 ①若两对及以下屏蔽门不能正常开启,及时引导乘客从其他屏蔽门下车,立即将故障门LCB打到"手动关门"位,处理完毕报车站值班员。列车驾驶员关门后,站务员确认车门、屏蔽门关闭良好,无夹人夹物,及时向驾驶员显示关门手信号。待列车离开站台后,将故障屏蔽门张贴故障纸,并摆放暂停服务牌,同时做好引导。 ②发现三对及以上屏蔽门不能开启(不含整侧),及时报告车站值班员,确保每节车厢对应的屏蔽门至少有一对屏蔽门开启后汇报车站值班员,驾驶员关闭车门后,车站台人员确认安全,及时打关门手信号,驾驶员确认手信号及速度码动车,列车离开后,操作LCB将所有故障屏蔽门打到"手动开门"位开门,无效时采用三角钥匙人工操作开启,并保持该故障门LCB到"手动开门"位保持常开状态。 ③发现所有屏蔽门不能开启,及时汇报车站值班员,并跑向PSL盘处做好开关门准备,与驾驶员做好互控,若开启无效,由车站值班员在IBP盘上开启屏蔽门,若仍无效,按三对及以上屏蔽门不能开启处理。 (2)不能关闭的处理 ①发现两对及以下屏蔽门不能正常关闭,报告车站值班员,确认是否有阻碍物,如能及时清,并将LCB打至手动关门位关门,门关好后LCB恢复自动位。若没有障碍物,及时打LCB至"手动关门"位,并报车站值班员。确认乘客上、下完毕,所有车门关闭、站台安全后,向驾驶员关门手信号。列车离站后,手动将其关闭并贴故障纸,若仍无法关闭,保持其敞开状态并做好引导。 ②发现三对及以上屏蔽门不能正常关闭,报告车站值班员,引导站台乘客离开故障屏蔽门,乘客上下完毕,确认所有车门关闭、站台安全后,向驾驶员显示关门手信号。列车离站后,将故障门的LCB打至"手动开门"位,做好监护。 ③发现整侧屏蔽门均不能关闭时,报车站值班员,并跑向PSL盘处做好关门准备,若PSL操作无效,按三对及以上不能正常关闭处理。 ④发现有人维修屏蔽门时,必须及时制止并报车控室确认同意,方允许维修; ⑤屏蔽门维修时负责安全监控,在下趟列车到达前1 min,通知维修人员停止维修;维修完毕后向车站值班员报告	站台站务员
1. 发现有屏蔽门故障时,第一时间操作PSL开关屏蔽门,汇报行调,并通过端头门电话联系车站,发现部分屏蔽门故障,及时广播通知乘客:"本站有屏蔽门故障,请乘客从其他开启的屏蔽门下车",同时汇报行调。 2. 驾驶员确认乘客上、下完毕后,及时关车门,并操作PSL关闭屏蔽门,凭车站关门手信号及速度码动车。 3. 动车前注意确认车门与屏蔽门之间空隙安全	驾驶员

续上表

处理程序	责任人
1. 发现故障或接到故障通知后，立即通知站务人员处理，通过端头电话联系驾驶员并通知值班站长第一时间至现场处理，及时向行调报告，若为整侧故障，保证故障侧站台至少两名车站工作人员，故障修复后，方可撤出增派人手，若整侧屏蔽门故障无法通过PSL进行开启时，及时操作IBP盘开启屏蔽门(操作完毕需及时复位)。 2. 车站值班员本着“先通后复”的原则，通知站台人员及时“旁路”屏蔽门，并通知站台人员确认车门关闭良好，无夹人夹物，显示关门手信号。 3. 根据屏蔽门故障情况做好上下客指引及候车安全提示广播。 4. 车站值班员接站务员屏蔽门故障处理完毕，及时报行调。 5. 屏蔽门维修一律按影响行车的施工办理，必须上报行调，维修时通知站台站务员配合处理，维修完毕汇报行调。 6. 告知维修人员，维修完毕后，不得操作PSL做整侧屏蔽门开关测试，应利用列车导致联动开关屏蔽门，观测做出修复与否的判断，若需利用行车间隔做屏蔽门开关测试必须得到行调同意	车站值班员
1. 行调接报屏蔽门故障后，需及时通知相关车站，同时通知驾驶员“××站××站台××号(××对或所有)屏蔽门不能开启(关闭)，进入该车站驾驶员加强瞭望，注意安全”。 2. 接车站值班员报屏蔽门初步处理完毕，可以通知驾驶员关门时，及时通知驾驶员关闭屏蔽门、车门。故障修复后，通知全线驾驶员	行调

7.3　车站行车作业管理

7.3.1　行车作业基本要求

车站行车作业包括列车接发作业、列车折返作业等。车站行车作业应按照列车运行图要求，不间断地接发列车与折返列车，确保行车安全与乘客安全。对车站行车作业的基本要求是：

1. 执行命令，听从指挥

严格执行单一指挥制，车站行车作业由车站值班员统一指挥。车站行车值班员应认真执行行车调度员的命令和上级领导的指示。

2. 遵章守纪按图行车

认真执行行车规章制度，遵守各项劳动纪律。办理作业正确及时，防止错办和漏办，严禁违章作业。当班必须精神集中，保证车站安全、不间断地按列车运行图接发列车。

3. 作业联系及时准确

联系各种列车事宜时，必须程序正确、用语规范、内容完整、简明清楚，防止误听、误解和臆测行事。

4. 接发列车目迎目送

接发列车严肃认真,姿势端正。认真做好看、听、闻,确保列车安全运行。

5. 行车表报填写齐全

行车表报包括各种行车凭证、行车日志和各种登记簿。行车凭证有路票、绿色许可证和调度命令等,登记簿有"调度命令登记簿"、"检修车站施工登记簿"和"交接班登记簿"等。应按规定内容、格式认真填写各种行车表报,保持表报完整、整洁。

7.3.2 行车作业制度

为加强车站行车作业组织,必须建立和健全各项行车作业制度,做到行车作业制度化、程序化、标准化。车站行车作业的制度主要有车站值班员岗位责任制、车站交接班制度、检修施工登记制度、道岔擦拭制度、巡视检查制度和行车事故处理制度等。

1. 车站行车值班员岗位责任制

车站行车作业实行单一指挥制,车站行车值班员是车站行车作业的组织者和指挥者。根据行车作业和岗位的需要,车站还可指定可胜任的人员协助行车值班员工作。

车站行车值班员的岗位职责是:执行行车调度员的命令和指示,监视列车到发、乘降情况。集中站行车值班员还需监视行车控制台的进路开通方向、道岔位置及信号显示,监视列车运行状态和乘客乘降情况。在实行车站控制时,按列车运行图及行车调度员下达的列车运行计划办理闭塞、排列进路、开闭信号、接发列车。填写行车凭证和其他各种行车表报。办理设备检修施工登记。组织交接班工作。

助理车站行车值班员的岗位职责包括:接送列车、监护列车运行,交递调度命令及行车凭证,手信号发车,调车作业现场组织,进行站线巡视和协助乘客乘降组织。在不设助理车站行车值班员岗位时,上述职责由站台服务员等承担。

2. 车站交接班制度

车站行车值班员交班时,应将列车运行和设备状态,上级指示和命令及完成情况等填记在"交接班登记簿"上,并口头向接班车站行车值班员交代清楚。

车站行车值班员接班时,要了解列车运行情况,对行车设备、备品、报表进行检查后,签认接班。内、外勤车站行车值班员实行对口交接。

3. 检修施工登记制度

车站行车值班员对各项检修施工作业,应根据检修施工计划,向检修施工负责人交代有关注意事项后,方可登记。凡影响行车作业的临时设备抢修,要与行车调度员联系作业时间、并获同意后,方可登记。检修施工作业结束后,行车设备经试验、确认技术状态良好，方可签认注销。

4. 道岔擦拭制度

道岔必须由专人负责定期擦拭。擦拭道岔，必须与行车调度员联系，办理控制权下放手续。道岔擦拭时，车站控制室要有人监护，不准随意扳动道岔；擦拭道岔人员一律穿绝缘鞋，携带防护用具，擦拭前施放木楔，无关人员不得擅自进入道岔区；如需转换道岔，室内监护人员与现场擦拭人员应进行联系，说明道岔号码及定、反位。道岔擦拭完毕，要认真清理现场，清点工具，撤除木楔，并检查有无妨碍列车运行及道岔转换的物品；试验道岔及确认良好后，与行车调度员办理控制权上交手续，有关按钮由信号人员加封并做记录；填写“道岔擦拭登记簿”。

5. 巡视检查制度

送电前，车站值班员应进行站线巡视，检查线路上有无影响列车运行的异物。对站内检修施工后的现场进行巡视检查，复核检修施工登记注销情况等。

6. 车站行车事故处理制度

发生行车事故，应立即采取有效措施进行处理，同时向行车调度员及有关部门报告。认真记录事故发生的时间、地点、列车车次、车号、关系人员姓名及人员伤亡和设备损坏情况。赶赴现场，查找人证与物证，并做好记录。清理现场，尽快开通线路，并恢复运营。对责任行车事故，应认真找出原因，提出处理意见，制定防范措施。

7.3.3 车站行车作业组织

1. 列车进路办理

(1)列车进路与联锁概念

列车在车站上到达、出发或通过所需占用的一段线路称为列车进路。列车进路的排列通常涉及道岔位置的转换，列车进路的防护则由设置在进路入口处的信号机担当。

为了确保列车进路的安全，在道岔、进路和信号机三者之间的相互制约关系称为联锁。联锁设备是实现联锁关系的技术设备。

联锁关系可以归纳为以下几点：

①只有进路上有关道岔开通位置正确并锁闭，敌对进路未排列，防护这一进路的信号机才能开放。

②当防护某一进路的信号机开放以后，该进路上的所有道岔均不能转换。

③当防护某一进路的信号机开放以后，所有敌对进路的信号机均不能开放。

(2)列车进路办理

在采用计算机联锁设备时，列车进路办理在操作员工作站上进行。

在工作站显示器窗口的视图上进行操作，计算机根据输入的操作命令，经过联锁判断,自动建立进路、开放信号。当列车驶入进路,防护信号机关闭。随着列车的运行,进路可逐段解锁。

2. 电话闭塞法下的车站行车作业组织

改用电话闭塞法行车,必须有行车调度员命令。由于电话闭塞法行车时无设备控制,为了防止因疏忽向占用区间发车,造成同向列车尾追,要求车站值班员在接发列车作业过程中,严格按照规定的作业程序和要求进行,以确保接发列车作业安全。

电话闭塞法行车时,车站值班员办理接发列车作业的内容、程序与办法如下:

(1)办理闭塞

发车站向接车站请求闭塞。接车站确认接车区间空闲,接车进路准备妥当后,向发车站发出承认某次列车闭塞的电话记录号码,并填写“行车日志”。

所谓进路准备妥当是指接发列车进路空闲、有关道岔位置正确和影响接发列车进路的作业已经停止。

闭塞办妥后,因故不能接车或发车时,应立即发出停车手信号进行防护,并由提出一方发出电话记录号码作为闭塞取消的依据,取消闭塞应及时向行车调度员报告。

(2)发出列车

发车站接到接车站承认闭塞的电话记录号码后,填写路票交给列车驾驶员,向驾驶员显示发车手信号。列车出发后,发车站向接车站和行车调度员报点,并填写“行车日志”。

(3)接入列车

接车站在列车停车位置向驾驶员显示停车手信号。列车整列到达停妥后,向列车驾驶员收取路票。

(4)闭塞解除

接车站在列车整列发出或进入折返线,以及接车进路准备妥当后,向发车站发出到达列车闭塞解除的电话记录号码。向行车调度员报点,并填写“行车日志”。

应该指出,由于采用的设备类型和行车组织方式不同,各城市轨道交通运营企业对电话闭塞法时的接发列车作业内容、程序与办法的规定存在一定的差异。

3. 自动闭塞法下的车站行车作业组织

(1)接发列车作业

车站接发列车作业的主要内容是办理闭塞、准备进路和接送列车等。其中办理闭塞与准备进路这两项作业,正常情况下由控制中心办理,仅在特殊情况下由车站办理。

车站站台岗接发列车作业标准如下:

①一看

a. 巡视站台查看站台设施设备的完好情况和运作情况；

b. 注意查看乘客候车动态：引导乘客排队候车；制止越出黄色安全线、倚靠屏蔽门的乘客。

②二接

a. 看见车头灯时，站在站台头端、尾端紧急停车按钮附近，面向屏蔽门，保持站立姿势，左右瞭望做好站台安全防护。

b. 站台站务员注视车门、安全门的开启情况；车门、屏蔽门开启后，站台站务员优先至乘客较多的地方引导乘客按秩序先下车，后上车。

c. 关门警铃声响时，注视车门、屏蔽门的关闭情况，对于没有上、下车完毕，抢上、抢下的乘客，及时劝阻。

③三送

a. 站台站务员站在安全线以内面向列车，保持站立姿势，左右瞭望做好站台安全防护，观察车门及安全门关好、车门与屏蔽门之间缝隙安全无夹人夹物。

b. 注意列车动态及站台情况，当列车尾部经过站立位置后，90°转身，面向列车出站方向，目送列车出清站台。

当控制中心 ATS 设备出现故障等紧急情况时，列车仍可按自动闭塞法行车，此时将信号控制权下放给集中站，由车站值班员在联锁工作站上排列进路，办理列车接发作业。当站控设备也出现故障或大面积停电时，可采用电话闭塞法等方式。

(2)折返作业组织

①中央控制情况

列车在进行折返作业前，应清客、关车门。列车折返进路由中央 ATS 自动排列或行车调度员人工排列。在车站有数条折返进路的情况下，应在折返作业办法中规定优先采用的列车折返模式，明确列车折返优先经由的折返线或渡线。在办理列车折返作业时，如要变更列车折返模式，在折返列车尚未起动时，可在通知折返列车驾驶员后，变更列车折返模式。

在自动排列折返进路时，折返列车凭发车表示器的稳定白灯显示进入折返线或折返停车位置。在人工排列折返调车进路时，折返列车凭调车信号显示进入折返线或折返停车位置。列车停妥后，驾驶员应立即办理列车换向作业，然后凭防护信号机的准许越过显示进入车站出发正线。

在列车自动驾驶时，列车进出折返线的速度按接收到的 ATP 速度码自动控制；在列车人工驾驶时，列车进出折返线的速度根据有关规定，由驾驶员人工控制。

②车站控制情况

车站控制时的折返作业组织,除列车折返进路由车站值班员人工排列,其余与中央控制时相同。原则上,车站值班员按作业办法中规定的优先模式排列折返进路,如要变更列车折返模式,必须得到行车调度员的同意。

4. 车站开关站作业组织

(1)开关站时间

①开站:运营前 15 min 开站;

②关站:末班车到达所有乘客离开车站以后。

(2)开关站程序

车站开站程序见表 7.5,车站关站程序见表 7.6。

表 7.5　车站开站程序

序号	责任人	内　容
1	客服中心站务员	首班载客列车到站前 30 min 领票,首班载客列车到站前 15 min 到岗
2	车站值班员	首班载客列车到达前 30 min,执行相应环控模式并检查运行情况
3	站台站务员	首班载客列车到站前 20 min 车控室报到,首班载客列车到站前15 min领齐备品到岗
4	站务员/值班站长	首班载客列车到站前 20 min 完成扶梯开启工作,首班载客列车到站前 15 min 开启所有出入口
5	客服中心站务员/值班站长	首班载客列车到站前 15 min 确认是否已撤除与末班车和运营终止的相关告示和备品,并按运营需要布置
6	客服中心站务员	做好兑零、票务处理等日常客服岗位工作,客服中心前没人时主动引导乘客购票
7	值班站长	出入口开启卷帘门后,在公共区进行运营服务工作,主动做好乘客购票及进站引导工作。须配合站台岗接发上下行首班载客列车
8	车站值班员	首班载客列车到站前 15 min 启动运营时间照明模式,并检查自动售检票系统(AFC)设备是否处于正常运营状态
9	站务员	正常接发列车及做好乘客引导,上下行首班车到站前 2 min,提醒值班站长接车
10	车站值班员	首班载客列车到站前 15 min 检查扶梯开启状态

表 7.6　车站关站程序

序号	责任人	内　容
1	值班站长	本站载客末班车到站前 15 min,安排工作人员摆放末班车告示牌,并到公共区进行末班车服务工作
2	车站值班员	往某一方向的末班车到站前 10 min 启动该方向末班车广播,并通知各岗位

续上表

序号	责任人	内　容
3	车站值班员	本站在最后一个方向的末班车到站前3 min由值班员在SC上关闭自动售票机，并通知各岗位
4	车站值班员	本站在最后一个方向的末班车到站前2 min，由值班员关闭进站闸机，并通知各岗位
5	客服中心站务员	在首趟末班车到站前5 min，客服中心岗需在客服中心旁TVM处进行引导，提醒乘客"开往××方向的末班车还有× min到站，请各位乘客抓紧时间进站乘车"，最后一个方向的末班车到站前5 min停止兑零工作
6	客服中心站务员/值班站长	在首趟末班车到站前2 min由客服中心岗/值班站长摆放服务告示牌
7	客服中心站务员	首趟末班车结束运营后，如有乘客购票或持储值卡刷卡进站，主动询问乘客乘车方向，并做出正确引导，发现有乘客购买已停止服务方向的车票或进闸乘车要及时劝止并对票卡进行相应处理，如对持单程票的乘客给予退票或对储值卡进行免费更新
8	站台站务员	在首趟末班车结束后，主动询问乘客前往方向，并给出正确指引。最后末班车开出后对站台进行检查，确认已无乘客，关停扶梯
9	车站值班员	运营结束后，启动非运营时间照明模式，环控模式
10	值班站长	本日列车服务终止后，清站，确认出入口关闭，扶梯、照明、自动售检票系统(AFC)设备全部关闭

5. 车站运营前检查作业组织

车站运营前检查主要有施工检查及设备设施检查两项内容，车站值班站长、值班员根据各自的岗位职责进行相应的检查，并做好检查汇报工作。

(1)施工检查

每日运营前须确认检修施工注销，线路空闲，无侵限。

施工注销情况：施工结束后施工现场是否有遗留物品；轨行区施工全部已经结束、站内施工无侵限施工；在规定的时间内多站下人、异地注销的施工结束，并确认良好。

(2)设备设施检查

每日运营前须确保照明、FAS、ATS、综合控制盘(IBP)、AFC等与运营相关的设备状态良好。接触轨或接触网目测无侵限；屏蔽门测试是否正常；有岔站道岔测试是否正常；行车备品备件是否齐全完好；其他需说明的情况。

(3)值班站长检查内容

①若设置红闪灯，确认红闪灯已全部撤出。

②与车站值班员共同确认所有影响行车施工结束，线路出清、设备恢复到日常状态。

③携带屏蔽门端门钥匙、PSL盘钥匙、对讲机、强光灯到站台测试屏蔽门(如有必要，由站务员陪同检查)，具体内容如下：

a. 确认端门及应急门状态正常。

b. 操作就地控制盘(PSL)对屏蔽门进行测试两个来回。当执行开门操作后，须认真确认每个屏蔽门的门头灯已亮，确保所有安全门正常开启；当执行关门操作后，须认真确认每个屏蔽门的门头灯已熄灭，确保所有安全门正常关闭，关闭后确认"关闭且紧锁"灯亮。

c. 测试的同时，确认就地控制盘(PSL)状态正常。

d. 必要时，通知车站值班员通过视频监控系统(CCTV)或综合监控系统(ISCS)协助监控屏蔽门的状态。

④确认线路出清和无异物侵入限界(不用下线路)报车站值班员，行走路线如下：

a. 屏蔽门测试完毕，在一端驾驶员立岗处查看隧道内可视范围内的线路及站台线路空闲情况。

b. 沿着站台边沿边走边透过屏蔽门观察线路情况至另外一端驾驶员立岗处，并再在另一端驾驶室立岗处确认站台线路和隧道内可视范围内的线路情况，同时要确认广告灯箱无脱落和张开。

c. 按上述标准检查其他线路空闲及异物侵限情况。

⑤在检查完线路后，出现加开列车或有临时线路抢修作业时，列车通过或作业完毕后，值班站长必须再次确认线路出清情况。

(4)车站值班员检查内容

①通过检查"车站施工登记簿"确认本站所有施工结束、线路空闲。

②通过调度命令确认接触轨是否已送电。

③向值班站长确认安全门测试情况，如有异常及时报修并向行车调度汇报。

④检查各类环控、供电、机电、自动化的设备和系统是否正常，确认达到运营要求。

⑤检查备品是否齐全，行车设备是否正常。

⑥检查人员到岗情况。

⑦测试信号设备，必须执行"一人监护、一人操作、双人确认"制度，具体内容如下：

a. 确认本站使用钩锁器钩锁道岔的情况；

b. 向行车调度申请车站HMI控制权，经行车调度同意后可进行转换道岔与排列进路检查，未经行车调度允许，严禁操作；

c. 按规定对本联锁区内需检查的每个道岔转动一个来回(现场已使用钩锁器加锁的道岔禁止转动)，确保道岔可以正常转动；

d. 按规定排列所需检查进路各一次，确保各进路可正常排列，信号可正常开放；

e. 转换道岔或排列进路时必须执行信号设备操作规定，按照顺序进行操作，避免遗漏检查，必须待上一个命令执行成功后，方可执行下一个命令；

f. 在测试信号设备正常后，须按相关要求恢复当日运营所需的设备状态；

g. 测试无异常，确认 HMI 按当班车站值班员用户名、密码登录后，上交 HMI 控制权给行车调度。

⑧车站值班员及时记录运营前检查情况，并如实填写"运营前检查表"。

⑨配合行车调度做运营前检查，向行车调度汇报运营前检查情况。

(5)检查程序

①每日运营前各车站须按规定做好各项运营准备工作，并向行车调度汇报。

②配合行车调度做运营前检查。正常情况下(异常时特别说明)，车站按以下顺序及用语依次向行车调度汇报运营前检查情况：

a. ××站施工结束、线路空闲、无异物侵线；

b. 站台区接触轨防护罩/接触网目测正常；

c. 低压环控系统正常；

d. 安全门、道岔测试正常(道岔测试为集中站汇报)；

e. 行车备品齐全；

f. 其他需汇报的内容；

g. 汇报人：车站值班员/值班站长×××。

(6)检查要求

①运营前检查必须由当班值班站长全权负责落实，具体事项根据运营前检查表执行。

②由于可在 HMI 工作站直接测试道岔及查看状态，运营前检查原则上无需下线路；道岔测试直接在 HMI 上操作完成(严格执行一人操作，一人监控)，线路出清情况检查车站在测试安全门同时完成(进入站台端门，在可视范围内通过手电等照明工具进行全面查看)，如若道岔测试及线路出清情况检查有问题需要下线路的，车站与行调申请，得到行调同意后下线路。

③对于环控、照明、水系统等开启情况的确认，目前可以查看，但无需操作，待设备操作培训完成及具体接管后，再进行操作。

7.4 车站施工作业管理

城市轨道交通设施设备由轨道、供电、机电、信号、通信等十多个专业组成。各专业设备都要按照检修周期与工作内容对相关设备进行检修,遇突发设备故障时也需对相关设备进行施工。在车站及正线进行的施工,均应由车站做好监督、掌控。因此,做好车站施工管理对行车安全尤为重要。

7.4.1 车站施工管理基本要求

(1)经审核后的"施工计划通告"发至车站,车站值班员接班后,认真查看当天施工计划,提前做好施工预想,确保施工安全。

(2)每项施工必须配备施工负责人,施工负责人必须全程在施工现场进行管理,主辅站施工作业,施工单位必须指定辅站作业点负责人并由施工负责人统一管理。

(3)所有施工负责人及作业点负责人必须经过专门管理部门组织的施工培训并考试合格,取得"施工负责人证"后方可上岗。

(4)各项施工登销记必须遵循"谁请谁销"的原则,禁止他人代替销点。

(5)施工人员必须严格遵守国家、行业、省、市的相关法律法规,认真执行规章制度,严格遵守劳动纪律。

7.4.2 车站施工作业组织

车站施工作业组织关键在于施工请销点和施工安全防护,施工请销点作业要求如下:

1. 施工核对及施工负责人身份确认

(1)施工相关事项核对

施工负责人必须在施工开始前15 min到车控室与车站值班员联系。车站值班员将"施工计划通告"(见图7.16)与施工负责人的"施工检修计划申请单"核对。

核对内容包括"日期、施工负责人、施工单位、起止时间、起止范围、作业内容、进场人数、是否停电、是否有配合人员等"。

车站值班员还需问清施工登记车站、施工注销车站、施工负责人联系电话等其他相关事项。

(2)施工负责人身份及资格核实

车站人员须对施工负责人的有效证件进行核实,以确认身份。有效证件包括工作证、身份证、施工安全证,出示三者之一即可。

施工计划通告

发布部门：　　　　发布人：　　　　发布日期：

序号	日期	计划编号	施工负责人及联系电话	登记站	注销站	施工区段	施工内容	施工起止时间	接触轨停电区域	牵引动力	是否挂地线	备注

图7.16　施工计划通告样张

2. 影响行车的施工

(1)本站请点本站销点

①施工要点

a. 要点登记

施工内容及施工负责人身份均核对无误，确认行车调度已发布停电命令；确认图定列车开行完毕；确认“施工计划通告”中无跟踪动车；确认行车调度未下达临时增开列车的运行命令(如施工需人员配合，配合人员到场后)，方可由施工负责人在“车站施工登记簿”(见图7.17)上办理登记。

b. 车站值班员向行车调度申请登记号

登记完成后，车站值班员再次将登记内容与“施工计划通告”核对无误后，根据施工负责人填写的登记内容向行车调度申请要点。

待行车调度下发登记号后，车站值班员将登记号、登记时间填写在“车站施工登记簿”上，并签字确认。施工人员做好防护后，施工方可开始，车站通知相关车站做好监护，施工开始。施工过程中车站值班员做好监护工作确保安全(如发现违规施工令其停止施工并报行车调度)。

车站施工登记表

施工登记								施工注销								
日期	作业编号	施工单位	进场人数	施工内容	施工区域	施工时间		施工负责人及联系电话	登记号	批准时间	车站值班员确认	施工注销人	施工结果	注销号	批准时间	车站值班员确认	备注
						起	止										
特殊情况说明：																	

图7.17　车站施工登记簿样张

②施工注销

a. 注销登记

施工结束后，施工负责人确认现场"人员工具清、设备正常"方可在"车站施工登记簿"上办理注销登记(多方配合的施工作业，由主体部门负责人统一注销，配合部门负责人分别签字确认)。

b. 车站值班员向行车调度申请注销号

车站值班员确认注销内容填写正确后，施工负责人在"车站施工登记簿"内的施工结果栏内注明“人员工具清，设备正常”并签字确认后，方可向行车调度申请注销号。

车站值班员得到注销号后，在“车站施工登记簿”上做好登记（注销时间、注销号）并签字确认。此时，施工结束，施工人员方可离开（需保驾的施工除外），车站值班员通知相关车站做好监护，施工结束。

（2）异地请销点流程

异地请销点包括本站请点异地销点、异地请点本站销点两类。异地请销点施工请点流程和销点流程与本站请点本站销点流程大体一致。

异地请销点时，登记站及注销站需及时将施工信息通知对方并好记录（注销站必须是为实际施工区段内的车站）主要有以下几点：

①行车调度下发登记号后，登记站车站值班员需及时将施工内容及登记号通知注销站，注销站车站值班员对此施工再次进行登记。

②行车调度下发注销号后，注销站及时通知登记站车站值班员。登记站车站值班员在接注销站车站值班员电话后，在《车站施工登记簿》上将“施工注销人”及“施工结果”两栏合并填写“接××站车站值班员××电话注销，人员工具清，设备正常”，填写完后签名确认。

（3）多站请点多站销点（分主辅站）

同一施工多站下人作业，施工单位需指定主站负责人，辅站责任人，均须持“施工检修申请单”到车站登记。请点时，主站向行车调度请点，得到批准后辅站方可向主站请点，所有辅站请点完毕，做好施工安全防护后，施工方可开始；销点时，辅站向主站销点，主站确认所有辅站均销点完毕，方可向行车调度销点，获得行车调度施工注销号，车站值班员登记并签字确认，此时施工结束。

3. 不影响行车的施工

不影响行车的施工，车站值班员或值班站长需做好施工核对，施工负责人身份及资质确认。

请点时，确认施工满足请点条件，施工人员做好安全防护后，由车站值班员或值班站长直接批准施工开始，无需给出施登记号。

销点时，施工负责人确认“人员工具清、设备正常”并签字确认，车站值班员或值班站长需到施工现场确认，确认无误，在“车站施工登记簿”对应栏签名确认，此时施工结束。

7.4.3　特殊施工作业管理

1. 抢修施工

运营期间发生故障需下线路紧急抢修时，故障设备部门的施工负责人凭控制中心发布的抢修令,可直接到相应车站办理登记要点手续,抢修部门应说明下线路的人数、联系方式、拟采取措施、对运营可能造成的影响、需提供的配合等,经总调所主任调度同意后方可下线路施工。

运营期间发生故障,但可维持至运营结束,抢修部门填写“抢修施工申请单”,经申报部门负责人审定后签发,向故障发生所在线路控制中心的主任调度申请,经审批同意后,由行车调度发布抢修令后方可执行。

运营结束后由于施工或其他原因导致需抢修时,按运营期间需紧急抢修相关程序办理。

2. 延长施工

因特殊情况不能按时完成施工作业时,施工负责人应在原定的施工截止时间前20 min到车控室与车站值班员联系,车站值班员与控制中心联系,得到批准后方可延长作业时间。

施工负责人在不注销原施工的情况下对延时施工进行重新登记,施工登记号不变。延时施工登记的开始时间就是施工负责人对延时施工的申请时间。施工作业注销前必须做到施工现场设备正常,人员工具清,并由施工负责人在“车站施工登记簿”内的施工结果栏内注明“人员工具清,设备正常”。车站值班员确认注销内容填写正确后向行车调度汇报,经行车调度认可并下达注销号后,车站值班员及时做好注销登记。

3. 违章施工处理

车站发现违反施工内容、违反安全规定的施工一律立即禁止,告知车控室值班员。值班员接到通知后,将违章的施工单位、施工负责人、施工内容、施工违章的具体情况告知行车调度,由行车调度确认施工是否可以继续,车站人员在此过程中监督好现场施工人员。

复习思考题

1. 集中站和非集中站的信号设备有什么差别?和日常行车作业有什么关系?

2. 车站和中央的行车作业有什么侧重点?当中央ATS故障时,线路的行车组织如何进行?

3. 电话闭塞法在什么情况下使用?

4. 试分析在电话闭塞条件下,二列或二列以上动车在同一线路同时作业时,以及动车和其他无需动车的施工检修在同一线路同时作业时,安全防护距离分别为多少?为什么?

5. 试分析以下施工作业能否进行，为什么？

(1)在已批准的高架线路动车作业区域内安排邻线人工作业；

(2)在动车作业区域安排其他施工检修作业；

(3)在运营期间，由于接触网失电而临时安排的抢修作业；

(4)在运营期间，在客流量较大的通道内更换灯箱作业。

6. 如果要在下图A区域进行动火作业，试画出并注释应采取的安全措施。

(注：该车站分南北两个厅，两厅互不相连，每个厅只有一个出口，请直接在下图中画出，并注明画出的是什么，或注明应如何改善。)

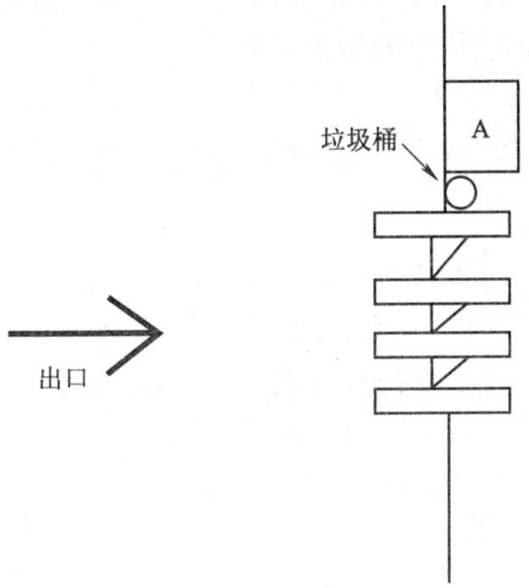

7. 施工异地请销点需按照什么流程办理？

8. 车站应如何处理违章施工？

第 8 章　车辆基地作业组织

车辆基地是车辆停放、检查、整备、运用和修理的管理中心，与正线车站相比较而言，车辆基地内部行车线路、股道密集，行车作业复杂，涉及专业较多，且作业内容主要集中在非运营时段内，合理、科学地运用人力、物力，高效发挥车辆基地作用，确保车辆基地工作的有序开展，是全线作业组织的关键。本章将从车辆基地的设计、功能、作业组织、管理维护等方面进行阐述。

8.1　车辆基地概述

车辆基地应包括车辆段(停车场)、综合维修中心、物资总库、培训中心和其他生产、生活、办公等配套设施。每个车辆基地担负着一条或几条线路车辆的停放、检查、维修、清洁整备等工作，是保证车辆等设备处于良好状态、确保行车安全的重要场所。

8.1.1　车辆基地的设置

1. 车辆基地的分类

车辆基地根据功能可分为检修车辆段(简称车辆段)和运用停车场(简称停车场)。

(1)车辆段

车辆段：是具有配属车辆，以及承担车辆的运用管理、整备保养、检查工作和承担较高级别车辆检修任务的基本生产单位。

根据其作业范围分为大、架修段和定修段，大、架修段应承担车辆的大修、架修及其以下修程作业；定修段应承担车辆的定修及其以下修程作业。

(2)停车场

停车场：是具有配属车辆，以及承担车辆的运用管理、整备保养、检查工作的基本生产单位，停车场应主要承担列检和停车作业，必要时可承担双周/三月检及临修作业。

以地铁为例，采用"车辆段"名称作为泛指地铁车辆检修设施和运用整备设施的总称，并将车辆检修设施和运用整备设施分别称为检修车辆段、运用停车场。停车场往往只配备停放车辆的股道和一般车维修整备设备，仅能完成车辆的运用管理、清洁整备、列车安全检查和月检等日常维修保养工作。简单的停车场也可不担负月检任务，其月检设施可设于相关车辆段内。车辆段必须配备相应修程的各种检修设备和设施，包括检修库和各种检修线路、各种辅助生产车间和设备以及为车辆检修服务的各种设施，如试车线、旋轮线、给水设备、供电设备和污水处理设备等。

为充分利用设备、便于管理、节约基建投资，通常将停车场和车辆段合并设置在一起，统称为车辆段。独立设置的停车场只是在线路太长或用地面积受限制，或特殊运营需要等情况下才设置。

2. 车辆段主要功能

(1)(检修)车辆段

①车辆运用任务：承担配属车辆的编组、停放、运用、整备、清扫洗刷、消毒、日常检查和列车动态检测，并负责本段配属列车的乘务工作；

②车辆检修任务：承担配属车辆的日检、均衡修、临修、架修、大修及列车救援工作；

③沿线存车线上、在线列车的日常检查和一般故障处理；

④车辆的均衡修、架(厂)修等定期修理；

⑤段内设备、机具的维修和调车机车、工程车等的整备及维修；

⑥承担车辆和综合维修行政、技术管理，后勤保障任务。

(2)(运用)停车场

①车辆运用任务：承担配属车辆的编组、停放、运用、整备、清扫洗刷、消毒、日常检查和列车动态检测，并负责本场配属列车的乘务工作；

②车辆检修任务：承担配属车辆的日检、临修，及列车救援工作；

③承担行政、技术管理，后勤保障任务。

8.1.2　车辆基地整备和检修设施

1. 车辆运用整备设施

车辆基地车辆运用整备设施宜包括停车库、列检库、洗车库及相应线路等设施，并根据生产需要配备相应的辅助生产房屋。

(1)停车列检库设施

为了方便列检作业，停车列检库中可设置立柱式或坑道式检修线，检修人员可以很方便地对车辆进行日常检查和保养。列检列位应设柱式检查坑，两端设台阶，其长度根据车列长度确定。日检库、月检库除了采用检查坑外，股道间还宜设置高架作业平台，方便工人进出车厢和上下车顶，以满足车门、车体内装、受电弓和空调检查保养的作业要求。为安全起见，高架作业平台设置与隔离开关联锁的标志灯和平台安全锁。检查坑内两侧应设固定照明及动力和安全照明插座,照明光带宜按照列位分别进行控制,每列位照明光带宜分段联动控制,转向架部位的照度宜为车体下部照度的2倍,且安装灯具不影响正常作业。

车辆基地内停车列检线数量应满足运用列车和备用列车停放的需要。城市轨道交通车辆在非运营时段可停放于车辆基地或正线的折返线或存车线内。这样,车辆基地内停车列检线数量应扣除夜间不回段车辆的数量。如果一条线路设置两处或以上的停车场,各停车场内停车列检线数量应根据运营需要分配使用,满足晨间线路两端(或运行交路两端)同时发车、晚间同时收车的需要。

(2)洗车设备

目前国内车辆段和停车场都设置机械式洗车设备,车辆基地停车列检规模超过12列位时,应设置机械洗车设施。机械洗车设施应包括洗车线、洗车机和生产房屋。

洗车线宜布置在出入线端的咽喉区头部,并与入段线平行,方便车辆入段后直接洗刷,然后直接入停车列检库。当地形限制时,洗车线也可采用尽端式形式布置于停车列检库的入段线侧。当洗车线尽端式布置时,也可将洗车线与不落轮旋轮线并列设置,减少占地面积。

洗车库前、后的线路有效长度,应满足远期列车编组长度、安全距离10 m的要求;并宜设置滑移式车挡。洗车线分为贯通式洗车线和尽端式洗车线两种。

洗车机宜优先采用通过式,其功能应满足列车两侧、端部和车顶圆角处的洗刷要求。完整的洗车程序包括7个工位:预湿、预冷(热)工位,头、尾部刷洗工位,车体侧面初刷洗工位,侧面次刷洗工位,初冲洗工位,侧面精刷洗工位,终冲洗工位。冲洗水应考虑回收利用。对于接触轨受电方式的车辆,洗车机还应具有清洗顶部的功能。

当采用接触网供电时,洗车线应设置接触网,并应满足列车洗车作业连续供电的要求;洗车库内的行车供电段应具有局部切断电源的功能,确保设备检修时检修人员的安全。当采用接触轨供电时,洗车库内线路应不设置接触轨。为满足列车车内定期消毒洗刷和列车检修前对车辆下部设备清洁,车辆段应设吹扫清洁设施。

(3)运营管理用房

停车列检库应根据列车日常运用、整备和列检作业的需要,配备运转值班、驾驶员出乘、运行管理(含会议、办公、储藏、值班)、日检班组、保安值班、客室清扫、消毒、车辆车载设备检测、工具存放、售后服务部、备品贮存和工作人员更衣休息等生产、办公、生活房屋。上述房屋宜设置于车库的侧跨内或邻近地点,驾驶员公寓宜靠近停车列检库设置。

(4)其他车辆运用整备设施

车辆基地应根据总平面布置和调车作业需要设置牵出线、走行线等线路，并设置基地内的运营管理用房等相应设施设备。

(5)其他设施

包括供内燃机车、工程车等存放的车库；机关办公楼与其他服务设施，如培训场地、消防设施、食堂、会议厅以及处理火灾等紧急事件的专用通道。

2. 车辆检修设施

车辆检修设施包括大/架修库、联合检修库(包含定(临)修库、静调库、吹扫库)、不落轮旋库、月检库、调机库、试车线等。本节重点讲解大/架修库、定(临)修库和不落轮旋轮库。车辆基地应根据其功能定位和检修工艺要求配备必要的检修车间和辅助生产房屋。应根据功能和检修工艺要求设置，并应符合下列规定：

定修段应设定修库、临修库。根据需要设不落轮旋轮库相应线路和辅助生产房屋。

大/架修段除设置上述定修段各种生产房屋外，还应根据车辆检修要求设大/架修架落车库、检修库、静调库和转向架、电机、受电弓、空调、制动及蓄电池等部件检修分间，并根据需要设油漆库。

(1)大/架修库

大/架修库主要结构尺寸包括车库的跨度、长度和高度。大/架修规模应根据大/架修工作量和车辆检修制度规定的检修时间计算确定。通常由大/架修主库、车体车间、转向架轮对检修间、电机电器检修间、电机试验间、配件加修间、熔焊间、轴承检修间、存轮间、空调检修间、电子检修间、受电弓(受流器)检修间、钩缓检修间、空压机检修间、制动检修间、门窗座椅检修间、备品库、油漆库等，以及各类大/架修专业班组用房组成。大修库和架修库宜合并设置，负责车辆大修、架修作业中的架车、部件解体、解钩、车体修整(铝合金模块化车体)、部件组装、落车以及单元车组交验。

(2)定(临)修库

一般将定修作业与临修作业合库布置，形成定临修库。定修作业量较小时，也可将静调与定、临修合库设置。

定(临)修库库线不应设接触网(或接触轨)供电。定修列位的线路宜采用架空形式，定修列位宜设通长宽型检查坑，定修规模应根据定修工作量和检修时间确定，车辆定修宜采用定位作业，列位的长度可按单元车解钩的作业设计。

(3)不落轮旋轮库

车辆基地根据需要设置不落轮旋轮库，不落轮旋轮库应根据工艺流程和厂房组合情况合理布置。即可单独设置，也可与其他厂房合并设置。不落轮旋轮设备必须设于库内,不落轮旋轮设备可在轮对不与车体分解时对轮对的轮缘和踏面进行修理加工,使同一转向架上的轮对在加工后具有合适的公差配合,满足技术要求。

(4)试车线

除辅助停车场外,承担定修及其以上修程的车辆基地,承担月检(均衡修)、临修修程的停车场均应设置试车线,试车线有效长度应满足列车运行试验的长度要求,配置的信号设备应满足试车作业信号要求。

8.1.3 综合维修系统

综合维修系统主要负责城市轨道交通系统中各种设备和设施的维修管理。包括工务、土建、供电、机电、通信、信号以及自动化设备和系统的运用、维修、巡检、抢修和管理,涉及线路、路基、轨道、桥梁、涵洞、隧道和房屋建筑等设施的维护、保养,以及供电、通信、信号、机电设备和自动化设备的运用维修保养和故障处置工作。

1. 等级设置

综合维修系统按照功能定位分为综合维修部门和综合维修工区两个等级。

(1)综合维修部门

根据综合维修运用任务的分配,承担工务、建筑、供电、机电、通信、信号以及自动化设备和系统的运用、巡检、抢修和管理以及维修、检修、部件修理工作,并根据任务量设置相关配套设施设备。

(2)综合维修工区

根据综合维修运用任务的分配,承担工务、建筑、供电、机电、通信、信号以及自动化设备和系统的运用、巡检、抢修和管理,根据任务量设置相关配套设施设备。

2. 主要维修中心设置

综合维修部门的维修中心宜根据各专业的检修作业性质、检修种类、检修工作量、作业班制等,以有利于生产、方便管理、有条件时委外修的原则,部分专业维修中心设置示例如下:

(1)工务维修中心

①轨道车间:管辖线路的轨道维护;

②轨道检控车间:网络线路的轨道检测、探伤、打磨;

③轨道综合车间:管辖线路的站场、焊轨、换轨、隧道清洗等;

④结构车间:管辖线路的建筑物、隧道等结构;

⑤桥梁车间:管辖线路的桥梁;

⑥监护车间:网络线路沉降监测、安全保护区范围内的控制与监测等。

(2)供电维修中心

①变电运行车间:管辖线路的变电运行;

②变电检修车间:管辖线路的变电检修;

③接触网(三轨)检修车间:管辖线路的接触网(三轨)检修;

④变电运修车间:管辖线路的变电运行和检修。

(3)通信信号维修中心

①通信信号运管车间:管辖线路的信号系统、轨旁设备、车载设备和通信设备的检修;

②信息车间:管辖通信网络部分的网络系统、PIS等设备检修;

③无线车间:管辖通信网络部分的无线系统、对讲机等检修;

④检修车间:管辖通信网络部分的通信信号部件修理(道岔转辙机、电话机等)。

8.1.4　物资总库

物资总库担负着城市轨道交通系统材料、配件、设备和机具,以及劳保用品等的采购、存放、发放和管理工作,为城市轨道交通建设、运营阶段所需材料、机电设备和配件等提供储存和供应服务,并负责材料的采购、保管和发放工作。在工程建设期间可临时存放工程材料、设备。物资总库宜设在大、架修车辆段内,根据需要可在定修段或停车场内分别设物资分库或材料库。

物资材料总库由机电库、特殊配件库、材料库、易燃品库、卸料线、堆场等组成。存放量小时,也可将机电库、特殊配件库、材料库合并布置,形成综合材料库,有条件时可采用自动化立体仓库。易燃品库用于存放氧气、乙炔、氩气、油脂、化学物品等,应单独设置并分成隔间。材料库的布置宜邻近卸料线和堆场。不同性质的材料和设备宜按分库存放设计;存放易燃品的仓库宜单独设置,并应符合现行国家标准的有关规定。物资总库、物资分库应设有各种仓库、材料棚和必要的办公、生活房屋,并应设有材料堆放场地。

8.1.5　救援设施

车辆基地内应设救援办公室,分别配备自动电话、控制中心调度电话及无线对讲设备等设施。救援办公室受控制中心指挥。综合维修抢修系统应具备钢轨断轨、挤岔、水害、火灾、爆炸、接触网断线、供电线路短路、供电绝缘子破损、信号系统故障等中断运营的事故和灾害的应急抢修能力。

综合维修抢修设备宜按照工务、供电、通信信号等专业配备要求设置相应抢修设备。列车救援设备的配备宜包括:救援列车、救援汽车、指挥车、车辆复轨设备、牵引设备、强力扩张器、快速切割机、强力剪、轮对代行器、组装式轻便轨道小车、小型气割设备、小型焊接设备、小型发电机组、照明设施及其他救援器材等。

综合维修抢修的各专业设置值班室,救援队和抢修队的队员按照"平战结合"原则组成。救援和抢修设备、设施的日常管理、维护和检修,以及人员的培训和演练等均宜由车辆基地相关部门兼管。

8.1.6 培训中心

城市轨道交通系统基地培训中心,负责组织和管理车辆段及综合基地职工的技术教育以及培训。对职工的实作操作培训宜利用车辆基地的既有设施。中心内应设驾驶员模拟驾驶装置及其他系统模拟设施,并设有教室、设备室、教职员工办公室以及配套设施。培训中心应以城市轨道交通线网规划为依据,进行合理规划,根据功能和任务确定建设规模。

8.2 车辆基地的平面布置

8.2.1 平面布置标准

车辆基地的总平面布置应根据车辆运用整备和各专业检修工艺作业要求,并结合地形条件布置。车辆基地的总平面布置标准可以分为2大类。

1. 根据基地与正线的联通方式

根据基地与正线的联通方式,总平面布置可分为:贯通式(见图8.1)和尽端式(见图8.2)两种。

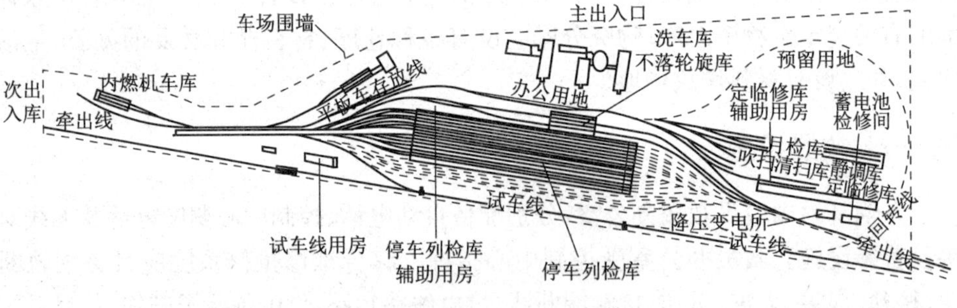

图8.1 贯通式车辆段总平面布置示意图

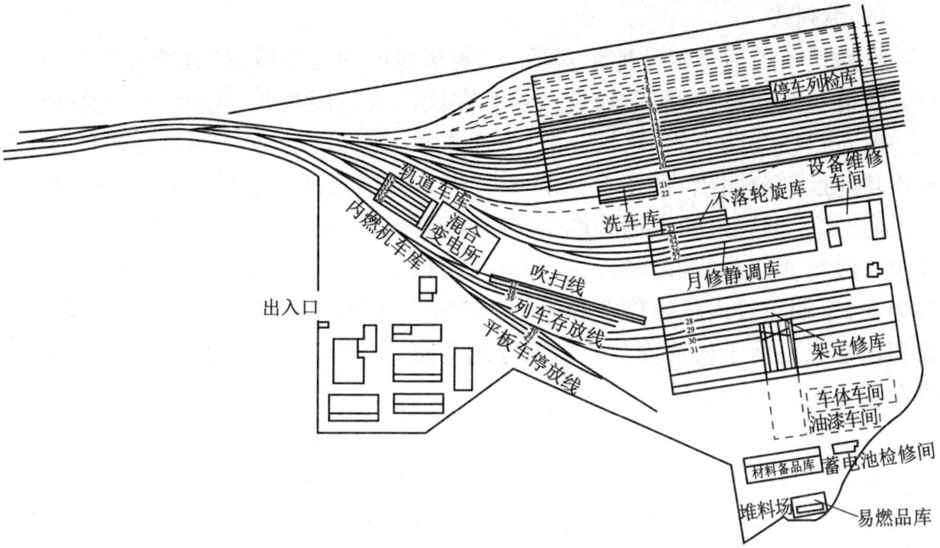

图 8.2　尽端式车辆段总平面布置示意图

(1)贯通式车辆段

贯通式车辆段在两端均设有咽喉区并与正线连接，使得车辆进出段作业，特别是双方向收发车作业十分方便。贯通式车辆段总平面布置工艺流程顺畅，段内折角作业较少。贯通式车辆段中，运用库线贯通式布置。通常贯通式车辆段列车出、入段与进行其他作业的列车或调机交叉干扰较少，但贯通式检修基地占地面积相对较大，段形较长。

(2)尽端式车辆段

尽端式车辆段只有一个则出入段设施与正线连接。尽端式车辆段总平面布置工艺流程也较顺畅。列车出、入段与进行其他作业列车或调机交叉干扰较贯通式多一些。由于贯通式车辆段运用和检修作业顺畅方便，若条件许可，车辆段应尽量设计为贯通式，但尽端式车辆段占地面积相对贯通式要小。由于地形等条件所限，目前已经建成和正在建设的城市轨道交通车辆段以尽端式布置居多。

2. 根据车辆段内库线群布置关系

线路区域是车辆段与综合基地内占地较大的部分，线路布置形式在很大程度上决定了整个车辆基地的布局，同时对建筑布置也有决定性影响。根据基地内库线群(主要指列检停车库等运用线群与检修库线群)布置的相互关系可将车辆基地的总平面布置分为纵列式、并列式和错列式3种。

(1)纵列式

纵列式布置适合狭长地形建段,车辆基地内的运用线群(列检停留线群)和检修线群等纵向排列,段形较长。列车在段内走行距离长,生产、生活及办公房屋一般布置在线路一侧,比较分散,生产联系工作相对不便。但纵列式布局可自然将功能区划分明确,便于分区集中管理。在纵列式布置中,有一种特殊的形式:倒装式。倒装式的车辆基地是将检修部分与运用部分逆向布置,利用调车线或走行线将两部分线群连接。这种总平面布置的优点是检修设施与运用设施相对独立,车辆在段内检修作业和运用作业相互干扰小,使咽喉区可有效利用占地面积。缺点是由于检修部分与出入段线逆向,检修车进库需走"之"字形,增加了调车作业量。

(2)并列式

并列式布置适合短宽地形建段,运用线群和检修线群等并列平行布置,两线群之间应留有一定的距离,用于设置工业管线及道路。线群前、后留有一定的位置,用于设置生产、生活及办公房屋。可根据需要,结合车辆基地的规模,地形,将段内设施总体布局集中或单独布置。这样布置的优点是整体布局较为紧凑,既便于组织生产和管理,也减少了列车在段内的走行距离,功能区可根据管理需要进行划分。但规模较大的车辆段由于列检停留线与检修线等的股道数量大,如使用这种布局则段形会过宽,而且由于股道数量大,股道咽喉区也会较长。一般较多适用于尽端式布置的车辆段。

(3)错列式

在实际运用中单纯采用纵列式或横列式布置,都有一定的局限性,错列式是在纵列式与横列式布局基础上的引申和发展。这种布置方式吸收了前两种布局的优点,将纵列式与横列式有机结合起来,在实际设计中采用较多。

错列式布置适合于比较狭长的地形建段,运用线群前部、后部和检修线部分并列平行布置。段内线路布置应使车辆在段内各中作业流程顺畅,尽量减少车辆在段内的走行距离及相互干扰,在满足功能的前提下,尽量使线路布置合理紧凑,做到铺轨最短,道岔最少,以便于车辆在段内的生产组织和管理。

3. 车辆基地与运营线路位置关系

为方便城市居民的出行,城市轨道交通线路大多联系了城市中心城区和郊区区域。相对而言,郊区的土地资源更丰富。因此当车辆基地宜设于线路两端,能够根据需要选择不同的车辆段、停车场数量和位置。当某条线路只设一个车辆段时,车辆基地靠近线路中部,列车的空驶里程较短,有利于降低运营成本;车辆基地位于线路末端,则建设车辆基地的土地成本较低。如何取舍,应在城市总体规划中统一考虑,努力使综合成本降低。

8.2.2 线路与建筑设计

1. 线路设计

基地内的线路包括出入段线、停车列检线、车体外皮清洗线、不落轮旋轮线、牵出线、月检线、吹扫线、定修线、临修线、静调线、大/架修线、喷漆线、试车线、回转线、调车机车及特种车辆停放线、平板车线、材料线等。这些线路的设计结合车辆在基地内的行车作业、检修工艺以及维修作业的要求基础上，对上述线路进行平、纵断面设计、路基设计、轨道设计、站场排水设计。

例如，某地铁公司要求出入段线的最小曲线半径不宜小于 200 m；最大坡度不应大于 35‰，或根据车辆性能确定。出入段线隧道部分线路宜采用整体道床，库外地面线路宜采用碎石道床，道床厚度不宜小于 250 mm。出入段线作业速度：有码区段小于或等于 30 km/h；无码区段小于或等于 20 km/h。

2. 建筑设计

为满足车辆日常维修、保养、试验和定期检修的要求，应设相应的生产房屋，主要包括运用生产房屋；检修生产房屋以及其他生产房屋。此外还应有综合办公楼、行车公寓、食堂、浴室、门卫等办公及公共生活设施。

(1)总体要求

①车辆基地的房屋建筑根据工艺设计的要求，并充分考虑所在城市或地区的气候特点及城市规划要求，进行建筑个体及建筑总平面设计。

②本着相对集中、分区设置、互不干扰又互相联系的原则进行总平面布置，在保证工艺功能要求的基础上，将各个单体尽可能合并。

③车辆段内建筑力求简洁、美观、实用，充分体现现代化工业建筑的特点。在简洁中求得变化，在变化中求得统一。

④基地内大型车库，如停车列检库、周月检库、定临修库、大/架修库等，一般采用多跨排架结构加钢屋架结构，屋面可采用彩钢板。一般生产厂房多采用钢筋混凝土排架结构。

⑤车辆段及综合基地应设围蔽设施和门卫室，围蔽设施的设计应结合当地的环境，选用通透、美观的结构形式和材料。

(2)车辆段与综合基地结构形式

从国内外城市轨道交通车辆段情况来看，车辆基地的结构形式可划分为平面布置和立体布置两种结构形式。车辆基地立体布置，是指将基地设施从空间上分为两层或更多层，一般将设有大型基础设备的检修车间及承载要求较高的设施设置在最底层，将停车库以及其他辅助生产及办公设施设置在二层。这种方式能大大减少占地面积,对于用地特别紧张的城市,该种方案意义重大,但由于立体布置,结构复杂,难度较大,工程费用很高,而且该方案对车间通风、自然采光不佳等情况,工作环境较差,目前采用该种结构形式的车辆基地仍较少。

8.2.3 车辆基地与市政设施

车辆基地由于面积较大,在建设过程中,需要与原有高压线、电缆、污水管、原水管等重大市政设施用地进行协调。这些市政设施经常作为控制要素,决定了车辆基地的具体布置方案。例如,高压线因涉及面比较广,改移成本高,设计中一般会采取避让的方案,并确保车辆基地设计线路、围墙与高压线的安全间距。对于其他管线原则上也应避让,在条件较为困难时,经过技术经济比较,并在确保管线安全及检修方便的情况下可以考虑占用管线,进行用地布置,但不可将停车库、检修库或其他有桩基础的房屋布置于管线上。

车辆基地作为独立的系统,电力、通信、信号等专业基本上与市政系统相对独立,给水管、雨水管、污水管及煤气管等均需与市政管网接口,车辆段的出入口也应根据周边道路情况设置。当车辆基地位于郊区偏僻地区,市政设施不一定很完善,二者相互协调,同步建设可将对周边环境的影响降到最小。

8.3 车辆基地车辆检修管理

8.3.1 车辆检修设施统筹规划

我国在20世纪90年代初期开始城市轨道交通建设时,由于车辆大部分采用进口,对相应的检修制度、检修工艺以及专用设备的要求了解不多,又受制于融资条件,配套进口了大量设备,如不落轮旋轮车床、车体外皮清洗机、室内移车台、架车机、电机试验设备等,购置费占到设备总投资的70%以上。现在,国内有关企业、科研单位投入了大量人力、物力对上述设备进行开发研制,很多产品已趋于成熟。目前,我国的车辆段设备国产化率已达到90%以上。但即便如此,车辆检修设备的投资额仍旧巨大。为了更好地利用车辆检修设施,减少车辆基地投资成本。可通过统筹规划路网中的车辆检修设施,达到资源共享的目的。

新线建成后,车辆运行要产生一定的检修作业,需要足够的检修设施保证车辆状态的完好。但是车辆检修需要规模与设计规模并不是直接对应的。从目前国内城市轨道交通系统建设的实际情况看,为了方便灵活地进行线路运行组织,提高城市轨道交通服务水平,一条线路往往设置了两处及以上的停车场,但是车辆大修、架修属于计划预防修中的高级修程，需要配备完善的大修、架修设施、检修线路、部件修理及试验专用设备(流水线)。这些检修内容通常在线路开通后较长时间后才开始进行，且这并不是频繁发生的。因此对于承担车辆大修、架修的车辆基地，可以多条线路共用。如果每条线都自行建设大、架修设施，设备利用率将非常低，同时大修、架修设施的配套将增大车辆基地的占地面积和工程投资，经济性欠佳。

对承担车辆大修、架修作业的车辆基地进行统筹规划、合理布局，有效提高检修设备的利用率和人员的工作效率，降低运营成本，一方面符合运营企业的资本运作及经济利益需求；另一方面，大修、架修设备集中设置与使用，车辆集中修理，便于进行车辆运营后的技术管理，如故障机理分析与评估等，为检修模式的创新与突破创造条件。

因此，当一条新线建设时，车辆大修、架修设施设备投入问题的解决，首先取决于路网中有无既有设施可以利用，如果需要自身配套大/架修设备，还宜根据路网情况，考虑设备能力的预留。在进行城市轨道交通路网规划时，同步完成车辆基地的统筹规划。结合城市规划用地、每条线路不同的建设时机、路网中联络线设置条件，以及与国家铁路网之间联络的可行性分析，选定若干处规划控制面积大、具有远期发展条件、便于与其他线路联系的地块作为车辆基地的规划选址，所配套建设的检修设施应满足至少两条线的共享与利用。

8.3.2　车辆检修作业

1. 检修工作影响因素

(1)配属车辆

配属车辆包括运用车、备用车和检修车三部分。车辆基地检修的核心工作就是车辆检修作业，即对检测车的作业。因此配属车辆数是影响检修工作大小的主要因素。

(2)检修列位计算

为完成各项车辆检修任务，车辆段应设有足够的检修列位。各修程所需检修列位数量应根据检修工作量、车辆检修库停时间、检修不平衡系数和工作班制综合计算确定。

(3)车辆检修工作量

车辆检修工作量由城市轨道交通运营企业根据采用的维修理念，以及修程修制的规定，以及车辆检修指标等因素综合确定。

2. 车辆检修制度

从技术构造的角度看，城市轨道交通车辆集机械、电力牵引、计算机控制、故障诊断、环境控制、通信传输等技术于一体，是高新技术密集型机电产品。随着技术的发展,现代城市轨道交通车辆正在向"低维修高性能"方向发展。通过长期的实践经验积累,针对车辆的技术和运营特点,制定了一系列检修制度,目的在于保证城市轨道交通车辆始终处于良好技术状态,使车辆具有短期、中期、长期的有效性和可靠性,从而实现运营的安全性,降低运营成本,提高经济效益。

检修制度的合理确定受很多因素的影响,如车辆的技术条件、零部件制造工艺水平、使用条件以及维修水平等。

(1)国内几种城市轨道交通车辆的检修制度

我国城市轨道交通车辆的维修现在采用的是"计划性维修"与"故障性维修"相结合的方式。对车辆和部件机能障碍的预防,要在出现故障之前及时预见,为此必须有计划地进行预防性检查和维护保养;出现故障要及时处理,对在线运营列车以维持运营为原则做应急处理,对回段列车以出库标准为原则做快速处理。随着运营实践的深入,车辆检修逐渐实现了计划定期检查与状态修理相结合的模式,寿命成本管理,单元部件互换修和主要部件高度的专业化集中修相结合,充分利用车辆自身的故障诊断系统及车辆运用检修管理网络系统,提升检修水平,缩短检修时间。

目前国内城市轨道交通车辆采用的是以时间或走行公里为基准的计划预防修体制。当某车辆运行时间或走行公里达到某级修程时,必须脱离运营,送至固定的检修场地进行该修程的检修作业,完成全部检修内容后才能再次投入运营。这样,为了保证足够数量的车辆投入运营,就必须增加一定数量的车辆作为补充备用,用来替换进入检修修程的车辆,造成车辆需求数以及购置费的增加。

(2)车辆检修理念

①寿命周期成本(LCC,Life Cycle Costing)理论

国外城市轨道交通车辆检修模式的先进性体现在车辆检修不占用列车的运营时间,之所以能对传统的维修体制进行突破,很大程度上取决于车辆设计思想上的观念更新,即采用LCC技术。

城市轨道交通车辆设计制造中的寿命周期成本技术,是将车辆寿命期内的总费用保持在最经济的状态,不仅包括车辆的购置费,还要考虑车辆技术经济寿命周期内所有相关费用。就运营部门来说,车辆寿命周期成本包括购置费、维修费和运营费。

国外运营经验表明,运营费和维修费在车辆寿命周期成本中占有很大比例,约为70%,因此在车辆研制中,强调可维修性设计,降低运营费和维修费,必然是降低成本的有效途径。

随着运营实践的深入,车辆生产厂家也已开始车辆的可维修性设计。主要体现在:良好的可达性;预先的组织措施;采用模块化技术和标准化设计;故障诊断系统。

②可靠性维修(RCM,Reliability Centered Maintenance)理论

"可靠性"的概念是指一个系统在一定的时间段内,既定条件下,完成所要求的功能的能力。城市轨道交通车辆的可靠性通常以在某一时间段或走行公里数内的

故障数量来表示。

将"可靠性维修理论"运用于实践，目的在于能够找出车辆制造中关键的功能和部件，对运行过程中产生的故障进行机理分析，确定是进行维修处理还是对部件重新设计，升级改造，以避免使用过程中在关键的功能或部件上出现故障。提高车辆运行可靠性，要采取的重要措施是：

a. 对关键部件和系统采用冗余设计；

b. 采用成熟技术保证投入使用后可以达到所要求的性能标准；

c. 实行定期维修，防止关键部件性能的不佳。

借鉴可靠性维修理论，越来越多的地铁、轻轨系统都采用了新的维修组织方式，即分散维修方式。分散维修方式是指将传统的预防计划修内容化整为零，充分利用非运营时间和运营非高峰时间来做车辆维修。采用分散维修方式不仅可以在满足运营需要的前提下，对车辆进行足够的维修，也可以在满足维修需要的前提下，尽可能更多地提供车辆上线运行。采用这一维修模式后，可在新线开通时，减少购置车辆数；并且减少甚至原有维修模式下的备用车辆数。

3. 检修修程

车辆检修采用预防性计划维修与状态性故障修理相结合的检修制度。预防性计划维修按照车辆大修、架修、定修、双(三)月检(均衡修)、双周检和日检的修程等级执行分级维修模式；状态性故障修理按照车辆随机发生的故障执行临修的检修模式。我国的大部分运营企业都采用预防性维修制度。

目前我国地铁车辆检修修程有五个等级，为大修、架修、定修、月检(均衡修)、日检，其中大修、架修及定修为定期检修，月检(均衡修)和日检为日常维修。地铁列车采用日常维修及定期检修相结合的检修制度，由于车辆制造商及车型不同，车辆检修修程和周期应以车辆制造商所提供为依据，表8.1中车辆检修级别和检修周期是根据车辆各部件使用寿命以及车辆运行环境等因数综合考虑确定的。通过对车辆的不同部件制定不用的技术标准(检修规程)、检修级别和检修周期，使车辆在经过不同种类的定期检修后，能在整个检修周期内保持车辆良好的技术状态。

表8.1　车辆检修级别、周期和检修停时

类别	检修种类	运用时间	走行公里(km)	检修时间
日常维修	日检	1天	400～500	50 min
	月检(均衡修)	1月	8 000～14 000	1天
定期检修	架修	5～6年	550 000～700 000	25～30天
	大修	10～12年	1 000 000～1 200 000	32～40天

车辆维修周期是一个与车辆段的建设规模和作业组织关系密切的技术指标，它也是推算检修车数的基础资料之一。检修周期主要是根据设备的磨损和可靠性而定的，而车辆运用时间和走行公里数通常是设备磨损和可靠性的表征，在实际过程中，可将车辆运用时间和走行公里数作为车辆检修周期的确定标准。

8.4 车辆基地行车组织

8.4.1 概　述

1. 车辆基地行车管理架构

目前国内城市轨道交通较早开通运营的车辆段运营生产岗位设置主要采用传统模式进行管理，将车辆段行车指挥系统设置于运转值班室，列车运用、车场行车、列车检修、应急保障、安防等机构分别设置于段内其他生产用房，根据专业不同分别隶属不同的部门，当各专业需要协调作业时，均通过完成系列的审批手续向运转值班室提出申请。通过长期运营实践，发现此种模式存在几个方面问题：

(1)各专业与运转值班室在协作过程中，各专业均设有协调人员，作业环节复杂、繁琐，作业效率低下，人员冗余，造成人力、物力的浪费；

(2)由于工作地点分散，沟通效率低下，在实际操作过程中作业量大，时效性差，由于卡控不到位容易出错，具有一定的安全隐患。

近些年新开通运营的车辆段在传统模式的基础上进行资源整合、综合利用开发，出现了新的两种管理模式，一种是列车运用、检修生产协调人员进行合并设置于列车运用库负责车辆检修的协调工作，另设车场行车调度(运转值班室)与车辆段信号楼；第二种是直接取消传统的信号楼，整合列车运用、检修、行车指挥等人员，设置于运用库运转值班室，合称车辆段调度中心(DCC，Depot Control Center)。第二种调整模式从作业可控性、资源利用率来看更加高效。

车辆运用生产部门一般设在车辆基地内，这样有利于车辆合理使用及人员调配，包括行车部门与维修保障部门。行车部门设有运转值班室(内设运转值班员、信号楼值班员、外勤值班员)、乘务驾驶员班组、工程车辆班组等，总体负责车辆基地内部的行车管理工作。其中主要岗位的职责如下：

(1)运转值班员(内勤)：全权负责车辆基地的行车、施工等调度指挥工作；

(2)运转值班员(外勤)：主要负责运用列车的安排，乘务人员的调配，行车信息的搜集、统计等工作；

(3)信号楼值班员：主要负责车辆基地内行车指挥、进路排列和接发列车工作；

(4)电客列车驾驶员：根据列车配置数和运行图的要求配备若干电客列车驾驶

员班组，由乘务长进行管理指挥，主要职责是按运行图要求驾驶列车，并配合车场内的车辆调试、验收、保养等工作；

(5)工程车驾驶员：负责牵引机车、工程车的驾驶，配合维修、线路施工及列车救援等工作。

2. 车辆基地内行车日常工作

车辆基地是城市轨道交通行车系统的重要组成部分，不仅是车辆进行运营管理、停放及维修保养的场所，还可为正线运行列车提供各类后勤保障、服务，确保正常的运营秩序；车辆基地是行车勤务人员的重要工作场所，运转值班员按照行车规章对照列车运行图进行车辆基地的行车组织工作，其日常工作范围包括：

(1)负责所辖运行线路内的电动列车运用、检修、整备任务，确保上线运用列车状态良好；

(2)确保上线运营列车准点出场、回库，能顺利进行运用列车的调整；

(3)配合维修人员完成列车的保养、维修、调试等工作；

(4)安排场内调车作业以及正线开行施工列车；

(5)协调场内各专业技术工种在规定范围和规定界面的施工作业；

(6)协助正线事故救援工作；

(7)编排列车运用计划，按运行图要求配置列车及乘务人员；

(8)对车辆乘务人员及站场行车人员的行政管理、技术管理等。

8.4.2　电客列车运用流程

电客列车运用流程指的是每日电客列车的整套运用过程，包括四个环节：列车出场、正线运营、列车回场、场内检修及整备。这些作业由行车运用部门、维修保障部门协同配合完成。

1. 列车出场流程

列车出场(发车)工作流程分为制定发车计划、出乘作业及发车作业三部分，从制定发车计划开始到列车出场结束。其中制定发车计划可分为编制、下达发车计划，交车、确认发车计划两个环节。出乘作业可分4个环节。如图8.3所示。

2. 正线运营

列车的正线运营是由电客列车驾驶员驾驶列车，在调度的统一指挥、各专业维修人员的保驾下，按列车运行图要求完成安全运输乘客的过程。列车运行过程中还需提供行车、客运、票务等出行服务以及清洁、卫生的环境，从而实现安全可靠、高效便捷、功能完善、文明舒适的服务目标。

3. 列车回场流程

列车回场(收车)工作流程分为接车及回场作业，其中回场作业可细分为列车入库、回库检查、收车、退勤 4 个环节,流程如图 8.4 所示。

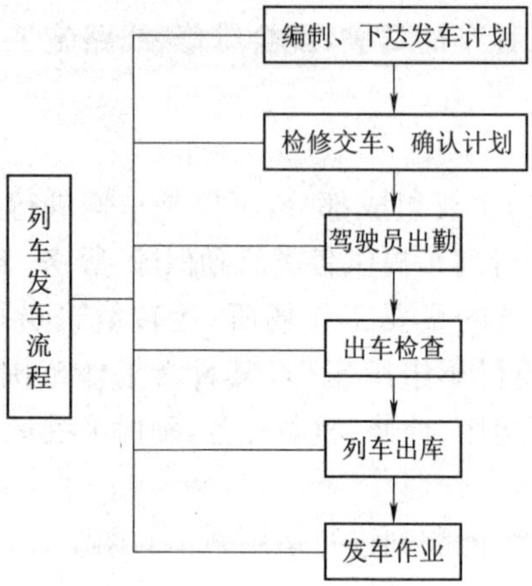

图 8.3 列车发车流程

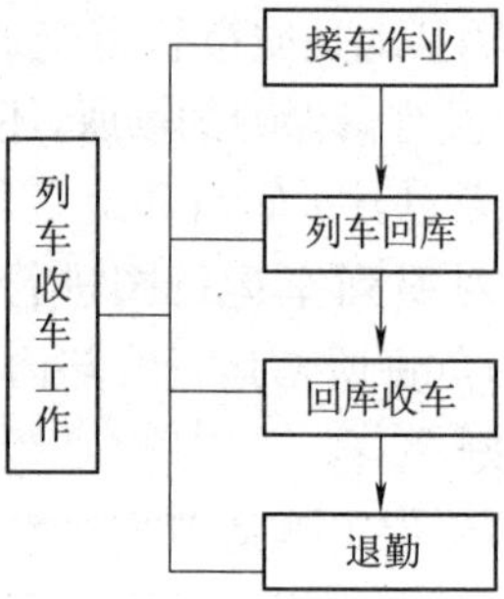

图 8.4 列车收车流程

4. 列车检修与整备

列车检修与整备工作包括列车回库停稳并按规定收车后,与车辆管理部门办理车辆交接手续。未办理车辆交接手续的电客列车,未经运转值班员同意检修部门不得擅自进行检修作业,正在进行检修作业的电客列车,未经检修人员同意运转值班员不得擅自调动使用。

8.4.3 电客列车进出场作业流程

电客列车进出场(接发车)作业是车辆基地列车运用过程的重要环节,它是车场作业人员按列车运行图要求指挥列车进入正线进行运营、调试、施工,以及回到车辆段内进行车辆停放、检查、整备、维修的过程。

1. 接发车作业模式

车场与正线相连接的线路为出入场线,主要作用为连接正线与车辆基地,供列车进出场使用,出入场线是连接正线与车辆段的咽喉部分,线路故障时会对正线运营造成较大的影响,列车进出车辆基地主要模式有如下两种:

(1)双线接发车:使用车场与正线间的两条联络线,即出场线、入场线进行接发列车作业,此模式为一般车辆基地的正常接发车模式,双线接发车可以大幅度的提高作业效率。

(2)单线接发车:使用车场与正线间的单联络线,即使用出场线或入场线进行接发列车作业,此模式为备用模式,在非正常情况下接发列车使用。

2. 单线接发车作业管理

单线接发车是设备故障情况下的特殊接发车作业模式，存在安全风险高、接发车效率低下的缺点，在正常情况下应使用双线接发车，如必须使用单线接发车时应安排专人盯控，确保安全。使用单线接发车的情况主要有如下几类：

(1)由于接发车咽喉道岔故障，导致一条线接车进路不能使用联锁设备办理时；

(2)由于岔区轨道电路故障影响接发车咽喉道岔使用，导致一条线接车进路不能使用联锁设备办理时；

(3)供电设备故障部分区域停电，不能使用该线接发列车时；

(4)联锁设备故障、失效无法使用时；

(5)车场内线路、道岔、信联闭设备、接触网等行车设备检修施工或其他施工作业，必须停用单线时；

(6)车辆迫停于车场咽喉岔区压岔、压轨道绝缘节导致一条线无法使用时。

3. 接发车工作流程

每次列车出场、回场均是一次完整的行车组织流程，前次列车作业完毕并具备条件后方可办理下一次列车作业。一次接发车作业主要包含以下4个步骤：

(1)办理接车时的确认及准备工作：信号楼行车值班员在办理闭塞手续时需确认区间空闲；接车前，必须亲自或通过有关人员确认接车线路空闲、进路道岔位置正确、影响进路的调车工作已经停止后，方可开放进场信号机，准备接车。

(2)停止影响接发列车的调车工作，准备进路和开放进场信号机。例如，不迟于列车到达前10 min停止调车，不迟于列车到达前4 min开放信号；不迟于列车出发前10 min停止调车，不迟于列车发车前2 min开放。

(3)确认接车线路空闲：信号楼值班员、信号员通过人机界面显示屏上股道表示的显示确认，控制台发生故障不能确认时，信号楼值班员布置信号员到现场确认。

(4)确认发车进路准备妥当的方法：信号楼值班员通过MMI显示屏的显示进行确认，当设备故障不能确认时，应通过道岔定反位表示灯进行确认，如不能确认时，需由扳道员至现场确认。

8.4.4　调车组织管理

在日常行车作业生产过程中，除列车在正线载客运行外，凡机车车辆进行一切有目的移动统称为调车。调车作业主要集中在车辆基地内，涉及的工作岗位包括运转值班员、信号楼值班员、调车驾驶员和调车员。

1. 调车组织原则

车场内的调车工作由运转值班员统一领导指挥，当班运转值班员、信号楼值班员在接班时应认真确认股道、线路存车辆数、停留车位置，根据运营计划、施工计划、车辆检修/整备计划、车辆调动需求制定调车计划。在调车计划制定后，运转值班员及时向信号楼值班员下达计划，并通知备用驾驶员/调车驾驶员做好出车准备。

除电客列车自行调车转线、洗车作业外，其他调车作业都至少两人，包括驾驶员(兼调车指挥人)及调车员。在调车过程中调车驾驶员确认调车员手信号有困难时，应指派参与调车的其他人员中转信号。场内调车作业不得与接发车作业相抵触，在接发车时段内一般不安排任何调车作业，影响接发车作业的调车作业必须在接发车作业开始前一段时间内停止。

2. 调车计划的布置和变更

(1)调车计划的编制、下达

调车计划由运转值班员根据生产任务编制书面调车作业通知单，并向信号楼值班员、调车组长下达书面调车作业通知单。调车作业通知单一式四份：调车组长(驾驶员)、运转值班员、信号员各一份，存根一份。

(2)调车作业计划的变更

一批作业(指一张调车作业通知单)变更计划不超过三钩时，可用口头方式布置，但必须停车向有关人员传达清楚，复诵核对正确。变更计划必须得到信号楼值班员的同意，并征得运转值班员的同意。信号楼布置变更进路时如驾驶员未动车，先通知驾驶员暂停调车，重新向驾驶员明确进路后，再办理进路通知驾驶员动车；如列车处于运行状态，先通知驾驶员停车，待列车在安全位置停妥后，再向驾驶员明确变更进路，待变更进路后通知驾驶员再次动车。

如一批作业变更计划超过三钩时，必须先暂停调车作业，重新向驾驶员下达新的书面调车作业计划，按规定再次组织调车作业。

3. 手推调车作业

车场内原则上不实行手推调车作业。遇特殊情况必须使用手推调车时(例如车辆挤岔或不具备其他车辆连挂救援时)，要取得信号楼行车值班员的同意，由当班运转值班员编排调车计划。

4. 特殊情况下的调车作业办法

(1)联锁设备故障时，应使用应急盘用单操道岔锁闭进路的方法进行调车作业。

(2)失去联锁不能转为应急盘操纵方式时，以及道岔及轨道电路故障，致使进路中的道岔不能转换到所需位置时，应立即按现地手摇道岔准备调车进路。

(3)一般严禁使用越出站界调车法,必须越出站界调车时,要向行车调度员申请“发车作业”。行车调度员同意并发出“发车作业”的调度命令后,方可向邻站请求闭塞。

8.5　调车作业管理要求

为满足车辆基地内的车辆运用工作,驾驶员驾驶列车完成车辆段内列车停放位置的改变、编组、配合进行车辆检修、试车线调试等。

8.5.1　一次标准作业

车辆段内驾驶作业主要由调机驾驶员完成,驾驶员所有关于车辆的一切作业均需受运转值班员的指派或经其许可,在作业过程中除按照车辆操作程序进行外,还需严格按照检车、运行、到位停车、收车等一系列规定执行。

1. 接受任务

驾驶员接到运转值班室需调车作业的通知后,立即至运转值班室准备接受任务。双方核对调车计划单,确认无误后驾驶员领取作业任务及相关行车备品。

2. 列车检车

接车后,应首先确认列车未被放置禁止移动牌,列车车底无人员作业,列车周边无人员或物品影响行车(禁止移动牌是放置在列车前端的标志,表示有人员正在车上作业或者一些安全设备被车辆维修人员隔离,禁止启动列车),确认具备条件后开始检车,首先检查出库库门开启且固定良好,绕行车体一周对列车进行外观检查,对列车内部进行检查。

确认以上检查完成且均正常,插入钥匙,从驾驶位置启动列车,选择驾驶模式,然后进行标准制动试验,顺利完成制动试验后,驾驶员向信号楼值班员报告准备好发车。

3. 列车运行

信号楼值班员确认准备发车的列车编号和位置,准备进路、开放信号后通知驾驶员行车路线,驾驶员复诵行车指示并确认信号正确后使用规定模式按规定分区段限速动车,车辆段内行车信号规定如下:

白灯——调车允许;

蓝灯——调车禁止;

绿灯——允许列车出库(列车进路信号机)或在试车线上按规定速度运行;

红灯——禁止越过;

红灯+白灯——开放引导信号,准许列车以不大于25 km/h速度越过该架信

号机继续运行,并随时准备停车(特指进段信号机);

黄灯+黄灯——进路中至少一组道岔开通反位,允许通行(特指进场信号机)。

列车出库时应先鸣笛,轨道车驾驶员驾驶轨道车在车库大门及平交道处均须"一度停车",出库时应再次确认信号开放正确,然后鸣笛按规定速度行驶出库,严禁超速运行。

4. 列车停放

驾驶员将列车停在轨道尽头车挡(缓冲器)前10 m净空区以内,或其他线路的规定位置停放列车,不得将无人值守的列车停在可能影响邻近轨道行车的位置。列车在停车轨道上停下后,驾驶员按照下列步骤完成列车停放。

(1)停车;

(2)施加停放制动;

(3)断高压/收弓;

(4)关闭照明和空调;

(5)关闭"主控钥匙"并拔出;

(6)确认列车收车;

(7)离开驾驶室时锁上所有车门。

8.5.2 连挂作业

1. 连挂作业前

(1)调车车辆在车库平交道前停车(列车头部不得越过平交道)调车员下车查看车库大门是否开放、固定。

(2)调车员对待挂车辆巡检一周。察看是否有异物侵入限界,是否有遗留工具,待挂车辆是否有异常情况(包括电客列车的车底设备,电气接插件、机械紧固件等是否良好)以及车辆的制动状态,同时必须确认车底和车顶无人员作业;

(3)巡检完毕后,调车员应站立于待挂车辆的头部左侧,并向轨道车驾驶员显示连挂信号。

(4)轨道车驾驶员收到连挂信号后必须鸣笛回示。

2. 连挂作业中

(1)轨道车驾驶员以低于3 km/h的速度操纵轨道车接近待挂车辆,调车员应该密切注意车库平交道口的来往车辆和行人状态,确保安全。

(2)当机车距被连挂车辆3 m时,调车员应及时向轨道车驾驶员预报距离信号。轨道车驾驶员应适当掌握车速,同时鸣笛回示。

(3)调车员调整好车钩,使两车钩处于良好待挂状态。

(4)距待挂车辆还有1 m距离时,轨道车驾驶员应一度停车停车,调车员向轨道车驾驶员显示连挂信号，轨道车驾驶员使用机车“点动”方式连挂，调车员应密切注意两车钩间的连挂状态，遇不良状况及时显示停车信号。

(5)调车连挂时应严格控制速度(三车 8 km/h、两车 5 km/h、一车 3 km/h)。如调车员未及时显示信号，轨道车驾驶员应立即停车。

(6)轨道车连挂有电客列车驾驶员值守的电客列车时，电客列车驾驶员可不下车，在连挂端驾驶室向轨道车驾驶员指挥连挂作业。连挂好后电客列车驾驶员换端好，缓解列车制动后通知轨道车驾驶员进行调车作业。

3. 连挂完成后

(1)调车员缓解被连挂列车停放制动。

(2)调车员通知轨道车驾驶员进行试拉，试拉距离 1 m，调车员检查车钩有无脱钩现象。

(3)确认试拉成功后，通知连挂列车。

8.5.3　解钩作业

1. 解钩作业前

(1)列车停稳后，调车员对被连挂车辆施加停放制动；

(2)调车员确认停放制动施加成功。

2. 解钩作业

停放制动施加完毕后，调车员按压解钩按钮或手动进行解钩。解钩成功后，并要求连挂车辆驶离被连挂列车，距离 1 m 左右后通知连挂车驾驶员停车。

8.5.4　试车线调试作业

为满足车辆的各项功能完好，驾驶员按操作及作业标准驾驶列车在试车线模拟正线运营对车辆的各项技术状态进行试验及验收。试车线有效长度应满足列车运行试验的长度要求，配置的信号、线路等设备应满足试车作业要求。

1. 试车线作业安全事项

(1)电客列车在试车线进行牵引/制动实验时，按照规定限速运行，驾驶员应对制动距离进行充分预测。

(2)严禁制动距离不足时进行牵引/制动实验。

(3)列车牵引/制动实验要求：

进行最高限速牵引/制动实验时，列车由线路终端距离止挡 50 m 处向另一端运行，单边只允许进行一次实验。严禁列车在试车线中部分别向两端进行高速牵引/制动实验。

(4)调试驾驶员在确保安全前提下听从调试负责人的指挥，遇调试项目危及行车安全的,应拒绝执行并向运转值班员汇报。

(5)原则上,随车人员和驾驶员不允许在试车线上/下调试列车,若调试需要,应遵守现场作业安全规定。

(6)调试前,驾驶员向运转值班员签领并确认作业安全交底内容,遇调试内容与交底单内容不符合时,驾驶员应拒绝调试作业。

(7)进行信号类调试时,驾驶员应密切监控列车速度,发现异常及时采取停车措施。

2. 试车线作业速度要求

(1)试车线设有300 m、200 m、100 m停车距离标,分别提示距试车线终点300 m、200 m、100 m。驾驶员在试车线进行调试作业时,应严格按"3、2、1停车距离标相应限速:60 km/h、40 km/h、20 km/h"要求执行。

(2)因调试需要时,允许以不超过10 km/h的速度运行至距离尽头线30 m处停车。

(3)列车每次上试车线进行调试作业前,必须以小于25 km/h的速度进行巡道作业,发现线路上有异物侵限或线路有异常情况时,立即向运转值班员汇报。

(4)天气不良时的注意事项:

遇试车线有浓雾影响瞭望时,应立即停止调试作业。

遇调试时遇雨雪影响瞭望,驾驶员应立即停止调试作业,待天气情况转好时,再恢复调试作业。

能见度低于200 m时,严禁上试车线进行30 km/h以上调试作业,进行30 km/h以下的调试作业时,须由一端终点向另一端终点运行并且不得越过300 m停车距离标。

8.6 车辆基地施工组织

为保证城市轨道交通日常运营生产工作能安全而有序的进行,必须对各种运营设备进行维修保养,这些施工作业经常会与列车运营交错和重叠,会影响正常的运营工作,针对不同施工作业的特殊性,需要有不同的组织管理流程与之相适应。而车场施工是指在车场区域内进行的各类不影响正线行车及列车出入车场的施工,在车场生活区域内的施工由区域管理单位负责。

8.6.1 车场施工的分类

根据施工影响和申报流程的不同,车场施工可分为抢修(临时)施工、重大施工和日常计划检修施工三类。

(1)抢修施工

危及车场内行车安全或大幅降低行车效率的设施设备故障检修及突发事件处置。

(2)重大施工

造成车场范围内的关键运营设施停用、降级使用、功能变化或缺失、运营计划大幅调整、运能降低、运营模式发生重大变化的施工。行车设备(线路)部分停用或新增;信号、供电、轨道等运营设备(系统)大中修项目、软件升级。

(3)日计划检修施工

除抢修施工、重大施工外,其余施工均归为日常计划检修施工。

8.6.2　车场施工管理职责

公司运营管理技术归口部门负责制定施工管理相关办法、制度。指定检修施工计划管理部门,审批和管理所辖区域的车场施工。公司安全管理职能部门负责按规定审批、办理相关动火手续(含电焊、电切割)。车辆基地内施工管理由运转值班室统筹管理,主要职责如下:

(1)负责全面制订和审批车场施工计划,并对需进行计划申报的车场施工,做好向区域管理单位的申报工作。

(2)负责组织车场施工,落实施工作业现场的安全管理,检查施工作业实施前的准备工作、整合施工作业资源、协调施工作业现场的作业秩序、落实施工作业安全防护措施、掌握施工作业进度、解决施工作业实施过程中发生的问题。

(3)各车场运转值班室负责做好车场施工的登记、注销工作。

(4)各车场信号楼值班室负责与运转做好库外线路区域施工、库内封锁线路施工的联控作业,解决实施过程中发生的问题。

8.6.3　车场施工计划管理

(1)所有车场施工均须实施计划管理,由各专业部门负责施工组织方案的内部审核,并根据所制定的计划实施。

(2)车场施工计划申报时必须注明施工内容、施工时间、施工地点、施工影响等,影响范围、申报流程是审批单位批复施工计划的依据。

(3)日常计划检修施工直接由施工部门向审批单位申报,重大施工须经运营、设施设备管理职能部门部和安全管理职能部门评估、认定、审核并报单位分管领导报批后方可报审批单位审批。

(4)抢修施工可直接由应急指挥负责人申报，具体流程如下：

①运转值班室将现场情况汇报行车调度；

②行车调度发布抢修令；

③抢修负责人到达现场确认后向车场运转值班员申请；

④车场运转值班员同意施工后，通知施工负责人登记抢修。

(5)审批优先级依次为抢修施工、重大施工、日常计划检修施工。

(6)除抢修施工外，施工计划均应进行申报、流转、审批，并采用纸质方式进行存档。

(7)车场施工的时间控制：

在轨行区内及影响轨行区行车的施工，只允许在天窗内进行。

①夜间天窗：图定最后一班列车入场后 30 min 至运营前检查前 30 min。

②日间天窗：运营时段，图定列车进出场时点间大于 1 h 的间隙。

③天窗内施工安排应尽量采用平行作业的方式，综合利用，提高天窗的利用率。

④在停车库、检修库(线)、调机库内等进行的列车/工程车检修等施工，无时间限定要求。

除上述外，其他施工均无时间限定要求，可视施工工作的具体影响安排。

8.6.4 车场施工计划的申报、审批要求

按作业性质和影响程度分为常规施工、专项施工和抢修施工。

(1)常规施工：指设施设备维修规程内的日常维护、检修、调试、非影响行车类的故障处理等，施工结束后设备设施状态及功能不发生改变的作业，另外包括在运营线路内进行的岗位培训、应急演练、列车转线/转场、装饰装修、广告更换、物业管理等作业。

(2)专项施工：指可能造成关键运营设施设备功能变化或缺失、行车安全受到影响、运行效率降低、运营模式发生重大变化、造成重大运营服务影响的施工。

(3)抢修施工：设施设备发生故障危及行车安全、降低行车效率或对运营服务产生重大影响，须立即组织处理或运营结束后安排处理的施工作业。

8.6.5 车场施工计划的变更或取消

(1)车场施工计划如需变更或取消，必须由申请部门于施工前通知审批部门，涉及重大施工的，计划申报部门须提前向审批部门申请。

(2)如申请计划变更，只允许变更施工负责人、施工时间，其余不得变更。

(3)施工中如涉及动火(含电焊、电切割)，计划申报部门应在施工申请单中明

确,并根据相关动火管理规定,办妥动火许可证明,落实动火作业管理。

(4)施工中如需用电、用水,计划申报部门应在申请单中明确。

(5)车场施工如需多专业(部门)配合,则计划申报部门应先将施工计划报相关配合部门确认,相关配合部门同意配合后再报审批部门审批。

8.6.6 车场施工的实施管理

(1)所有车场生产区内的施工,均应在车场运转值班室按实施流程的要求,通过填写"车场检修施工(故障设备)登记簿"的方式办理登记/注销,在系统恢复后应进行补操作。

(2)施工负责人应提前抵达车场运转值班室,向运转值班员申请办理施工登记手续,如涉及其他单位配合的,施工负责人应确认配合人员到位后,方可申请办理施工登记手续。

(3)车场运转值班室需核对施工负责人所提供的有效证件(工作证/身份证)及检修施工申请单,如需动火则另需核对动火凭证。核对完毕后,通过施工管理系统进行施工登记,完成施工登记,并确认具备施工条件后,允许其开始施工。

(4)如施工负责人无法提供有效证件(工作证/身份证)及检修施工申请单,则车场运转值班室应取消该项施工。

(5)施工过程中,施工负责人全面负责施工现场的施工进程、施工安全和人员安全,并确保该项施工顺利完成;在条件允许的情况下,车场运转值班室应做好施工作业现场的监督管理,如发现施工作业存在超时、超限或安全隐患时,应停止该项施工。

(6)施工过程中,如需延长施工时间,施工负责人需提前向车场运转值班室申请;经车场值班员(设备)与施工审批单位确认同意后方可延长。

(7)施工结束后,由施工负责人负责作业现场工完场清,确认具备正常行车条件后,至车场运转值班室办理注销手续。经车场运转值班室同意后,施工负责人方可离开。涉及行车设备的,必须通知使用单位确认设备正常。

(8)不涉及/不影响正线(含不影响列车出入车场)、车场内行车的检修施工作业,车场运转值班室可直接办理登记、注销。

(9)涉及或影响正线(含影响列车出入车场)的检修施工作业,由车场运转值班室联系 OCC 行车调度,得到下发的施工令号后,方可办理登记、注销。同时,对于车场运转值班室与信号楼分设的车场,运转值班员与信号楼值班员间应做好互控;

(10)所有施工人员必须接受车场运转值班室工作人员的监督管理,车场运转值班室工作人员有权取消或停止任何违章或不符合条件的施工。

(11)车场内重大施工及动车施工,在实施前,施工负责人应做好施工准备及作业交底工作;施工单位必须组织交底及培训,倒接后安排保驾。

(12)严禁侵限、超时、超范围施工，严格执行各项安全作业制度及安全操作规程。

(13)计划申报单位必须加强施工安全和工程质量的监督检查，发现安全隐患要责令立即纠正。

(14)施工的安全防护用品必须配备到位；特种作业人员必须做到持有效证件上岗，需要定期检测的作业工具和器材必须在检测合格有效期内。

复习思考题

1. 车辆段与停车场的功能有哪些不同？

2. 车辆基地内行车日常工作有哪些？

3. 车场调车组织原则有哪些？

4. 调车作业过程中，需变更调车计划，信号楼值班员如何操作？

5. 试车线作业安全事项有哪些？

6. 简述车场施工管理职责。

7. 当发车信号机故障(绿灯断丝)，假如你是一名信号楼值班员，如何指挥列车出库？

第9章　运输能力及能力加强措施

对于城市轨道交通系统而言，广义的运输能力表示在一定的设施设备服务水平条件下，单位时间内城市轨道交通系统能够容纳、通行、输送、乘降的最大乘客数。城市轨道交通系统的运输能力是衡量系统综合水平的重要参数，科学有效地开展运输工作，就要充分发挥系统运输能力，更好地满足乘客出行需求。

9.1　概　　述

为了实现日常运营生产过程，完成乘客运输任务，城市轨道交通系统必须具备一定的运输能力。

城市轨道交通运输生产设备是形成运输能力的基础。设备一般分为两大类，一类是固定设备，是指形成运输通道的基础设施，如线路、区间、车站等生产设施和机电设备等固定设施；另一类是指能够移动的设备，用于实现运输生产对象位移所需要的运载动力和运载工具，如车辆等活动设备。

运输能力既取决于固定设备的设置和机构，又取决于移动设备的时空配置，还取决于两者之间的相互关系。

因此，城市轨道交通运输能力一般采用通过能力和输送能力两种概念。

9.1.1　通过能力

城市轨道交通的通过能力是指在采用一定的车辆类型、行车组织方法条件下，系统固定设备在单位时间内所能通过的最大列车数。

通过能力主要取决于固定设备设置条件。因此线路建设完毕后除了技术改造，很难进行变更。通过能力的正确计算和确定在城市轨道交通的新线规划设计、既有线日常运营计划安排、扩能技术改造等方面具有重要的意义。

1. 通过能力的分类

在实际工作中通常又把通过能力分为三个不同的概念，即设计通过能力、现有通过能力和需要通过能力。

(1)设计通过能力：预计新线修建以后或既有线路技术改造以后，线路所能达到的通过能力。

(2)现有通过能力：在现有固定设备、现行的行车组织方法和现有的运输组织水平的条件下,线路能够达到的通过能力。

(3)需要通过能力:在一定时期内,为了适应未来规划期间的运输需求,线路所应具备的、包括后备能力在内的通过能力。

按照时间的不同,通过能力也可分为初期通过能力、近期通过能力和远期通过能力。

2. 通过能力的计算因素

城市轨道交通的通过能力应按下列固定设备计算:

(1)线路

线路是指由区间和车站构成的整体,其通过能力主要受线路布置形式,进出站线路平、纵断面,列车运行控制方式等因素的影响。

(2)列车折返设备

列车折返设备的通过能力主要受车站折返线布置、信号和联锁设备种类、列车在折返站作业程序,以及调车进路长度与调车速度等因素影响。

(3)车辆设备

车辆设备的通过能力主要受车辆的车型、编组数量、最高技术速度、旅行速度、出入库通过能力等因素影响。

(4)牵引供电设备

牵引供电设备的通过能力主要受牵引变电所的座数、供电方式、电力供应容量等因素影响。

9.1.2 输送能力

1. 输送能力的概念

输送能力是在一定的固定设备、一定的车辆设备条件下,一定的行车组织方式,按照现有设备和乘务人员的数量,城市轨道交通系统在单位时间内所能运送的乘客人数。输送能力主要取决于移动设备的数量和配置。

2. 与通过能力的关系

通过能力反映的是在既有条件下线路所能开行的列车数,它是输送能力的基础。输送能力是运输能力的最终体现,它反映了在开行列车数一定的前提下,线路所能运送的乘客人数。在通过能力一定的条件下,线路的最终输送能力还与车站设备的设计容量、列车定员数、线路的服务定位存在密切关系。

9.2 通过能力计算

影响线路通过能力的固定设备主要有线路(包括区间和车站)、列车折返设备、车辆设备和牵引供电设备。城市轨道交通各项固定设备的通过能力通常各不相同，其中通过能力最小的固定设备决定了整个系统的通过能力，该项固定设备的通过能力即为城市轨道交通的最终通过能力。因此，城市轨道交通通过能力是各项固定设备的综合能力，如果各项固定设备的通过能力相差悬殊，则会产生某些固定设备通过能力的闲置。在各项固定设备中，限制城市轨道交通通过能力的通常是线路和列车折返设备。

9.2.1　线路通过能力计算原理

城市轨道交通线路通常为双线，列车在区间实行追踪运行，在车站停车供乘客乘降。为了降低车站的造价，城市轨道交通线路一般不设置车站配线，列车通常在车站正线上办理客运作业。根据行车及客运作业和车站线路设备的这种特点，列车停站时间成为影响线路通过能力的主要素之一。因此，在计算固定设备的通过能力时，没有必要分别计算区间通过能力和车站通过能力，而应把区间和车站看成是一个整体予以综合分析。以地铁为例，对线路通过能力起关键影响的是 t_1，而不是 t_2，如图 9.1 所示。

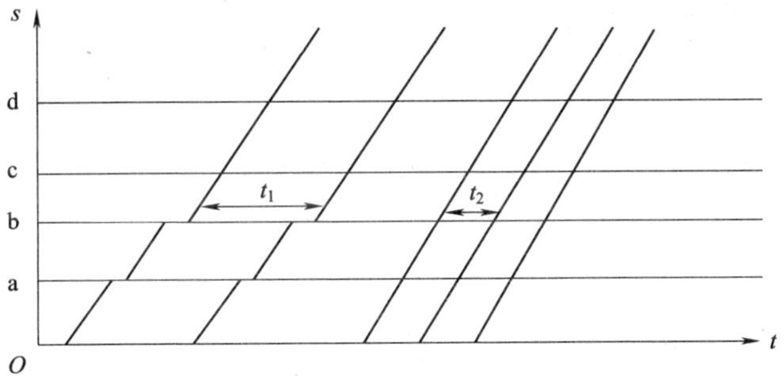

图 9.1　线路通过能力计算原理图解

9.2.2　线路通过能力计算

线路通过能力计算的一般公式见式(9.1)：

$$n_{\max}=\frac{3\ 600}{I} \tag{9.1}$$

式中　$n_{\max}$——一小时内线路能够通过的最大列车数(列)；

I——城市轨道交通追踪列车间隔时间(s)。

在城市轨道交通系统中，(区间)列车间隔时间是指追踪运行中两列车间的最小允许间隔时间，计算基点是从一列车头部到另一列车头部。

(车站)列车间隔时间 I,包括两部分,见式(9.2):

$$I=t_{站}+t_{间隔} \tag{9.2}$$

式中 $t_{站}$——列车在站内的停车时间,包括车门开关、乘客上下车时间等(s);

$t_{间隔}$——前后两列车的安全间隔时间(s)。

其中列车安全间隔时间是指在自动闭塞区段,相邻两列追踪列车为保证列车安全运行所允许的最小间隔时间。

城市轨道交通 ATC 系统有不同的闭塞方式,当采用不同的闭塞方式时 $t_{间隔}$ 的计算都会有所不同。下文将对双区间闭塞和准移动闭塞方式下的 $t_{间隔}$ 计算进行详细分析。

1. 双区间闭塞

城市轨道交通在新线建成,但自动闭塞信号系统尚未安装的情况下,或当 ATC 系统尚未调试完成而采用过渡信号时,采用的基本闭塞法较多。以双区间闭塞为例,列车连发间隔按同一时间、两个区间内只有一个列车占用进行控制,双线双区间闭塞列车运行图周期示意如图 9.2 所示,线路通过能力计算公式见式(9.3):

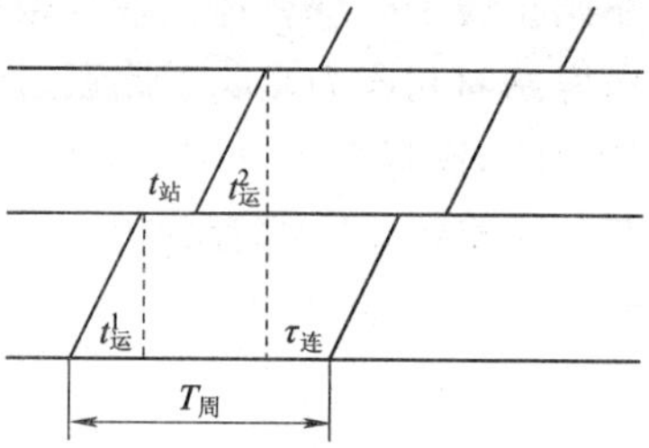

图 9.2 双区间闭塞运行图周期

$$n_{\max}=\frac{3\,600}{\sum t^i_{运}+t_{站}+\tau_{连}} \tag{9.3}$$

式中 $t^i_{运}$——区间运行时分(s);

$t_{站}$——列车在站内的停车时间,包括车门开关、乘客上下车时间等(s);

$\tau_{连}$——连发间隔时间(s)。

2. 移动闭塞

在分析之前,为使问题简化,先提出如下一些与实际情况差别不大的假设。

假设 1:前后两列车具有相同的启动加速度 a、制动减速度 d 及区间最大允许速度 $v_{\max}$;

假设 2:列车车长均为 l;

假设 3:轨道电路区间后端均设有防护区段 $l_{防护}$;

假设 4:$t_{传}$ 为信息传输处理及制动反应时间,驾驶员确认信号时间均为 $t_{确}$。

基于无线通信连续定位的移动闭塞前后两列车间的最小安全间隔 $L_{\min}$:当前行列车 1 刚刚出清车站驶过安全防护段 $l_{防护}$,后续列车 2 以最大允许速度 $v_{\max}$ 驶来,其头部位于距车站停车点的距离正好等于列车 2 的常规制动距离 $L_{制动}$ 与在信息传输和信号确认时间内走行的距离 L_1 之和。其中:

$$L_{制动}=\frac{v_{max}^2}{2d}$$

$$L_1=t_{传}\ v_{max}$$

$$L_{min}=L_1+L_{制动}=t_{传}\ v_{max}+\frac{v_{max}^2}{2d}$$

在这种情况下，安全间隔时间为：

$$t_{间隔}=t_{传}+t_{减速}+t_{离去}$$

式中 $t_{减速}$——列车从 v_{max} 减速至停稳的时间，其值为 $\frac{v_{max}}{d}$；

$t_{离去}$——前行列车1出清车站并驶过防护段 $l_{防护}$ 的时间。

$t_{离去}$ 的计算可分两种情况讨论：

(1)当 $v_{max}\geqslant\sqrt{2a(l+l_{防护})}$，即列车以加速度 a 出清车站并驶过安全防护段，$t_{离去}=\sqrt{\frac{2(l+l_{防护})}{a}}$；

(2)当 $v_{max}<\sqrt{2a(l+l_{防护})}$，即列车以加速度 a 运行达到 v_{max}，然后列车以速度 v_{max} 匀速驶离安全防护段，$t_{离去}=\frac{v_{max}}{a}+\frac{(l+l_{防护})-\frac{v_{max}^2}{2a}}{v_{max}}=\frac{2a(l+l_{防护})+v_{max}^2}{2av_{max}}$。

所以，移动闭塞的 $t_{间隔}$ 为：

$$t_{间隔}=t_{传}+t_{制动}+t_{离去}$$

$$=\left\{\begin{array}{ll} t_{传}+\frac{v_{max}}{d}+\sqrt{\frac{2(l+l_{防护})}{a}} & (v_{max}\geqslant\sqrt{2a(l+l_{防护})}) \\ t_{传}+\frac{v_{max}}{d}+\frac{2a(l+l_{防护})+v_{max}^2}{2av_{max}} & (v_{max}<\sqrt{2a(l+l_{防护})}) \end{array}\right\} \quad (9.4)$$

9.2.3 折返设备通过能力

1. 折返站的布置

折返站按折返线与站台的位置关系，可分为纵列式、横列式和混合式三种；按折返线衔接方式有尽头式、贯通式之分；按折返方式又可分为站前折返、站后折返。城市轨道交通的折返站布置方案见表9.1，其中方案1和方案2是比较典型的布置形式，分别代表了设折返线折返和利用渡线折返两种不同的设计思路。下面对折返能力的分析将分别采用这两种布置形式加以说明。

表 9.1 折返线布置表

折返站布置		方案	示意图	特点
纵列式	尽头式	1	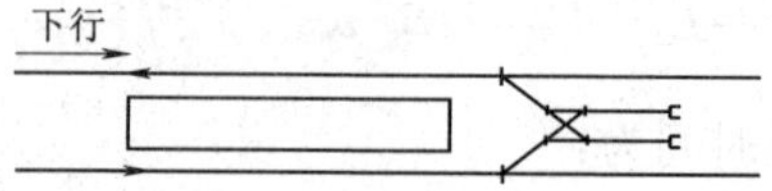	布置特点：折返线设于车站列车到达方向的前端，与站台纵列布置。 优点：车站客运业务与列车折返作业分离，列车控制简单，作业顺畅；对于双折返线车站，其中一条折返线可用于暂时停放列车。 缺点：一般情况下工程量较横列式大。折返线结构较复杂，远端道岔距车站过远，不利于管理与维修。
		2	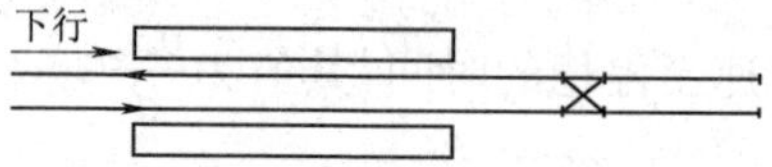	
		3	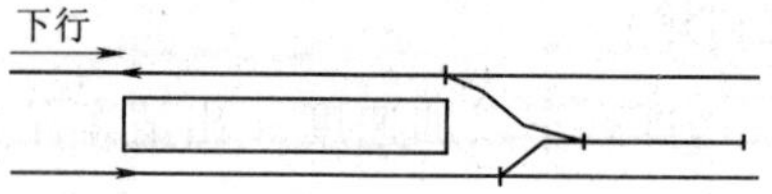	
	贯通式	4	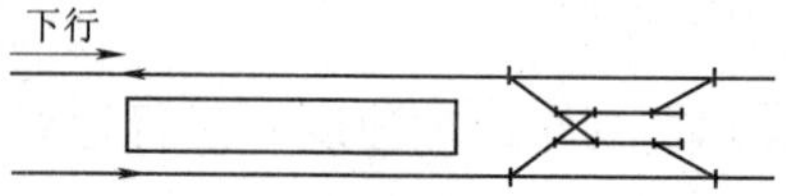	
		5	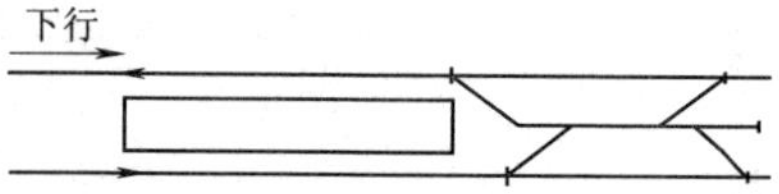	
		6	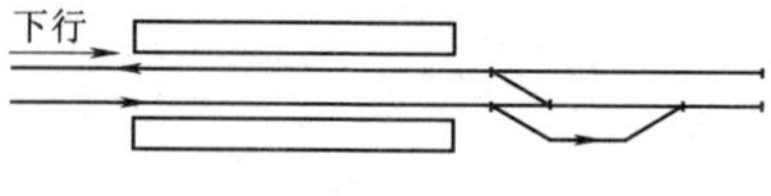	
横列式	尽头式	7	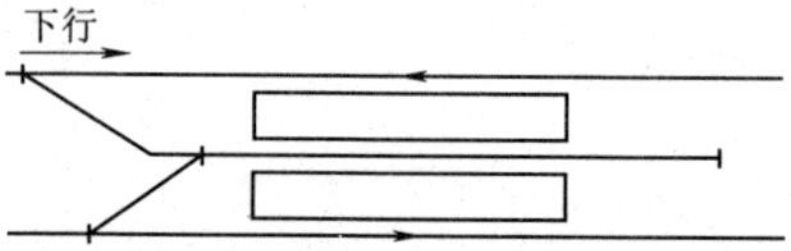	布置特点：折返线与站台平行并列布置。 优点：横列贯通式折返线设于中间折返站时，折返列车与通过列车作业干扰小，作业组织灵活，集列车到发、折返转向、越行待避等功能于一体；能实现双向列车的折返作业，机动性强。 缺点：车站宽度较纵列式增加；因横列式折返站一般只设单折返线，对突发事件的应对能力较低。
	贯通式	8	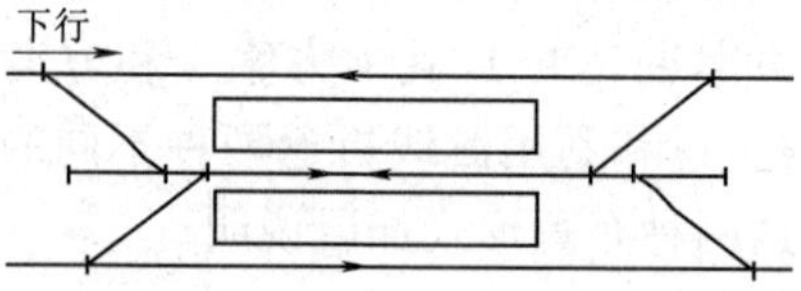	

续上表

折返站布置	方案	示意图	特　　点
混合式	9	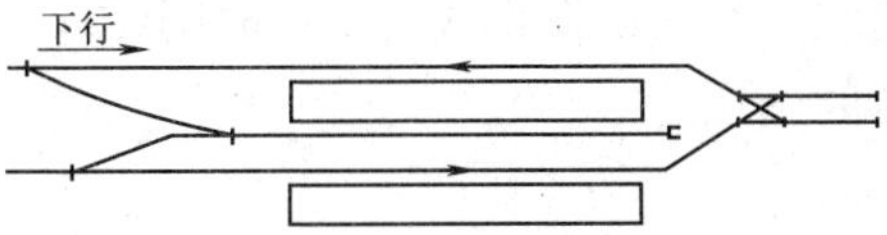	布置特点：兼具纵列式与横列式特点。 优点：同时具有站前和站后两种折返方式，通过合理增设配线，形成接车、转线、发车的平行进路，使两列（或以上）列车在站内能平行完成折返作业，缩短列车折返时间，提高折返能力。 缺点：工程量较大。

2. 折返设备通过能力计算

列车折返设备通过能力是根据列车编组数量、调车速度、信号反应时间、办理进路时间和上下客时间综合决定。在实际运用中，列车折返设备通过能力计算公式为：

$$n_{折返}=\frac{3\,600}{I_{发}} \tag{9.5}$$

式中　$n_{折返}$——1 h 内列车折返设备能够折返的最大列车数（列）；

$I_{发}$——列车折返出发间隔时间（s）。

列车折返设备通过能力应按不同的列车折返方式分别进行计算。根据车站折返线布置的不同，列车折返方式有站前折返和站后折返两种。站后折返是列车利用站后尽端折返线进行折返，站前折返是列车经由站前渡线进行折返。折返方式不同，$I_{发}$的计算方法也不同。

（1）站后折返

列车站后折返过程如图 9.3 所示：a 列车上行到达列车进站，乘客下车；b 列车由车站正线进入折返线，预办调车进路；c 列车从折返线驶入下行正线。

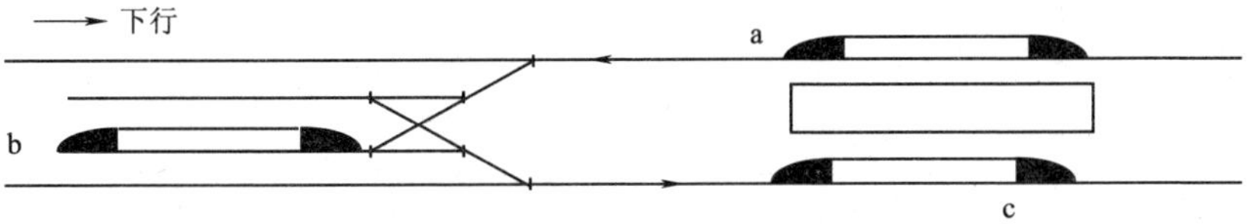

图 9.3　站后折返列车折返作业过程

显然，当采用站后折返方式时，当上行到达列车在折返线规定的停留时间结束后即能进入下行车站正线,此时有最小的折返列车出发间隔时间,如图9.4所示。

$$I_{发}=t_{离去}+t_{作业}+t_{确认}+t_{出线}+t_{站} \tag{9.6}$$

式中 $t_{离去}$——出发列车驶离车站闭塞分区的时间(s);

$t_{作业}$——车站为折返线停留列车办理调车进路的时间(s),包括道岔区段进路解锁延迟、排列进路和开放调车信号、更换操作台等各项时间;

$t_{确认}$——驾驶员确认信号时间;

$t_{出线}$——列车从折返线至车站出发正线的走行时间(s);

$t_{站}$——列车停站时间(s)。

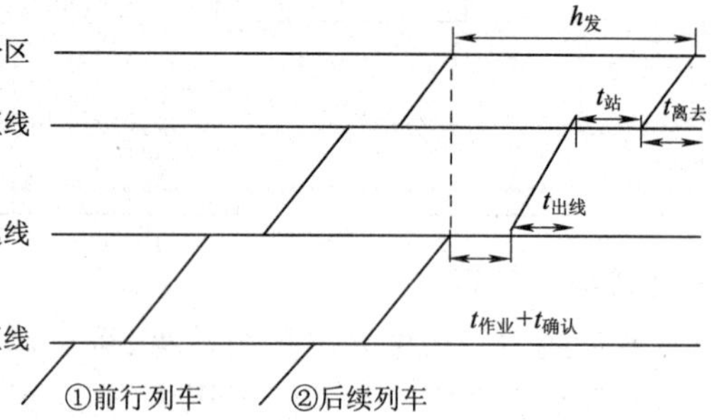

图9.4 站后折返时列车出发间隔

(2)站前折返

列车在站前折返条件下,列车的运行径路可分为直进侧出和侧进直出两种情况。

直进侧出:折返列车在折返过程中直向到达、侧向出发。要同时占用上下行正线,而且从列车运行中进站要减速、出站需加速的实际情况来看,直向进站,速度高,减速大,而侧向出站又通过道岔,加速受到限制。

侧进直出:即侧向到达、直向出发。折返列车借助于下行列车出发后的间隙,接入下行站台正线,同时腾空了上行正线,且从列车进出站的运行规律(进站减速、出站加速)角度考虑,以及乘客乘坐的舒适性考虑,这种折返模式较直进侧出好。

列车站前折返过程如图9.5所示(侧进直出):上行到达a列车进站,将侧向进入折返线,停靠下行正线;b列车由车站下行正线直向进入折返线,预办调车进路;c列车已从折返线驶入下行正线。

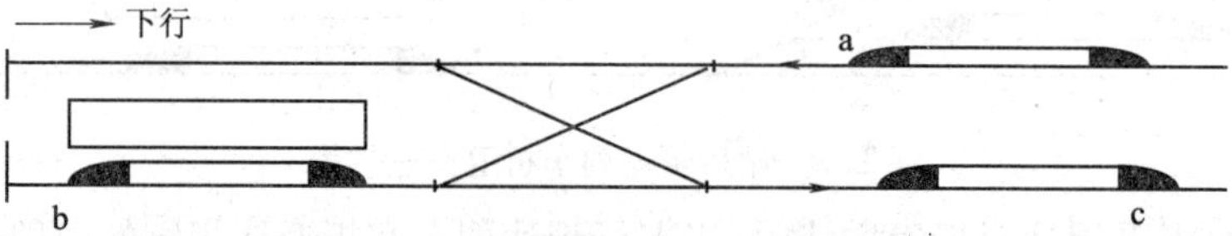

图9.5 站前折返时列车折返作业过程

当采用站前渡线折返时，当进站列车位于进站位置外方确认信号距离处时即能进入下行车站正线，此时有最小的折返列车出发间隔时间 $h_{发}$，如图 9.6 所示，即：

$$h_{发}=t_{离去}+t_{作业}+t_{确认}+t_{进站}+t_{站} \tag{9.7}$$

式中　$t_{离去}$——出发列车驶离车站闭塞分区的时间(s)；

$t_{作业}$——车站为折返线停留列车办理调车进路的时间(s)，包括道岔区段进路解锁延迟、排列进路和开放调车信号等各项时间；

$t_{确认}$——驾驶员确认信号时间(s)；

$t_{进站}$——列车从进站渡线道岔处至车站正线的走行时间(s)；

$t_{站}$——列车停站时间(s)。

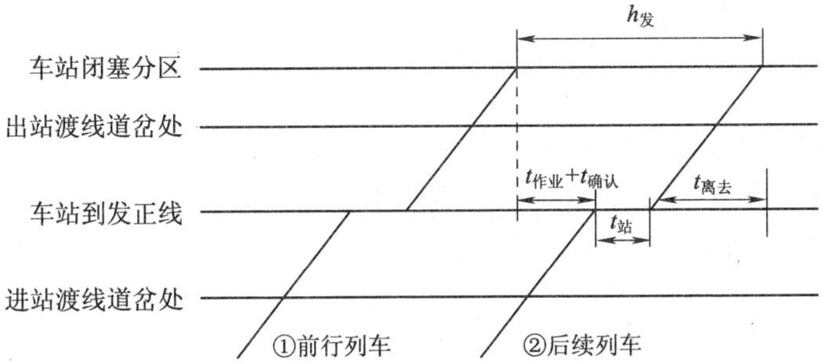

图 9.6　站前折返时列车出发间隔

9.3　通过能力与使用通过能力

9.3.1　最终通过能力

城市轨道交通最终通过能力通常受限制于线路或列车折返设备的通过能力，则最终通过能力可用式(9.8)表示：

$$n_{max}=\frac{3\,600}{\max\{I,I_{发}\}} \tag{9.8}$$

式中　n_{max}——在一小时内最终能够通过的最大列车数(列)；

I——追踪列车间隔时间(s)；

$I_{发}$——最小的折返列车出发间隔时间(s)。

从目前我国城市轨道交通系统的运营实践来看，系统通过能力主要受折返设备通过能力的制约。

9.3.2 使用通过能力

在日常行车组织中,因为列车运行时分偏离、设备故障、行车事故以及外界影响等带来的通过能力损失是很难避免的。因此,实际可使用的通过能力不可能达不到理想状态下的计算能力。为合理安排列车运能、保证列车运行秩序,有必要计算确定使用通过能力,见式(9.9)。

$$n_{使用}=\frac{3\ 600}{I+t_{损失}} \tag{9.9}$$

式中 $n_{使用}$——扣除能力损失后,城市轨道交通线路在1 h内能够通过的最大列车数(列);

$t_{损失}$——平均每列车分摊到的损失时间(s),可根据列车运行统计资料计算确定。

9.3.3 输送能力

城市轨道交通线路的输送能力是衡量其服务水平和技术水平的重要指标。城市轨道交通线路在单位时间内所能运送的乘客人数,在线路通过能力一定的条件下,主要决定于列车编组辆数和车辆定员人数。即

$$P=n_{max}mp_{定} \tag{9.10}$$

式中 P——线路在小时内最大输送能力(人);

n_{max}——1 h内线路能够通过的最大列车数(列);

m——列车编组辆数(辆);

$p_{定}$——车辆定员数(人)。

1. 列车编组辆数

列车编组辆数确定的主要依据是预测的规划年度早高峰小时最大断面客流量,计算见式(9.11):

$$m=P/n_{高峰}p_{车} \tag{9.11}$$

式中 $n_{高峰}$——高峰时段单位小时内能够通过的列车数量。

此外,在确定列车编组辆数时还应考虑如下制约因素:

(1)站台长度限制:站台长度通常在设计阶段就已经确定,后期难以改变。

(2)对线路通过能力的影响:当列车长度接近站台长度时,要求列车准确停车,通常要增加停车附加时间。并且由追踪列车间隔时间的分析计算可知,列车长度也是一个影响变量。

(3)经济合理性:采用长编组列车,列车满载率在非运营高峰时间内一般较低。

2. 车辆定员人数

车辆定员人数由车辆的座位人数和站位人数组成。站位面积为车厢面积减去

座位面积，显然，城市轨道交通线路车辆的尺寸大小、座席布置方式、单位站位面积内的站立人数是决定车辆定员人数多少的主要因素。表9.2是部分城市轨道交通系统的车辆尺寸和车辆定员人数情况。

表9.2　部分城市地铁车辆尺寸和定员情况

信息＼城市	洛杉矶	新加坡	香港	上海	莫斯科
车宽(m)	3.08	3.2	3.11	3.00	2.71
车长(m)	22.78	23.65	22.85	24.14	19.21
座位(人)	68	62	48	62	47
站位(人)	164	258	279	248	187
定员(人)	232	320	327	310	234

表9.2中所列的美国洛杉矶地铁采用大型车辆，但车辆定员人数相对较少，其原因是为了提高乘客的乘车舒适程度，以吸引私人小汽车方面的客流。其他几个城市地铁的资料基本上反映了车辆尺寸和车辆定员人数的关系。新加坡、香港和上海地铁大多采用大容量地铁车辆，车体宽度在3.0～3.2 m之间。莫斯科较多采用小型车辆。在运输组织方面，通过调整行车密度和列车编组辆数以及改变车辆内的座位数和站位密度等措施都可以实现不同的输送能力水平。

9.3.4　运输能力储备

交通运输系统的特点之一，是不能像其他生产部门那样储备产品或半成品来增加生产经营系统的可靠性。只能靠储备生产能力来适应运输波动。所谓运输储备能力，是指在一定的时期内给定的运量条件下，充分考虑运量波动、维修作业、技术改造和系统发展等因素后，运输系统持有的完成一定日常运输任务所必须的最小使用能力以外的附加能力。

上述储备能力中，有一类是考虑运量波动和车辆运行波动的储备能力，考虑运输突发性的故障、中断、调度指挥失误等的储备能力，考虑大、中修施工所预留的储备能力，考虑抢险、救灾等不可预测任务的储备能力，这类储备能力体现了为应对突发情况的应急和应变能力。

另一类是运输系统运营初期过余的储备能力，为适应系统以后的发展阶段在技术改造时期施工预留的储备能力，考虑社会经济长远发展规划的储备能力。运输储备能力是保证系统运营可靠性的重要指标，也是实现运输安全指标、质量指标和效益指标的重要条件。

按照性质，储备能力可分为通过能力储备和输送能力储备。通过能力储备是固定设备的能力储备,主要是运输线路上的通过能力储备,如在列车追踪间隔时间中预留一定的缓冲时间。输送能力储备是移动设备的能力储备,如保有一定的备用车辆,以备急需。由于移动设备可以调拨,因此,固定设备的通过能力储备就显得更为重要。能力储备一般都是指通过能力的储备。

能力储备实质上是利用设备冗余或时间冗余提高运输系统可靠性,使运输系统的发展能够适应不断增长的运输需求。规定设备的能力储备,实际上也就是界定运输设备的合理负荷水平。

9.4 运输能力加强措施

在一定时期内,城市轨道交通系统的运输能力通常是相对固定的。但随着城市经济的不断发展和市民出行需求的不断增加,客流则往往是呈逐年增长的态势,这样运输能力不足的问题就会逐渐凸现出来。对于特定的城市轨道交通线路,运能不足时可以通过增加列车缩小发车间隔。如已达到最小行车间隔时,必须采用设备改造等措施提高运输能力。因此,为了适应客流的增长,城市轨道交通系统应及时和有计划地采取加强运输能力的措施,提高运输能力。

9.4.1 运量—运能适应分析

在研究解决运输能力不足的情况下,是否需要采取和何时采取提高运输能力的措施,应通过运能—运量适应分析来确定,即根据城市轨道交通线路的高峰小时现有运输能力能否适应规划年度高峰小时需要运输能力来确定。高峰小时需要运输能力,可根据预测的规划年度高峰小时最大断面客流量进行计算确定,计算见式(9.12):

$$p_{需}=p_{规划}(1+\gamma_{备}) \tag{9.12}$$

式中 $p_{需}$——规划年度高峰小时线路应具有的运输能力(人);

$p_{规划}$——规划年度高峰小时线路单向最大断面客流量(人);

$\gamma_{备}$——考虑客流波动的能力后备系数,一般可取0.1。

图9.7是根据现有运输能力和需要运输能力资料绘制的运量适应图。图中现有运输能力假设在运营初始年为25 000人/小时,以后平均每年增加2 500人。现有运输能力和采用各种提高运输能力措施后所实现的运输能力按表9.3数据绘制。从运量适应图上可以清楚地看出运量一运能适应分析的结果,确定现有运输能力能否满足需要运输能力的逐年增长,了解采用某种提高运输能力措施形成能力的最后期限以及适应的运营年限,运量适应图还可以比较采用不同提高运输能力措施的运量一运能适应情况等。

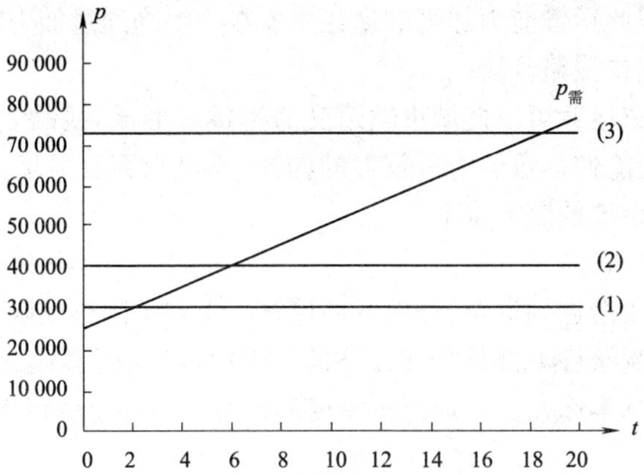

图9.7　运量适应图

表9.3　绘制运量适应图数据

序号	运能状态变化	h(s)	m(辆)	$p_{车}$(人)	p(人)
1	现有运能(1)	180	6	250	30 000
2	扩能措施(2)	180	8	250	40 000
3	扩能措施(3)	120	8	300	72 000

9.4.2　提高运输能力的途径

1. 影响运输能力的变量

(1)线路:包括正线数目,路权是否专用,交叉口的类型和交通控制方式等。

(2)车辆:包括车辆型号、定员数,最高运行速度,加、减速度,车门数及车门宽度和座椅布置方式等。

(3)车站:包括站间距、站台高度和宽度,售检票方式和上下车区域是否分开等。

(4)列车运行控制:列车控制方式以及允许能力等。

(5)运输组织:列车编组辆数,列车在折返站停留时间,客流的时间和空间分布特征。

(6)其他交通:与其他交通方式的衔接形式,其他交通方式的流量和特点等。

在上述影响运输能力的变量中,最重要的是列车追踪间隔时间、折返线数量及其布置方式、列车编成辆数和车辆定员数等。

2. 运输能力加强的途径

根据式(9.10),城市轨道交通运输能力与通过能力列车编组辆数和车辆定员人数直接相关,因此运输能力加强的途径主要在于提高通过能力和增加列车定员。

(1)修建新线或线路改造

新线路的建成运营可以使城市轨道交通网逐步形成,线路改造会改善列车运行条件,这样无疑能使运输能力有较大的提高,满足乘客日益增长的出行需求,提高城市轨道交通系统的服务水平。

(2)增加行车密度

由于修建新线会遇到资金、土地及环保等一系列的困难或限制,并且修建新线也不是在任何客流条件下都是合理经济的。因此,增加既有线行车密度是提高既有线运输能力的基本途径。增加行车密度的通过能力提高值可由式(9.13)表示:

$$\Delta n_{max}=3\,600\left(\frac{1}{I''}-\frac{1}{I'}\right) \tag{9.13}$$

式中 Δn_{max}——增加行车密度后的小时通过能力提高值(列或对);

I'——增加行车密度前的追踪列车间隔时间(s);

I''——增加行车密度后的追踪列车间隔时间(s)。

(3)增加列车定员

通过增加列车编组辆数、采用大型车辆或优化车辆内部布置来增加列车定员,是提高既有线输送能力的又一途径。但地铁列车的扩大编组往往受到站台长度的限制;而当轻轨列车的编组辆数较多时,在路权混用时,会在平交道口对其他交通方式产生一定影响。增加列车定员的输送能力提高值可由式(9.14)表示:

$$\Delta p=n_{max}(p''_{列}-p'_{列}) \tag{9.14}$$

式中 Δp——增加列车定员后的小时输送能力提高值(人);

$p'_{列}$——增加列车定员前的列车定员数(人);

$p''_{列}$——增加列车定员后的列车定员数(人)。

9.4.3 加强运输能力的措施

运输能力是通过能力与输送能力的统称。在地铁、轻轨等线路上,通过能力主要是由线路通过能力和列车折返能力两者中的能力较小者所决定;在市郊铁路上,通过能力主要是由区间通过能力所决定。提高运输能力的措施有多种多样,各种提高运输能力措施解决能力问题的内涵也不一样,但尽管如此,提高运输能力的措施大体上还是可以分为运输组织措施和设备改造措施两大类。

运输组织措施是指无需大量投资,运用比较完善的运输组织方法,更有效地使用既有技术设备,就能使运输能力达到需要水平的提高能力措施。如优化列车运行图,合理规定列车停站时间,合理组织列车折返作业,改善列车乘务制度等措施。

设备改造措施是指需要一定投资来加强技术设备的措施。随着科学技术的进步，不断地以先进的技术设备来装备城市轨道交通系统，以加强城市轨道交通运输的物质技术基础，提高运输能力。这些措施包括新建线路，改造既有线路与车辆段，采用先进的信号和列车运行控制系统以及购置新型车辆等。

根据各国城市轨道交通的运营实践，在扩能的措施方面，提高既有线运输能力通常是运输组织措施和设备改造措施两者并用，如增加行车密度和增加列车定员来提高既有线运输能力，并以增加行车密度为主。但在线路行车密度已经很大的情况下，要较大幅度地提高运输能力，往往需要通过采用设备改造措施来实现。

1. 提高线路通过能力的措施

决定线路通过能力的是追踪列车间隔时间，因此可通过压缩列车的进站时间、加减速附加时间和停站作业时间来提高线路通过能力。因此，提高线路通过能力的措施主要有：

(1)修建双线或四线

在既有单线或双线基础上建成双线或四线、平行双线能大幅度提高线路通过能力，在市郊铁路的繁忙地段可修建平行双线。

(2)改造线路平、纵断面

采用该措施能提高行车速度，进而提高线路通过能力。但改造线路的平面和纵断面会受到诸如工程经济性、施工困难和影响日常行车等因素的制约。因此该措施通常在旧式有轨电车线路改造为轻轨线路时采用；而在既有轻轨或地铁线路情况下，则更倾向于采取用新型车辆来适应线路条件的做法。

(3)客流较大中间站修建侧线

采用该措施使侧式站台变成岛式站台，单向运行列车能在站台两侧轮流停靠，这样可以缩短构成追踪列车间隔时间的列车停站时间部分，较大幅度提高线路通过能力。该措施一般适用于土建改造条件较好的郊区地面线路情况。

(4)客流较大中间站增建站台

该措施通常在岛式站台情况下采用，使停站列车的两侧均有站台，乘客能从两侧上下车或上下车分开，缩短列车停站时间，提高线路通过能力。此外，在增建站台时也可根据客流需求同步修建侧线，该措施一般也适用于郊区地面线路情况。

(5)使用新型车辆

新型车辆的含义包括车辆运行性能改善和安装车载控制设备等。车辆运行性能主要包括车辆构造速度、车辆起动加速度和制动减速度等运行参数；车载控制设备主要有车载制动自动控制和车载道岔自动转换设备等。车辆运行性能改善和安装车载控制设备能提高列车运行速度，缩短追踪列车间隔时间。

(6)改进车辆设计

车辆上的新设计通常是针对缩短列车停站时间、增加车辆定员和提高乘车舒适程度等进行的。如可设计制造六车门车辆,以缩短乘客上下车总时间。

(7)改用移动闭塞

在列车追踪运行过程中,移动闭塞能使后行列车与前行列车始终保持一个自动控制程序规定的最小安全间隔距离,而不是原先固定闭塞时规定必须间隔若干个闭塞分区所形成的安全间隔距离。因此,用移动闭塞取代固定闭塞,能缩短追踪列车间隔时间。

目前国内的运营企业在新线建设中多采用移动闭塞模式。

(8)分割车站区域轨道电路

图9.8是采用该措施后缩短追踪列车间隔时间的一个图解。通过分割车站区域轨道电路,增加了一个前行列车离去速度监督等级,图中当前行列车出清轨道电路段cd,达到被监督速度,续行列车恰好运行至进站线路的a处,如图9.8(a)所示;当前行列车出清整个车站轨道电路区域时,续行列车已运行到进站线路的b处,如图9.8(b)所示。

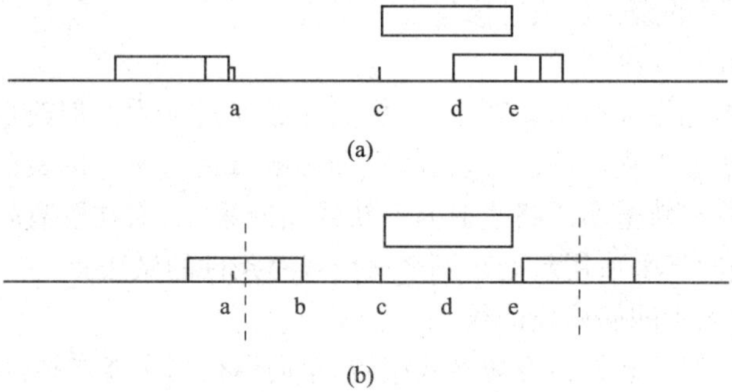

图9.8　分割车站区域轨道电路时列车追踪运行图解

(9)加强站台客运组织

乘客为了减少走行距离,同时避免时间延误,往往在靠近自动扶梯或楼梯的位置候车,进而导致列车内乘客分布的不均匀,最终造成列车在车站的停站时间延长。采用该措施就是通过站台乘车的组织,使列车内的乘客尽可能分布均匀,以减少列车停站时间。

2. 提高列车折返能力的措施

在行车密度比较高的情况下,线路终点站的列车折返能力会成为限制通过能力的薄弱环节。影响列车折返能力的主要因素,在站后折返情况下有出发列车驶离车站闭塞分区时间、车站为折返线列车办理调车进路时间、列车从折返线至出发站线的走行时间和图定终点站列车停站时间等;在站前折返情况下有出发列车驶离车站闭塞分区时间、车站为进站列车办理接车进路时间、列车从进站信号机至到达站线的走行时间和图定终点站列车停站时间等。

针对上述各种影响因素，折返站提高列车折返能力的措施主要有：

(1)修建环形折返线

图9.9是地面城市轨道交通线路修建环形折返线的图解。折返站的这种站场配置能缩短乘客上下车总时间、消除列车在折返线等待前行列车腾空站线的时间，提高终点站的列车折返能力。

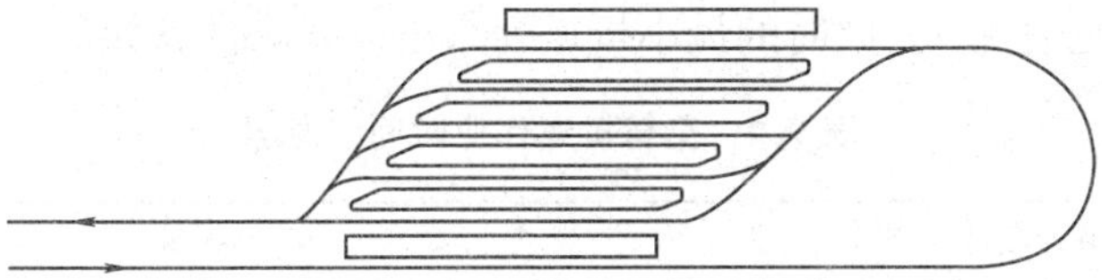

图9.9　连接各站台线的环形折返线

但环行线因受平面曲线最小半径限制，环绕距离偏长，工程巨大，需要适合的地形条件。从建设与运营成本投入和运营效果相比较，单独设置环行折返线，经济合理性较差。

(2)增建侧式站台

采用该措施形成一岛一侧式出发站台组合，可以缩短乘客上车总时间，加速列车的折返周转。该措施一般适用于地面线路情况，由于土建工程量较大，是否采用应在与其他提高运输能力方案进行技术经济比较后确定。

(3)优化道岔与轨道电路设计

如将渡线道岔按两个单动道岔进行设计和将站内轨道电路进行分割等，采用这些措施后能减少列车等待进路空闲情况，缩短列车的折返时间。

(4)采用自动信号设备

采用该措施后，道岔转换、排列进路、信号开放及进路解锁等能根据列车折返运行情况自动进行。这样，列车在折返作业过程中，能减少办理调车或接车进路时间，从而达到加速列车折返的目的。

(5)在折返线上预置一列车周转

在前行列车已经腾空出发站线，而续行列车还未进入折返线或在折返线停留过程中，此时采用该措施能提高列车折返能力。

(6)改变折返方式

通过采用不同的折返方式来缩短折返列车在终点站的出发间隔时间。

有两条折返进路的车站可分别使用两条折返进路进行交替折返。

下面以站前折返为例说明交替折返的模式。图9.10为一采用站前折返的折返站站型示意图。

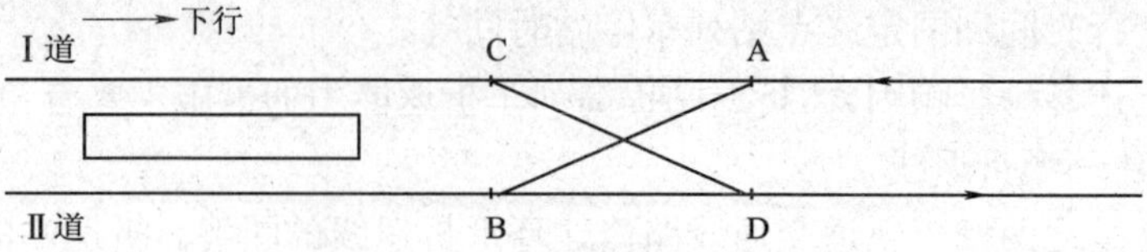

图 9.10 站前折返站站型示意图

采用交替折返时，列车侧向进站、直向出发与直向进站、侧向出发交替进行。作业时间示意见表 9.4。此时的最小折返列车出发间隔计算如下：

表 9.4 交替折返作业时间示意图

	作业项目	时间
1	车站办理接车进路	
2	列车进站到达	
3	列车停站上下旅客	
4	车站办理发车进路	
5	驾驶室转换	
6	驾驶员确认信号	
7	列车发车出站	
8	折返列车最小出发间隔	

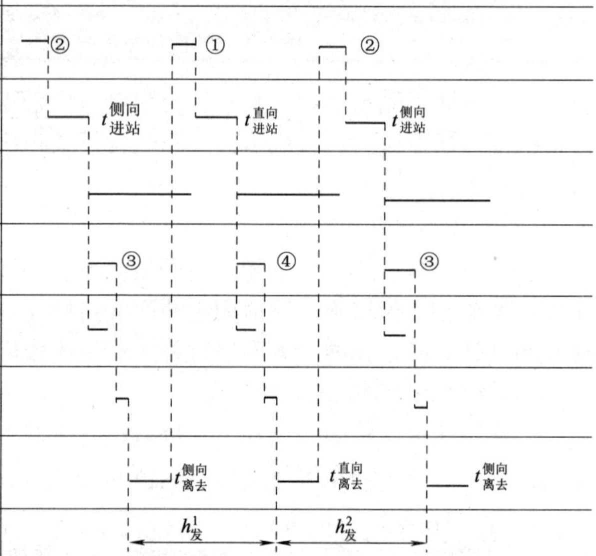

注：①表示列车经道岔A、C直向进Ⅰ道停车；②表示列车经道岔A、B侧向进Ⅱ道停车；③表示Ⅰ道停站列车经道岔C、D侧向发车；④Ⅱ道停站列车经道岔B、D侧向发车。

$$I^1_{发}=t^{侧向}_{离去}+t_{作业}+t^{直向}_{进站}+t_{作业}+t_{确认}=t^{侧向}_{离去}+t^{直向}_{进站}+2t_{作业}+t_{确认} \quad (9.15)$$

$$I^2_{发}=t^{直向}_{离去}+t_{作业}+t^{侧向}_{进站}+t_{作业}+t_{确认}=t^{直向}_{离去}+t^{侧向}_{进站}+2t_{作业}+t_{确认} \quad (9.16)$$

$$n^{交替}_{折返}=2\times\frac{3\,600}{I^1_{发}+I^2_{发}}$$

若不采用交替折返，则 $I_{发}=t_{确认}+t_{进站}+t_{站}+t_{离去}+t_{作业}$，

$$n_{折返}=\frac{3\,600}{I_{发}}$$

由于 $t_{作业}<t_{站}$，所以 $I^1_{发}<I_{发}$，$I^2_{发}<I_{发}$

则 $I^1_{发}+I^2_{发}<2I_{发}$

$$2\times\frac{3\,600}{I^1_{发}+I^2_{发}}>2\times\frac{3\,600}{2I_{发}} \tag{9.17}$$

即 $n^{交替}_{折返}>n_{折返}$，所以当采用交替折返模式时，可提高车站的折返能力。

从实际的运营和维护角度上看，不采用交替折返时仅仅使用了两条折返进路中的一条折返轨，另一条仅作为存车线或停车线用，其结果会造成部分线路的偏磨，不利于线路的维护和实际效益的发挥，而采用交替折返则可有效消除线路偏磨的问题。

但是采用交替折返模式时将会出现不均衡的发车间隔和接车间隔，这种情况将给全线的行车组织和运营管理增加一定难度。

3. 提高输送能力的措施

在通过能力一定的条件下，决定输送能力的因素是列车编组辆数和车辆载客人数。因此，提高输送能力的措施主要有：

(1)增加列车编组辆数

采用该措施能较大幅度提高输送能力，但列车扩大编组受到站台长度、运营经济性等因素的制约。

(2)采用大型车辆

由于大型车辆定员多，大型车辆是目前新建城市轨道交通系统，尤其是地铁的首选车型。

(3)优化车辆内部布置

该措施的基本出发点是在车辆尺寸一定的条件下，通过将双座椅该为单座椅或将纵向布置的固定座椅改为折叠座椅，来增加车辆载客人数。改为折叠座椅后，在高峰运输期间可翻起座椅，增加车内站立人数，同时也提高了平均乘车舒适程度。

9.5 运输能力加强实践分析

随着近年来新线的不断投运，我国的部分城市轨道交通系统网络形态加快完善，网络所发挥的效益越来越明显，随之运营管理所承受的压力也在加速积聚。以下以某地铁进入网络化运营时代后，对于运输能力加强的具体实践进行分析。

9.5.1 现　　状

(1)随着新线投运，网络规模不断扩大。

(2)网络结构持续复杂化:环线与其他直径线或放射线相交,在环上形成很多换乘车站;超长线路连接市中心与副中心、市区与郊区,主要服务于通勤客流;全网运营组织方式、信号制式存在较大差异。

(3)随着乘客对于城市轨道交通系统运作方式的接受和适应,以及网络诱导效应和叠加效应,网络客流节节攀升。

9.5.2 采取的增能措施

1. 列车运行图多样化

(1)工作日早晚高峰增开列车。为应对早晚高峰通勤压力,运营企业通过增发列车,缩短时间间隔,快速运送客流。

(2)周五提前进入晚高峰。如原晚高峰开始时间为16:30,可提前至16:00。

(3)工作日与双休日时刻表。由于双休日通勤客流减少,基本上以出行、休闲、娱乐客流为主,并且高峰、平峰差异不明显,整体客流较工作日大幅减少。针对工作日与非工作日客流差异,避免资源浪费,一般在双休日列车时间间隔要比工作日长。

2. 列车运行交路多样化

3. 行车间隔的多样化

(1)早晚高峰与平峰期行车间隔不同。

(2)工作日与非工作日根据不同的时间段设定不同的行车间隔。

(3)同一条线路上下行方向之间。网络化运营阶段考虑到不同线路之间的时刻表衔接,以及沿线客流特点,同一条线路上下行方向的行车组织也设定了不同的时间间隔。

(4)同一条线路不同区段之间。设置分段运行的线路,客流分段比较明显,客流少的区段行车间隔要比客流大的区段行车间隔长。

9.5.3 进一步提升运能的限制因素

目前城市轨道交通提升运能的限制条件主要集中在折返能力、列车配属、信号能力、停车列位等因素。

1. 折返能力

折返站的折返能力是线路通过能力的一个重要环节,没有与线路相适应的折返能力,将直接影响着全线的通过能力,甚至限制线路能力的有效发挥。折返作业共包括"列车进站"、"上下客"、"换向作业"、"列车出站"、"列车进折"、"列车出折"6个作业,列车通过折返作业并向同向线路区间连续发车的时间间隔成为列车折返站折返能力。折返能力与车站配线布置形式、咽喉区长度、列车长度、运行速度、办理进路时间和车载 ATO 动作时间等有关。此外,折返能力还与折返模式有关,如站前折返、站后折返、多线折返等。因此,提高折返能力的途径有两种:一种是压缩折返过程的作业时间,实施紧交路折返作业;另一种是采用灵活的折返形式,如增加折返列车数等。

但随着客流的持续攀升,折返时间往往成为限制地铁运输能力提升的主要因素。

2. 列车配属数

列车配属数多少也是影响列车运行间隔长短的重要因素,进而影响列车通过能力。客流增长较快的线路列车配属数极易出现不足的情况,而客流增长缓慢或客流培育期的线路列车配置数足够。

3. 信号能力

信号能力也就是列车追踪运行的间隔时间,在自动闭塞行车时,列车停站时间与列车运行控制方式是决定追踪列车间隔时间的主要因素。在自动闭塞线路上,线路通过能力是由列车间隔时间决定的,而列车间隔时间又与列车间隔距离密切相关。缩短列车间隔距离能压缩列车间隔时间,进而提高线路通过能力。但是列车间隔距离的缩短是有前提的,不能危及列车运行安全。采用先进的列车运行控制方式,能在确保列车运行安全的同时使线路通过能力达到最大。

4. 停车列位

车场线路股道数直接影响到列车运用数量,从而影响当前列车运输能力。由于当前列车配属充足,尚未出现停车列位不足的矛盾。然而未来客流增长,就要增购列车,提高运输能力,届时势必要扩大停车列位。

9.5.4　既有线提升运能的措施

既有线提升运能的措施主要有:

信号改造;列车停车列位扩建改造;土建改造;驾驶员配备。

提升运能的工作需要较长的时间进行,表 9.5是归纳的各项工作的时间对照表。

表 9.5　各项准备工作时间对照表

准备工作	所需时间(年)
增购列车	2
信号改造	0.5
土建改造	2
驾驶员配备	1.5

9.5.5　提升运输能力的建议

1. 提高客流预测的准确性

客流是线路设计和建设的基础,也是运输计划制定的基础,因为线路运输能力能否满足客流增长的需求,根本上取决于客流预测的精度。

2. 尽早做好运能规划

运能规划是以准确的客流预测为重要前提,同时运能规划也受到列车配属、设备功能实现情况等硬性因素的制约。倘若运能规划的做得比较迟,通过改扩建站台、停车场等方法增加运能将会变得非常棘手,并且改造成本也非常高,一般仅能通过缩短运营间隔,延长运营时间来增加运能。因此,应该提前做好运能规划研究,选取最适的开行方案,尽可能减少乘客拥挤度。

3. 建立长期动态规划机制

以往的运能规划通常会设置三个时间点,运营初期即轨道开通运营5年后,运营中期即轨道开通10年后,远期即轨道开通25年后。然而,由于预测年限过长,缺乏可信的规划资料和数据等原因,导致预测并不精确,缺乏实践指导意义。因此,有必要建立长期动态的规划机制,以5年为基础,通过调整参数、修正指标等步骤先确保第一个5年的准确性,然后以第一个5年为基础对第二个5年进行规划,如此滚动。

复习思考题

1. 什么是通过能力?什么是输送能力?二者之间的关系如何?

2. 为什么计算线路的通过能力时,应把区间和车站看成是一个整体予以综合分析?

3. 直进侧出和侧进直出两种折返模式,哪种比较好?为什么?

4. 加强运输能力的措施有哪些?

5. 试评价采用交替折返模式的优缺点。

第 10 章　客运组织管理

城市轨道交通的产品是通过为乘客提供安全、准点、快捷、舒适、方便的点到点的位移，获得良好的社会效益。客运组织水平高低是城市轨道交通运营企业管理水平、服务水平高低评价的直接体现，客运组织管理重在依据质量管理的方法对运营服务过程形成系统有效管理。

客运组织管理中，重点是对客流的管理，客流管理首先需要对客流组成、客流量大小等进行预测和调查分析，从而为车站点位设计、规模大小、设备布置等提供依据，也为线路开通后的客流组织打好基础。在具体对客流进行预测和分析后，就需要对客流组织进行具体的分析研究，根据客流量的大小，采用不同的客流组织方法。

城市轨道交通作为城市交通的骨干，为市民的工作、生活服务提供了最基本的保障。市民出行的目的多种多样，包括以工作、学习、生活为目的的出行和文化娱乐活动的出行。市民的这种工作、生活出行带有很强的目的性、规律性。除了要满足本地人口的需求外，还要随时随地为城市的流动人口提供服务，因此，本着与公共交通服务一致的目的，有利工作、方便生活的原则，合理地组织运营，城市轨道交通企业也应尽可能地为城市不同的出行需求提供满意的服务，服务也要随着城市功能的增强而进行不断的调整。在服务质量监督管理体系优化的过程中，服务质量本身就是服务对于自身的不断弥补，不断提高服务质量。

10.1　客流预测与调查分析

城市轨道交通客流预测是对系统内客流的流量和流向进行预测和调查分析，为客运组织工作提供决策依据。

10.1.1　客流相关术语

为了便于统计城市轨道交通站点、线路、线网的客流量大小，以及判断客流饱和程度、运力与运量的匹配关系等，需要一些专用的客流相关名词或术语进行表述和界定，本章主要涉及的客流术语包括断面客流、最大断面客流、高峰小时最大断面客流、车站客流量、非换乘站日客流量、换乘客流量、换乘站日客运量、单线日客运量和线网总客运量，其中前 5 个客流术语已经在第 3 章说明。

1. 非换乘站日客运量

即本站的日进站客流总数,车站的日进站客流包括闸机进站人数与边门进站人数(使用纸票进站或使用符合免费乘车条件证件进站)。一般由于边门进站数较少,现在的各个城市轨道交通一般不再累加此项数据,直接采用自动售检票系统内的日进闸机验票次数作为进站客流,该数据即为该非换乘站的日客流量。

非换乘站日客运量=车站闸机进站客流人数+边门进站人数

2. 换乘客流量

乘客在整个乘车过程中换乘次数都计入换乘客流。至于换乘客流,假设某站为A线与B线换乘站,则该站的换乘客流由两部分组成,A线换B线客流加B线换A线客流,三线换乘站同理。换乘客流的计算与进站客流统计不同,由AFC系统自动采集数据直接得出。换乘客流都有计算模型,最常使用的方法有最短路径法、最少换乘次数法。

最短路径法通俗解释是,假设一名乘客从某线的A站进站,从另一条线的B站出站,那根据模型默认该名乘客按最短路径乘坐城市轨道交通,期间乘坐时间是最短,但中途可能经过三、四个换乘站。最短路径法通过Dijkstra(单源最短路径)算法实现。

最少换乘次数法通俗解释是,假设一名乘客从某线的A站进站,从另一条线的B站出站,那根据模型默认该名乘客按最少换乘次数的路径完成出行,可能期间只换乘一次,但有可能最短路径多花费了乘坐时间。

以上两种模型在城市轨道交通只有较少线路还未形成线网时,数据比较准确,有一定的参考使用价值。当城市轨道交通线网越来越多时,受乘客主观因素的影响,会使以上两种模型准确性存在偏差。

3. 换乘站日客运量

假设某站为A线与B线换乘站,则该站的客流量为A线所辖日进站客流总数加B线所辖日进站客流总数再加换乘客流。

换乘站日客运量=该站所在各线路所辖日进站客流总数+换乘客流

4. 单线日客运量

单线日客运量为线路日运送乘客总量。

单线日客运量=付费客流+非付费客流

付费客流包含本线进且本线出客流、换入至本线客流、由本线换出客流、途经客流。非付费客流包含可采用统计分析或客流抽样调查等方法进行清分的公务票、老人票、纪念票等非付费客流。

5. 线网总客运量

线网总客流量为线网所辖所有线路客流量的总和,由线网所有进站客流量与换乘量的总和计算得出。

$$线网总客流量=\sum线路客运量$$

10.1.2 客流预测的目的

对于已投运的线路，及时准确地分析各路网的实际客流数据并进行客流预测，有利于提高城市轨道交通运营管理部门的运营组织效率，增强应对客流高峰的运输管理能力，并为运营安全有效决策提供良好的数据支撑。所以，对于城市轨道交通的客流预测显得尤为重要。

在规划期，客流预测主要是为城市建设规划以及交通规划提供具体的数据支持，同时针对客流量的高峰期通过有效的分流手段，避免某一线路或站点出现客流压力过大的现象，提前统筹各种交通方式对客流的分担率。如果客流量预测出现较大偏差就会使以预测量为依据进行的相关建设造成严重的经济损失，对某些线路或站点数据预测远小于实际客流量，就会使线路或站点的硬件配套无法满足客流组织要求，造成投运后严重的客运组织压力。

10.1.3 客流预测的原则

1. 宏观与微观相结合

宏观与微观相结合指每条城市轨道交通线路、每个车站、甚至乘客的具体出行特征预测都能结合城市的总体规划，既充分考虑社会经济与政策变化的影响，又充分考虑经济水平和人们的风俗习惯和个体的差异。

2. 定性和定量相结合

定性分析着眼于对事物质的判断，其正确与否主要依靠预测者洞察事物的能力，并借助经验和逻辑推理完成。定量分析预测是在前者的基础上采用数学方法完成，着眼于统计资料的积累。两者有机结合才能对城市轨道交通线路的客流进行科学、客观的预测。

3. 理论先进性和数据积累

客流预测是一门新型的边缘学科，城市主体客流预测已趋于成熟，但城市轨道交通客流预测还处于探索和不断完善的阶段，因此我们应积极、及时提出具有针对性的理论模型，并使之不断完善。例如：为了克服“四阶段”的缺点，又提了以出行者个体为研究对象，以随机效用理论、出行效用最大化理论为基础的非集聚模型。通过研究土地使用性质来研究客流发展规律，以达到远期预测目的的土地利用法等已在许多城市成功利用。

先进的理论无疑对预测结果的可靠性有直接的影响，但客流预测是从当前出行情况中摸索规律，并以此来推测未来出行的过程。调查资料是否丰富、准确、连续,从根本上决定了预测结果是否可靠。因此,对定期客流预测的数据进行法制化管理是个有效的方法。

10.1.4 客流预测的方法

客流预测技术是交通运输领域研究的热点问题之一,精确的客流预测不但对城市规划产生影响,更对交通运输企业的运营、管理和决策产生直接的影响。

进行客流预测,首先要开展详尽的交通调查,收集与客流预测相关的各种基础资料并进行统计分析,确定有关参数,然后在此基础上建立科学的预测模型,通过计算机仿真计算,最后得到预测结果。

运输需求的预测方法多种多样,大致可分为定性预测和定量预测两种方法。

定性预测法又可称为判断预测法,是一种最古老的预测方法。这类方法主要依赖于个人的感觉或专家的判断,运用预测者的经验,综合考虑各种影响因素,分析运输活动的特点和构成,来进行预测的一种方法。这类方法的优点是简便直观,不需要建立繁琐的数学公式,通过对研究系统的定性分析,依据专家丰富的经验,对未来的交通需求进行预测。但这类方法的缺点比比较明显。通过定性预测法预测产生的结果往往带有主观色彩。定性预测方法主要有 Delphi 法、类推法、头脑风暴法等。

定量预测方法是根据研究数据之间的相互关系,通过一定的数学公式,建立模型,以进行对未来数据的预测,是比定性预测更为科学的预测方法。定量预测的优点是预测较为客观,并且可以进行误差分析,同时对于大量的数据分析可以借助计算机进行辅助预测。但是定量预测方法要求有较为完整的原始数据。定量预测方法的种类繁多,目前,用于交通需求预测的定量预测方法主要有外推预测法、因素分析法、四阶段预测法和非集计模型预测法等。

10.1.5 客流的调查分析

客流是不断动态变化着的,但这种动态变化又是有规律的。在运营过程中,要掌握客流在时间、空间上的动态变化规律,根据客流的动态变化规律采取相应的客流组织方式,必须通过各种形式的客流调查,了解并掌握客流变化的规律并配备与之相适应的运输能力,才能给乘客提供良好的服务。

客流调查问题涉及客流调查内容、调查地点和调查时间的确定,调查表格和设备的选用,调查方式的选择等,根据不同的情况和需要,采取不同的客流调查方式。目前,城市轨道交通系统的客流调查种类主要有:全面客流调查、乘客情况抽样调查、断面客流调查、节假日客流调查、突发客流调查。

1. 全面客流调查

全面客流调查是对城市轨道交通全线客流的综合调查。这种类型的客流调查时间长、工作量大、需要较多的调查人员。通过调查及对调查资料进行整理、统计和分析,可对客流现状及出行规律有一个全面清晰的了解。

全面客流调查的内容通常包括全线客流调查和乘客抽样调查两部分,调查方法包括随车调查和站点调查。随着IC卡技术的推广,通过自动售检票系统采取IC卡数据进行客流分析逐渐成为一种新的快捷有效的客流调查方法,客流量大小、票种分布,乘客流向分布等资料可通过自动售检票系统得到。全线客流调查一般应连续进行,在全天运营时间内,调查全线各站所有乘客的下车地点和票种情况并将调查资料以规定时间间隔分组记录下来。乘客情况抽样调查通过问卷方式进行,或在特定的地点进行。

2. 乘客情况抽样调查

乘客情况抽样调查是采用样本有利于降低调查的人力、物力和时间成本。乘客情况抽样调查重点在了解乘客的构成、乘车情况等,为线路、站点、设备的布局、选型及运营组织的方式等提供依据。城市轨道交通乘客情况抽样调查通常采用问卷方式进行,内容包括乘客构成情况调查和乘客乘车情况调查两项。其中乘客构成情况调查在车站进行,被调查人数取全天在车站乘车人数的一定比例,调查表内容有年龄、性别、居住地、出行目的等,该项调查的时间可选择在客流比较正常的运营时段。

3. 断面客流调查

断面客流调查是一种经常性的客流抽样调查,可选择一两个断面来调查,通常选择最大客流断面进行调查,调查人员可以通过直接观察法或通过城市轨道交通自动售检票系统的分析数据得出。通过断面客流的调查分析,结合列车的满载情况,为城市轨道交通企业运行图的铺化、大小交路的选择提供依据。

4. 节假日客流调查

节假日客流调查是一种专题性客流调查,重点对春节、元旦、国庆节、双休假日等节日期间的客流进行调查。调查的内容包括机关、学校、企业等单位的休假安排、都市旅游业的发展程度,城市居民生活方式的变化等。该项调查一般也通过问卷方式进行的。通过节假日的客流调查为城市轨道交通节假日客流组织提供依据。

5. 突发客流调查

突发客流调查主要是针对体育馆、会展中心、影剧院等客流快速集散场所附近城市轨道交通站点的专项客流调查。调查主要涉及体育馆、会展中心、影剧院的规模、距离等对站点客流的影响程度和持续时间的关系。重点为附近站点的客流组织提供依据。

10.2 客流组织

城市轨道交通客流组织工作必须实行集中领导、统一指挥的原则。车站客流组织是客运组织管理的重要内容,车站客流组织工作的要求:安全准时、方便迅速、热情周到。

10.2.1 乘客一次乘车流程

城市轨道交通系统的运行目的是安全、准时地将乘客运达目的地,在向每一名乘客提供位移服务过程中,都伴随着进站—乘车—出站这一流程,根据进站、乘车、出站客流流向的不同,可以分解成以下具体流程。

1. 进站流程

乘客进站流程如图 10.1 所示,乘客通过步行、公交、出租、慢行接驳等方式到达站点,选择就近出入口进站,选择是否需要购票或充值,经过行李安检后刷卡进站,到达站台根据所要前往的方向等候列车。

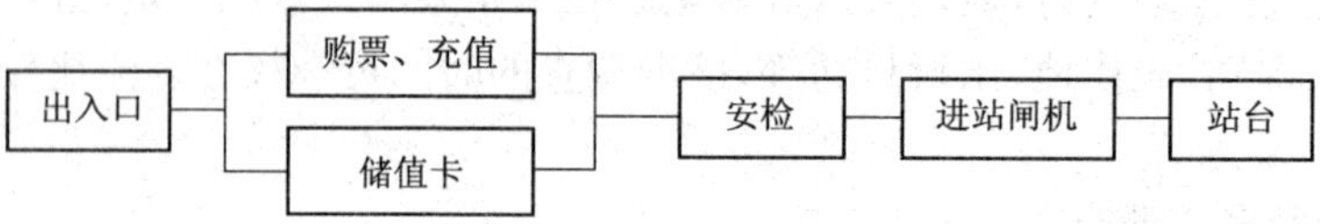

图 10.1 进站流程图

(1)出入口

出入口是车站的门户。其主要作用是集疏客流,供乘客在运营线路内部进行换乘或换乘其他交通方式。车站的出入口及通道,还兼有行人过街的作用。一般在设计之初都会选择靠近地面交通集散点、著名建筑物、商业区、住宅区等客流繁忙的但相对隐蔽之处。为方便乘客及疏散客流,一个车站都有许多出入口,一般不少于 2 个。

按平面形式主要可分为以下几类:“一”形出入口、“L”形出入口、“T”形出入口、“Y”形出入口、“Π”形出入口。车站出入口一般以字母“A、B、C、D……”或数字“1、2、3、4……”命名。

①“一”形出入口

“一”形出入口占地面积少,结构及施工简单,布置比较灵活,人员进出方便,比较经济。由于口部较宽,不宜修建在路面狭窄地区,如图 10.2 所示。

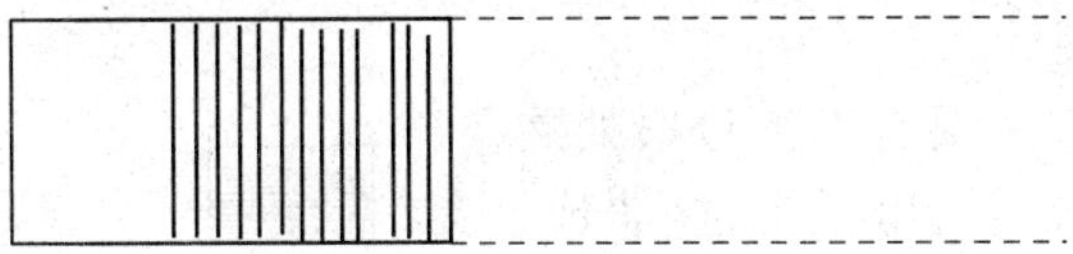

图 10.2 “一”形出入口

②“L”形出入口

“L”形出入口方便人员进出,结构及施工稍复杂,比较经济。由于口部较宽,不宜修建在路面狭窄地区,如图 10.3 所示。

③“T”形出入口

“T”形出入口方便人员进出,结构及施工稍复杂,造价比前两种形式高。由于口部比较窄,适用于路面狭窄地区,如图 10.4 所示。

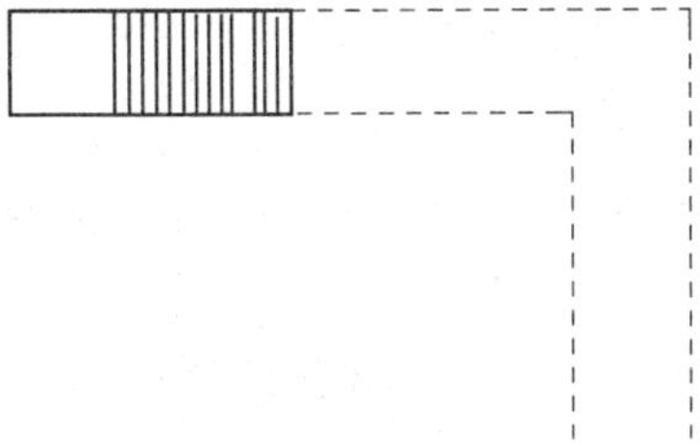

图 10.3 “L”形出入口

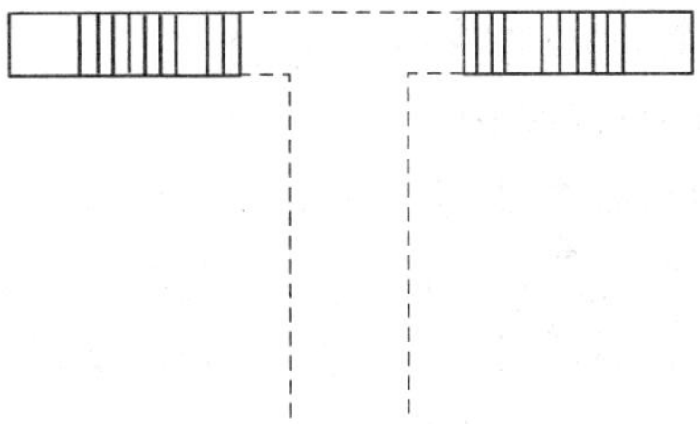

图 10.4 “T”形出入口

④“Y”形出入口

“Y”形出入口常用于一个主出入口通道有两个及两个以上出入口的情况。这种形式布置比较灵活,适应性强,如图 10.5 所示。

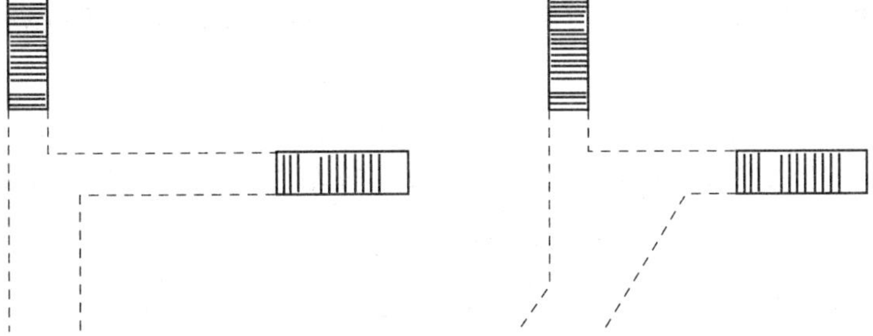

图 10.5 “Y”形出入口

⑤“Π”形出入口

“Π”形出入口由于环境条件所限,出入口长度按一般情况设置有困难时,可采用这种布置形式的出入口。出入口人员要走回头路,如图 10.6 所示。

(2)购票/充值

目前购票方式主要有人工售票处购票、自动售票机购票或通过电子支付(非现金支付)三种方式。充值主要是针对储值卡余额不足情况下,需要到车站的服务窗口进行充值。

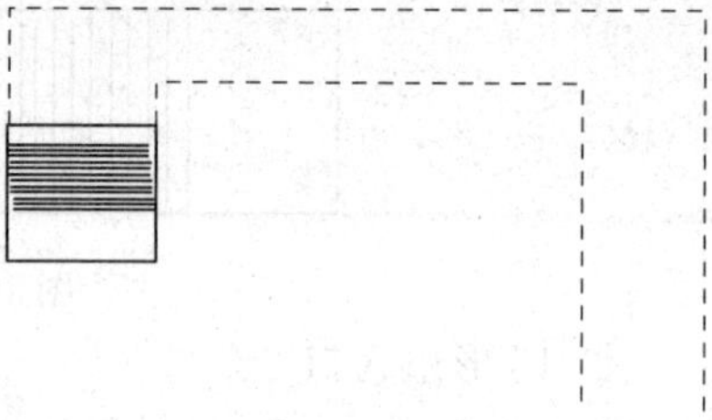

图10.6　“Π”形出入口

(3)储值卡

目前储值卡主要包括运营企业自行发行的储值卡、城市一卡通以及与其他企业等联合发行的联名类储值卡种。

(4)安检

为防止危险品进入城市轨道交通系统内,很多城市都在进站口安装安检机,对乘客携带物品进行安全检查。

(5)进站闸机

自动检票机也称闸机,安装在车站付费区和非付费区的分界处,用于乘客自助检票通行,能自动计算乘车费用并扣费。

可通过闸机上方向指示灯分辨进站闸机、出站闸机,进站闸机方向指示器显示绿色箭头,表示通行。

(6)车站站台

车站站台由乘降平台、楼梯(自动扶梯)、屏蔽门、管理用房、行车道等组成,是供乘客上、下列车及候车的场所。站台的大小取决于运期预测的高峰小时的客流量。一般不设生活用房,因站台直接与股道相接,如无安全门,则安全性较差。

按形式不同,有岛式站台、侧式站台、混合式站台和纵列式站台四种站台形式。

①岛式站台

岛式站台位于上、下行行车线路之间,这种站台布置形式称为岛式站台,如图10.7所示。

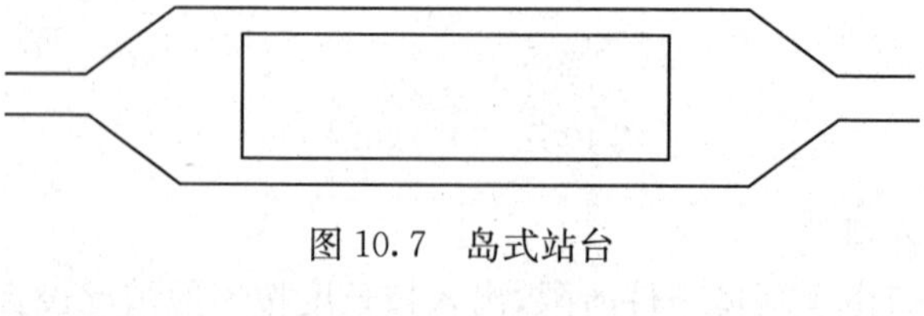

图10.7　岛式站台

②侧式站台

侧式站台位于上、下行车线路的两侧,这种站台布置形式称为侧式站台,如

图10.8所示。

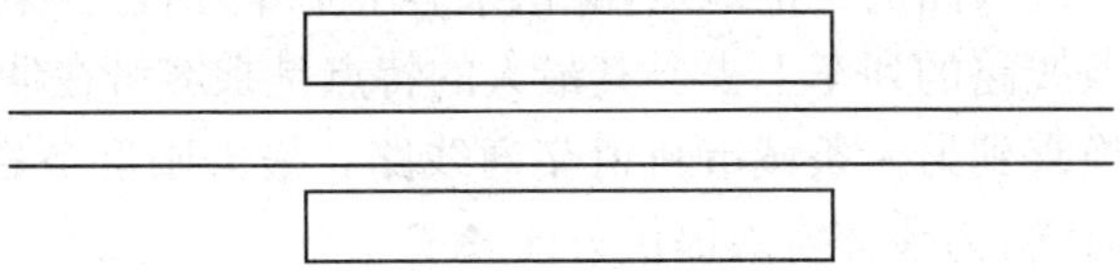

图10.8　侧式站台

③混合式站台

混合式站台是将岛式站台及侧式站台同设在一个车站内，这种站台布置形式称为岛、侧混合式站台，如图10.9所示。

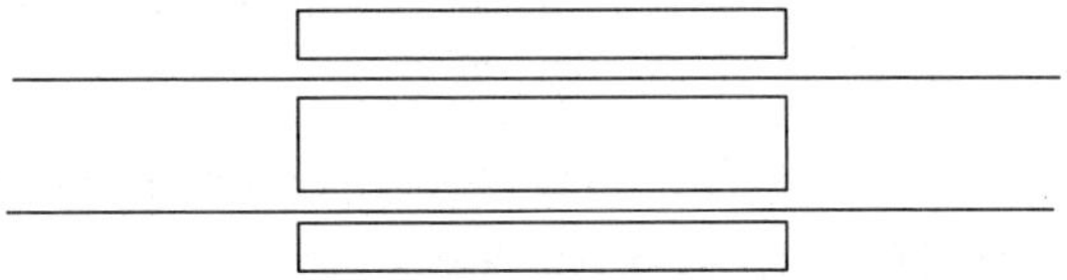

图10.9　混合式站台

④纵列式站台

纵列式站台纵向相隔布置，此种布置形式很少见，具体如图10.10所示。

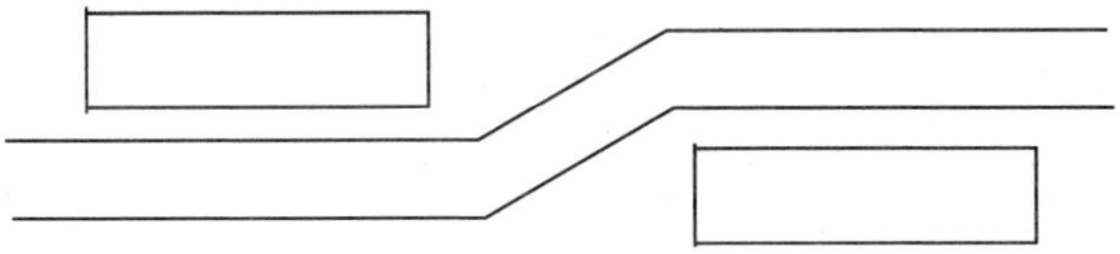

图10.10　纵列式站台

2. 乘车流程

乘客乘车流程如图10.11所示，乘客在需要前往的方向侧站台等候列车到达后，开门上车，如若不需要换乘，直接到达目的站，完成乘车流程，如若需要换乘，列车到达换乘站后下车，通过换乘通道换乘其他线路或其他方向的列车，在轨道交通线网比较发达的城市，乘客可以选择多种路径换乘，有些路径可能需要换乘2次及以上。

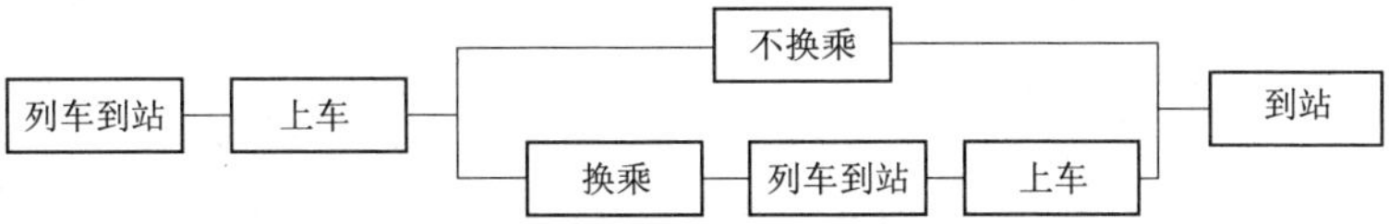

图10.11　乘车流程图

(1)换乘站

换乘站设在不同线路的交汇地点，除供乘客上下车外，还供乘客由一条线路的列车换乘到另一条线路的列车上去。其最大的特点是乘客可在计费区内从一条城市轨道交通线路换乘到另一条城市轨道交通线路。最大限度节省了乘客出站、进站及排队购票的时间，为乘客换乘提供方便。

(2)换乘

若乘客需换乘至另一条线，则当列车到达两线的交汇车站时下车，乘坐另一条线的列车至目的地站。

(3)不换乘

若乘客到达目的地在同一条线上，则不需换乘，直接在目的地车站下车即可。

3. 出站流程

乘客出站流程如图10.12所示，乘客到达目的站后，下车经由站台到站厅的楼梯、自动扶梯、无障碍电梯等到达站厅，选择刷卡或插卡出站，找到需要前往的地点就近出入口出站。

图10.12 出站流程图

(1)出站闸机

出站闸机方向指示器显示绿色箭头，表示通行；方向指示器显示红色交叉，表示“禁止通行”。

(2)车站站厅

站厅是换乘列车的中转层，其主要作用是集疏客流，为乘客提供售、检票等服务。在站厅层的两端一般设有设备用房、管理用房及生活用房。站厅层一般分为付费区和非付费区。根据客流的大小、在不影响客流集散的同时可以设置商业用房。

站厅的作用是将由出入口进入的乘客迅速、安全、方便地引导到站台乘车，将下车的乘客引导至出入口出站。站厅的布置有以下4种：站厅位于车站一端、站厅位于车站两侧、站厅位于车站上层、站厅位于车站两侧的上层或下层。

10.2.2 日常客流组织

车站日常客流组织主要有出入口组织、售票组织、检票组织、乘降组织、限流组织和雨雪天组织等。

1. 出入口组织

(1)出入口的组织应结合实际的客流状况,当车站设施能够满足客流需求时,采用正常的组织方法,即各出入口全部开放,进出站双向使用,必要时可在出入口处或楼梯上设置分流设施,保证进出站客流不相互干扰,不发生客流冲突。

(2)对于经过通道与站厅连接的出入口,当客流较大时,可在通道内进行排队组织,当客流过大时,需在出入口处进行限流组织。

(3)对于与商场、单位连接的出入口,应考虑客流组成和出行特征,当客流较大时,应按照协议与相关单位共同制定措施。

2. 售票组织

(1)AFC系统启用后,乘客购票时可选用半自动售票机或自动售票机购票。

(2)车站可利用一米栏、移动围挡等设施进行排队组织,排队方向应以不影响其他乘客通行为宜。当排队乘客较多时,可宣传疏导乘客到自动售票机处购票。必要时可使用空闲的半自动售票机预制车票,提高售票速度,减少排队长度。

(3)在自动售票机前组织乘客购票时,要尽可能充分利用售票机,分散购票,避免乘客大量集中于少量售票机处。当需要排队时,可利用站厅内客流较少的空间进行组织。

(4)单程票售票量较大的车站,可在低峰时段预处理车票,高峰时可直接售票,减少售票时间。

3. 检票组织

(1)AFC系统启用后,乘客进出站时均需检票。在进行检票组织时,应遵循出站优于进站的组织原则。

(2)进站组织时,应组织乘客由进站闸机进站,提示乘客注意进站闸机上方显示表示设备正常的绿色箭头。

(3)乘客刷卡进站时,应指导乘客右手持票,站在闸机通道外,顺序刷卡进站。

(4)对于无票乘客,引导其至自动售票机或半自动售票机购票,再检票进站。

(5)当大量乘客集中进站时,要组织乘客排队进入,避免在闸机前出现争抢现象,以及乘客因操作不正确或车票问题无法通过而造成的拥堵现象。

(6)在乘客排队进站时,不能阻挡出站通道和路径,以确保出站乘客能够顺利出站。

(7)出站组织时,应组织乘客由出站闸机出站。当乘客使用一卡通时,指导乘客右手持卡,在闸机通道外,刷卡出站。当乘客使用车票时,指导乘客右手持票,将车票投入回收口,验票通过。当大量乘客集中出站时,可采用限流措施减缓出站速度,对进站客流与出站客流共用区域的车站,应减小进站客流对出站客流的负面影响。

(8)对于持有大件行李或行动不便的乘客,引导其由宽通道通过。

(9)对于携带儿童较多的乘客,提示儿童先于成人进入闸机通道。

(10)闸机分进站闸机、出站闸机和双向闸机。进站闸机和出站闸机按照设定方向使用。双向闸机可根据客流状况进行调整,调整时须保证优先满足出站客流需求,同时尽量减少进出站客流的交叉,提高通行能力。

4. 乘降组织

(1)当乘客到达站台后,应向乘客宣传根据车门标志线的位置排队候车。

(2)对于没有屏蔽门的车站,应宣传"请站在黄色安全线以内候车,不要探身瞭望,以免发生危险"。

(3)当列车进站时,应关注乘客安全。有屏蔽门的车站,要防止乘客倚靠或手扶屏蔽门,避免屏蔽门开启时乘客被夹伤或摔倒。没有屏蔽门的车站,要确保乘客均站在黄色安全线以内,特别要注意站台车尾位置,避免有乘客跳下或跌入轨行区,发生危险。

(4)车门开启后,组织乘客先下后上,请候车乘客站在车门两侧,待下车乘客下车后,再上车,避免乘客拥堵,提高乘降效率。

(5)当关门提示铃响后,应阻止乘客抢上抢下,请其等待下次列车,防止车门夹人夹物,影响列车正点发车。

(6)当车门关闭后,观察车门关闭状况,当发现车门或屏蔽门未正常关闭时,若由于乘客或物品被车门夹住时,应劝导乘客等待下次列车或征求乘客同意后协助乘客进入车厢,若为设备原因,应按相关作业办理程序进行处置。

(7)对于楼梯边缘与站台边缘较近的情况,应尽量疏导乘客不要在此滞留,保证足够的通行空间,防止此处拥挤,出现意外。

(8)加强对站台四角的巡视,防止乘客进入区间。

(9)乘客物品掉入道床,要阻止乘客跳下站台捡拾物品,及时使用绝缘工具为乘客提供拾、检服务。

10.2.3 大客流组织

因天气原因、自然灾害、节假日或大型活动举办等情况,会造成城市轨道交通站点客流突发性的增加;同时,随着线路的增加、乘坐习惯的养成,导致车站客流日益增加。为做好城市轨道交通大客流组织,及时、准确应对突发情况,可以从车站级控制(以下简称"站控")、线路级控制(以下简称"线控")、线网级控制(以下简称"网控")三个方面采取相关控制措施确保大客流的安全、有序。

1. 站 控

当车站发生大客流，站厅、站台的客流产生拥挤，需要及时采取站控，减缓乘客到达站台速度和减少站台乘客数量。车站按照客流组织方法和本站的客流组织专项预案，采取客流控制措施，保证进站、购票、出入闸机以及站台上下车客流组织的安全、有序。车站客流组织办法分别为一级客流控制、二级客流控制和三级客流控制。车站依据“由内至外”的原则，根据现场需要同时采取多种客流控制办法或越级进行客流控制。

(1)站控的实施要求

①当站台大部分乘客无法上车时，车站做好广播引导，提醒乘客注意安全，同时加强安全门状态的监控。

②站点根据站台候车乘客情况、站厅付费区乘客情况、站厅购票区及进出站通道、出入口客流情况，依次采取一级、二级、三级客流控制。

③采取三级客流控制时，原则上不关闭车站出入口，应用客运辅助设施(比如铁马、活动栏杆、一米栏等)进行控制，视客流增缓情况分批组织乘客进站，组织乘客排队，做好宣传及解释工作。

④站控时需加强人员，尤其在关键节点应专人把守，“控、放”要由专人指挥。“控”前做足准备工作，“放”时提醒乘客不要抢行，避免群伤事件。

(2)一级客流控制

①启动流程

满足本站客流组织预案启动条件或当站台候车乘客超过整个站台面积的2/3时。

②控制措施

a. 在站厅与站台的楼梯/扶梯连接处设置客流控制点；

b. 将部分或全部站厅通往站台的自动扶梯设置为上行；

c. 在非付费区设置回形线路限流；

d. 站台播放广播引导乘客到人较少的地方排队候车。

具体控制措施及位置如图 10.13 所示。

(3)二级客流控制

①启动流程

满足本站客流组织预案启动条件且采取一级客流控制后，客流仍未得到控制，付费区乘客超过整个付费区面积的 2/3 时。

②控制措施

a. 在出入口外设置回形线路；

b. 关闭部分或全部自动售票机限流；

c. 关闭部分或全部进站闸机限流；

d. 将车站自动扶梯部分或全部设置为上行。

具体控制措施及位置如图 10.14 所示。

(4)三级客流控制

①启动流程

满足本站客流组织预案启动条件且采取二级客流控制后,客流仍未得到控制,乘客超过整个站厅面积的 2/3 时。

②控制措施

a. 在出入口放置告示牌引导乘客只出不进,同时用伸缩栏杆等备品限制乘客进站;

b. 关闭车站所有自动售票机及部分进站闸机;

c. 将车站自动扶梯全部设置为上行;

d. 关闭部分或全部出入口;

e. 广播告知乘客改乘其他交通工具。

具体控制措施及位置如图 10.15 所示。

2. 线　控

随着线路的增加,导致客流不断增长。客流在时间上分布不均衡,受早晚高峰客流冲击较大,高峰时段线路相对其他时间运能紧张。当本线多个客流较大车站经采取三级客流控制措施后,客流仍无法缓解且有增大趋势时,需采取线控。

(1)线控要求

①行车指挥人员应根据线路各站点现场客流情况向线路相关站点发布线控命令。

②接到启动线控命令后,相关车站立即按本站限流方案,在 15 min 内实施现场的客流控制,保证乘客进站、购票、候车、乘车等环节的安全有序,必要时通知轨道公安到场。

③应通过车站广播、PIS、微博等多种信息发布方式告知乘客改乘其他交通工具。

④行车指挥人员视客流情况调整行车组织方案,采取加开备车、组织列车越站等措施减缓线路大客流车站客流压力。

(2)线控客流组织主要原则和控制方式

随着开通线路的增多,国内北京、上海、广州、南京等城市已经出现了常态的大客流情况,尤其在早晚高峰必须采取常态化的客流控制措施。

目前国内采用的线控客流组织方式主要有两种:

一种是最大限度将乘客控制在站外为原则,优先保障换乘站运能,且选取的常态限流车站基本为郊区车站。客流达到车站最大通过能力 70%时,开始采取分流限售措施;客流达到车站最大通过能力 90%时,采取暂时停止售票措施,以缓解高满载率区段的客流压力。

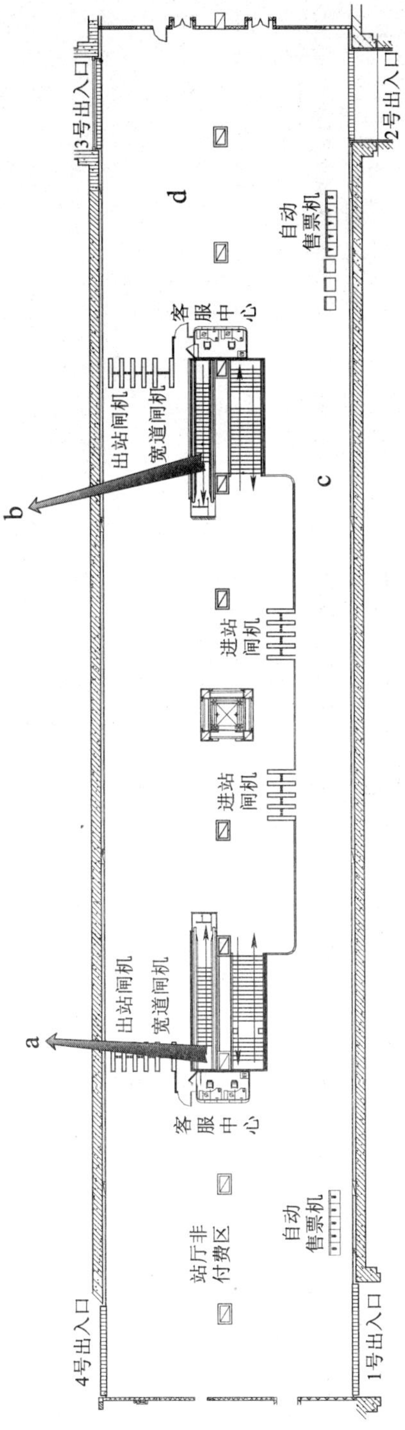

图 10.13 一级站控

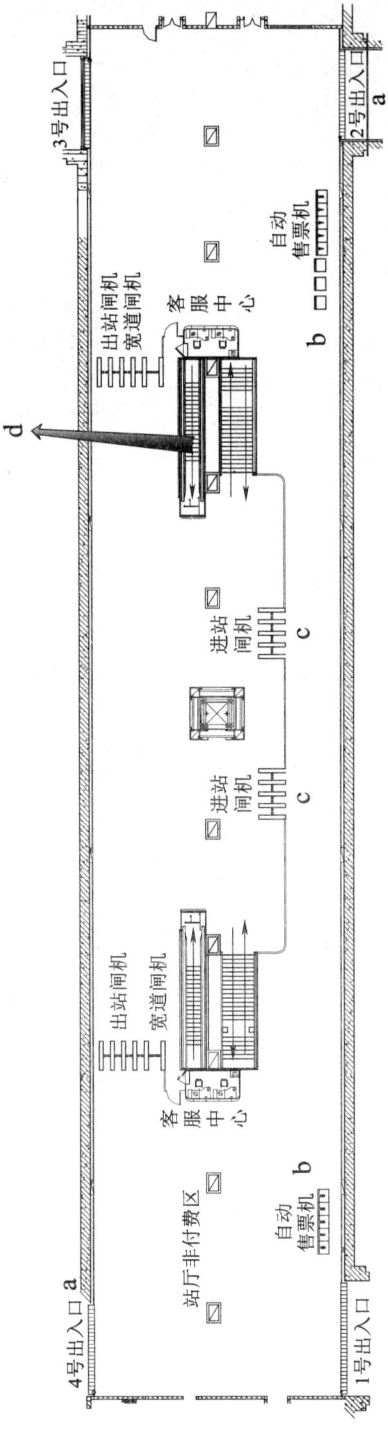

图 10.14 二级站控

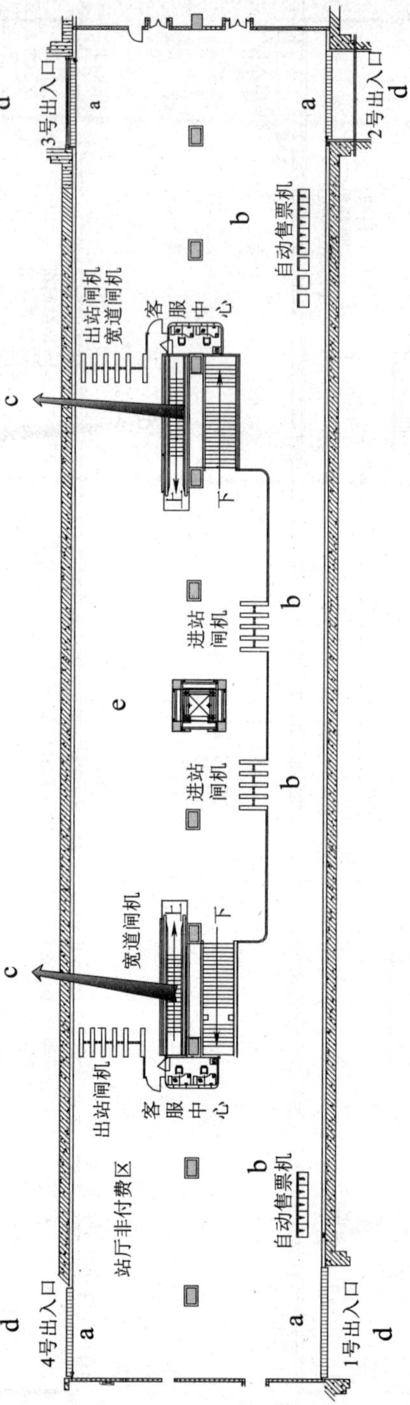
d
3号出入口
a
2号出入口
d
a
自动售票机
b
出站闸机
宽道闸机
客服中心
c
下
进站闸机
b
e
进站闸机
b
下
宽道闸机
c
出站闸机
客服中心
站厅非付费区
b
自动售票机
4号出入口
d
a
a
1号出入口
d

图 10.15　三级站控

另一种大客流组织主要依据车站客流量和列车满载率两大因素选取限流车站，限流车站主要分布在满载率超过100%的线路。换乘站客流控制遵循“由下至上，由内至外”和“先控制入闸客流，再控制换乘客流”的原则，确保站台安全性，避免客流失控。换乘站大客流时，临近车站配合进行限流。在限流时段内，采取关闭部分自动售票机、闸机、出入口，设置站内外限流栏杆，出入口分批进站以及采取列车跳停等方式缓解高峰客流拥堵，均衡各站进站客流，有效分配线路运输能力。

3. 网　　控

随着线网运营的不断深入，客流量将持续攀升，在运能、设备资源有限的条件下，运能与运量的矛盾日益突出，从而加剧了客运组织压力，客流量的急速增长导致线网多个车站客运安全工作面临极为严峻的形势。

做好路网客流分析，能为城市轨道交通的发展提供重要参考依据，同时对安全隐患的预防、应对措施提前做好准备。

线网客流组织工作是一项充满挑战性的工作，要提升线网客运组织管理水平，应将城市轨道交通理论知识与现场实际情况相结合，运用科学的管理方法和手段，以现场操作为核心，采取以“主动计划性地控制”取代以往“被动应急性地控制”的措施，持续改进和创新，不断提升线网客流组织管理水平，进一步优化客流组织工作，为广大市民提供安全、快捷的服务。

10.2.4　客流组织优化措施

客流会随着城市轨道交通线路的不断增加及乘客乘坐习惯的不断养成呈现动态变化，因此城市轨道交通的客流组织也要根据客流的变化进行不断的修正、优化。

通常情况下，优化客流组织工作主要从以下几方面考虑。

1. 客流控制策略的调整

目前，国内很多城市轨道交通站点在出现大客流时，多为突发性的，但通过分析，绝大多数客流的发生都有一定规律。比如，早晚高峰大客流、周末大客流、节假日大客流以及大型赛事或活动散场大客流等。通过大数据分析等手段，对有一定规律的客流进行系统分析和论证，总结归纳出客流控制的启动时机、启动站点、控制的等级等，将客流控制策略从“被动应急控制”调整为“主动提前干预”，确保现场客流始终处于有序、可控状态，为确保客流组织安全打下坚实的基础。

2. 联控站点的调整

随着客流的动态变化，客流组成、分布等也会出现相应的调整，应该根据城市轨道交通自动售检票系统对客流数据的采集，结合列车满载率情况，通过系统的分析和论证，科学选取联控站点，合理分配需要进行联控的客流数量。

3. 人员布岗的调整

客流组织的人员布岗根据客流控制等级主要安排在出入口、站厅购票处、站厅进出站、站厅至站台连接部位以及站台，工作人员由站点站务人员、志愿者、管理人员等组成。对于人员布岗的调整，包括布岗位置的调整和布岗人数的调整，在采取客流组织时，可以根据客流的大小，来合理安排人员的布岗位置和人数，确保人员安排的合理性和科学性。

4. 站内进出站流线的调整

客流组织主要考虑的方面为进站客流、出站客流、购票客流、换乘客流等流线顺畅不交叉，各流线上的容纳能力及车站的乘降客流量能满足要求，但是站点客流会由于站外环境的变化、线网的变化等原因发生进出站客流集中的出入口、时段等的变化。因此，城市轨道交通站点需要根据站点客流的变化，不断优化客流组织流线的设计。

5. 客流控制信息的公开

加大客流控制的信息公开，一方面便于乘客对出行时间的合理安排，另一方面也便于乘客对城市轨道交通客流控制的理解。可以通过预告客流控制信息、动态公布客流控制信息、主动告知乘客等待时间等方式加大客流控制信息的公开性，尤其是针对城市轨道交通“常客”(通勤客流等)更应重点宣传，便于广大乘客的理解和配合。比如，上海申通地铁的客流实时信息显示系统如图 10.16 所示。

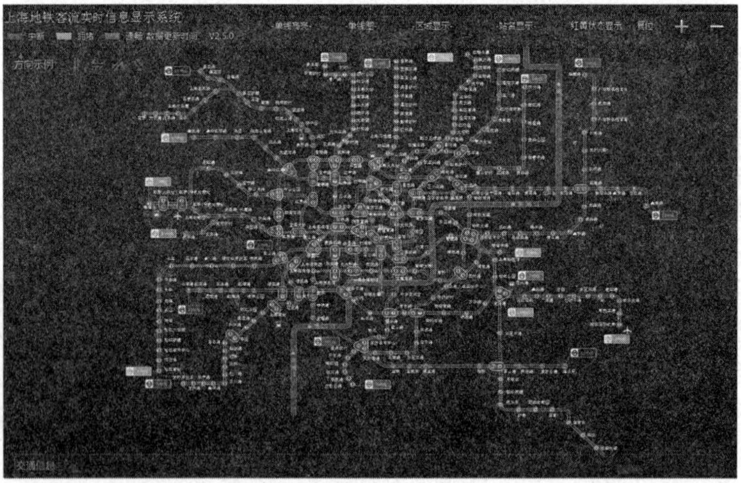

图 10.16　上海申通地铁的客流实时信息显示系统

6. 增加人性化服务举措

为了确保客流控制的安全性和保证客运服务的质量，在客流高峰期，车站需重点关注老幼病残孕等特殊乘客，迅速反应，及时主动给予帮助；特殊时期，如高考、中考或大型赛事时给予考生、运动员等开辟绿色通道主动引导其快速入站，确保特殊乘客的出行畅通无阻。

10.3 服务质量控制与管理

城市轨道交通系统产品的目标是依靠设备设施的合理布局、合理引导、热情周到的服务来实现最大限度地方便乘客完成乘车全过程。在此过程中，要求服务人员在为乘客提供规范服务的基础上，为乘客提供有特色的优质服务和人性化、精细化的岗位品牌服务，创建城市轨道交通企业形象和服务品牌。

10.3.1 城市轨道交通服务的特点

城市轨道交通的“产品”是乘客的位移以及这一位移过程中提供的服务。城市轨道交通企业就是以提供足够好的“产品”作为自己的目标，以满足广大乘客的需求。城市轨道交通运输生产具有服务性的特征，这种服务特征概括起来可以有以下三点：服务对象的广泛性、服务方式的多样性以及服务时间的规律性。

1. 服务对象的广泛性

城市轨道交通服务的服务对象是所有乘坐城市轨道交通的乘客所构成的，城市轨道交通服务的需求广泛地存在于人们的各种活动之中，并且带有普遍性的需求。在大中城市中，城市轨道交通作为城市客运的主体之一，为各种职业、各个层次的城市规定居民和流动人口提供的客运服务，具有广泛的社会效益。城市轨道交通网络覆盖城市的各个区域，连接中心城市与郊区各地，是沟通人们交往的渠道，点多面广，产生的影响也十分广泛。

一个城市的城市轨道交通不仅仅是为了满足日常居民的出行要求，也是一个城市的标志性窗口行业。因为城市轨道交通不仅仅是一个为人们提供了位移服务就达到了企业目标的企业，它所承担的更多的是整个社会的社会效益，涉及的影响面也是十分广泛的。

2. 服务方式的多样性

面对城市的迅猛发展、人民生活水平的提高。人们对于服务的要求变得越来越高，不同层次与年龄段的人们对服务提出了不同的要求。在这种情况之下，需要面对的突发情况也变得多样化。在服务上，要充分考虑估计面临各种问题时相适应的处理能力，服务方式变得尽可能多样化，不能再单单局限于传统的服务模式，除了可以在人工服务方面加强培训、管理与监督之外，还应该增加各种设施设备，并不断提高这些设备设施的功能和服务水准，与人工服务形成互补，组成一个整体。面对人们多种多样的服务需求之前,改变单一的服务方式,让人们有更多选择服务方式的空间。

服务方式多样性产生的根本原因于服务对象存在着广泛性。对于不同年龄层次、各种职业的人来说,他们所渴望得到的服务也是不同的,服务方式相应作出调整,才能满足对象广泛性的需求。例如,在城市轨道交通服务设施中增加一些残疾人使用的设施,如盲道、大键盘按钮、坡道等等,虽然不能在方方面面都考虑周全,但在某些服务环节中尽可能表现出服务方式的多样性,给人服务细致的感觉,也是提高服务质量水平的良好举措。

3. 服务时间的规律性

城市轨道交通服务活动根据乘客的出行规律,科学合理地组织运营,尽可能的满足城市多数居民不同的出行,提供满意服务为主要目的。城市轨道交通的服务时间是根据人们的生活工作时间而制定的,以满足乘客出行需求与运营设施设备维护保养需求,兼顾两者,对服务时间作出规定,有利于满足乘客的派生需求,避免不必要的投诉纠纷,并且为树立城市轨道交通在乘客心目中良好的形象打下基础。在各个车站的橱窗内或公告栏上告知乘客首末班车时间,列车的时间间隔等信息,让乘客有目的地选择。与乘客之间沟通的信息要体现服务的规律性和普遍性。

10.3.2 服务质量

服务质量是指服务能够满足规定和潜在需求的特征和特性的总和,是指服务工作能够满足被服务者需求的程度,是企业为使目标乘客满意而提供的最低服务水平,也是企业保持这一预定服务水平的连贯性程度。

服务质量包括两个重要方面:

(1)技术质量。指服务结果的质量,通常对于大多乘客都能够比较客观地评价。

(2)功能质量。指服务过程的质量。乘客参与服务过程,服务人员如何提供服务,必然影响乘客对服务质量的看法。服务过程的质量不仅与乘客的个性特点、态度、知识、行为等因素有关,而且与服务时间、服务地点、服务人员的仪表仪态、服务态度、服务方法、服务程序和服务行为方式等有关。

1. 服务质量内容

服务质量是乘客感知的对象;服务质量既要有客观方法加以制定和衡量,更多地要按乘客主观的认识加以衡量和检验;服务质量发生在服务生产和交易过程之中;服务质量是在服务企业与乘客交易的真实瞬间实现的;服务质量的提高需要内部形成有效管理和支持系统。

(1)服务水平

好的服务质量不一定是最高水平,管理人员首先要识别公司所要追求的服务水平。当一项服务满足其目标乘客的期望时,服务质量就可认为是达到了优良水平。

(2)目标乘客

目标乘客是指那些由于他们的期望或需要而要求得到一定水平服务的人。随着经济的发展和市场的日益成熟,市场的划分越来越细,导致每项服务都要面对不同的需求。企业应当根据每一项产品和服务选择不同的目标乘客。

(3)连贯性

连贯性是服务质量的基本要求之一。它要求服务提供者在任何时候、任何地方都保持同样的优良服务水平。服务标准的执行是最难管理的服务质量问题之一。对于一个企业而言,服务的分销网络越分散,中间环节越多,保持服务水平的一致性就越难。服务质量越依赖于员工的行为,服务水平不一致的可能性就越大。

2. 服务质量要素

主要从五个方面判断服务质量:可靠性、响应性、职业性、移情性、有形性。

(1)可靠性

可靠性是可靠、准确地履行服务承诺的能力。可靠的服务行为是乘客所期望的,它意味着服务以相同的方式、无差错地准时完成。可靠性实际上是要求企业避免在服务过程中出现差错,因为差错给企业带来的不仅是直接意义上的经济损失,而且可能意味着失去很多的潜在乘客。

(2)响应性

响应性是指帮助乘客并迅速有效提供服务的愿望。让乘客等待,特别是无原因的等待,会对质量感知造成不必要的消极影响。出现服务失败时,迅速解决问题会给质量感知带来积极的影响。对于乘客的各种要求,企业能否给予及时的满足表明企业的服务导向,即是否把乘客的利益放在第一位。同时,服务传递的效率还从一个侧面反映了企业的服务质量。研究表明,在服务传递过程中,乘客等候服务的时间是关系到乘客的感觉、乘客印象、服务企业形象以及乘客满意度的重要因素。所以,尽量缩短乘客等候时间,提高服务传递效率将大大提高企业的服务质量。

(3)职业性

职业性是指员工所具有的知识、礼节以及表达出自信和可信的能力。它能增强乘客对企业服务质量的信心和安全感。当乘客同一位友好、和善并且学识渊博的服务人员打交道时,他会认为自己找对了公司,从而获得信心和安全感。友好态度和胜任能力两者是缺一不可的。服务人员缺乏友善的态度会使乘客感到不快,而如果他们的专业知识懂得太少也会令乘客失望。职业性包括如下特征:完成服务的能力、对乘客的礼貌和尊敬、与乘客有效的沟通、将乘客最关心的事放在心上的态度。

(4)移情性

移情性是设身处地地为乘客着想和对乘客给予特别的关注。移情性有以下特点:接近乘客的能力、敏感性和有效地理解乘客需求。

(5)有形性

有形性是指有形的设施、设备、人员和沟通材料的外表。有形的环境是服务人员对乘客更细致的照顾和关心的有形表现。对这方面的评价可延伸到包括其他正在接受服务的乘客的行动。

乘客从这五个方面将预期的服务和接受到的服务相比较,最终形成自己对服务质量的判断,期望与感知之间的差距是服务质量的量度。从满意度看,既可能是正面的也可能是负面的。

3. 提高服务质量的方法

提高服务质量,要从“心”、“语”、“手”、“机”四个方面来入手。“心”是第一位的,提高服务质量首先应从“心”开始;“语”是服务用语,要尽可能使用文明用语,并注意措辞和语气语调等;“手”原意是身体的一部分,采其引申义,身体语言、服务礼仪;“机”是指“心机、用心、机动灵活”的意思。

“心”:服务是这个社会发展的必然产物,无论你从事什么工作,都是为他人服务,他人同样也为你服务。所以心态要好,心情要愉悦,工作时“全心全意为人民服务”,保持乐于助人、乐观向上的心态,自然服务就好,服务质量也就提高了。

“语”:规范服务用语不仅能通过量变达到质变,使服务人员在重复服务用语的同时,强化“我在服务他人”的服务意识,而且使企业形象大为提升。在服务过程中,尽可能多使用“您好”、“请”、“谢谢”、“对不起”、“再见”等文明用语。服务用语能平和服务人员心态,拉近与乘客的距离,同时积极暗示服务人员“客户就是上帝,我在服务他”、“我代表的是公司的形象”等。

“手”:为他人服务时,是否提供微笑服务?为乘客指引时,是否有手势?乘客咨询事务时,是否用心倾听?这都是“手”的范畴,故管理者一定重视你的“左右手”。

“机”:凡事须用心,只有不断探索,积极修正,借鉴他人好的方法,结合自身实际,才有可能成功。但方法对了,也用心了,不见得就取得好的结果。因为有时也要注意原则与灵活的结合,服务质量光靠原则,有时很难使客户满意。

“心”、“语”、“手”、“机”这四个字只是提高服务质量的基础,只有不断学习,与服务对象和谐,与全社会和谐共生,永葆良好心态和品质,才能切实提高服务质量。

10.3.3 服务管理

就城市轨道交通运营管理而言，如果没有服务管理的支持，单单只有硬件设施设备，日常的运营活动是不能进行的。服务管理是展示企业形象，保证社会效益与企业经济效益的重要环节。服务管理是运营企业管理水平的综合体现，它直接面向乘客，呈现多样化、内容复杂化的趋势。服务管理服务有狭义、广义的解释，狭义的服务，又称车厢服务，是指在运营车厢内为乘客提供的乘车条件总和；而广义的服务，是服务质量和服务专业管理的总称。在现今社会中，研究的不仅仅是运营车厢中的服务，现在的服务管理，多数是对广义服务管理的诠释，注重服务质量的管理。

1. 服务管理职能

服务管理作为管理中的一类，也有计划、组织、控制、激励等主要职能。明确了服务管理的职能，也就能根据实际情况、针对各类不同的要求制定具体的服务标准，以达到最终提高服务质量，优化服务质量监督体系的目标。

(1)计划职能

计划职能是指在整体服务目标确定后，要达到的具体目标和实施方案，它是服务管理的首要职能，其主要内容包括：

①确定要实现的具体目标；

②明确具体任务并合理分工；

③制定完成任务的标准及进度；

④制定必须的方法和规章制度。

为保持服务管理计划职能的严肃性和严谨性，一般采用文件的方式来确定这一职能。按照时间的不同长短，可以将计划职能分为长远计划、中期计划、短期计划三种：

- 长远规划：时间在5年以上的规划主要构思、设想和明确的奋斗目标。
- 中期计划：时间在2～5年的计划主要目标及主要工作。
- 短期计划：时间在1年内(季、月)的具体目标及安排，包括方法、措施。

(2)组织职能

组织职能是指对计划进行组织与实施的功能，是完成计划的手段。它一般通过设置必要的管理机构、分级管理来加以实现，其主要内容包括：

①设置必要的管理机构；

②建立专业管理的队伍；

③确定管理职责范围；

④规定相应的工作任务，完成标准。

例如,在实际的工作中,设立安全监督小组等部室,对车站各个岗位的安全服务规范进行监督、检查、考核等。

(3)控制职能

控制职能是指对服务计划的组织、实施过程进行监督控制,确保计划完成的功能。它一般通过检查考核、运用行政手段等形式来加以实现,其主要内容包括:

①发现计划实施中偏离的事件;

②制定纠正措施,纠正偏离现象。

(4)激励职能

激励职能是指在服务计划的组织实施过程中,调动企业员工的积极因素,激励其完成计划的职能。其主要内容包括:培训教育、奖优罚劣、宣传推广先进经验。实现的形式也可以是多样的,例如,制定分配制度、开展争优创先活动等。在实际工作中,每月评出服务先进员工,给予奖励,都是有效激励员工完成工作的手段。

2. 服务管理标准

标准是衡量事物的准则,按标准的属性不同,可以分为管理标准、工作标准、技术标准。服务管理标准是管理标准中的一类,是针对服务而设定的管理标准,按照其适用的范围不同,标准又可分为国际标准、国家标准、地方标准、行业标准与企业标准。对于服务管理标准的制定,要从根本上配合综合交通规划,标准要实用、可靠、规范化。

对于运营企业而言,可制订客运类制度,如《城市轨道交通客运服务》,包括客运服务的基本要求、服务管理、服务质量、服务设施、服务安全和服务环境提供依据规定。

3. 服务质量管理

要使城市轨道交通服务的质量不断提高与完善,加入管理的因素是必要的,服务不仅仅只是停留在传统意义上的服务,不要单纯地想象为“为乘客提供了位移,就是提供了服务”,现在的服务已经远远超出了传统服务的意义,更重视服务的深层次内容。

(1)服务质量管理内涵

对于城市轨道交通服务质量的管理,最终还是要落实到各个具体指标的管理上,毕竟服务质量管理只是描述了整体的管理轮廓和构架,管理轮廓较模糊、没有非常具体的目标和方向,管理容易变得盲目,给实际工作中的管理带来了很大的不便。所以,服务质量管理尤其关注各项质量指标,诸如列车的兑现率、正点率、投诉事件发生率等有关影响服务质量的指标是可以进行量化统计的,这也对服务质量的评价带来了诸多益处。

(2)服务综合质量指标

在城市轨道交通系统中,所涉及的指标涵盖着该系统中的方方面面,服务综合质量指标是运营过程中所能涉及的一系列指标的总和,这些指标与乘客的一次出行直接相关、与客运组织服务直接或间接相关。把乘客"进站、购票、进站检票、候车、乘车、出站检票、出站"等一系列活动中出现的可能涉及的指标进行合理的划分、归类,对指标做出系统的整理,也有利于服务质量的监督管理,服务综合质量指标可以说是针对乘客需求而制定的指标。

根据乘客在各环节中的不同需求以及对设施设备的不同要求,可以对服务综合质量指标进行一定的细分与归纳。主要把服务综合质量指标分为四个部分:运营调度质量、安全行车质量、车辆维修保障质量、规范服务质量。

城市公共交通服务质量的好坏主要通过安全性、准时性、方便性、迅捷性、舒适性、和经济性等6个方面内容来体现,而这6个方面又具体落实到服务综合质量的各个指标上。城市轨道交通作为城市公共交通的一种方式,对城市轨道交通服务质量进行监督,最终也落实到对服务综合质量指标的考核评价。

规范服务质量,主要是针对车站客运组织而言的,反映车站工作人员等完成服务的情况,按照乘客从进入某一个车站开始,到完成一次出行为止,把规范服务的种类分为三个部分:车厢服务合格率、站台服务合格率、车辆清洁合格率。这些指标很大程度上能反映城市轨道交通的舒适情况,所以也作为服务质量评价的标准,是质量评估的依据之一。而且车站的客运组织服务可以说在整个运输环节中占到的比重最大,乘客从进入车站开始,一直到出站等整个过程中。面对最直接的就是车站的服务,所以反映规范服务质量的指标也是相对最重要的指标之一。乘客期望在此服务之下,得到对城市轨道交通方便性、舒适性的需求。

(3)服务管理考核指标

在服务过程中,有些指标是能直接体现员工服务水平的,进行统计分析后,作为主要服务工作中考查核定的标准,列入服务管理考核指标。这些指标通常都可以有具体的数据作出定量的统计,对考核来说是客观、公正、有科学依据的。

服务管理考核指标主要有列车正点率、列车运行图兑现率、有效乘客投诉率及有效乘客投诉回复率。

①有效乘客投诉率

有效乘客投诉次数与客运量之比。

$$有效乘客投诉率=有效乘客投诉次数/客运量\times 100\%$$

②有效乘客投诉回复率

已经回复的有效乘客投诉次数与有效乘客投诉次数之比。

有效乘客投诉回复率＝已回复的有效乘客投诉次数/
有效乘客投诉次数×100％

有效乘客投诉应在接到投诉之日起,7个工作日内回复,超过7个工作日按未回复处理。

4. 服务质量监督管理

监督、控制是管理系统的最后环节,是对服务质量管理的进一步完善,对服务中的不足之处进行弥补,薄弱环节加以改进,最后实现整个系统的优化,达到提高服务质量的目的。

(1)服务质量监督的作用

服务质量监督有评价服务质量、反映服务需求、优化外部环境的作用。没有监督控制的计划是一种极为理想化的状态,在现实的管理中是不可能实现的,无论制定的规范多么周密,服务计划安排多么详细,但由于各种各样的原因,服务人员在完成制定的规范服务标准中,总是会或多或少出现与标准有所不一致的现象,所有进行服务管理的监督与控制是十分有必要的。

在推出相应的服务之后,必须要对该服务的质量进行监督,加以控制,及时改进不足之处。近年来,许多研究开始注重对服务绩效中的服务质量水平进行评估测量。

①评价服务质量

通过对服务质量的有效监督,能达到评价服务质量的目的。每个服务人员的工作能力是有差异的,对服务规范标准的认识能力也是有差异的,员工的服务能力直接体现城市轨道交通企业的服务质量,也从一个侧面最终反映出城市轨道交通行业的服务质量水平。通过对不同岗位、不同员工服务的监督,依照服务标准进行评分,评价其服务能力。

因此,加强对员工的服务监督与控制可以从根本的质和量上,规范服务,使其服务能力接近理想的标准水平,达到标准化作业的水平。

②反映服务需求

服务是为乘客提供的服务,服务的要求是能最大限度满足乘客的需求,因为有需求,才会有为了满足这种需求而产生的服务,在现实的城市轨道交通客运服务中,有效的监督管理能够帮助城市轨道交通企业了解乘客的不同需求。对乘客进行调查是监督管理中的一种方法,从乘客的角度了解乘客的需求,通过调查问卷等可以了解到哪些服务是乘客迫切需求的,以及客户需求的迫切程度。了解了乘客的各种需求,才能使服务管理上有了针对性,提高、改善服务质量。

③优化外部环境

城市轨道交通服务面对的不是一个静态的环境,服务不可能总是一成不变的,服务要与外部环境相适应,这样相适应的服务才能足够体现人性化的标准要求,给人以好感。在服务监督管理的过程中,监督可以有效地及时地发现现实中存在的问题，这类问题可能是主要由于与外部环境不相匹配而导致发生的，对其加以控制，就可以最迅速地解决这类问题。如果外部环境是不能改变的，就通过服务来加以弥补，看似优化了外部环境。给人的感觉上，服务适应了外部环境，外部环境也得到了优化。两者相匹配，互相作用，服务最大限度地满足了外部环境的要求，这样也能达到提高服务质量的目的。

(2)服务质量监督过程

服务质量监督主要依靠测评实际的指标，通过与制定标准之间的对比，反映出两者间的差异，通过纠正偏差来实现对服务的控制管理。

①确立标准

标准是人们检查和衡量工作及其结果(包括阶段结果与最终结果)的规范。制定标准是进行监督控制的基础。没有一套完整的标准，衡量绩效或纠正偏差就失去了客观的意义。

监督控制工作的初始动机是要城市轨道交通企业尽可能提供优质到位的服务，以满足乘客的需求。因此，要分析期望得到的服务质量，可以从乘客由低到高的需求所决定，确定了期望的服务质量，对它们加以明确、尽可能定量描述。

确定监督控制的对象，就是对乘客的需要层次的分析确定，把其中与这些乘客的需要相关联的指标进行必要的量化，作为控制的对象。

②确定监督控制的重点

把影响因素大的指标作为监督控制的重点，这些因素往往是影响到整个服务质量系统的关键环节，作为重点控制指标。譬如，影响运营质量的列车兑现率与正点率，极大程度地体现了城市轨道交通准时性的特征，对该类指标加以控制，能很好地体现出城市轨道交通准时性的特点。

在对重点进行监督控制的同时，应当把这些重点加以足够的细化，注意每个环节的控制。在对员工的考评过程中，可以细化到每个动作，每句标准的服务用语，例如，售票，以“一收、二验、三售、四清”作为售票员的一项服务操作标准，一个看似简单的售票过程，被分割为几项步骤，体现了足够细化的过程，给乘客以服务足够规范的感觉，避免不必要的纠纷，减少投诉的发生率。

③衡量成效

在现实生活中，城市轨道交通服务质量与标准之间的偏差一般是很难发现的，往往在发现时，已经产生了对服务质量的严重影响，结果令人不满意。所以，在偏差产生之前，就对服务加以监督控制，分阶段用预定标准对实际服务工作的成效进行检查、衡量、比较，及时、准确地提供偏差是否已经产生的信息。

a. 检验标准的客观性和有效性

衡量工作成效是以预定的标准为依据的，利用预先制定的标准去检查各部门各岗位在各个阶段的工作,要求标准本身具有客观性和有效性。在为控制对象确定标准的时候,人们或许有时只考虑了一些次要的或表面的因素,因此,以通过这样方法制定出的标准为依据所衡量出的工作是不合理的。对各类因素指标进行对比衡量,剔除那些容易产生误导的不适宜的指标,使标准客观、有效。

b. 确定适宜的衡量频度

对监督控制的频度也是需要考虑的。控制过多或者不足都会对控制的最终有效性产生影响。对某种结果的要素或者活动频繁的检查,会增加控制费用,也会引起相关人员的不满,影响他们的工作态度和服务质量;而检查次数过少,则可能一些大的偏差不能及时发现,不能及时采取措施,对最终的服务质量水平会产生不良影响。被监督控制的对象可能发生重大变化的时间间隔是确定适宜的检查频度所需要考虑的主要因素。

c. 建立信息反馈系统

监督人员随时掌握反映实际服务工作与预期服务标准之间的偏差信息,才能迅速采取有效的纠正措施。然而有些监督工作,并不是由直接负责监督的主管人员直接进行的,有时也要依靠专门的监察组进行。建立有效的信息反馈网络,使反映实际服务工作情况的信息及时的传递到各部门的监督主管人员处,使之能对自己部门的服务情况及时掌握,及时发现、处理问题。服务质量信息传递如图10.17所示。

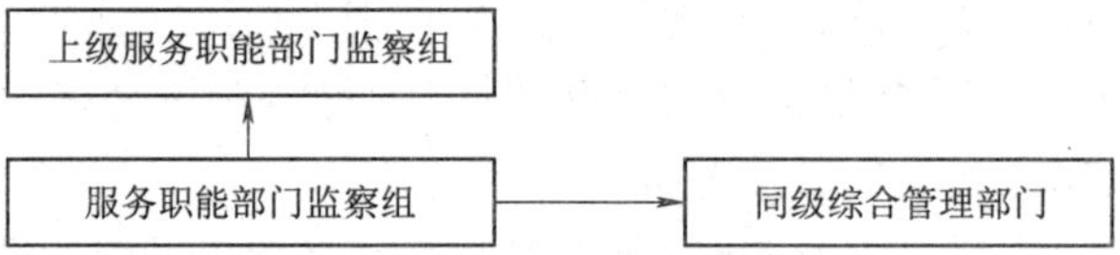

图10.17 服务质量信息传递示意图

由图10.17可看出,各类相关信息都是以控制中心为基本点出发,通过新信息反馈来保证横向与纵向信息的畅通传输。

在信息传递的过程中遵循“快速准确、有序高效、对口汇报、协同配合”的原则,信息发布和传递要求快速准确,对口分级汇报,确保信息传递的“开放性、同步性、及时性”。

(3)服务质量监督措施

利用不同的渠道,服务质量监督的措施也有许多方式可供选择。

①企业内部:可以通过指标标准化评价、定期或不定期的抽查、明察暗访等措施进行监督,对服务质量进行控制管理。

②企业外部,可以邀请乘客或第三方机构来协助监督,完成监督管理工作。对

于不同的岗位,服务质量监督管理的重点也会不同,对各个岗位,可以建立相应的监督管理规范标准。

制定一系列的标准,规范操作。例如对社会进行服务承诺,类似的标准也纳入到服务质量考评中的一项。一套完整的热线服务投诉流程,对于服务的监督,就是通过不断的事件分析总结形成的。监督的过程中,实时听取乘客的意见反馈,也是实现有效监督的途径之一。

国标明确服务管理的内涵包含三方面主要内容:服务组织应制定相应的规章制度、建立服务质量管理体系;服务人员上岗前应经过岗位培训,并取得上岗资格证;在岗人员应掌握本岗位业务技能,胜任本职工作;服务组织应定期进行服务的自我考核评价,可通过第三方独立进行服务评价;服务组织应根据评价结论持续改进服务。

城市轨道交通服务管理是客运服务人员做好服务工作的有效保障。通过服务管理,对服务中的不足之处进行弥补,薄弱环节加以改进,最后实现服务管理的整体优化,达到提高服务质量的目的。

通过对站点环境、设施设备、服务形象、标准化作业、人性化服务、车辆运行等进行评估,科学测量城市轨道交通整体及各服务环节的满意度情况,更加全面的了解乘客对相关运营企业的服务诉求及服务内容的要求,准确找到满意度存在问题的环节,提供切实可行的、具体的改进建议,为相关运营企业提升服务及拓宽服务内容提供参考依据,提升城市轨道交通服务管理及乘客满意度。

10.4 服务技巧与措施

城市轨道交通作为一种现代化的交通工具,它拥有一个庞大而复杂的系统。而城市轨道交通与乘客密切相关的就是客运服务工作,即城市轨道交通为广大乘客提供出行服务。客运服务工作作为一个窗口,直接反映了城市轨道交通系统的运营管理水平,也反映出城市的文化程度。工作中,良好的服务技巧及合理的服务措施是做好服务工作的前提和重要保证,运营相关单位尤为重视企业员工客运服务工作的质量。

10.4.1 客运服务艺术

在满足了客运服务的基本要求之后,企业追求的是更高的服务质量,更高的乘客满意度。要达到这一目的,就需要有技巧地提供服务,也就是讲究服务艺术。

通常所说的“服务艺术”,实际是指在劳务活动中为满足服务对象某种特殊需要所运用的具体方法。讲究服务艺术,就是讲究服务方法,它追求的是良好的服务动机与良好服务效果的统一。

1. 掌握乘客的心理

科学的服务方法来自对服务工作客观规律的正确认识。客运服务人员的服务对象是乘客,在乘客旅行过程中,乘客的各种愿望和要求是受心理支配的,各种外界的条件变化又直接影响着乘客心理,客运服务人员需要掌握乘客的心理活动规律,增加服务工作的有效性,提高服务工作的预见性。

(1)满足乘客最基本的需要

乘客的基本需要是及时乘上车。因此,我们每一个客运服务人员都要从满足乘客的基本需要出发,急乘客所急,想乘客所想,尽责守职,做好本职工作,满足了乘客及时乘上车的愿望,体现一心为乘客着想的良好的职业道德品质。

(2)关注乘客的普遍性需要

乘客的普遍性需要是安全和方便。对城市轨道交通客运服务人员来说,要时刻关心乘客的乘行安全,尽力为乘客提供各种乘行的方便,以此满足乘客的普遍性需要。

客运服务人员要时刻留意乘客的动态,及时发现不安全因素,对乘客的不安全行为给予必要的提醒和劝阻。列车进站时要提醒乘客不要拥挤,劝阻抢上抢下;开关车门时要提醒乘客不要手扶车门。尽自己的所及,积极防止因各种原因造成的乘客跌伤、压伤、挤伤等事故。总之,在任何情况下客运服务人员都要以对乘客高度负责的精神,关心乘客的出行安全。

客运服务人员为乘客提供乘行方便,需要做好在乘行中购票、等车、上车、乘车、下车、进站、出站等一系列乘行环节的服务工作。

(3)实现特殊乘客的特殊需要

老、弱、病、残、孕及怀抱小孩或其他一些特殊困难人群是客运服务人员重点服务的对象。由于这些乘客的自理能力或活动能力不及一般乘客,往往都有特殊的需要。因此,城市轨道交通客运服务人员应尽力满足他们的需要,并热情而周到地服务。

满足乘客的特殊需要,要求客运服务人员要能了解这些特殊乘客的困难和不便,对老、弱、病、残、孕等特殊乘客要尽力设法予以特殊照顾,积极排忧解难,这些乘客特殊需要的满足,对于客运服务人员虽然是麻烦了一些,但它却最能体现社会主义社会人与人之间相互关心、相互照顾、团结友爱的平等互助关系,它是服务工作的需要,也是社会主义精神文明建设的需要。

2. 讲究语言技巧

规范用语是讲究语言技巧的前提,是服务岗位的基本要求。而运用技巧性的语言满足乘客的服务需求是讲究服务艺术,提高服务质量的要求,是在规范用语的基础上所能提供的高水平的服务。

(1)语言亲切

服务是否到位，一方面要看服务是否主动周到，另一方面就要看客运服务人员的说话语气是否亲切、热情。

(2)商量口气

客运服务人员与乘客是服务和被服务的关系，因此客运服务人员对乘客说话不能有“命令式”的口气，要用商量的口气希望乘客配合自己的工作。

(3)言辞委婉

在向乘客解释一个问题的时候，言词不能有责备的口气，应以委婉的言词达到提醒乘客，让乘客得到理解。

(4)恰到好处

在处理乘务矛盾时，说话办事要恰到好处。不该说的话不说，不该做的事不做，不该多说话的时候要控制少说几句。

(5)留有余地

在乘务活动中说话办事，都要给乘客或自己留有余地，不说绝对的话、不办没有余地的事，不给自己带来被动的局面。

(6)语言幽默

在向乘客解释问题的时候，能让乘客听了感到心情愉快、容易理解、乐意接受。

(7)同情心

当出现服务纠纷时，不要首先责备乘客，而要首先讲自己有什么不足之处，然后再向乘客解释问题，从感情上化解矛盾。

(8)顾全大局

在处理自己与乘客发生乘务矛盾的过程中，要从保护乘客的利益、维护公交企业信誉这个大局出发，宁可自己受点委屈，也要妥善处理好在工作中发生的一些乘务矛盾。

3. 坚持“以理服人，得理让人”的服务原则

乘客与客运服务人员之间发生的矛盾，部分是由于误会或是客运服务人员工作的疏忽造成的，这时，只要能耐心解释或虚心道歉，以诚恳的态度取得乘客的谅解，矛盾完全可以消除。“以理服人，得理让人”是城市轨道交通员工在长期服务工作实践中总结的一条经验，主张员工在面对服务是非矛盾面前要心平气和，有礼貌的说理；有了理，又要本着缩小矛盾的态度宽以待人，做到得理让人。

客运服务人员在服务工作中坚持“以理服人，得理让人”的服务原则。能有效地避免一些矛盾的产生。要提倡“你发火，我耐心；你埋怨，我周到”的处事态度，以实际行动创造文明和谐的乘车环境，促进社会风气的改善。

10.4.2 服务技巧

1. 服务技巧主要内容

客运服务工作中,服务技巧主要从“看、听、笑、说、动”五方面进行归纳总结。

(1)看

①观察乘客:目光注视;

②关注乘客:预判乘客的需求。

(2)听

①注意拉近与乘客的关系;

②接听电话:熟练掌握接听技巧;

③乘客说话时:平视乘客的眼睛,面带微笑。

(3)笑

①记住微笑服务的魅力;

②微笑训练:像空姐一样微笑。

(4)说

①引导乘客;

②关注情景扮演方式的运用;

③关注乘客在乎点;

④熟路使用常用服务用语;

⑤用乘客喜欢的方式去说。

(5)动

①关注身体语言;

②使用好五官语言;

③注意体态:明白它是无声的语言;

④关注文化差异。

2. 服务技巧关键点

服务技巧关键有三点需要注意:

(1)乘客满意度

乘客满意度是乘客对产品忠诚度的前提。只有对产品满意的乘客才可能成为忠诚乘客,才能接受、传播和推荐产品。当顾客期望值达到并超越之后,顾客的满意会变得更加明确和肯定,而顾客相应的情感会变得更加积极和明朗,从而达到欣喜。满意的顾客会再次光临或向其亲友、同事推荐的热情就会相应增高。城市轨道交通企业要做的就是要提供超出乘客期望值的服务产品。

(2)尊重乘客

尊重乘客是服务的关键。尊重乘客的审美、感受、情趣等精神愉悦的需要，充分让乘客感受来自他内心的愉悦的需要，并成就乘客精神愉悦的欲望。

(3)服务补救

补救服务是服务的后续工程。服务的致命点就是丧失乘客的满意度。一旦调查发现乘客存在抱怨的情绪或开始投诉，员工就必须在组织规定的范围内，根据服务差错的性质，采取适当的补救服务措施。

10.4.3　服务措施

满足乘客的基本出行要求后，运营企业追求的是更高的服务质量，更高的乘客满意度。要达到这一目的，需要企业员工具备一定的服务艺术。服务艺术是指在劳务活动中为满足服务对象某种特殊要求所运用的具体方法。对于城市轨道交通客运服务而言，不仅要提供客运服务，而且要讲究服务方法，追求良好的服务动机与良好服务效果的统一。

1. 培养积极的客运服务态度

服务态度决定了服务质量和服务效果。作为企业员工，勇于承担企业、个人的责任和树立积极主动服务的服务态度，是从事客运服务工作的前提和基础。城市轨道交通客运服务是为乘客服务、注意服务细节、认识到服务乘客无小事。这是作为客运服务人员必须承担的个人责任，这也要求服务人员树立不说“不”的服务态度和不说“他们”只说“我们”的责任承担理念。

2. 掌握乘客的心理

科学的服务方法来自对服务工作客观规律的正确认识。客运服务人员的服务对象是乘客，在乘客出行的过程中，乘客的多种愿望和需求是受心理支配的，而各种外界的条件变化又直接影响着乘客的心理，客运服务人员需要掌握乘客的心理活动规律，增加服务工作的有效性，提高服务工作的主动性。

3. 全面了解乘客诉求

客运服务人员为乘客服务时，积极主动了解乘客诉求，不盲目猜测。全面了解乘客“需要什么”，有针对性地为乘客解决问题，不能盲目猜测，根据经验处理。

10.5　服务案例分析

10.5.1　服务意识篇

案例1

(一)乘客投诉内容

乘客手机遗忘在公司，因急于与家人联系，便找站台的站务员寻求帮助，站务员未理会该乘客,乘客又找到客服中心站务员,让站务员帮忙打个电话,站务员回答这是内线,也不提供帮助,乘客对这种态度表示不满。

(二)存在问题及处理

1. 站务员服务意识淡薄,站台站务员在乘客提出需求后,未执行首问责任制,采取不理不睬的态度。

2. 站务员在乘客提出要求时,简单拒绝乘客,未给乘客任何帮助,导致乘客的不满。

3. 站务员必须明确本站客服中心电话使用范围,知晓该电话是否可拨打外线,以便及时解决乘客问题。

4. 如有乘客有市话联系家人需求,客服中心电话因无法拨打外线,可告知站长,使用站长手机,方便乘客。

5. 站务员服务意识欠佳,在乘客寻求帮助时,在车站允许范围内,尽力满足乘客的需求,提高城市轨道交通的服务质量。

案例 2

(一)乘客投诉内容

谭女士携带两件行李从××站B出入口宽通道闸机出站时不慎被闸机夹到,客服中心的工作人员和经过出站口的4、5个志愿者不仅没有及时提供帮助,还在旁边说笑,对此不满,要求回复。

(二)存在问题及处理

1. 车站员工主动服务意识淡薄,态度冷漠,发现有乘客需要帮助,未主动上前提供服务,错过了第一次服务补救的时机。

2. 车站员工换岗期间工作态度不严肃,致使乘客误解。

3. 车站员工和志愿者应加强服务意识,掌握服务技巧,牢固树立"乘客至上,服务为本"的服务理念,配合车站坐好进出站引导,及时提醒携带行李及带小孩的乘客进出闸机时注意事项,避免类似事件的再次发生。

10.5.2 语言技巧篇

案例 1

(一)乘客投诉内容

乘客在A站携带较大的折叠自行车进站并在站台骑行,一位男性工作人员看见后上前制止,并态度恶劣地说:"怎么那么不自觉"就转身离开,乘客称知道自己行为不当,但希望车站改善服务方式,对此不满。

(二)存在问题及处理

1. 站台岗在履行工作职责时,站在了管理乘客的角度,致使自己在制止乘客违章行为时，未注意自己的态度，使用了服务忌语，是造成乘客不满的主要原因。

2. 站台岗应站在服务乘客的角度，告知乘客在站台骑行的危险性，让乘客意识到自己的行为不当，而不是当众指责，让乘客很没面子。

案例 2

(一)乘客投诉内容

乘客在××站进站时，站务员因其携带物品超标而未放其进站，但在乘客一再要求下又给予进站。事后，乘客对该站务员表示不满，并致电服务热线反映了这件事。经了解，该名乘客还有一名同行的朋友，物品均分后并未超标，故站务员放行其进站。

(二)存在问题及处理

1. 站务员对携带超标物品的乘客应做好解释工作，劝导其改乘其他交通工具，并注意服务态度及语气；

2. 对于携带超重，超体积物品的乘客，站务员可灵活处理，如可拆分，可分多人携带，同时向乘客解释清楚；

3. 站务员在随后放行乘客时，应向乘客解释清楚放行原因，避免引起乘客误解。

10.5.3　票务处理篇

案例 1

(一)乘客投诉内容

一位乘客在A站自动售票机上用5元纸币购买了一张4元车票，但未找零，也无法正常进站。将卡给站务员分析，站务员说是无效票后，还给乘客一元钱，让乘客留了姓名电话，就开边门让乘客进站。可到B站时，乘客无法出站，等说明原委后，工作人员很不耐烦地让乘客出了站。

(二)存在问题及处理

1. A站站务员在听取了乘客反映后，虽留下乘客姓名、联系电话并退了一元钱，但未将乘客所持的车票进行更换；站务员应请示站长后，开具“乘客票务事务处理单”，将乘客购票费用5元予以退还，并回收4元单程车票，告知该乘客应另行购票。

2. 当问明乘客需从B站出站后，便开专用通道门放行，但未致电联系B站给予放行，既违反票务处理的相关规定，同时又违反了专用通道的管理规定。

3. 车站未能及时对服务设施加强巡视和检查，造成个别服务设施存在故障点。车站应加强对服务设施的巡视和检查，发现设备存在故障应及时予以修复，确保各类服务设施的可使用率。

案例2

(一)乘客投诉内容

一位乘客在A站自动售票机上购票,但车票未出,找站务员帮助,可足足等了近二十分钟才有人来处理,后让乘客从边门进站,并答应会与B站(目的地)联系,保证乘客能出站,但到了B站,却被告知无人通知过B站,对此服务表示不满。

(二)存在问题及处理

1. 车站票务维修人员未能及时至现场处理,使乘客等候时间较长,是此次事件初步形成的原因。

2. 当乘客表示没有时间等待站长处理,并要求给予立即放行时,站务员违反专用通道使用规定,擅自开启边门让乘客进站,并说明会致电保证其正常出站。而事后站务员却又将乘客需出站的车站搞错。

3. 正确的处理方法:设备故障一时无法排除或设备显示正常时,乘客又急需离开,应请示站长后开具“乘客事务处理单”,退还乘客购票费用,并告知乘客需另行购票。

10.5.4 规章制度篇

案例1

(一)乘客投诉内容

一位乘客在××站站台卫生间,当时未听见末班车广播,待发觉时车站门已关闭,乘客在站厅走动,被当班工作人员看见,站务员上前询问,得知情况后一味指责乘客,说:都喊过关门了,为什么还不出来。乘客对此表示不满,要求当时的站务员赔礼道歉,并给予合理的说法。

(二)存在问题及处理

1. 该站虽在运营结束前进行了广播宣传,但车站清场人员由于巡视不到位造成个别乘客滞留车站;车站站务员在夜间请客过程中,应对站内各个部位进行全方位检查,特别是车站重点部位、死角部位应认真予以确认,确保无物、无乘客滞留车站。

2. 当滞留乘客寻求帮助时车站站务员应及时给予帮助,协助乘客出站,同时做好对被困乘客的解释和安抚工作,消除乘客因车站工作疏忽造成的不良影响。

3. 车站站务员未向乘客表示歉意使乘客不满;车站在事后处理时应真诚地向乘客表示歉意,并由站务员护送乘客安全地离开车站。

案例2

(一)乘客投诉内容

一位乘客致电服务热线反映:乘客因为储值卡坏了,维修要花时间,于是到客服中心想要再买一张，站务员告知卡已卖完了，对此乘客很不满。经乘客催促，站务员才打电话至车控室要求票款员前来配票，因票款员正在处理卡币，值班员要求客服中心将乘客引导至另一端客服中心购买，乘客对车站这种服务态度非常不满，要求回复。

（二）存在问题及处理

1. 站务员未能及时向票款员申领储值卡，导致票卡脱节；站务员在售卡过程中应关注存卡数量，并及时予以补充。

2. 若遇票卡不足，无法及时补充，站务员应灵活处理，向乘客作出解释并及时将乘客引导至另一侧客服中心。

10.5.5 设备性能篇

案例1

（一）乘客投诉内容

一名乘客在××站乘坐站外无障碍电梯时，发现开门按钮失灵，且按下电梯内红色呼叫按铃，无工作人员到现场帮助，乘客对此不满，致电服务热线反映情况。

（二）存在问题及处理

1. 站长应加强车站巡视力度，应对站内各个部位进行全方位的巡视，特别是车站重点部位和车站周边情况。

2. 当班期间站长应掌握设施设备运行状态，发现故障应及时安排人员放置相应提示牌和做好报修工作。

3. 值班员应加强现场监控，做好车站的“眼睛”，以便能在发现问题时第一时间通知站长到现场进行处理。

案例2

（一）乘客投诉内容

一位乘客致电客服热线反应：“××站经常在18:00左右的时段内，只有三台TVM机投入使用，导致乘客需要排长队购票。”经调查核实，××站在早高峰(11:00—12:00)和晚高峰(16:00—18:00)两个时间段内，客流较大且集中在A出入口TVM处购票，此时段TVM常出现卡币、找零不足及票卡不足等现象。

（二）存在问题及处理

1. 车站应加强AFC设备现场监管力度，提高AFC设备运用效率，相关岗位严格执行AFC设备报修处置流程，做到及时、高效。要求车控室通过SC对AFC设备运作情况进行实时监控，确保AFC设备报警在5 min内发现，并做出相应处置。

2. 若发现TVM故障或票卡不足时，客服中心岗应放置暂停服务牌，向乘客做好解释工作，同时将乘客引导至正常设备处进行购票，并及时上报车控室进行故障报修或通知票款员进行补票操作；若发现TVM找零不足时，引导持1元零钱的乘客继续在该处购票，其余乘客换其他TVM购票，并及时通知票款员进行补币。单台TVM出现票卡或找零不足时，须在10 min内完成票箱或钱箱的更换，恢复正常；两台及以上则须在30 min内完成。

10.5.6 服务承诺篇

案例1

(一)乘客投诉内容

乘客林先生在××站以20元纸币购买1张5元单程票，18:00左右，林先生到车站，称之前购票TVM未拿找零，车站站长告知第二天结算后才能知道是否有余款，并留下乘客手机号码，告知次日回复。次日林先生因未收到回复，晚上再次来到车站询问，被告知没有结存款，事后林先生对车站员工工作态度不满，致电服务热线投诉。

(二)存在问题及处理

1. 站长在结账得知结果后，应及时主动联系乘客，告知结果，做好解释工作。

2. 车站员工应加强工作责任感，既然让乘客留下了联系电话，就应主动联系，站长应做好交接工作，主动告知乘客结算结果，不要被动等待乘客的再次询问，引起乘客不满。

3. 乘客再次来站已有不满，应做好解释工作，取得乘客谅解，避免矛盾。

4. 站长应及时了解事件经过，并督促或帮助车站票款员做好结账，联系乘客的工作，尽量避免接到投诉后再向乘客解释的被动局面。

案例2

(一)乘客投诉内容

一名乘客持单程票在C站无法出站，便至客服中心处理。经分析该票卡在A站购买，票价为2元钱，但到C站票价应为3元，客服中心岗解释该票卡金额不足，需补1元钱出站，乘客表示不理解，客服中心进一步解释票价制度，并出示了票价表，乘客仍表示不理解，但还是补交了1元钱，客服中心为乘客更新票卡，乘客出站。乘客认为工作人员业务知识太差，回答不清楚，对此表示不满，向服务热线致电反映。

(二)存在问题及处理

1. 工作人员在乘客事务处理中，缺乏沟通技巧，在与乘客沟通时，解释不到位，且使用专业术语，导致乘客不清楚需多缴费的原因。

2. 工作人员在与乘客交流时，用语应通俗易懂，解释到位，尽量避免使用专业术语造成乘客不理解。

3. 工作人员应提高乘客事务处理敏感度，发现乘客有不满情绪时，及时安抚，必要时通知站长到现场处理，同时报备服务热线。

复习思考题

1. 客流预测的目的是什么？
2. 客流预测的方法有哪些？
3. 城市轨道交通客流可以分为几类？分别是什么？
4. 从哪些方面可以做好日常客流组织？
5. 发生大客流时，可以采取哪些措施限流？
6. 简要回答优化客流组织的措施。
7. 城市轨道交通服务有哪些特点？
8. 服务质量的内容有哪些？
9. 城市轨道交通服务工作中有哪些技巧与措施？
10. 已知某城市轨道交通公司有两条线路：A线、B线。某日，由A线进且A线出客流为23 579人，B线换入A线客流为78 931人，A线换出客流为67 893人，途径A线客流为5 331人，A线非付费客流为1 023人；B线进且B线出客流为25 781人，途径B线客流为6 781人，B线非付费客流为1 573人。

求：(1)A线、B线当天线路日客运量。

(2)此城市轨道交通公司线网日客运量。

第 11 章 票务管理

城市轨道交通票务管理是利用计算机、网络传输、通信技术、财会、统计等技术，通过车站票务设备的管理，在数据统计分析基础上实现票务需求的管理。票务管理主要依托票务系统进行，票务系统是票务管理的实现基础，现代票务系统核心功能和管理职责是通过自动售检票（AFC）系统来实现，AFC 系统可以实现购票、检票、计费、统计分析、清分结算等过程的自动化。

票务管理是城市轨道交通运营管理的一项重要工作，既关系到运营生产收益，又关系运营服务质量，应制定一套科学严密、行之有效的管理规则。票务管理水平的高低是衡量经营管理水平的重要标志。票务管理既包括财务管理，也包括运营票务生产过程的管理。其覆盖面广、环节多，是城市轨道交通业务管理和技术管理的有机结合。

11.1 城市轨道交通票务系统

城市轨道交通票务系统是为满足票务收入、车票使用及管理、车站票务设备管理、票务信息和数据管理要求而建立的综合性票务平台，是票务管理实现的载体。

11.1.1 城市轨道交通票务系统概述

城市轨道交通票务系统是能够实现自动购票、检票、计费、统计分析、清分结算等管理问题而建立的一套满足票务发展及管理需求的系统。早期的票务系统仅是乘车收费系统，按照既有的收费标准，发行预付费凭证，乘客在进出站过程中按预付费凭证余额或剩余次数享受交通服务，以付费凭证为媒介代替现金进行有效支付。现代城市轨道交通票务系统主要是制定票价等运营策略，对车票制作、车票出售、入站检票、出站检票、补票、罚款等营收信息进行有效管理。随着城市轨道交通票务功能的不断扩展，票务系统也承担起对运营状况进行监控监理的职责。

11.1.2 票务系统的业务内容

票务系统的业务管理是通过 AFC 系统来实现的。主要内容包括车票管理、账务管理、规则管理、设备管理、模式管理、运营监管、信息管理、系统安全管理等。

1. 车票管理

车票是乘客享受城市轨道交通服务的有效凭证，记录乘客乘车行程和费用等信息。车票管理就是对车票的发行、使用、综合监管等全过程进行管理。

2. 账务管理

账务管理是对运营收益进行收缴、清分、结算和分账等过程进行管理。

3. 规则管理

规则管理是对全线网票务规则统一管理，使票务系统能在不同线路、不同部门间无障碍运转。

4. 设备管理

设备管理是通过AFC系统对车站现场设备(如：自动售票机、自动检票机、人工售票机、加值机等)运行状态进行监管。

5. 模式管理

模式管理是对运营中出现的各类情况所作出的针对性操作。一般包括正常运营模式、降级运营模式、紧急模式。

6. 运营监管

运营监管是指通过系统对运营过程中车票调配、运营收益、设备状态、客流动态等核心信息实施的监督和管理。

7. 信息管理

信息管理是对运营实际中产生的各类数据信息按不同需求进行分类汇总，形成相应的信息结果，为日常运营和票务管理提供决策依据。

8. 系统安全管理

系统安全管理是指通过人工防范和技术卡控，为票务系统的正常运行提供安全保障。

11.1.3 自动售检票系统简述

自动售检票系统是由计算机集中控制实现自动售票、自动检票及进行票务管理、财务结算、客流统计分析、票务设备管理的票务自动化管理系统。AFC系统管理城市轨道交通全网线路的售检票业务，涵盖票务的各个环节，涉及票务管理的整个路网业务、具体线路业务、车站业务，同时监管车站终端设备和车票。根据AFC系统主要功能，国内AFC系统通常以五层架构方式设计建设，分别为清分中心系统层、线路中央系统层、车站计算机系统层、车站终端设备层和车票层，如图11.1所示。

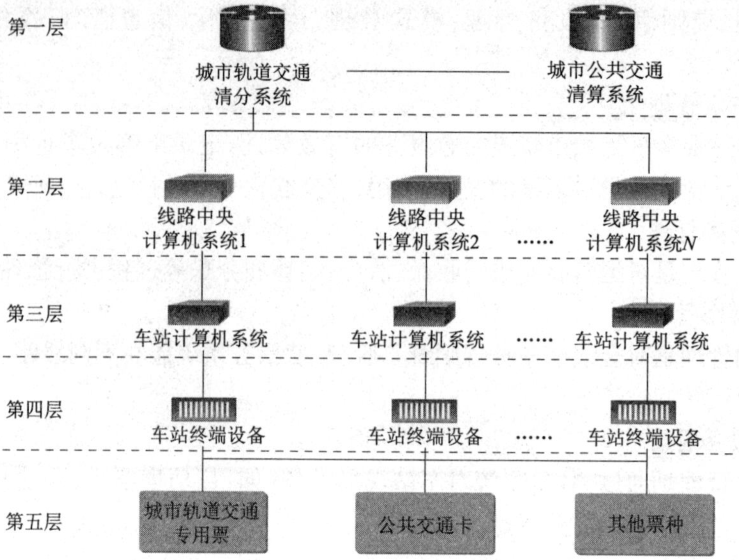

图 11.1　AFC 系统五层架构

11.1.4　票务管理与 AFC 系统的关系

根据票务管理的内容和 AFC 系统的主要功能可知,票务管理的内容是 AFC 系统实施的必要依据,AFC 系统是票务管理各项功能实现的手段。为有效的行使票务管理职责,提高票务结算的效率,强化乘客正常通行能力,城市轨道交通应建立符合自身发展的 AFC 系统。通过该系统对客流、营收、账务等综合业务信息的汇总分析,可以强化客流分析预测能力,合理的调配运能,提高票务系统的工作效率,进而提高网络化运营管理水平。

AFC 系统与票务管理的对应关系主要表现在客流、票制、清分结算、车票处理等方面。

1. 客　　流

客流是票务管理的基础,因为客流的存在使城市轨道交通出现购票、检票、补票等进出站行为,基于以上行为就会产生各类交易数据和乘客流向,这就促使运营企业对其进行管理,而管理此类票务问题就必须通过 AFC 系统来实现。

2. 票　　制

票制是各城市轨道交通城市为满足自身运营需要而制定的票务制度。目前由于全国城市轨道交通一般由当地政府部门自行管理,因此所出台的票务制度需参考当地消费水平、民生特色而定,不同城市的票制可能不同。AFC 系统根据票务政策的计费原则、计费方式、车票种类和优惠政策进行售票、检票和统计分析,以满足票务管理需要。

3. 清分结算

清分是结算的准备阶段，主要是将当日或一定周期内的全路网营收数据按照各经营成员之间约定的方式进行汇总、整理和分类；结算是将某一周期内的收支情况进行总结、核算，并按要求通过银行将款项从付款单位账户划转入各收款单位账户。要实现以上操作需通过AFC系统完成，该系统可以对客流、票务营收及车票的使用进行统计和分析，并形成相应报表，可按不同线路、不同受益方进行票务收益的清分和结算。

4. 车票处理

车票是乘客享受城市轨道交通提供服务的凭证，是整个票务管理运作的媒介，通过车票AFC系统可以对乘客从购票、进站、出站等全过程进行管理。车站车票处理是通过AFC系统对车票进行退卡、挂失和更新等业务的操作。

11.2 自动售检票系统

AFC系统是基于计算机网络、通信、微电子、机电一体化、嵌入式系统集成和大型数据库管理、自动控制等技术，实现城市轨道交通自动售票、检票、计费、收费、综合统计、清分结算和运行管理等全过程的自动化系统，直接面向市民，是乘客享受城市轨道交通服务的重要途径，是实现票务管理的根本性系统。

我国城市轨道交通AFC系统起步较晚，直到20世纪90年代，上海、广州等城市轨道交通率先引入了自动售检票概念。后期随着首批使用自动售检票的城市轨道交通城市所展现出的良好票务管理水平和高效的售检票能力，极大地方便了乘客，使AFC系统被城市轨道交通企业、设计单位和乘客迅速接受。目前国内众多企业已经具备了AFC系统总集成、终端设备制造、软硬件研发、网络传输等完整的产业链，行业总体技术已达到国际先进、部分领先的水平。

11.2.1 AFC系统的架构

国内城市轨道交通建设和运营一般均以线路为单位进行管理，随着运营线路和里程的不断增多，多条线路交织成网，网络化运营模式势在必行。在此模式下，国内城市轨道交通AFC系统在设计和建设中，一般均面向全线网设置中央控制中心系统（清分中心系统）用于控制、处理各线路系统。在每条线路中分别设置各线路控制中心系统，对各线路中所有车站进行控制和管理，并接受线网中央系统的管理。同时，在每个车站分别设置本站控制系统，以管理和控制车站所有票务设备，并接受线路中央系统的控制。这样,在车站——线路——路网中央各级之间,系统既可独立运行又逐级受控,不但满足全线网运营统一的需要,又满足不同线路之间运营差异,是目前国内 AFC 系统建设的经典组成模型。

AFC 系统按照常用的层次模型,一般可分为五层架构,如图 11.2 所示。第一层为清分中心系统层,第二层为线路中央计算机系统层,第三层为车站计算机系统层,第四层为车站终端设备层,第五层为车票层。

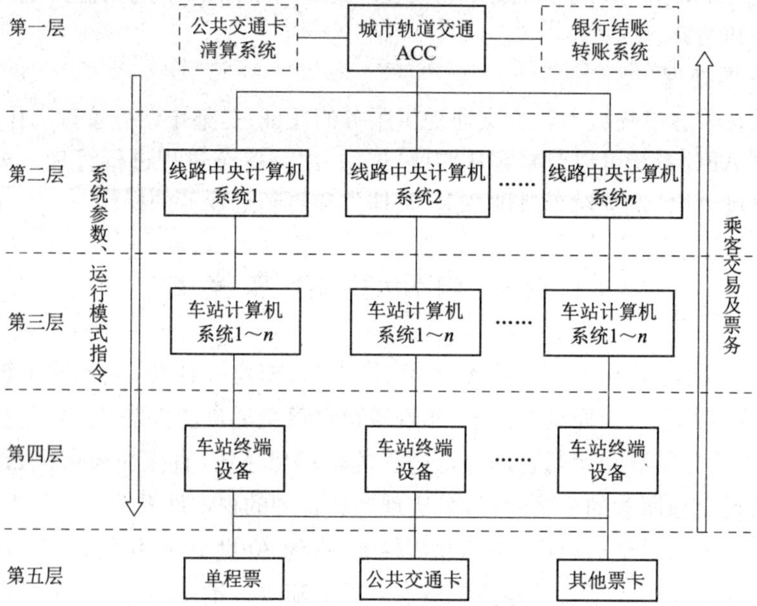

图 11.2　城市轨道交通自动售检票系统架构示意图

11.2.2　AFC 系统功能

城市轨道交通 AFC 系统由清分中心(ACC,AFC Clearing Center)、线路中央计算机(LCC,Line Central Computer)、车站计算机(SC,Station Computer)、车站终端设备(SLE,Station Level Equipment)和车票五层架构组成,AFC 系统票务管理采用清分中心(线网票务中心)、线路控制中心(线路票务中心)、车站三级管理,车站现场设备实现控制中心、车站、本地三级控制。根据各层业务层实现的不同,具体功能如下:

1. 清分中心

清分中心负责制定城市轨道交通自动售检票系统的运营模式、票务管理模式、票务管理流程、清分处理流程、车票种类设置和定义、密钥管理、接口界面;完成各线交易数据的采集、分析和处理,进行运营收益(包括在降级运营模式下的运营收益)清分。同时实现与城市公共交通"一卡通"、银行卡、移动支付等外部系统的数据接口,完成相应系统间清分、对账及结算工作。

2. 线路中央计算机

线路中央计算机完成本线路自动售检票系统的运营管理、票务管理及设备管理。实现本线路系统运作、收益及设备维护集中管理;实现本线路系统数据的集中采集、统计及管理;实现与清分中心的数据接口,完成与清分中心清算对账和线路的收益管理,并可接受清分中心下发的各类运营参数和命令,并通过车站计算机落实到终端设备。同时,线路中央计算机可实现所辖线路内安全访问控制,包括线路内权限管理、数据审核、数据备份及恢复、系统间安全访问控制等。

3. 车站计算机

车站计算机监视和控制各车站设备的运行状态,收集、统计各类运营数据上传至线路中央计算机,并接收线路中央计算机下达的各类运营参数和命令。

4. 车站终端设备

车站终端设备是根据票务规则完成乘客购票、找零、充值、查询及出入站验票功能,并能接受车站计算机系统下发的参数及指令,完成规定操作及信息提示,生成并上传全部交易数据和日志。车站终端设备在发生通信故障具备独立运行功能,故障恢复后自动上传数据。

车站终端设备主要包括自动售票机(TVM,Ticket Vending Machine)、自动检票机(AGM,Automatic Gate Machine)、自动查询机(TCM,Ticket Checking Machine)、自动加值机(AVM,Automatic Value-adding Machine)、半自动售票机(BOM,Booking Office Machine)等。

5. 车　　票

车票是乘客进出车站的有效工具,是记录乘客乘车信息的媒介和载体。车票能记录本身的系统编号、车票种类、进出站信息、金额、有效期、历史交易记录等信息,与车站现场设备共同完成自动售票、检票功能。目前国内城市轨道交通运营线路主要采用的车票形式有非接触式 IC 卡(卡式)和 TOKE(硬币式)两种。

11.2.3 车站终端设备

车站终端设备主要包括 TVM、AGM、BOM、TCM、AVM 等。其中:TVM 主要完成车票自动发售、接收并找零购票款;AGM 主要完成进出站自动检票;TCM 主要完成车票及相关信息的查询;AVM 主要完成储值票的充值;BOM 主要是人工完成车票发售、充值、补票及查询。

1. 自动售票机主要功能

TVM 主要完成车票自动发售、接收并找零购票款,主要功能包括:

(1)TVM 通过车站局域网与 SC 相连,接受系统运行的参数和 SC、LCC 的控制命令,以及上传车票处理交易、寄存器数据及设备状态等数据到 SC。

(2)TVM 常规情况下可接受纸币和硬币购票及找零。

(3)TVM 显示界面应具备显示线路、票价、设备基本情况等信息。

(4)TVM 具备权限控制功能,由 LCC 统一设置操作员编号、密码、操作等级及权限,车站工作人员均在权限内操作设备。

(5)TVM 能保存黑名单车票信息,可按规则处理黑名单车票,并能将检查到的黑名单车票使用信息上传 SC 及 LCC。

2. 自动检票机主要功能

AGM 主要完成乘客进站和出站的自动检票。主要功能包括:

(1)在正常模式下,进闸机的方向指示器和乘客显示器显示允许乘客使用的信息。当一张车票接近闸机感应区并在其读写范围内时,闸机将通过读写器以及读写器的接口程序读取车票上的有关信息,对车票的有效性进行检查。

(2)若车票检查有效,进闸机在车票写入相关进出站信息,并对写入的数据进行校验后,开启扇门允许乘客通过,并在乘客显示屏显示允许通过的信息。同时,闸机对乘客的通过进行监控,在乘客通过扇门后,自动关闭扇门。

(3)若车票检查无效,在乘客显示器上显示车票无效的信息。同时,关闭扇门阻止乘客通过。

(4)在出闸机,有效的、无需回收的车票将被扣除相应的车费或乘次,同时在乘客显示器显示车票余值或乘次信息,如车票无效则提示乘客到客服中心进行相关处理。若需回收的车票为有效车票,车票被回收;否则车票送到出票口退还给乘客,同时发出声光提示。

(5)出闸机车票回收口每次只允许插入一张车票,若回收装置内有两张或以上的车票,通常情况下闸机不对车票进行读处理,同时在乘客显示器上显示相应的提示信息。车票从退票口退还。若回收装置正处理车票,则必须在车票回收或退还后才能接受下一张车票。

(6)所有在闸机处理的交易数据,应即时上传到 SC,另外在闸机设备状态发生变化时,能立即向 SC 发送运行状态数据。闸机的运行状态数据至少包括:开/关检测、回收票箱状态、故障、通信中断、错误编码、开放通道等。

3. 半自动售票机主要功能

BOM 主要是通过人工方式完成车票发售、充值、补票及查询。主要功能包括:

(1)操作员可以通过 BOM 对车票进行分析、无效更新、发售、赋值、充值、延期、即时退款、交易查询等处理。

(2)BOM具备单程票发售功能,操作员可以通过BOM以现金方式发售单程票。

(3)BOM应可按照安装位置的不同而设置为不同操作类型,如单独为非付费区服务(售票)、单独为付费区服务(补票)、兼顾非付费区及付费区服务等。

(4)BOM应能记录从投入使用开始的各种寄存器的累加数据,并能方便地查询,将寄存器数据上传到SC。

(5)BOM通过车站局域网网络与SC连接,上传交易、现金、班次、设备寄存器、设备状态等数据,并从SC及LCC接收运营指令、系统参数及软件更新数据。

(6)在与SC及LCC通信中断的情况下,BOM应能在单机运行模式下工作。

(7)BOM在进行乘客事务处理时,应能对相应的收款、退款、发出车票、回收车票、乘客信息等数据进行记录,必要时应可以打印相应的单据。

4. 自动查询机主要功能

TCM主要完成车票及相关信息的查询。主要功能包括:

(1)TCM一般安装在非付费区,用于对车票交易和使用的查询记录。

(2)TCM能对城市轨道交通专用车票内的数据进行查询,包括金额/余额、有效期、交易记录等。

5. 自动加值机主要功能

AVM主要完成储值类车票的充值。主要功能包括:

(1)AVM接收的纸币种类可根据车站实际需要配置,如只接收50元或100元面额的纸币等。

(2)AVM通过车站局域网与SC相连,接受系统运行的参数和SC、LCC的控制命令,以及上传车票处理交易、寄存器数据及设备状态等数据到SC。

(3)SC可对单台、多台、所有AVM下达结账命令,AVM将根据命令自动进行结账操作,结账完成时打印结账小单。

11.3 票务业务管理

票务管理是利用AFC系统将乘客购票、进站、出站这一乘车行为中涉及的车票流、资金流和客流等全方位进行组织和管理的统称。车票流是指车票从入库开始到回收使用/销毁全过程的数据流向,车票按使用顺序包括入库、编码、发行、使用、更新、充值、退换、回收使用/销毁。资金流是指乘客购票及第三方车票在城市轨道交通使用所产生的资金经过清分结算后的流向。客流是指乘客购票并进、出站后,根据车票进、出站记录的统计分析所得的客流走向信息。据票务管理的业务类型和业务层次的不同,票务组织管理可以分为业务管理和层次管理两大类别。

根据业务内容的不同,票务管理一般由车票管理、账务管理、规则管理、设备管理、模式管理、票务监管、信息管理、系统安全管理等主要内容组成。

11.3.1　车票管理

车票作为AFC系统架构中的第五层,是记录乘客乘车信息的媒介和载体,能记录车票本身及使用过程中进出站交易记录等信息,与车站现场设备共同完成自动售票、检票功能。车票管理是对车票使用计划、采购、出入库、初始化、赋值、库存、配发、发行、回收、注销及重编码等环节和数据进行管理、查询和处理。车票管理主要包括:车票的编码、车票的发售、车票的使用、车票的进出站处理、车票的更新、车票的充值、车票的退换、车票的回收、车票的冲编码、车票的注销及黑名单管理。

1. 车票种类

车票的发行种类受各个城市轨道交通自身定位和票价政策影响较大,因此各城市票种、票制不完全一致。按车票的使用途径,车票一般可以分为单程票、储值票、交通专用票和城市公共交通“一卡通”四大类;按计费方式的不同,车票一般可以分为计时票、计次票、计程票、计时计次票、计时计程票、城市轨道交通专用和城市交通“一卡通”等七大类。

(1)单程票。单程票只限于在城市轨道交通自动售检票系统中使用,在完成同一乘客的一次进站和一次出站的完整进出站行为内有效,在乘客完成车程出闸时,车票由出站闸机回收,并被写上回收信息。单程票通过重新编码发行后可以在城市轨道交通网络中循环使用。单程票按照使用功能的不同一般分为普通单程票、应急票、纪念票、优惠票。

普通单程票:由车站自动售票机发售的车票,购票时根据乘客所乘距离的长短在车票内进行赋值,在卡内赋值范围内可以完成一个完整进出站行为,出站由闸机回收。

应急票:在城市轨道交通车站或线路出现突发或应急情况下使用车票。一般情况下此类车票被提前写入特定金额,在应急情况由车站工作人员下通过人工方式发售。

纪念票:为特定题材所特定制作的具有纪念或收藏意义的车票。纪念票一般具有不记程、不回收、不充值的特点。

(2)储值票。储值票是指可反复充值,且在卡内余额足够时可多次进出站重复使用的车票。储值票一般可以分为普通储值票、优惠票和纪念票三种。

普通储值票:可以反复充值,在卡内余额足够的情况下可多次完成完整的进出站操作,并根据票价表扣费。

优惠票:是根据上级主管部门或运营企业自身的相关政策和优惠条款所发行的费用全免或有一定折扣的车票。如老人票、残疾人票、学生票等。

纪念票:为某种主题制作的具有纪念或收藏意义的车票。

(3)专用票。专用票是指城市轨道交通内部特定用途而发行的车票。一般分为公务票、测试用票和乘次票等。

公务票:城市轨道交通发行的由于行业内部使用票种。如供员工使用员工卡或供在城市轨道交通内学习、临时工作的通勤卡等。

测试票:测试票是指在城市 AFC 系统及相关系统中由于检测系统或设备好坏的车票。

乘次票:是被赋予固定信用额(乘次),可以一次或多次使用的车票。该票种在使用时一般不考虑乘距。

(4)城市公共交通"一卡通"。"一卡通"车票是由城市交通"一卡通"管理机构发行的车票。该车票一般可以在城市公共交中使用。

2. 车票的发行和使用

车票的发行和使用是指车票从初始化编码到最后注销的一整套流程。

(1)车票的初始化编码。车票在作为正式车票使用前,必须根据不同车票的要求,用专用设备进行初始化编码,产生各种类型的正式可流通车票,包括单程票、储值票和专用票等。车票初始化编码的内容包括:修改原始卡的公共信息、写入特定的应用信息及标志、数据区分区,并对相关数据区写入相应的应用数据,只有经过初始化编码处理的车票才能在 AFC 系统中正常流通使用。

(2)车票的发售。车票在初始化编码后,还须经过赋值才能在城市轨道交通线路中正常使用。一般对车票赋值可以通过编码/分拣设备、自动售票机和半自动售票机来完成。

①单程票一般在由车站自动售票机发售,也可以由编码/分拣设备发售。自动售票机可以发售的票种及票值可通过清分中心系统或线路中央计算机系统设置,并下载到相应的自动售票机上,每台自动售票机都与其所在车站的车站计算机相连,采用其所在车站的票价表。

②储值票可被编码/分拣设备预赋金额直接发售或在票房售票机上赋值发售。

③专用票一般通过编码/分拣设备发售或通过专门的人工方式发售。

④城市交通"一卡通"由"一卡通"所属企业发售。

(3)车票的使用。车票发售完成后可以在城市轨道交通线路中使用。

①所有在本线路 AFC 系统中使用的车票的详细交易信息记录都保存在线路中央计算机系统中,以便系统对车票的使用情况进行统计和分析,并将此信息传送到清分中心系统。

②车票的详细交易记录一般包括车票记录序号、交易时间、设备、上次交易时间、上次使用设备、交易类型、交易金额、车票余值、设备状态等内容。

③线路中央计算机系统对车票在系统中的使用情况应进行跟踪,防止车票被滥用、复制及伪造等非法使用,减少由于欺诈行为而引起的经济损失。

④在乘客使用车票的过程中,可能出现各种车票无效的情况,闸机将不接受该车票,此时需引导乘客到客服中心对车票进行处理,而后根据无效的类型对车票进行更新处理,使车票重新有效,能够在系统正常使用。

(4)车票的进出站处理。普通车票必须遵循先进站后出站的次序,且两次均经过闸机有效识别后方可正常进、出车站。当乘客无法正常通过进、出站闸机时,需至车站人工售票处对车票进行更新,更新完成后方可正常使用。更新车票信息时,可根据运营规则向乘客收取相应的进、出更新手续费。

(5)车票的更新。在票房售票机对车票进行分析后,若为进出站码错误、超时超乘等无效原因,则可以通过票房售票机对车票进行更新处理。对于进出站码更新的时间和车站限制,进出站码更新的费用、超时更新的费用、超乘更新的计费方式、收费方式、更新次数等可以通过线路中央计算机系统参数设置。另外通过参数控制设置,操作员也可以人工选择是否免费更新。

如果在进行更新处理时,票房售票机应相应更新车票的进出站状态、时间及车费更新标志等编码信息。同时,应在车票记录其本日、参数设定时段内及合计更新次数。对于超过更新次数上限的车票在更新时应可收取参数设置的费用。单程车票的更新操作不应对单程车票余值进行修改,只在储值票上收取更新收费时才可从储值票上扣除收费金额,对缴纳现金的车票更新不应改写车票余值。乘客应可以选择所收费用从车票上直接扣除、缴纳现金或同时缴纳部分现金和在车票上扣除部分费用。在办理非即时退款业务时,由操作员输入乘客的相关资料信息。当非即时退款的余值由乘客确认后,乘客可选择取回现金或转移车票余值到其他车票。

(6)车票的充值。储值票可通过票房售票机和自动加值机进行充值。通过线路中央计算机系统可以设置充值的金额限制、允许充值的设备类型、允许充值的车票类型、充值优惠等。

(7)车票的退换。在乘客要求退票时,票房售票机应能办理退款业务。退款处理方式应根据车票是否被损坏而分为即时退款和非即时退款。清分中心系统或线路中央计算机系统可以设置退款的条件、使用次数限制、余额限制、手续费等。系统应确保退票处理有足够的安全性,防止欺骗行为的发生。

符合即时退款条件的,在车站的客服中心完成即时退票处理,票房售票机在完成退票处理后将打印相关的处理结果或者收据,有关的退票处理信息将传输到线路中央计算机系统。

符合非即时退款条件的，在车站客服中心办理非即时退款申请，相关信息将传输到线路中央计算机系统，由计算机后台根据车票的物理卡号自动查询车票的使用情况及余值/余乘次报告，报告由相关票务管理人员确认后上传到乘客指定的车站。通过非即时退款申请单可查询处理结果，并办理退款或转移余值/余乘次的业务。在余值/余乘次被确认后，应将被确认的余值/余乘次转入其他车票上。转入余值/余乘次的车票应可以为未赋值的车票或乘客正在使用的车票。

对车票进行分析后，符合系统指定回收条件的车票可以通过票房售票机进行替换处理，回收条件应能由参数设置。在进行替换处理时，被替换的车票应被写入有关的被替换信息，但车票上的原有信息不应被修改。车票上的所有余值/余乘次及优惠信息应完全转入其他车票上。若转入车票为乘客正在使用车票，则被转移的金额应包括被替换车票的押金，其转移的押金金额应可通过参数设置。

(8)车票的回收。车票能被定期回收和更换，所有车票在初始化编码时，一般都被编上初始化时间，系统根据各种车票的使用情况，设置车票的使用有效期。城市轨道交通运营一般回收以下车票：

①超出车票物理有效期的车票；

②由于折损、残旧而不能继续使用的车票；

③乘客要求退款的车票。

(9)车票的重编码。回收的车票经人工或编码/分拣机分拣后，如仍满足使用条件，能通过编码分拣机对其进行重编码，清分中心系统将记录重编码信息。经过重编码的车票可以在城市轨道交通线路中正常流通使用。

(10)车票的注销。车票在日常检查或回收的运营过程中，出现无法继续使用的车票要及时注销。注销后的车票不能再在城市轨道交通内使用，清分中心系统可以详细保留所有注销记录。

3. 车票的安全管理

车票安全管理是基于对车票存储及使用过程等环节在安全方面的管理。国内城市轨道交通车票存放场所一般都在中心(路网中心或线路中心)和车站，因此车票安全管理主要分为中心车票安全管理和车站车票安全两部分。

(1)中心车票安全。车票仓库安全防护须有防盗窗、监控系统、消防设备设施。规章制度方面，由专人负责车票出入库管理，并实行双人互控监督，建立完善盘点核对制度，定期盘点车票数量，应制定严格的出入登记制度，钥匙保管制度等。作业程序方面，对每一张车票进行动态追踪管理，建立各种车票的台账，严格按照车票出入库流程进行作业。

(2)车站车票安全管理。车站应有专门保管车票的票务用房，配备保险柜、安装防盗门、闭路电视监控设备保障安全。规章制度方面，制定出入管理制度，钥匙保管和交接制度等。车票发出及回收由专人进行操作，车票封盒时须点清数量并加封，并注明加封人、加封日期和加封车票的种类、张数。车站管理人员定期进行车票数量核查工作。

4. 车票的成本管理

车票成本管理是对车票采购及使用过程中成本核算、成本控制的管理。控制车票成本的途径主要包括：减少车票流失率、降低车票的废卡率和降低车票的库存量等。在车票的发售、使用和回收环节中，由于售检票设备、乘客使用、乘客收藏纪念等原因造成车票的流失。因此为控制车票使用成本，应依据以上途径来降低成本，重点要控制好流失率并做好设备故障排除等工作。

5. 黑 名 单

黑名单是车票未按正常方式使用被 AFC 系统自动禁用的情况。特殊情况如被盗(挂失)、车票质量问题需回收时则由人工操作将问题车票信息录入黑名单。AFC 系统中黑名单一般由城市轨道交通企业自身系统中名单和第三方在城市轨道交通线路中使用的车票(如城市公共交通"一卡通")下载的名单共同组成。黑名单车票在设备的使用记录应即时上传至 SC、LCC 及 ACC。

11.3.2 账务管理

账务管理是指对 AFC 系统中各项票务收入、支出进行清分、结算和票据登记等过程的管理。

1. 现金管理

在城市轨道交通实际运营过程中，车站人工售票点和自动售票点会产生现金收入，现金管理就是从信息流和资金流两方面交互核对，从现金收入的交、收、验等环节而进行的全过程科学而严密的管理，以保障资金安全和账款一致。

票务现金一般有两种来源，一是车站运营收益票款，二是用于车站日常票务运作的备用金，从而实现收支两条线。现金管理须建立规范的程序，及时清点并妥善保管。常规现金管理流程如图 11.3 所示。

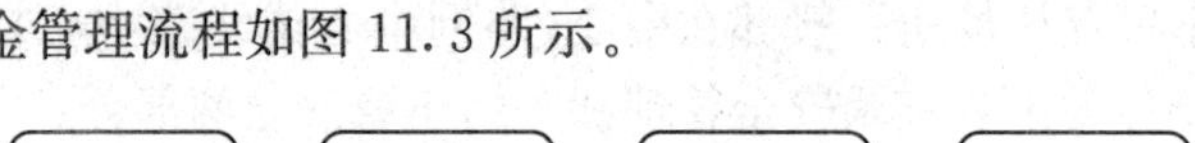

图 11.3 常规现金管理流程

(1)现金的安全管理：车站备用金及票款收入作为城市轨道交通运营企业现金收益的重要部分，其安全管理直接影响到企业的收益安全。以保障现金安全为目的，原则上车站现金只能存放于专门的安全管理区域，主要包括票务室、客服中心、自动售票设备和自动充值设备等处。车站的现金应由专人进行管理，并做好详细的台账登记,同时车站人员应严格把关,杜绝异币流入。

(2)现金的收缴及核对:现金的管理分为现金的收缴、核对、交接、结算及备用金管理等。车站所有的票款清点、结算、封包及票款交接等工作都必须在车站票务室监视器下进行。车站所产生的票务收入,须按规定程序进行收缴,可根据票款收入多少采用不同收款形式。票务收入较少的可采用周期定时收取;票务收入较高的可采用定额收取。以保障高效的前提下确保了票款的安全性。一般情况下,票款收缴基本采用当天收缴清算,清点完毕后填写记录或录入系统。次日上交收款单位后,收款单位回执的解款单与缴款单进行核对,以保证收缴及上交的票款一致。

2. 清分结算

在网络化运营阶段涉及多条线路运营商和受益方时,各家需根据统一的清分规则确定清分结算方案,并约定一定周期对运营收入进行分配结算。城市轨道交通内部的各线路运营商常规清分方法有最短时间、最短路径、最少路径、最低票价、人工预置及自动调整等6种形式。每个清分结算周期完成后,由结算银行根据清分结算单位发出的划账指令在各账户间进行资金划拨,实现各受益方的票款资金结转。常规清分结算流程如图11.4所示。

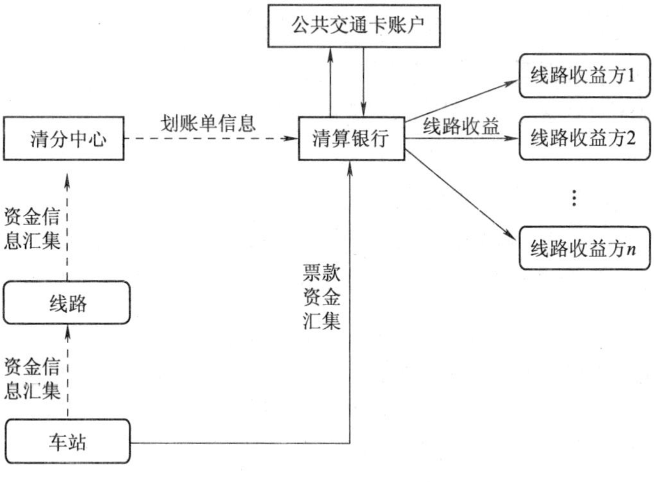

图11.4 常规清分结算流程

3. 票据管理

票据主要包括报销凭证、购票凭证和收益凭证等,应由专人负责,妥善保管,不得丢失。城市轨道交通车站应视各类凭证的库存情况,一般于每月定期申报次月需求和上交计划。申报数量应保证车站一定期限的用量,并确保存根全部上交。

对于各类凭证的管理,车站人员应对交接、库存变化和开具情况进行登记。

11.3.3 规则管理

为确保票务系统在多部门和多环节有效协作、高效联动,就必须依托一整套科学严密、行之有效的规则进行管理。规则体系就是为了确保系统规范运作,而制定出的一系列规则、流程供各方遵守并能进行有效的监督实施。票务系统涉及的规则通常有票制票价、清算规则、权限管理、操作流程等。

1. 票制票价

票制是票价定价及实施方案。票制需要综合考虑社会经济情况、城市轨道交通发展状况、居民收入水平、物价水平等因素,本着既保障城市轨道交通可持续发展,又注重减轻乘客负担所决定采取的相应计价方式和策略。票价体现了服务公益、兼顾效益的特点。目前国内外城市轨道交通计费方式主要由计程、计次、计时、单一票价、区域票价、混合票制等几种类型。

(1)计程:根据乘客乘车距离所对应的费用对已事先充值车票进行扣费的方式为计程计费方式。

(2)计次:根据乘客乘车次数对已事先充值的车票扣费的计费方式,即每乘坐一次扣除一次的方式为计次计费方式。

(3)计时:乘客事先购买一定时效的车票,在车票有效时间内,乘客可以不计程不计次的任意乘坐的计费方式为计时计费方式。

(4)单一票价:乘客购买的固定票价的车票,在车票有效期内不计程乘坐一次的计费方式。

(5)区域票价:将城市轨道交通线网分成若干个区,在同一个区中出行,乘客只需支付该区的票价,而一旦越区则需另外支付费用。

(6)混合票制:为满足实际需要而采用前述两种及以上票价方式组合而成。

2. 清算规则

随着建设线路越来越多,运营路程越来越长,呈现路网结构和规模的复杂化,线路形式、功能和制式的差别化,投资及运营主体的多元化,列车运行方式的多样化等特点,运营管理也将逐步过渡到网络化运营的新阶段。在网络化运营条件下,各运营商之间如何实现合理、高效的对账清分,便成为一个突出问题体现出来。同时,合理的清分规则是确定城市轨道交通网络各条线路完成客运量基础,基于合理的清分方法和相关模型,可以准确的计算各线路、各断面的客流量以及各换乘站的换乘客流量,从而为制订合理有效的管理决策提供依据。

目前国内城市轨道交通行业常规的清算规则依据以下几种规律或是其中几种的结合:

(1)最短时间规则:乘客从起点到终点,经由不同换乘车站,选择所用时间最短的路径。

(2)最短路径规则:乘客从起点到终点,经由不同换乘车站,选择经过站点最少的路径。

(3)最少换乘规则:乘客从起点到终点,经由不同换乘车站,选择换乘次数最少的路径。

(4)最低票价规则:乘客从起点到终点,经由不同换乘车站,选择票价花费最少的路径。

(5)人工预置规则:乘客从起点到终点,经由不同换乘车站,选择事先人工定义好的路径。

(6)自动调整规则:根据乘客的进出站点及需要的乘车时间,综合考虑以上清分规则及乘客乘车习惯自动判断乘客的乘车路径。

3. 权限管理

城市轨道交通票务系统中涉及岗位、人员众多,要保障如此庞大的系统高效有序的运转,就必须按岗位职责设置相应的管理权限,进行分级管理。权限管理就是根据不同的工作岗位和人员分别给予不同的工作权限。按照权限内容一般包括操作权限管理和应用权限管理两大类。

(1)操作权限管理:一般是指有权对系统各类资源进行控制、优化及调整的权限。

(2)应用权限管理:一般是指通过票务系统应用,可获得一定的系统使用权和操作权。

4. 操作流程

为了保证票务运作有序进行,必须针对票务运作中涉及人员、现金、设备的各种操作进行过程控制,对车票、收益、结算各个流程制定科学、合理流程,确保乘客出行便利,保证收益安全。

11.3.4 设备管理

设备管理是指对AFC系统车站设备进行的的设备注册管理、设备认证管理及数据审核。

1. 设备注册管理

注册管理一般包括记录设备的注册信息、分布信息、设备搬迁记录、密钥更换记录等,并接收各线路自动售检票系统设备的运行、关闭、故障、离线运营、降级运营等5种状态,进行跟踪管理。

2. 设备认证管理

设备认证管理是当车站设备加电、重启时或在系统参数设定的时间间隔点，对入网设备的合法性进行的认证检查。

3. 数据审核

数据审核主要包括设备合法性审核、设备状态审核和寄存器数据审核。

(1)设备合法性审核：设备上传的交易数据中包含设备配置信息，ACC根据系统中保存的设备配置信息对其进行合法性审核，并生成相应的数据审核统计报告。

(2)设备状态审核：设备上传的交易数据中包含设备状态信息，ACC根据系统中保存的设备状态信息对其进行一致性审核，并生成相应的数据审核统计报告。

(3)寄存器数据审核：每种车票交易数据均以设备寄存器累计数据和交易数据两种形式存在，ACC通过对两种数据进行一致性审核，并生成相应的数据审核统计报告。

11.3.5 模式管理

模式管理是指在城市轨道交通运营过程中，AFC系统根据车站现场运营实际采取的最合理的运行状态。主要模式包括正常模式、降级模式和紧急模式。

1. 正常模式

正常模式是指车站设备进入日常常规的工作状态。日常常规工作状态包括正常服务状态、关闭状态、暂停服务状态、设备故障状态、维修状态及离线运行状态。

(1)正常服务/关闭状态：在每日开始运营时，AFC系统根据时间表设置，自动将各车站设备(如自动售票机、自动检票机、加值机等)设置为正常服务状态；每日结束运营时，系统也同样按顺序关闭设备，将设备置于关闭状态。必要时，运营操作人员可以通过SC系统将车站设备设置为正常服务状态或关闭状态。

(2)暂停服务状态：当设备由于钱箱满、票箱满、票箱空等原因，或设备门被打开时自动进入暂停服务状态，在此状态下设备应不能对车票作任何处理，并在状态显示屏上显示乘客提示。

(3)设备故障状态：在车站设备发生故障时，设备将自动进入设备故障模式，并自动向上一级设备报告设备故障信息(如闸机故障，向SC系统报告故障信息；SC系统故障，向LCC系统报告故障信息)。设备故障修复或者故障消除后，设备自动向上一级设备报告故障修复信息，并自动进入正常服务运营状态或关闭状态。SC系统和LCC系统应保存相关的故障和修复信息，并形成相关的故障报表。

(4)维修状态：当需要对车站设备进行测试及维护时，车站维护人员可以通过本地控制，将车站设备(包括闸机、自动售票机、加值机、票房售票机等)设置为维修状态。在维修状态下，所有车站设备应不能处理车票及现金，但在特定命令下可以使用测试车票。车站设备的乘客显示屏和/或状态显示屏应显示“暂停使用”信息及相关的维修信息。

(5)离线运行状态:当车站或中央网络中断时或无网络连接时,设备可在离线运行状态下运行。在此状态下运行时,设备能脱机运行并保存一定时间的数据。当恢复网络连接时,设备可自动检测未上传的信息数据,并自动传送至上级设备。

2. 降级运营模式

当运营过程中出现列车故障、灾害、电力供应中断等意外故障时,运营人员可以通过线路中央计算机系统或车站计算机系统向车站设备下达命令,将车站某个或者全部车站设置到降级运营模式,所有设置降级运行的记录数据应传至ACC系统。

(1)列车故障模式:当城市轨道交通列车出现运营故障,使部分车站暂时中止运营服务时,暂停服务的车站需根据运营规则设置列车故障模式,可通过车站计算机系统及其以上的各级系统将车站设备设置为列车故障模式。

(2)进、出站免检模式:在进出站乘客拥挤,或其他突发情况下,可根据运营的需要及相关规定的要求设置进、出站免检模式,允许乘客不通过进闸机验票进出车站。可通过SC系统及其以上的各级系统,将车站设备设置为进出免检模式。

(3)乘车时间免检模式:如列车延误、时钟错误或其他原因导致大量持票乘客超时无法出闸的情况,可根据相关规定的要求设置时间免检模式。若设备时钟出现故障,系统应能自动避免对车票时间及日期方面的检查,而不需设置时间及日期的免检模式。

(4)车票日期免检模式:若由于特定原因,导致车票过期,根据运营的需要及相关规定的要求可设置日期免检模式。若设备时钟出现故障,系统将自动免检车票的时间及日期。设置此模式车站的出闸机对所有车票不检查车票上的有效日期,但是仍检查车票的其他信息,如进出站码、车票票值等,所有车票按正常票价扣费。

(5)车费免检模式:如果由于非正常因素,导致列车越过该站后才停车,可根据相关规定的要求设置车费免检模式。设置此模式车站的出闸机不检查车票的余值,但检查车票的其他信息,如车票的进出站码、时间、日期等,储值票扣最低票价,乘次票扣一个乘次,单程票回收。

3. 紧急模式

当车站出现紧急情况时(如火灾),车站工作可通过SC系统将事发车站设置为紧急模式,或接收其他系统(如火灾报警)联动指令自动进入紧急模式。紧急模式的信息将上传ACC系统,其他车站将根据系统指令启用相应的运行模式,并记录时间。

在紧急模式时,车站内所有检票机的闸门将全部打开,检票机及顶棚向导标志将显示“禁止进入”的标志,乘客无需检票,直接出站;自动售票机将全部自动退出服务,并在乘客显示器上显示退出服务及紧急放行等信息;票房售票机将在乘客显示器上显示紧急模式信息,并提示操作员在完成最后一次交易后,通过操作退出服务。由于在车站设置为紧急模式时,乘客不需要通过检票就离开车站,所有系统将允许这些车票在一段时间内能正常使用或退票。

11.3.6 票务监管

票务监管主要指通过中央计算机系统对涉及运营线路中的设备运行状态、实时客流、票款及收益等多方面进行分析和利用,从而对整个票务系统进行有效的监督和管理。

1. 车站设备监管

通过中央计算机系统能集中监控系统的运作,包括车站计算机系统的运营、通信及故障灯状态的监控,各站设备的运行动态可以通过监控界面实时显示。

2. 数据连续性监管

通过中央计算机系统可以检查及处理异常、遗漏、重复、延迟及伪造的数据,以确保各类票务交易数据连续、完整。

3. 客流监管

客流监控包括监控各车站、区域、线路及网路的进出站客流动态情况,及车票的发售、使用情况。通过客流监管,预防车站出现突发群体性大客流,并过监管当发现客流异常时可以及时通知运营管理人员进行必要关注和干预。

4. 收益监管

通过对各线路车票及现金的数据统计和处理,进行相关的分析和监督,从而对车站、线路的收益进行有效监管。

11.3.7 信息管理

信息管理就是对城市轨道交通 AFC 系统中相关的信息进行收集、传递和处理的行为,包括信息收集、信息统计分析和信息发布等。

1. 信息收集

信息收集就是采集、传输、汇总、处理相关数据信息的工作过程。

信息的收集由两种方式,一是通过 AFC 系统对各类交易数据、状态数据等进行信息收集,这是最直接、最有效的方式。二是车站通过手工台账、票务系统填记记录车票、车票储耗、现金收益等也是信息收集的重要手段。

2. 信息分析

城市轨道交通票系统业务管理涉及各种信息的汇集、统计和分析。信息统计分析就是通过借助一系列的工具和方法，将系统收集到的信息进行汇总、加工、处理，以生成满足运营日常需求的数据、报表、资料，并从各种不同的角度对这些数据、报表、资料加以分析，为运营管理提供信息支持。城市轨道交通票务系统的报表按功能的不同一般可以分为销售收益类报表、清算类报表、管理类报表和辅助类报表四大类。

(1)销售收益类报表：销售收益类报表主要是在日程运营活动中由于票务收支而产生的报表。主要有：①车票发售统计类报表；②车票更新统计类报表；③退款统计类报表；④扣款统计类报表；⑤收益统计类报表；⑥沉淀资金分析报表；⑦车票充值统计类报表。

(2)清算类报表：清算类报表只要是在清算结算周期内为满足各受益方清分结算而产生的报表。主要有：①交易数据结算类报表；②线路结算类报表；③运营商结算类报表；④各收益方清分结算类报表。

(3)管理类报表：管理类报表是为了满足运营和票务日常管理而产生的报表。主要有：①乘距类统计报表；②票种客流分析报表；③进出站客流统计报表；④换乘客流统计报表；⑤OD 流量类统计报表；⑥车票库存管理类报表；⑦E/S 制卡编码类报表；⑧维修维护类报表。

(4)辅助类报表：辅助类报表是为解决某类运营和票务问题而起到辅助作用的报表。主要有：①校验类报表；②寄存器报表等。

3. 信息的发布

信息发布是信息管理的最终目的。信息发布是将信息分析所产生的各类表报通过语言、图像、文字等不同形式向不同需求的各方进行发送，以满足日常城市轨道交通运营管理、财务管理及市政决策需要。

11.4 票务管理的层次管理

票务管理的层次管理主要是根据票务管理的应用场所不用来分别管理。主要包括车站票务管理、线路票务和路网票务管理三类。

11.4.1 车站票务管理

车站票务管理主要指车站现金管理、车站车票管理、车站结算管理、车站设备管理、辅助管理以及异常管理。

1. 车站现金管理

车站现金管理包括车站票款管理和备用金管理。

(1)车站票款管理：车站工作人员完成的票款相关票务操作，如图 11.5 所示。

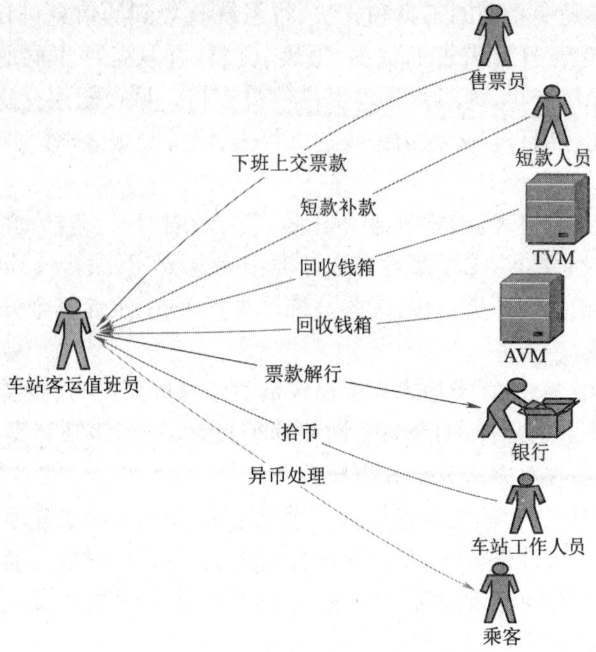

图 11.5 车站票款操作示意图

(2)备用金管理:车站工作人员完成的备用金相关票务操作,如图 11.6 所示。

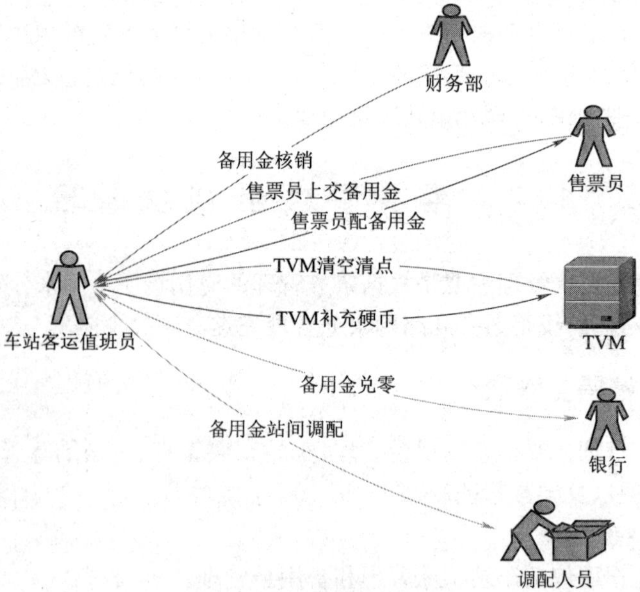

图 11.6 车站备用金流转示意图

2. 车站车票管理

车站车票管理指车站工作人员配合线路中心完成的车票相关票务操作，如图 11.7所示。

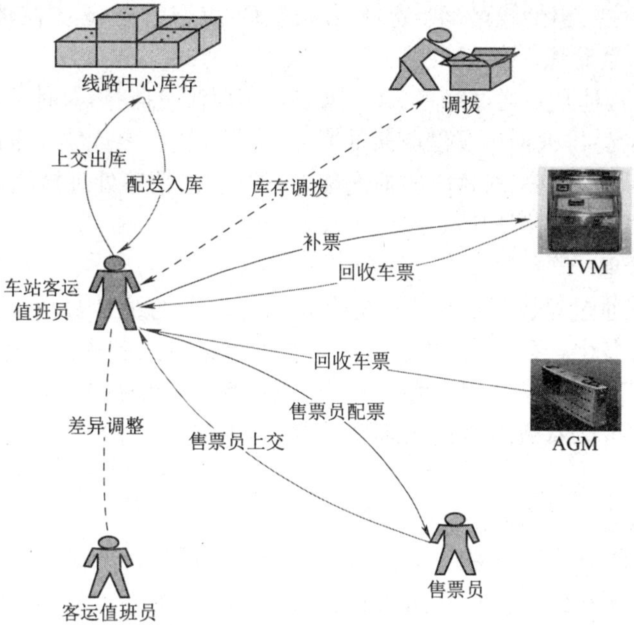

图 11.7 车站车票流转示意图

3. 车站结算管理

车站结算管理是指车站票款人员在交接班、售票员结算、运营日结算等环节涉及现金和账务结算过程的管理。车站每日运营结束后，要求所有产生交易记录的工作人员完成结算，在次日凌晨由票务系统自动触发车站运营日结算，完成车站当日的收益情况、售存票情况、设备票/款差异情况，并进行统计和汇总，最后生成相关受益和结算等报表。

4. 车站设备管理

车站设备管理包括：实时准确监控车站 AFC 系统设备的运行情况，及时、正确地操作设备，确保设备正常服务。监视车站客流，必要时及时调整车站客流组织方案。

5. 应急状态下票务事务处理

除正常的票务操作外，在日常运营过程中可能出现故障和突发事件的情况，如车站火灾、台风、大客流或者大面积列车延误等，车站必须按照应急预案处理异常票务事务等，保证乘客安全和服务。

11.4.2 线路票务管理

线路票务管理是从整条运营线路的层面对票务组织进行的更高层次的管理。线路票务管理主要包括线路车票管理、收益管理、参数管理、运营监管等内容。

1. 线路车票管理

线路车票管理是指通过线路AFC系统对车票流量监督,及时发现改线或车站的票种使用情况,再根据车票盘点存量情况,分析哪些线路或哪些车站车票存量过多或者过少,从而可以采取相应的补充配发、调配、注销等处理措施,进行有效、及时及合理的站间、线间调配。

2. 收益管理

LCC系统通过对各线路售票、充值等交易信息的统计分析,一方面可以监督站务人员对备用金使用的规范性;另一方面可以有效了解备用金的余量信息,从而及时发现哪些车站备用金存量过限,以便采取相应的核减处理措施。通过线路收益管理可以有效地对车站现金核算、收益统计和清算对账等功能进行直接管理。

3. 参数管理

线路系统的参数管理主要为了AFC系统终端设备自动执行票务政策的行为而配置的。系统参数的设定、下发最终由清分中心系统和线路中央系统执行。

(1)参数的类型:按用途可分为配置类参数、通信类参数、运营类参数及车票类参数四大类。

(2)参数维护:线路AFC系统参数的维护包括:录入、使用、修改、查询、打印、删除操作及同步检查。对任何参数的新建、修改、删除都要以草稿形式存储或赋予一个新的版本号来区别原有参数。参数的同步检查是为了保证清分系统主机、线路中央系统主机、车站计算机系统中的参数版本相同,保证下发的参数已经下发完成并生效。

(3)参数下发:参数下发是指将系统内部已设定好且存储的参数下发给指定的线路、车站计算机系统、车站相关终端设备。因运营需要生成一个新的版本参数,可下发给它的直属下级机构,再由这些下级机构分发给更下级的机构(或节点),如此层层分发,最终到达车站的终端设备。已经下发但尚未生效的参数版本的状态应为将来版本。到了参数生效时间后,该版本的参数状态即自动转为当前版本。对于参数接收/转发者,每种参数只保存1个将来版本,若在其存储的将来版本尚未生效时又收到同种参数的新版本时,以最新版本参数为准。

4. 运营监督

运营监督就是通过系统设备及所具有的完整、严密、及时的信息流对运营状况实施跟踪监督，以提高运营质量和服务水平，它包括信息传输情况、客流、交易数据监督等。

(1)信息传输监督：对整个线路通信连接实施监控，确保各级设备上传和接受的数据完整、统一。

(2)客流监控：指对线路各车站进出站客流、断面客流、换乘客流的及时动态进行的监管。断面客流的监控可基本确定在每个时间段，不同运行区间内站内及列车内的乘客数量。断面客流的统计及监控主要根据分时的OD信息。换乘客流的监控来源于交易的处理，在对每笔交易进行处理的同时同步更新内存中的累计数量，从而可以监控全路网的流通性和客流变化情况。

(3)数据完整性监督：对于各类终端设备产生的交易数据明细记录及操作记录，均可以通过相应设备的交易寄存器数据及日志记录进行完整性审核，以监督交易数据的差异及终端设备合法登陆操作情况。

11.4.3 路网票务管理

路网票务管理是在各线路票务管理的基础上从城市轨道交通全线网的层面对票务组织进行的科学、有效的规划和管理。路网票务管理是整个城市轨道交通在运营票务组织、清分结算、财务对账等核心业务的直接参与者和信息提供者，是线路票务和车站票务管理在业务和功能上最直接、最顶层的指导机构。

1. 路网票务管理的特点

(1)路网化管理使票务管理各级层次更清晰、功能更完善。路网票务管理实施后自动售检票系统管理层次从一般单线运营的车站—中央两层体系提升到车站—线路中央—清分中心三级管理体系，线路票务管理功能减弱，路网票务管理功能越发重要。

(2)为全线网制定统一的技术标准。由于线路数量不断增加，为确保不同运营线路间系统和设备互联互通、乘客无障碍换乘，必须从全线网层面统一实施路网技术标准。

(3)提高管理效率和服务质量。票务实施的管理过程中，实施统一的路网运营票务管理规则，使得运营效率和服务质量不断提高。

2. 路网票务管理的主要功能

多条新线建立以后，原有单线的票务管理系统很难适应城市轨道交通规范化、网络化的需求，因此，需对线网间的票务管理系统进行整合，在这种情况下，城市轨道交通清分中心系统就应运而生。路网票务管理主依赖清分中心系统来具体实施，统一对各线路的票务管理系统进行管理和协调，它的基本功能包括以下几个方面。

(1)标准制定。为确保城市轨道交通全线网范围内"一卡通用"的要求,各线路自动售检票系统从建设阶段开始都必须遵循的统一标准。这个标准主要包括业务规则、车票规则、读卡器规则、通信规则、密钥认证标准、数据规则、接口规则及乘客显示和操作界面标准等。通过标准的制定以确保不同运营线路自动售检票系统互联互通。

(2)参数管理。为确保各线路AFC系统执行统一的票务政策和运作模式,清分中心系统需对各线路自动售检票系统基本参数进行统一管理,主要包括运营模式的定义、基本票价方案、运营结算时间、车票参数等。

(3)清分结算。清分中心系统协同各运营商制定清算规则,根据各线路上传的交易数据,每天提供准确的收益报表;与各运营商结算对账,协调各运营商之间通过银行进行资金划拨;与各运营商共同处理因系统、机器故障等原因而产生的误差。

(4)车票管理。清分中心系统协调各运营商制定,统一进行单程票的管理,从采购、初始化、调配、销毁、清分各个环节监控单程票的使用情况;协同各运营商共同制定减少单程票流失的政策。

(5)运营协调。清分中心系统协调各运营商制定统一的票务政策和应急状态下票务运营模式,确保在正常和应急状态下票务处理的一致性,保证运营效率和服务质量不断提高。

票务管理是城市轨道交通企业的一项十分重要的工作,既关系到运营生产收益,又关系运营服务质量。城市轨道交通企业票务管理工作涉及线网、线路和车站等多级部门,任何一环在整个票务管理中有特定的作用和影响。近年来随着国家对城市轨道交通产业投入的迅速增加,使得我国城市轨道交通高速崛起,建设、运营水平不断提高,特别是随着AFC系统的快速发展,凭借其良好的自动化水平和高效的票务处理能力,使国内各城市轨道交通企业票务管理水平和能力稳步提高。

复习思考题

1. ACC系统的主要功能是什么?
2. AFC系统包含几层架构?分别是什么?
3. AFC系统与票务策略的对应关系主要体现在哪些方面?
4. 按照车票的使用用途,车票一般可以分为哪些类别?
5. 票务组织的业务管理中模式管理主要包含哪些内容?
6. 票务组织的层次管理主要包含哪些内容?

第12章　换乘枢纽

城市客运需求呈现出多元化、多层次的变化趋势，这使得原来以单一的交通方式为主的客运交通系统向综合交通方向发展。我国大部分城市形成了以城市轨道交通方式为骨干，地面常规公交为主体，私人交通方式(步行、自行车、私人小汽车等)为补充的多元化、多层次、立体化的城市客运交通系统作为城市的发展战略目标。如何通过换乘枢纽的合理规划设置和管理，把各种交通方式有机的衔接起来，充分发挥各种交通方式自身的优势，相互协调、相互补充，形成一个有机的整体，已越来越受到各方的广泛关注，成为我国大城市客运交通迫切需要解决的重点问题之一。

12.1　换乘枢纽概述

城市客运交通枢纽是城市客运交通系统中的关键节点，承担着衔接各种不同交通方式、保证居民出行顺利、实现中转换乘等重要功能，其运行效率的高低，直接关系到城市客运交通系统中各种交通方式的衔接配合以及功能的充分发挥，关系到以公共交通为主的客运交通体系的建立，关系到居民出行的方便程度以及城市客运交通系统综合运输效率。

12.1.1　换乘枢纽的概念和作用

1. 换乘枢纽的概念

(1)换乘

从词语的本义上分析，“换乘”就是乘客转换运输工具的行为。换乘的内涵是一种交通行为。从出行者的角度理解，“换乘”是出行者在出行过程中改变交通方式或交通工具的行为。从城市交通系统角度理解，“换乘”就是指乘客在不同交通方式或者同一种交通方式内不同交通工具之间转移的全过程。

城市交通系统内的换乘方式主要有停车场换乘和乘车换乘两种。停车场换乘也叫存车换乘，是指将私人车辆存放后，改乘公共交通工具而达到目的地的交通方式；乘车换乘是指从一种公共交通工具或一条线路，转换到另一种公共交通工具或另一条线路上的换乘方式，这是一种前后衔接的连续转乘方式。

(2)枢纽

“枢纽”常用于比喻冲要处或事务的关键所在。在实际生活中，枢纽的基本词义和概念的应用是很广泛的,可以是"大区域"含义,也可以作为微观的"点"。具体某一类枢纽的内涵与特指的背景和条件有关。

(3)换乘枢纽的概念

从城市公共交通的范畴来看换乘枢纽,两个使用较为广泛的概念是"综合客运枢纽"和"公共交通枢纽"。前者指的是"国家统一运输体系的组成部分",属于大交通范畴;后者是指"多条公交线路的汇集点"。另有"换乘站",是指"公共交通汇集处,具有换乘设施的车站"。以上都是从公交线网角度考虑,属于城市公共交通范畴,都具有特定的范围。

因此,换乘枢纽可以定义为具有特定功能的场所,即当乘客使用某种交通工具,沿着一定线路到达枢纽换乘或转乘时,能够满足其改乘其他交通工具或沿其他线路运行的需要,方便人们出行的综合区域或活动场所。

2. 换乘枢纽的作用

换乘是公共交通的特性之一,也是与私人交通不同的地方。城市客运交通是由多种交通工具和交通方式组成的立体化大系统。除私人交通方式外,通常情况下,采用一种交通工具或同一路线,不可能完成所有的门到门服务,因而,各交通工具之间或同一工具不同路线间的相互换乘是必须的。

换乘枢纽对公共交通的作用可以从以下两个方面理解:

(1)对换乘枢纽地合理设置可以为交通方式线网的优化、调整提供必要的条件,增加运营的应变能力,提高运营效率和竞争力。合理方便的换乘可以适应出行者的选择要求,减少出行时间。

(2)现代化公共交通体系是一种多平面、多层次的立体化的客运交通体系。换乘枢纽不仅是连接城市各功能分区,实现交通方式和线路转换的功能体,更为客运系统子系统间的有机衔接、协调、连续运转提供了有利条件。

12.1.2 换乘枢纽的类型

在城市客运交通系统内,从功能看城市客运交通枢纽主要可以分为两类:一类是服务于市内交通,以承担市内各种交通方式之间和内部的中转换乘为主要功能的市内交通换乘枢纽,主要城市客运交通方式有:地铁、轻轨、公共汽车、出租车、轮渡等;另一类是位于机场、火车站、码头等,主要解决城市对外交通与市内交通的换乘,衔接的对外交通换乘枢纽。主要对外交通方式有:长途汽车,铁路、航空、长途航运等。

1. 对外交通换乘枢纽

对外交通换乘枢纽主要是保证城市对内对外交通的有机衔接,通常位于火车站、机场等地点。它已成为国外大城市现代化交通系统中的一个重要组成部分。

现在国外许多大城市的对外交通换乘枢纽已成为“交通综合体”，即在同一建筑物内或区域中集中了机场、铁路、地铁、轻轨、公共汽车、小汽车等交通方式，可通过衔接设施实现相互之间的换乘。

在这些对外交通换乘枢纽内，城市轨道交通作为对外交通与城市交通的骨干衔接工具发挥着重要的作用。许多城市都认识到在城市大型对外交通枢纽中引入城市轨道交通的重要性。如日本东京成田空港、德国法兰克福机场等航空港；日本国铁东京车站，法国巴黎里昂站以及美国华盛顿区与纽约市的联合车站等枢纽。

以法国巴黎的戴高乐国际机场换乘枢纽(见图 12.1)为例，在同一建筑物内，可以方便得实现与航空、法国新干线(TGV)、区域快速地铁(RER)、空港内部的小型地铁(Mini-Metro)相互换乘，成为世界空港交通枢纽建设的典范。

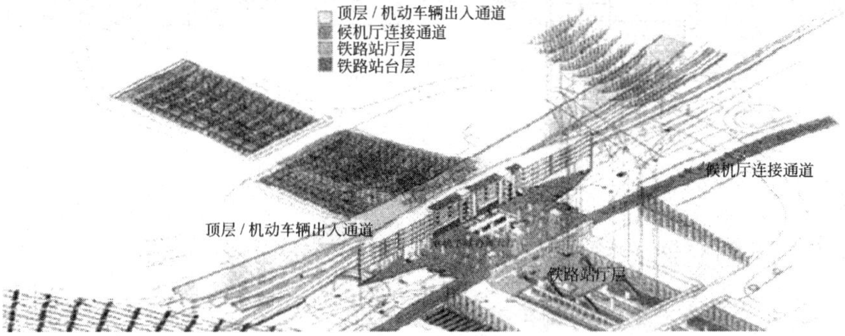

图 12.1 戴高乐机场布置图

2. 市内交通换乘枢纽

国外大城市的客运交通枢纽，大部分都是以城市轨道交通为主的换乘枢纽，只有在轨道线网覆盖不到的区域，其客运交通枢纽才设置成常规公交枢纽。东京、纽约、伦敦、巴黎、柏林以及莫斯科等国外发达国家的大城市都建成了发达的城市轨道交通线网，并以城市轨道交通线路的交叉点为中心形成了城市主要换乘中心，形成以城市轨道交通为主的客运交通枢纽。在这些换乘枢纽内除了城市轨道交通(通常包括城市铁路、地铁和轻轨等)之外，还有地面交通方式(常规公交、小汽车和自行车等)。各种交通方式的换乘在同一建筑物内完成，做到了无缝换乘，大大提高了城市交通效率。其中最为典型的代表是东京，东京作为一个人口高度密集的城市，其交通的高效性与布局合理、设计人性化的换乘枢纽是密不可分的。东京的各换乘枢纽设计充分体现了以人为本的思想，并且具有前瞻性。有的城市轨道交通换乘枢纽甚至是 4、5 条线路同时交汇，为了提高枢纽的换乘效率，不惜增加投资和增加施工难度。以日本九州岛的小仓站(见图 12.2)为例，该站是九州岛的第二大枢纽。这里也是新干线去往九州岛东部的大分和宫崎方向的换乘站。小仓站的上方,聚集了新干线、普通线(JR本线,本线上有特急列车)、单轨电车、巴士、的士等交通工具,交通非常方便。

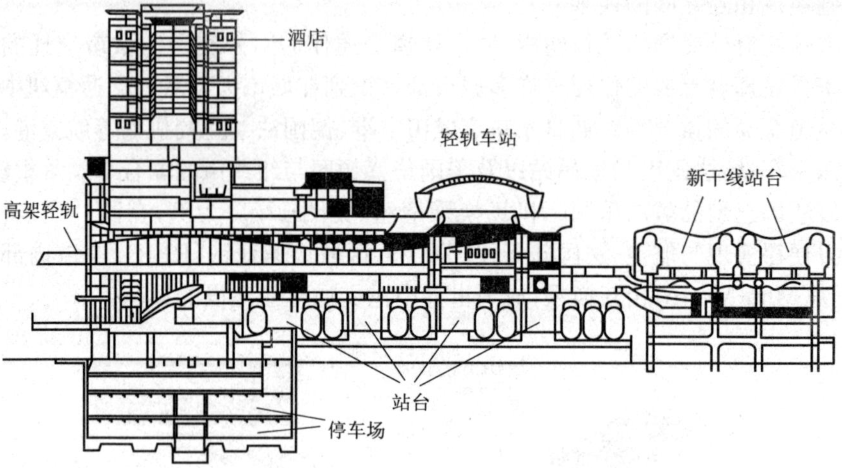

图 12.2 日本九州小仓站剖面图

12.1.3 不同交通方式的换乘衔接

1. 各种交通方式之间协调衔接的基本原则

(1)换乘过程的连续性

乘客在各交通方式间的搭乘转换过程,应是一个完整连续的过程。换乘的连续性是组织换乘交通最基本的要求和条件。换乘站或换乘枢纽的设置应为乘客换乘提供方便,尽力提供最优的换乘路线,保证乘客换乘过程的连续性。

(2)客运设备的适应性

整个交通方式间的客运设备(包括各种交通工具的数量,客站及枢纽中的站屋、广场、行人通道、乘降设备、停车设施等)与交通工具的运输能力相互适应、匹配,同时符合乘客的出行习惯。

(3)换乘过程的畅通性

尽量使乘客不在换乘过程的任一环节滞留、集聚。保证整个换乘过程的紧凑和通畅,减少换乘时的延误。

2. 各交通方式间的换乘

从交通功能的转换来说,换乘表现为城市对外交通与市内交通的转换以及市内交通间的转换两种形式;从交通方式的转换来说,换乘又可分为不同交通方式间的转换(包括交通方式及交通线路的转换)、同种交通方式间的转换(主要指线路间的转换)两种形式。公共交通发达的城市,一般都有2种及其以上的交通方式相互联系并协调运作。如城市铁路与城市内的城市轨道交通,城市铁路与地面公交、各种城市轨道交通方式之间,地面公交之间,城市轨道交通或地面公交与航空港或客运码头的衔接等。

各种交通方式之间的换乘布局应有益于节约乘客的换乘时间,在平面和垂直方向上都要求保证换乘枢纽空间规划布局的紧凑性。从交通角度看,规划设计和管理应满足如下要求:为乘客提供的通道应该简易、短、方便;为保证换乘过程的通畅性,尽可能使乘客在列车内均匀分布;换乘步行距离及换乘耗时达到规范要求;为保证客运设备的适应性,换乘站的换乘设施适应乘客的需求。

12.1.4 城市客运交通枢纽发展趋势

我国过去对城市客运交通枢纽没有给予充分的重视,存在重线路建设,轻规划与设计的现象,使很多城市客运交通换乘效率低下,换乘时间远高于国外发达国家的城市。城市客运交通枢纽往往成为客运交通的瓶颈,直接影响城市交通效率。随着我国城市道路和城市轨道交通建设速度的加快,客运交通枢纽规划、设计以及建设滞后所引起的问题,暴露得越来越明显。一些大城市已经逐步意识到客运交通枢纽在城市客运交通中所发挥的举足轻重的作用,并开始进行客运交通枢纽的规划建设。

现在我国大城市多采用城市轨道交通为骨干、常规公交为主的交通发展模式,城市轨道交通、常规公交是主要的交通方式,由此形成了以城市轨道交通为主的城市公共交通枢纽。

对于换乘基础设施方面,一些大城市已形成地上、地面和地下统一的立体公共交通线路网。同时,所配置的主要交通枢纽也正朝着地下、地面结合,多种运输方式结合,多功能方向发展。目前城市交通枢纽的发展趋势是立体化、人性化、多方式、智能化、商业化。

(1)立体化

城市客运交通枢纽换乘系统向立体化发展,通过地上、地面、地下三个层次,车站内外各种垂直交通设施联系,彼此补充,形成一体化的城市公共空间体系。

(2)人性化

客运设施主要以方便管理为主的设计理念正在逐步改变,向人性化的趋势发展,主要体现在:

- 以方便乘客出行作为客运设施设计的核心理念。
- 将乘客出行过程中的烦躁感与疲劳感降低到最小。
- 完善乘客导向信息系统,努力使交通信息可读性强并具有亲和性。

● 实现客运设施的智能化,综合运用计算机查询、卫星定位等先进技术。

(3)多方式

通过大型换乘枢纽融入城市交通网络,城市轨道交通常规公交、出租车、自行车、私家车等交通方式形成多方式的换乘体系。

(4)智能化

● 信息发布

在换乘广场、换乘站台、站厅等处设置可变交通情报板、交通信息亭、交通信息终端、专用电视频道和电话 24 h 交通信息服务等,最大限度地为居民提供交通信息服务。

● 自动控制、智能化管理

利用信号自动控制系统对枢纽内的交通信号进行自动控制,利用人工智能和图像处理技术对枢纽内的载运工具、乘客等进行实时跟踪和分析。

● 服务体系与平台

用地图信息系统或地理信息系统来集成、采集不同来源的交通信息,按一定的准则对采集到的信息加以分类、统计,挖掘深层次的信息,以用于交通管理决策。根据服务请求和查询权限,向提出服务请求的客户(即社会公众)提供所需的数据、图形或图像等信息。

(5)商业化

通过对交通枢纽内的商业设施物业的开发,能够增加乘客的换乘距离,增加人流在车站的停留时间,枢纽内的乘客和顾客可以相互转化,提高枢纽经营创收能力。此类开发模式需要在乘客换乘效率和商业经营两者间寻找平衡点,乘客在枢纽内走行距离以及空间布局要根据乘客心理和市场经营规律来进行设计。这样规划建设的枢纽不仅解决了提高交通效率和能力的问题,还能够更加有效利用土地,扩展城市空间优化城市功能,最终获得效率和效益的价值最大化。

12.2 城市轨道交通枢纽概述

国外大城市的客运交通枢纽,大部分都是城市轨道交通枢纽,可方便地实现区域或地方铁路、国铁、公共汽车、出租车、自行车以及小汽车等交通方式的相互换乘。

12.2.1 城市轨道交通枢纽

城市综合客运交通体系作为一个整体,不仅突破了城市公共交通的狭义范畴,也包含了对外交通。因此对“城市轨道交通枢纽”的界定如下:是城市综合客运交通体系的重要组成部分,是由城市轨道交通和其他客运交通方式所联结的固定设备(固定位置或者固定换乘设施)和活动设备组成的整体,共同完成乘客运输的中转和集散服务,决定着城市轨道交通及与之衔接的其他客运交通方式所共同组成的客运交通网络,是联结城市对外客运和市内客运、私人交通和公共交通,实现公共交通内部转换的重要环节。

其基本内涵为:城市轨道交通枢纽是城市轨道交通运输网络上的一个节点,连通着至少一条城市轨道交通线路和至少一种其他客运交通方式,客流以该节点作为终到地、始发地或中转地。通常建在城市中心区、商贸区、大型居住区、工业区、卫星城镇、对外门户等区域。

12.2.2 城市轨道交通枢纽的功能与作用

1. 城市轨道交通枢纽站的功能

城市轨道交通枢纽站作为城市中的一个地域概念,包含了两个基本的、对立统一的含义:它即是城市轨道交通网络以及城市交通网络的一个节点;同时也是一个场所,一个设施集中、有着多样化的建筑和开放空间的区域。通俗地说,节点的特性反映了站点的交通功能,起着客流通过的作用,是城市交通中心;场所的特性反映了站点的空间与开发功能,起着客流集散的作用,是商务、商业和公共活动的中心。因此,城市轨道交通枢纽站具有两方面的基本功能,一是城市交通功能,即节点功能;二是社会服务功能,即场所功能。

城市轨道交通枢纽站作为节点和场所,这两方面相辅相成,存在着对立统一的关系。举例来说,可达性的改善可以为某些开发活动提供可观的人流,并且人流的集聚可以为交通网络提供必要的潜在客流;但另一方面,高密度的使用方式又可能使该地区的交通设施网络难以拓展和调整。同理,一个站点为了增强其可达性动用各种交通方式可能会削弱其活力和吸引力。一个高效的站点应当不仅仅是一个可以通过的站点,而且是可驻留的空间,这就需要使节点和场所这两种特征和谐的统一起来。

2. 城市轨道交通枢纽的作用

(1)在城市建设中的作用

①带动土地开发,协调土地利用,优化城市布局

以城市轨道交通带动城市土地利用的发展、优化城市布局的理念越来越受到城市管理者与交通规划者的认同和重视。基于轨道枢纽的客运枢纽通过协调各种交通方式,可使城市外围区域的交通可达性提高,诱导城市居民和就业人口重新分布,促进城市空间布局的优化,是实现以城市轨道交通带动城市土地利用的关键。

②提供旧城改造和复兴的契机

大城市旧城区由于配套不完善以及交通设施难以适应需求而导致功能退化、环境恶化及吸引力下降,不提高用地强度的旧城改造在经济上得不偿失,而提高用

地强度将因进一步加剧交通等的压力而难以实施。引入城市轨道交通并建设以轨道枢纽为基础的综合客运枢纽对解决旧城改造后交通问题具有非常重要的作用,国外城市的经验也证明结合旧城改造与建设轨道综合客运枢纽可以吸引建设与商业投资、增加就业岗位、复兴旧城区活力。

③保持城市中心的活力

城市中心区公共交通由于受道路交通拥挤的影响难以提高运送效率,致使小汽车交通迅速发展,交通压力进一步加大,从而导致恶性循环,使公共交通效率更加低下。解决这一问题是大力建设城市轨道交通,提高公交服务水平,并完善中心区的步行系统。建设城市轨道交通枢纽是实现这些目标的关键与前提。

④城市外围开发的先导和依托

城市轨道交通枢纽的建设可以使城市外围区域从单一的用地模式向生活、就业、商业及娱乐等综合模式转变,成为城市外围的卫星城镇开发的先导和依托点。

(2)在城市交通系统中的作用

①协调各种客运方式,促进城市客运整体化

整体化客运系统形成并产生整体效应的必要条件是建立完善的接驳换乘枢纽,使各交通方式在时空上相互配合,协调运作。一体化的客运系统主要由大运量交通(航空、高速铁路、市郊铁路、地铁)、中运量交通(轻轨、有轨电车、无轨电车、公共汽车)、小运量交通(小公共汽车、出租汽车)组成。整体化的公交系统想要在运能上适应不同层次客运的需要,就必须以合理的城市轨道交通枢纽为中心,使高、中、低速,大、中、小运量交通方式在时空上互相搭配。

②客流集散,改善居民出行条件

城市轨道交通枢纽是城市轨道交通与其他客运交通方式的汇集点,是客流中转、换乘与集散的场所,是多种客运交通方式衔接和联运的基地。其布局决定了不同客运方式间联运转换点的分布,因而对客流的运输路径、运输效率、转运速度有着决定性的作用。在城市居民生活工作出行全过程中起着重要作用。同时城市轨道交通枢纽是城市公共交通在运营上最重要的节点,它对周围地区产生强大的吸引力,必将吸引更多的客流,有利于城市轨道交通运输效益的发挥。

③集约化提供交通服务,提高交通系统效率

城市轨道交通枢纽是在不同交通系统规划基础上,集结中心城区与城市外围地区、城市外围地区之间的对外交通、公共交通、步行交通甚至小汽车交通,以集约化的方式提供交通服务,从而提高城市综合交通体系的效率。

④提高换乘效率,实现公交优先

“公交优先”体现在为公共交通提供优先通行的权利和优先通行的服务设施,轨道枢纽则体现了公交在“停”和“换乘”方面的优先。只有确保城市轨道交通枢纽与周围路网衔接的顺畅性、舒适性，才能提高整个公共交通系统的服务水平，真正实现公共交通优先发展的战略，提高换乘效率。另外，布局合理的各级换乘枢纽也是形成层次分明、结构合理的轨道线网布局的重要基础。

⑤合理布局的枢纽系统，实现城市轨道交通系统的持续发展

城市轨道交通枢纽的建立将带动枢纽周边以及轨道沿线土地利用的集约化发展，形成大规模的商业、居民和就业环境，为城市轨道交通新增客流量，对城市轨道交通的发展具有极大的支持作用。

12.2.3 城市轨道交通枢纽的现状及发展趋势

1. 我国城市轨道交通换乘枢纽的建设现状

在我国城市轨道交通发展的初期，对车站的建设及作用缺少系统的规划和考虑。主要表现在对于城市轨道交通方式与其他交通工具的衔接与换乘重视不够，导致枢纽内交通方式之间的换乘不方便，不但影响了公共交通运输效率的充分发挥，还会加剧枢纽内的交通混乱程度。我国换乘枢纽的低效率已经引起了各界的广泛重视，并在实践中得到逐步改善。如已经投入使用的北京西客站即为国内第一个集铁路、地铁、地面公交、停车(包括自行车)、地下商业设施为一体的综合换乘枢纽；上海虹桥综合交通枢纽是一个机场、高速铁路、磁浮、城市轨道交通、长途巴士、城市公交、出租车、社会车辆等交通方式和各种商业设施于一体的大型交通换乘枢纽。

新型枢纽朝着“综合化”、“一体化”、“智能化”、“立体化”和“人性化”“商业性”的方向发展，使得枢纽能真正地方便乘客出行换乘。这不仅是运营秩序良好的国外城市轨道交通枢纽最显著的特点，更是我国城市轨道交通枢纽建设和发展的目标。

2. 国外城市轨道交通枢纽的现状与趋势

巴黎、伦敦、莫斯科、纽约、东京等城市都已建成较为完善的城市轨道交通系统，形成了地面交通、地下交通和地上交通人车分离的立体交通网络。在数条城市轨道交通线路交汇处形成了大型城市轨道交通枢纽。在这些大型城市轨道交通枢纽站内，不仅有城市轨道交通、常规公交车、私人小汽车等构成城市内部交通网；又有城际铁路、长途汽车、飞机等构成城市外部交通网，乘客在枢纽内可完成快速交通和慢行交通的转换，对外交通和对内交通的转换，机动车流、停车场和步行交通转换。同时通过枢纽功能的延续性开发，建立起商业中心、服务中心和娱乐中心等公共场所，提高了枢纽的开发强度，不仅能在高峰时间满足大量的换乘需求，而且能使相当一部分乘客在换乘等候过程中就完成日常工作和购物，减少了乘客的单纯候车时间和单纯购物出行次数，促进了客运服务的多样化，从而增加公共交通的吸引力和客运量。

城市轨道交通换乘站的建设，朝着综合化(多种交通工具换乘)、便捷化的方向发展。早期的站内换乘，不仅结构复杂，而且换乘不便，现在世界上许多国家以及

香港地区在地铁换乘站的建设中，都力争使两条换乘线路上的绝大多数客流越过站台即能换乘，以实现“Door To Door”的换乘方式，并最大限度地缩短换乘距离，一些换乘站甚至通过复杂的立交隧道来组织实现，保证主要客流实现近距离的换乘，这种方式在斯德哥尔摩地铁换乘站和巴黎德方斯、里尔的地铁建设中得到了广泛的应用。

个体交通(如私人交通、自行车等)是构成城市集散交通的重要组成部分之一，国外为鼓励人们利用公共交通工具，常结合地铁车站的建设修建地下车库，使得地铁能够与个体交通方便地换乘，形成“Park And Ride”系统，有的国家甚至允许人们带自行车乘地铁。

国际上以地铁(或大容量快速城市轨道交通)为中心的城市换乘枢纽的建设，其总的趋势呈现在以下几个方面的特征：

(1)最短的换乘距离(包括换乘站的形态与空间组织、垂直与水平自动步行道的设置等)；

(2)简洁的平面组织与一目了然的诱导标识；

(3)舒适的换乘条件与充分的空间容量；

(4)安全与必要的服务；

(5)多种交通工具的联运(包括票价、运行时刻表等)；

(6)智能化趋势。

以法国巴黎的德方斯新城东区枢纽为例，采用行人与车辆完全分开的方法，在东区东西中轴线上，安排了三层交通通道。枢纽中的各种交通互无干扰，畅通无阻。西侧的商业中心总共用地 6 ha(公顷)，总建筑面积约 270 000 m^2。商业中心内的各类商业、文化娱乐、办公、服务等设施齐全，在关键的节点上设置垂直交通系统，通过电梯、自动扶梯和楼梯将四层停车场、地铁出入口和公共汽车、电车站，同上部三层的商业文化娱乐设施联系起来，如图 12.3 所示。

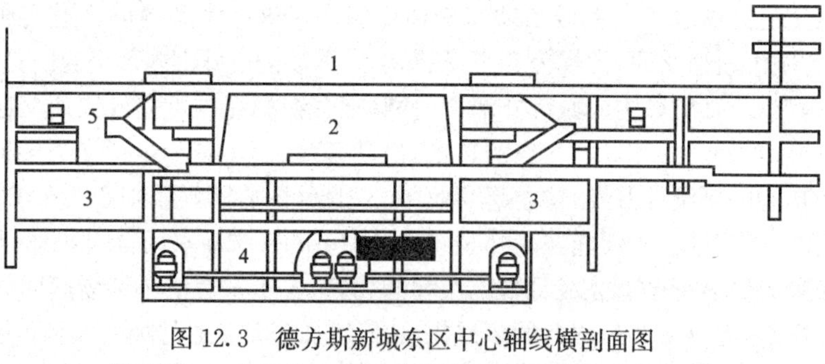

图 12.3 德方斯新城东区中心轴线横剖面图

1—地面道路；2—换乘广场；3—汽车公路；4—地铁站台；5—公共汽车站

12.3 城市轨道交通枢纽运营管理

换乘枢纽是实现交通方式之间转乘的有效场所，它使城市对外交通、城市交通各种方式的换乘集中在一个区域中完成，换乘效率高、换乘时间短。

12.3.1 城市轨道交通枢纽系统构成及其特性

1. 城市轨道交通枢纽的构成

城市轨道交通枢纽是由城市轨道交通、常规公交、换乘通道、站厅、停车场、服务设施6个系统组成。各组成部分相互联系、相互作用。城市轨道交通和常规公交是城市公共交通体系中最主要的集疏运交通工具；枢纽内换乘通道将不同交通方式连接起来，出行者可以利用换乘通道，从一条线转入另一条线，或从一种交通方式转向另一种交通方式，完成出行过程；站厅的合理布设是快速集散乘客和减少换乘时间的关键之一；静态交通设施是吸引出行者由私人交通方式向公共交通转移，实现公交优先战略的重要手段；服务设施可以提高枢纽的开发强度，实现土地的综合利用，同时又可以使出行者在候车时间完成购物和商务等活动，从而减少单纯候车时间和出行次数。六个子系统相互制约相互协调，充分发挥各自功能和优势，实现系统的整体功能优化。城市轨道交通枢纽的子系统构成如图12.4所示。

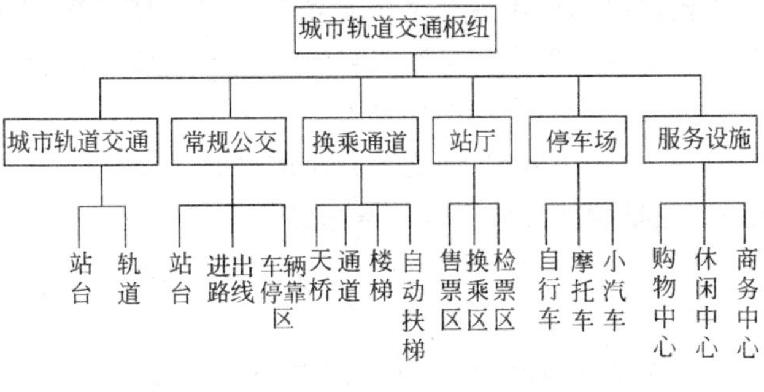

图12.4 城市轨道交通枢纽系统构成

2. 城市轨道交通枢纽系统的特性分析

城市轨道交通枢纽通常位于城市轨道交通线路之间及其与公交客运、长途客运、铁路客运、航空客运及私人交通的交汇处，是实现城市居民出行过程所必需的各项设备的综合整体，完成大城市内中心城区内、中心城区与外围地区之间、外围地区之间的客流中转和集散服务的功能。从系统角度来看，城市轨道交通枢纽是一个由多个要素组成的完成特定功能的系统，它不仅具有系统的一般特征，同时还具有区别于其他系统的特性。

城市轨道交通枢纽的系统特性表现在以下几个方面：

(1)功能与目标的统一性

城市轨道交通枢纽由多种客运交通方式的多种运输设备组成，每一种交通方式或客运设备具有不尽相同的功能和作用，但作为一个整体，具有统一的功能和目标。即：完成城市轨道交通枢纽内客流的中转和集散作业，确保客运服务的实现和运输生产的连续性，满足运输网络及枢纽所在城市或地区的经济发展及人们生活对运输的需要。

(2)构成和结构的复杂性

城市轨道交通枢纽由多种客运交通方式或多条城市轨道交通线路组成，每一种客运交通方式或线路都有一定布局原则和技术要求。为实现各种客运交通方式或不同线路之间的相互协调，不同客运交通方式和线路的运输设备布局与配置须统筹安排，由此构成了城市轨道交通枢纽结构的复杂性，因此城市轨道交通枢纽系统是具有由多个子系统构成的多级递阶的复杂结构。

(3)各个子系统发展不平衡性和技术差异性

在轨道枢纽内多种客运交通方式的衔接，各种客运交通方式各有特点，发展不平衡，决定了枢纽内各子系统之间存在一定的技术差异性。因此，在具体的设计规划和运营组织管理过程中应加以区别对待。

(4)城市轨道交通枢纽具有一定的自适应性或自组织性

当城市交通运输网络和城市社会经济系统等外部环境发生变化，需要改变和调整城市轨道交通枢纽的功能及目标时，城市轨道交通枢纽的自身结构及特征可进行相应的改变。如城市客运交通网络个别区段客流负荷过大，从而导致客流自身的调整，自动寻找负荷较小方向，向稳定状态的过渡。

(5)城市轨道交通枢纽所处外部环境联系密切而复杂

整个城市公共客运交通大系统是由线系统和点系统两类子系统组成的，城市轨道交通系统的是城市客运交通系统的一个线系统，而城市轨道交通枢纽，它是城市公共交通的一个点系统，是以城市轨道交通系统和城市公共交通系统为作为外部环境；就某一个具体的城市轨道交通枢纽而言，既可衔接城市对外客运交通枢纽，又以城市对外客运交通系统及其枢纽为其外部环境。同时城市轨道交通枢纽又是它所依托的城市用地区域系统的一个子系统，以城市区域的社会、经济系统为其外部环境。

综上所述，城市轨道交通枢纽本身是一个复杂的系统，具有诸多系统特性。在进行城市轨道交通枢纽规划设计和运营组织管理时，必须研究交通运输枢纽的功能、统一规划、结构及枢纽内各种客运方式间相互协调、相互衔接关系。以充分发挥城市轨道交通枢纽在城市客运交通中的骨干作用，充分发挥利用其他交通方式的优势。发挥合理配置资源，强化城市轨道交通枢纽的系统功能，优化运输网络的点、线系统能力协调，更好为乘客出行服务。

12.3.2 换乘枢纽的客流特性

城市轨道交通枢纽站是一个复杂的换乘车站，包括各种出行目的的客流。研究城市轨道交通枢纽衔接客流的特性对于换乘枢纽内的交通衔接具有十分重要的意义，是了解研究对象现状和分析问题的重要手段，也是枢纽规划和管理的重要依据。

1. 枢纽站客流分类及特点

(1)按照车站周围土地利用形式分类

在城市轨道交通枢纽的乘客主要来自于车站周围的居民，由于通勤、通学、休闲、娱乐、购物等生活需求而产生交通活动。根据枢纽站周边的土地利用情况，可以将周围的一些设施分为交通发生源和交通吸引源。

①交通发生源：人流交通发生地点，主要包括火车站，长途客运站，城市轨道交通车站，及公交车站。

②交通吸引源：周边大型公共服务设施、商场、宾馆、医院等大规模的公共设施。

(2)按照交通活动目的分类

通常枢纽地区的客流按照其目的可以分为三类，即以交通活动为目的的客流、以商务办公为目的的客流和以商业购物、休闲为目的的客流。各种客流分的特点如下：

①以城际中长距离交通为目的的客流主要乘坐火车、航空、长途客车等。这部分客流的特点是全日没有明显的高峰期，早晚较少，表现为持续稳定的客流，春节等节假日易形成高峰。

②以商务办公为目的的客流主要乘坐城市轨道交通、市内公交等。这部分客流全日有2～4次明显的高峰，集中在早晚和中午的上下班时间，与城市交通高峰相吻合。

③以商业购物、休闲为目的的客流没有明显的高峰时间，节假日会稍多。

(3)按照交通活动内容分类

此类型客流按照其在枢纽内的活动差异可以分为4类：等候、通过、休闲、购物：

①等候人群，包括等车、接送亲友等。短时间的等待多表现为停留和小范围活动。长时间的等候，多表现为目的性不强的购物、游逛或餐饮等活动。等候人群对环境的景观、质量和设施要求较高，需要有完善及多样的公共设施。

②休闲人群，主要表现为无确定目的的出行活动，容易被环境中的公共活动所

吸引,对环境的要求与等候人群相似。

③通过性人群,表现为目的性强,步行速度较快,很少停留,并会选择最为便捷的路线行走。对环境的要求主要是系统的可达性、便捷性和安全性,以及明确的标识系统。

④购物人群,包括一般商品和生活用品购物,是目的性很强的活动,购物人群通常对枢纽环境要求不高,对社会治安要求较高。

2. 枢纽内的客流特点

(1)城市轨道交通客流的时空分布特征

城市轨道交通枢纽由于运能、线路走向以及车站的性质、规模、区位、列车到发时刻安排的不同,使得衔接线路客流的大小分布、车站客流的时间分布以及换乘客流的分布具有其本身的相应特征,对轨道枢纽内设施资源的优化配置和空间布局以及与其他客运方式的衔接布局模式也会产生一定的影响。

(2)客流分布的叠加性

城市轨道交通与常规公交都属于城市公共交通的范畴,共同承担城市内部的客运交通,为城市居民的日常出行服务。城市轨道交通往往需要常规公交为其集散客流。两者属于相辅相成的关系。

城市轨道交通与常规公交客流分布规律在时间上具有一定的叠合性,会出现城市轨道交通上、下车客流高峰与常规公交客流高峰同步的现象。客流同步对城市轨道交通与常规公交衔接会产生较大影响。在客流高峰时段,常规公交拥挤、紧张,为车站集散客流的服务能力降低;而城市轨道交通上、下车高峰的密集客流又需要地面公交进行疏运,这种运量上的供需矛盾会造成车站附近地区交通拥挤情况的加剧,进而产生交通滞塞。用错峰的方法难以消除两者客流的叠合和同步性,一般只能通过提高常规公交的运输能力,优化衔接线网的方法来解决。

12.3.3 客流对换乘枢纽的影响

城市交通枢纽是市民出行活动的积聚场所,枢纽的设计和管理应该能够达到快速集散客流的目标,实现枢纽的换乘功能。而客流规模与客流特点都会对枢纽的运营管理产生一定的影响。城市用地资源的有限性以及城市总体规划的限制,会使得枢纽建设规模的控制,显得尤为重要。枢纽应有合理的规模,使其能够满足交通换乘的需求,同时也要经济合理的使用城市土地资源。城市轨道交通枢纽的建设规模,包括枢纽规模占地面积、设施数量、人员配备等内容。枢纽规模的确定,主要受到枢纽客流量特别是换乘客流量的大小的影响。

1. 对换乘设施的影响

换乘客流在枢纽内的分布特点,决定了枢纽内各种交通方式在枢纽内活动区域的划分，以及轨道车站内设施位置的确定。

换乘客流在枢纽内的分布就个体而言呈现随机性；就总体而言，存在一定的规律性。总体客流的分布对枢纽换乘通道、轨道枢纽内售检票设施、轨道枢纽内其他辅助设施、常规公交在枢纽内的停靠站点、调度管理中心、保养设施等在枢纽内的设置位置有较大影响。例如城市轨道交通车站内检票、售票口设置，应符合乘客的行走动线，满足乘客方便买票、进站的需要。城市轨道交通车站与常规公交之间的衔接，应着眼于使换乘客流能够安全、快速集散，减少换乘距离。常规公交设施在枢纽内部的布置、调度中心的设置，是为了能够较好的对常规公交车辆进行管理。枢纽内的安全设施、休闲区域的设置则不能影响常规客流在枢纽内流动路线。

2. 客流在枢纽的分布特点对枢纽换乘线路设计的影响

换乘方式分为平面换乘、立体换乘、混合换乘 3 种类型，每种换乘方式的设计都是由客流在枢纽内的分布特点和用地特点决定的；根据枢纽内客流的分布特点进行换乘线路设计，不仅能够满足人们换乘快速的要求，而且也能够做到换乘流程的人性化。

换乘线路在城市轨道交通枢纽内有不同的特点，可分为两种情况，即常规公交与城市轨道交通车站的换乘路线和城市轨道交通线路之间的换乘路线。前者有较强的随机性，其合理的路线的设计，主要体现在能够使换乘客流安全、快速的进出轨道车站，枢纽与常规公交的衔接相对轨道车站一般有较大的占地面积，换乘客流自由度较大，很难做到严格限制客流的流动，因此对换乘线路的设计很难做到具体化，但可以在一定程度上通过管理手段规范客流的移动路线。城市轨道交通线路之间的换乘由于受到轨道车站设施布局的影响，使换乘线路比较明确，随机性较小。合理的换乘路线，能够使换乘客流快速、便捷的在车站内移动，呈现出规范化特征，有利于枢纽换乘效率的提高。

3. 枢纽衔接客流特点对换乘的影响

城市轨道交通是大容量交通工具，需要与其他集疏运交通方式有良好的衔接，保证衔接客流经过多种类型的交通方式抵达或离开枢纽。城市常规客流基本上呈现密集到达的特点，使得枢纽会产生定期的客流小高峰，而自行车交通、小汽车交通、步行等随机性较大，在进入枢纽前有着比较高的自由度，换乘组织工作有难度。针对这些客流特点，要求常规公交系统与城市轨道交通枢纽之间的运行时刻表有良好的衔接配合。

枢纽的一个重要的目标是提供足够的空间以及适当的设备来适应高峰换乘客流在不同交通方式之间的衔接换乘需求，而枢纽站内部各种不同交通方式之间的换乘，不可能实现门对门服务，枢纽内乘客行走路线如图 12.5 所示。但应尽可能减少换乘距离，提高换乘便捷程度，确保换乘者的安全与舒适。在城市轨道交通枢纽站内部各种交通方式之间的衔接是通过地下通道、地面人行道或人行天桥等各种步行设施通道来实现的。

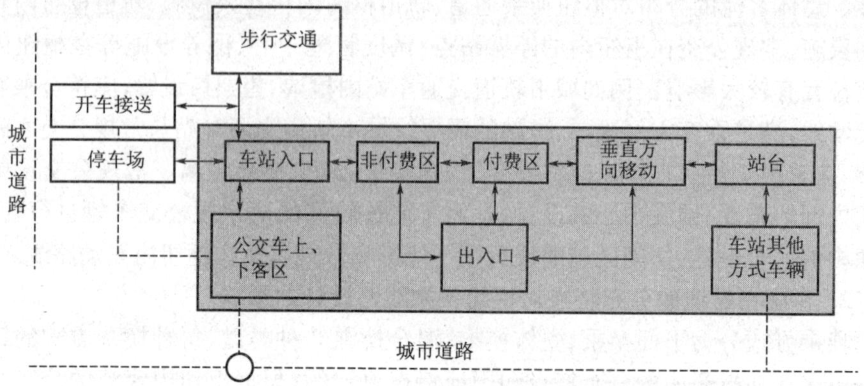

图 12.5　枢纽内乘客行走路线模拟图

12.4　换乘枢纽衔接布局

在以城市轨道交通为主的换乘枢纽内,应该主要考虑城市轨道交通与其他交通方式的换乘衔接布局模式,以及城市轨道交通各线路间的换乘衔接布局模式;而在以对外交通(主要是铁路和航空)为主的换乘枢纽内,不仅要考虑常规衔接系统的布局模式,还要考虑对外交通与城市轨道交通的衔接布局模式。

12.4.1　枢纽内各种交通方式的布局

在有限的空间内合理布局各种交通方式,使得各种交通方式之间的换乘协调、方便,换乘时间最省,是现代交通枢纽建设面临的重要课题。城市轨道交通枢纽通常包括由城市轨道交通、常规公交、出租车、社会车辆、长途汽车、自行车等交通方式,通过地下通道、人行通道、人行天桥等交通服务设施的连接,实现彼此之间的衔接、换乘与接驳,为乘客提供方便的服务。为实现出行者换乘舒适、安全和换乘时间最短,各种交通方式的合理布局是关键。

1. 常规公交

在枢纽站内,常规公交的换乘设施,主要是通过设置的公交车站,提供较为集中的公交车与乘客之间的换乘场所。为公交车进出枢纽提供缓冲区域;实现交通功能的转换;完成乘客在不同交通方式与常规公交之间的换乘。枢纽常规公交换乘设施的主要组成要素为:公交乘降区,上客等待区,公交车回转区。公交换乘的交通特点是车辆都为大型客车，对道路的弯道、坡度、转弯半径等要素有较高要求，其次发车频率高，车辆间隔与人流量相对均衡。

城市轨道交通枢纽站的公交车站的布置强调轨道和公交之间的换乘方便。公交车站的平面布置有以下 3 种模式，具体如图 12.6 所示。

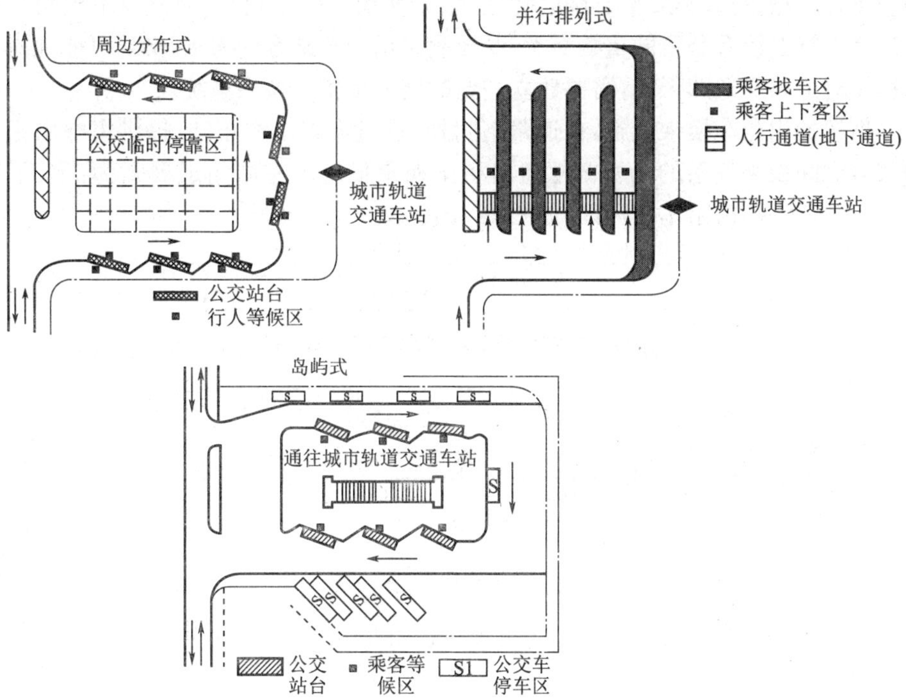

图 12.6 公交车站的平面布置

周边分布式：该模式最大特点是灵活性大，临时停车集中在中央停车区，泊位可以按需要调整。乘客的上下车和换乘在周边步行区进行，不存在人车冲突。乘客区域较为分散，线路之间的换乘略费周折；乘客候车区域较大。中间的空间如果设置为公交停车场地，车辆从停放区进入站位存在一定困难。

并行排列式，该模式基于公交穿越式泊位，各线路进出站台较为方便。但换乘客流对各个站台的选择，易导致换乘客流与公交车之间的冲突。灵活性差，如果某条线路停车空间不够，不允许其车辆驶入其他线路的站位，联系各个公交站台和轨道站台，需要配建多个楼梯或自动扶梯。

岛屿式：轨道和公交的换乘可以通过地道连接“岛屿”，或者是二层行人走廊，其优点是人车之间的冲突较小，换乘客流的平均步行距离最小，将乘客集中到一个“岛屿”上，换乘更为便捷。需要保证乘客候车区的面积，在中央岛屿候车区可以提供各条线路统一的设施,便于提供高质量的候车环境。

2. 出 租 车

出租车交通系统主要由乘客、出租车、城市道路、出租车站点组成。出租车交通的运营主要取决于行人和车辆的有效衔接,出租车需要道路附近具有规模较大的上下客区域;行人需要能够随时随地地、方便地搭乘出租车;因此要求出租车交通流和人行系统有必要的重叠交叉,既要满足出租车乘客的需求,又尽可能地减少出租车对道路交通的干扰,需要建立一定的路外出租车换乘系统。

枢纽的出租车换乘设施,在道路空间外,通过设置出租车站,提供集中出租车和乘客之间换乘关系的场所。枢纽出租车换乘设施的主要组成要素为:上、下客区,上客等待区,出租车循环区,如图12.7所示。

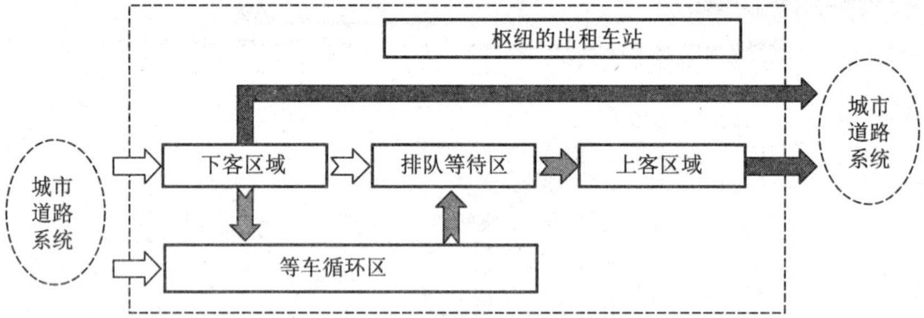

图12.7 枢纽出租车换乘系统结构

出租车的乘降区域可以集中布置也可以分散布置,尽可能设置在枢纽出入口附近区域。出租车进出以及上下客的流线和等车循环区、乘客等待区应与常规公交线路分离,减少出租车对常规公交停靠和行驶的干扰。同时要加强对小汽车的管理,有序流动。

3. 社会车辆

私家小汽车在枢纽站的换乘布局中,主要考虑停车换乘(Park and Ride,即P+R)和开车接送(Kiss and Ride,即K+R)两种模式。

停车换乘(P+R)方式是指将小汽车布置在城市外围,可长时间停放,换乘城市轨道交通进入中心区的方式。停车换乘比较适合于城市外围地区枢纽站。枢纽能够提供足够规模的停车泊位,满足停车换乘的需求;保证小汽车出行者换乘距离较近。停车换乘设施必须保证车流的顺畅,避免造成枢纽内车流拥堵。

开车接送(K+R)方式通常采用路外停车形式。为保证枢纽周边道路的通畅,通常应避免此类小汽车进入城市轨道交通枢纽内部,减少客流与车流的冲突。此种形式,换乘距离一般比较长。

4. 自 行 车

自行车出行比较灵活,比较适合于短距离的出行。通常将城市轨道交通枢纽自行车的合理交通区规定在 3 km 以内,在此范围内设计安全、舒适、方便的自行车道。

在枢纽内设计自行车系统合理区域时,应注意以下几点:

(1)充分发挥自行车近距离出行的优势,尽量控制长距离自行车出行的比重。并开辟自行车专用道,使其从主、次干道的道路系统中分离出来,方便自行车出行者;

(2)形成自行车道网络系统,引导自行车向城市轨道交通的换乘,减少跨区域自行车出行量;

(3)枢纽站内应对自行车的停放加强管理,提供专门的停放区域,应按次序停放,避免影响交通;

(4)枢纽内自行车的停放区应该设置在枢纽出入口,方便与城市轨道交通的换乘,但要防止其扰乱交通。

5. 长途汽车

长途汽车主要承担对外交通功能。长途客运站的布局要求其车辆应尽快进入对外主干道,同时长途汽车对道路的坡道、转弯半径等要求较高,发车间隔较长,车辆停车辆较大,上下客人流集中。长途汽运站与城市轨道交通车站衔接的方式大致分为两种,一种是通过较长的换乘通道或者广场将两种交通车站衔接在一起,称作分体式衔接模式,采用这种方式建造的交通枢纽会增加乘客的换乘时间,但枢纽设计相对简单,车站建造难度较低;另一种是通过垂直空间分层处理,乘客通过上下楼扶梯就可以方便的换乘另一种交通方式,提高了交通换乘效率,但建筑结构较为复杂,技术含量要求较高。

枢纽长途汽车换乘系统(见图 12.8)的主要组成要素为:上、下车区,候车区,长途汽车停车区、换乘通道。

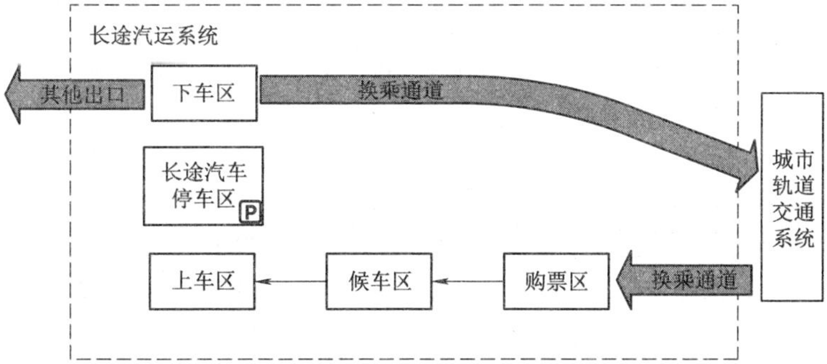

图 12.8 枢纽长途汽车换乘系统结构

12.4.2 枢纽内的换乘模式

1. 城市轨道交通与常规公交换乘模式

枢纽内的城市轨道交通与常规公交的衔接布局模式从总体上来有3种模式：

(1)放射—集中布局模式：常规公交网主要以城市轨道交通车站为中心成树枝状向外辐射，两者线路重叠区域一般不超过城市轨道交通线路的3个区间，并以车站邻接地区或区域作为换乘枢纽站场，作为线路始发终到和客流集散的场所。在这种情况下，枢纽换乘方便，且步行距离较短，行人组织较简单。这种模式主要适用于综合枢纽或者城市轨道交通线路终端换乘枢纽。

(2)途经—分散布局模式：枢纽处的常规公交网主要有途经线路组成，为其提供换乘功能的公交停靠在轨道车站附近的道路上。该布局模式线网运输能力较小，部分乘客换乘步行距离较长，行人路线组织相对较为复杂，并且对枢纽周围的道路有一定程度的影响。主要适合于中小型换乘站布局。

(3)综合布局模式：是上述两种布局模式的复合形式。在换乘枢纽区域的常规公交线网由始发线路和途经线路共同组成。该布局模式线网运输能力较大，能够满足换乘客流的多种需要，但换乘客流组织复杂。

2. 城市轨道交通之间的换乘模式

城市轨道交通换乘方式的选择首先决定于两条线路的走向和相对位置关系。常见的换乘方式有站台换乘、节点换乘、站厅换乘、通道换乘等形式。

(1)站台换乘

一般适用于两条或多条线路平行设置时。采用岛式站台的车站形式，乘客换乘时，由岛式站台的一侧下车，到站台另一侧上车，换乘极为方便，尤其是换乘客流量很大的情况。根据两线站台的设置方式可分为站台同平面换乘和站台立体换乘。

①站台平面换乘

站台同平面换乘根据站台和线路布置形式的不同又可以分为双线双岛式站台和双线岛侧式站台，如图12.9所示。

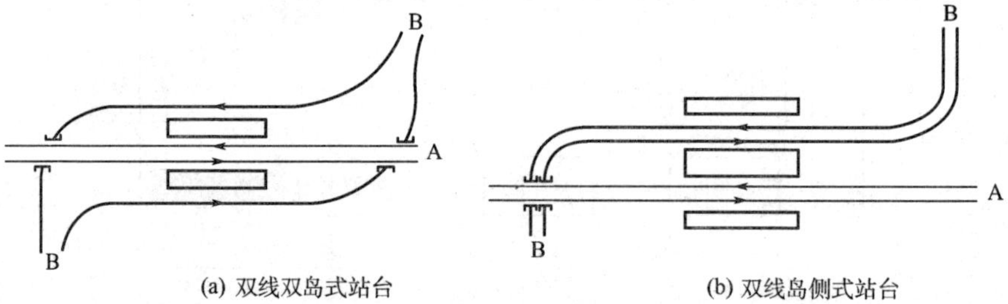

(a) 双线双岛式站台　　(b) 双线岛侧式站台

图12.9 站台平面换乘示意图

②站台立体换乘

站台立体换乘是将供两条线路使用的车站站台采用立体的布局形式，也就是将站台同平面换乘的两个岛式站台上下叠置，一条线路的站台位于另一条线路的站台的正上方，如图12.10所示。

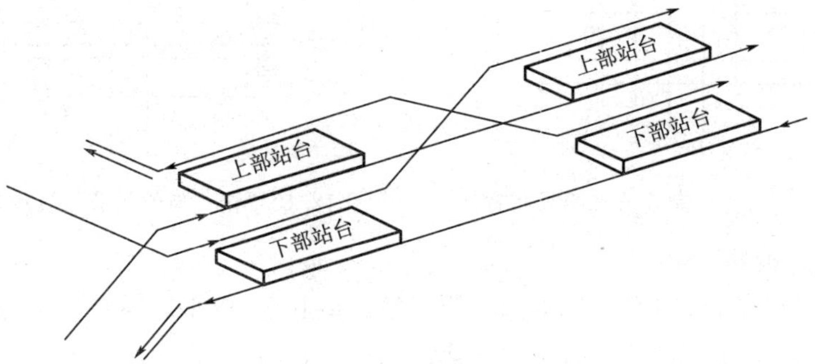

图12.10 立体平行布置的同站台换乘方式示意图

(2)站厅换乘

设置两线或多线的共用站厅，或相互连通成统一的换乘大厅。乘客下车后，无论出站或换乘，大都经过站厅，再根据导向标志出站或换乘。站厅换乘由于下车客流只朝一个方向流动，减少了站台上客流的交叉，乘客在站台上滞留时间减少，可避免站台拥挤，减少穿越设备的数量，增加了站台有效使用面积。

3. 节点换乘

在两线交叉处，将重叠部分的结构做成整体的节点，依两线车站的交叉位置，形成“十”、“L”、“T”3种布置形式。采用楼梯、自动扶梯等方式将两座车站站台直接连通，乘客通过该通道进行换乘，十分方便。节点换乘设计要避免进出站客流与换乘客流的交叉。该方式用于两线之间的换乘，如用于三线或三线以上的换乘则枢纽布置和建筑结构变得相当复杂，必须与其他换乘方式组合应用。

(1)“十”字换乘

两线车站，一个车站直接布置在另一个车站的上部呈“十”交叉，换乘是通过配置在交叉处的楼梯或自动扶梯进行。该换乘方式根据站台布置形式又可分为岛式与侧式节点换乘(见图12.11)、侧式与侧式节点换乘(见图12.12)和岛式与岛式节点换乘3种，由于岛式与侧式节点换乘以及侧式与侧式节点换乘能满足较大的客流换乘量的要求，因此使用较多。

(2)“L”和“T”换乘

L型和T型节点换乘中两线路车站的主体结构相脱离，L型换乘是两车站的端部通过换乘设施相衔接。T型换乘是一个车站中间的侧面与另一个车站的端部通过换乘设施相衔接。因为两车站主体结构与换乘设施间不一定是垂直或直接相连,建筑结构相对简单,所以这两种换乘方式布置起来比较灵活。

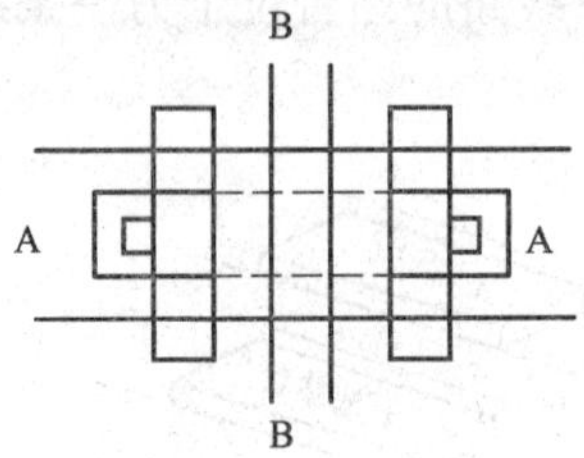

图 12.11 岛式与侧式节点换乘布置

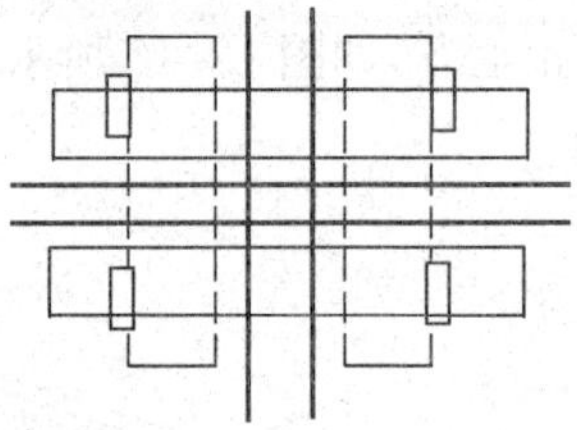

图 12.12 侧式与侧式节点换乘布置示意图

4. 通道换乘

在两线交叉处,用通道和楼梯将两车站连接起来,供乘客换乘。这种换乘方式适用于两条线路距离较近,但又无法建造同一车站时。

通道换乘对城市轨道交通乘客来说不是一种理想的换乘方式,换乘条件取决于通道的长度及其通过能力。但是也有其自身的优势:通道布置较为灵活,对两线的交角和车站的位置有较大的适应性,预留工程少。并可根据换乘客流量来决定通道的宽度,也可根据不同方向换乘客流的大小分别采用两个方向换乘客流使用同一通道的单通道换乘和两个方向换乘客流分离的双通道换乘的换乘组织方式。通道换乘根据车站站位的不同,也有T型、L型和H型三种布置形式,如图12.13(a)、(b)、(c)所示。

由于换乘通道的通过能力有限,且不能无限止拓宽通道宽度和增加通道的数量,因此通道换乘一般须与其他换乘方式配合使用。

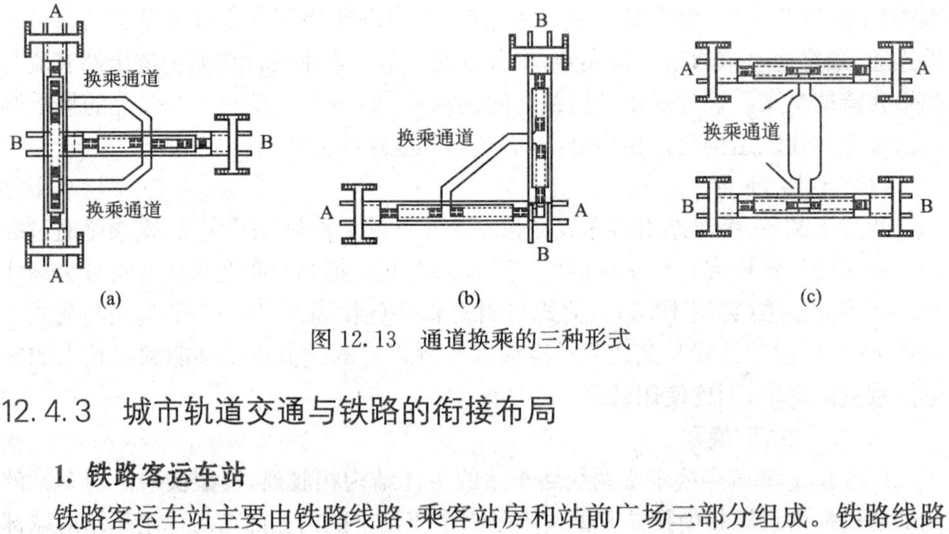

图 12.13 通道换乘的三种形式

12.4.3 城市轨道交通与铁路的衔接布局

1. 铁路客运车站

铁路客运车站主要由铁路线路、乘客站房和站前广场三部分组成。铁路线路即乘客列车进出站及停车时占用的线路。横越线路设备是站房与站台,或站台与站台之间的来往通道。主要有平交过道、天桥和地道。乘客站房是乘客办理铁路乘车手续的地方,主要由售票厅、行走廊、候车室、行包房和其他各种乘客服务设施等组成。站前广场是铁路与城市交通相互衔接的区域。也是客流、车流和货流集散的地点,主要包括乘客活动地带:包括行人通道、交通岛、乘客活动平台、绿化带等;公交车、邮件行包专用车、小汽车、出租车、社会车辆等的停车场;旅馆、餐厅、邮电局和长途汽车站等设施。客运站的布置图按线路配置的不同分为通过式、尽头式和混合式 3 种。

2. 城市轨道交通与铁路的衔接

由于城市轨道交通线路和铁路线路都有地下、地面、高架三种形式,因此城市轨道交通车站与铁路车站之间的衔接就有了不同的组合形式。如高架城市轨道交通车站与地面铁路车站,地面城市轨道交通车站与地面铁路车站、高架城市轨道交通与高架铁路车站等不同的布置模式。以下选择两种衔接方式进行分析。

(1)高架城市轨道交通与地面铁路车站集中布置

高架城市轨道交通车站与铁路车站相交或平行集中布置,共用站房。铁路站台层和城市轨道交通站台层之间设站厅层,作为城市轨道交通与铁路之间乘客换乘的中间层(见图 12.14)。城市轨道交通乘客和铁路乘客共用站厅层。各层之间用电梯或者自动步梯连接。

此种布置方式的优点是:乘客在室内换乘,行走距离相对较短,换乘方便,减少了对城市的分割影响。但二者车站建设需要同步。

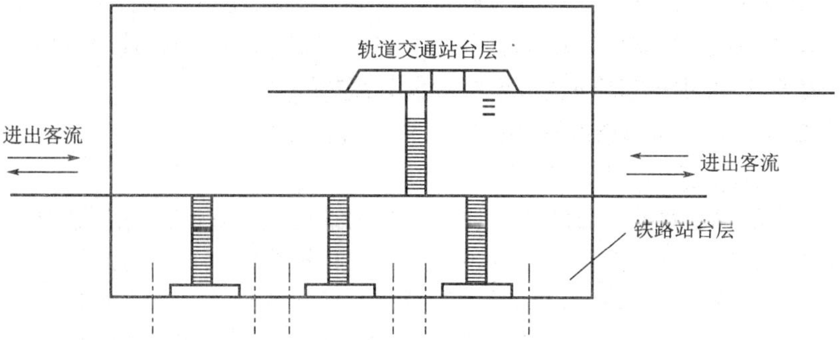

图 12.14 铁路车站与高架城市轨道交通衔接示意图

(2)地下城市轨道交通车站与地面铁路车站布置

这种布置方式是最常见的布置方式,在既有铁路车站站前广场地下单独建设城市轨道交通车站,利用出入口通道与铁路车站衔接。根据线路走向可以分为两种形式,一种是城市轨道交通车站与地面铁路车站平行布置(见图 12.15),乘客在出站后,通过站前广场进入铁路车站;另一种是两车站交叉布置(见图12.16),即城市轨道交通与地面铁路车站正交或者斜交。规划设计时要尽可能使城市轨道交通车站及进出站通道靠近地面铁路出入口,有条件时应设置独立通道进行换乘。

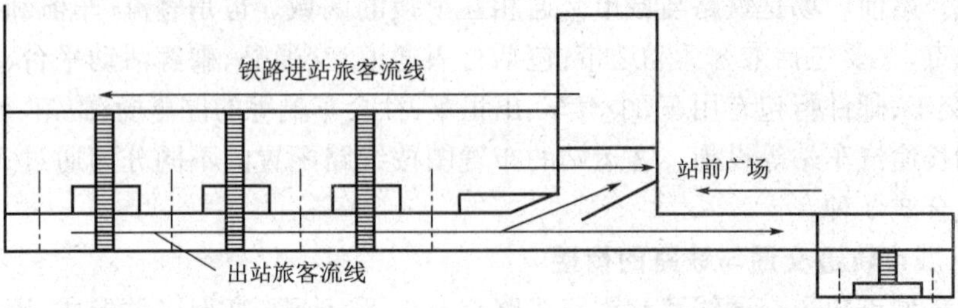

图12.15 地下城市轨道交通与车站线路平行布置示意图

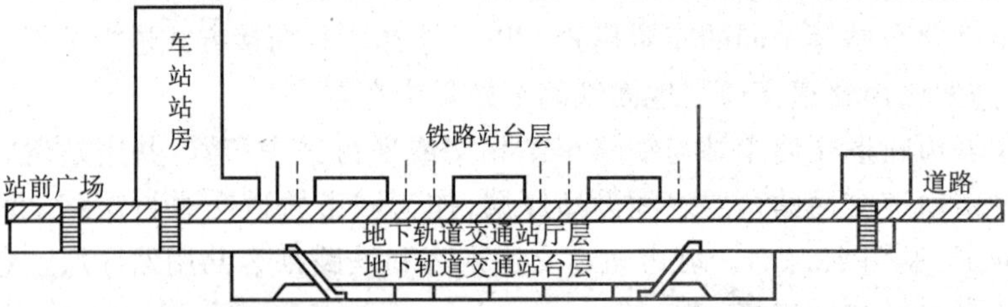

图12.16 地下城市轨道交通与车站线路相交布置示意图

这两种布置形式的优点是:利用了铁路车站站前广场空间,轨道车站修建的时候,施工时不造成大规模的拆迁和改造,相对施工难度较小。缺点是:当在已建成的铁路车站周围修建城市轨道交通车站时,施工期对车站客流的影响很大,在客流聚集比较大、广场规模有限时候,需要考虑分流措施。

3. 城市轨道交通与铁路车站的换乘模式及其特点

(1)城市轨道交通与地面铁路车站的换乘

地面铁路与地面的城市轨道交通的换乘模式适应性比较差,占地面积大,对城市空间进行分割。分开设置时客流不容易组织且换乘距离长。与高架和地下城市轨道交通衔接时,客流换乘距离较长,但没有对城市产生分割。当车站联合集中布置时,枢纽占用地小,乘客换乘方便,但是工程难度大,且需要同期施工。从乘客换乘和对城市的影响看,地面铁路与高架(地下)城市轨道交通比较好。

(2)城市轨道交通与高架铁路车站的换乘模式

当城市轨道交通车站和铁路车站均为高架形式时,车站可集中布置,乘客换乘方便。当城市轨道交通车站为地下车站时,乘客行走高差比较大,可以利用自动扶梯进行弥补解决,但是走行距离相对较远。高架铁路车站与地面城市轨道交通可以集中布置，共用站厅，换乘也比较方便。从换乘和对城市功能的影响看，高架铁路车站与高架城市轨道交通的布置模式条件较好。

(3)城市轨道交通与地下铁路车站的换乘模式

地下铁路车站与高架城市轨道交通的换乘模式，对城市功能影响小，但换乘高差大，投资大，工程难度比较大；与地面城市轨道交通的换乘模式，乘客换乘距离较短，比较方便；与地下城市轨道交通的换乘模式，从换乘方便程度和对城市功能的影响看是最好的换乘模式，但是工程结构和施工复杂程度最大，投资最大。一般来说没有特殊的车站布置要求时，最好不采用地下铁路车站的与城市轨道交通换乘的模式。

12.4.4 城市轨道交通与空港的衔接布局模式

1. 城市轨道交通与空港衔接概述

机场通过城市轨道交通与城市相连接是快速乘客运输服务延伸的重要部分。

现在国外机场直接用城市轨道交通线路与城区相连已经成为一个趋势。机场城市轨道交通车站已经成为一种新型的城市轨道交通车站形式，总的来说，这种车站有两种形式：一种将城市轨道交通车站与机场候机楼集中布置在一个建筑之中，采用平面布置或者立体布置形式；另一种是城市轨道交通车站与机场站房分别独立建设，之间通过必要的衔接设施连接。

当满足以下条件时，城市轨道交通可以更好地为机场集疏客流。

(1)城市轨道交通车站提供从列车到机场行李托运部门间方便的运输服务，更理想的是在市中心的城市轨道交通车站而不是在机场完成行李托运和安全检查。

(2)城市轨道交通车站的设计要适应航空旅行的需要：提供运送行李的专用设施，更大的空间以适应团队乘客的需要，设有不同形式的引导设施。

(3)从城市轨道交通车站到机场各种设施之间有方便快捷的通道和醒目的引导标识。

与其他车站不同，机场城市轨道交通车站有许多特殊条件限制。有大量以商务出行为目的的乘客，他们习惯了高质量的运输服务。同时要接待大批大型的旅行团队，需要更多数量的行李运送服务。

在操作层面上，如果下述条件可以实现将会使城市轨道交通与机场的连接更加方便乘客：

(1)机票和城市轨道交通车票联合使用，如凭机票可以免费或打折搭乘城市轨道交通线路。

(2)在机场与市中心的城市轨道交通线路上提供有针对性的专业服务。

2. 机场的组成

机场主要由飞行区、地面运输区和候机楼三个部分构成。飞行区是指机场内用于飞机起飞、着陆和滑行的飞机运行区域,通常还包括用于飞机起降的空域;地面运输区是车辆和乘客活动的区域,其功能是把机场和附近城市交通连接起来(通常是通过公路,也包括铁路、地铁、轻轨、水运码头等);候机楼是乘客登机的场所,是飞行区和地面运输区的接合部位。机场构成如图12.17所示。

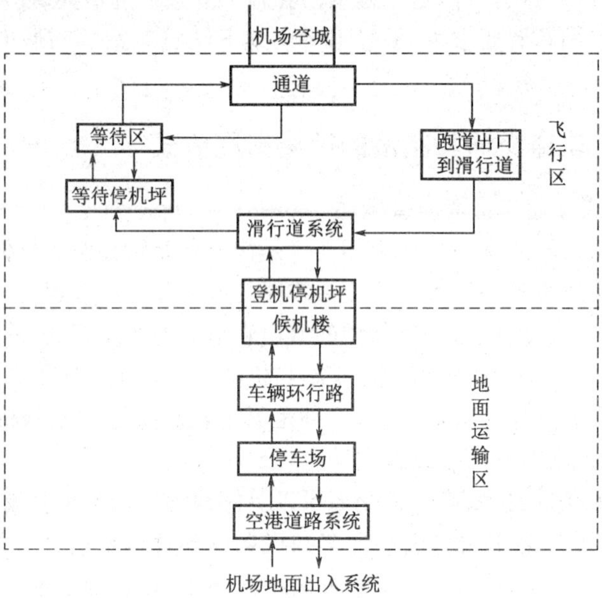

图12.17 机场构成示意图

机场还可分为空侧(airside)和陆侧(landside)两部分。空侧(又称对空面或向空面)是受机场当局控制的区域,包括飞行区、站坪及相邻地区和建筑物,进入该区域是受控制的。陆侧是为航空运输提供各种服务的区域,是公众能自由进出的场所和建筑物。候机楼是这两部分的分界处。

3. 城市轨道交通车站与机场的衔接

(1)地下城市轨道交通车站与机场的衔接

此种方式是城市轨道交通车站与机场衔接的常用形式,其优点是城市轨道交通是设置于地下,可以避免城市轨道交通与机场道路的交叉。城市轨道交通车站与机场大厅集中布置时,乘客在城市轨道交通车站与机场办理乘机手续的大厅之间的行走距离短,换乘方便。这种方式需要在新建机场规划阶段就将城市轨道交通车站一起考虑,集中布置,城市轨道交通接入已经建成的机场时,可以在机场大厅周围独立建设城市轨道交通车站。

上海虹桥综合交通枢纽在2010年末已经全面投入运营，如图12.18所示。在规划时，设计者对虹桥综合交通枢纽设施的布局规划，主要基于枢纽内不同交通方式之间的换乘客流量。将换乘量最大的地铁和高铁结合在一起，地铁的一个车站布置在高铁下方；另一个车站则设置在磁浮和机场之间，使乘客换乘非常方便；高铁与磁浮的换乘量排第四。这样，地铁需要设两个车站，这也体现了公交优先和地铁优先的原则。有五条地铁线路汇入到虹桥综合交通枢纽，如果乘客换乘地铁，就可以到达上海市内的目的地。在换乘客流流线分析的基础上对设施竖向布局后，在枢纽设施的地上出发层和地下到达层分别设置交通设施间的换乘通道。

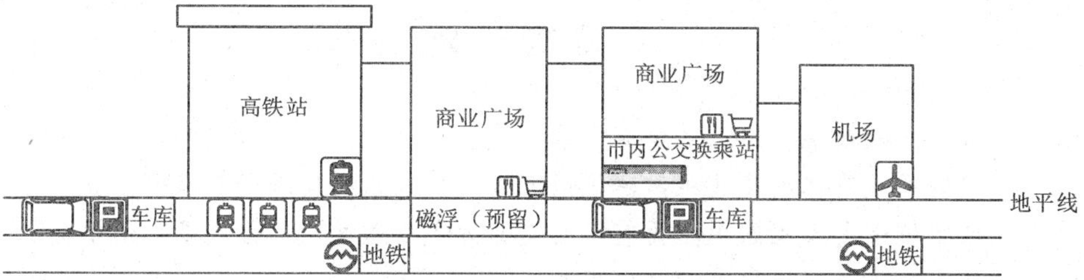

图12.18 上海虹桥综合交通枢纽

(2)地面城市轨道交通与机场的衔接

此种布置方式适用于城市轨道交通车站与机场分散布置，城市轨道交通车站与机场大厅之间由高架通道或者地面连通。其优点是：机场和城市轨道交通车站分开设置，相对两者集中设置结构简单，施工难度相对小，机场和城市轨道交通车站的不要求同时施工，城市轨道交通线路对机场道路影响较小。缺点是：乘客行走距离较长，对车站的行李托运服务提出比较高的要求。此种布置方式适用于建成的机场与城市轨道交通相衔接的时候采用。

德国的法兰克福机场属于这种布置方式，如图12.19所示，德国法兰克福机场是德国最大的机场，也是欧洲空中交通枢纽之一。专为机场城市轨道交通设计的候机楼"Air Rail Terminal"，使法兰克福机场直接与欧洲的高速铁路网和城市地铁相连。该机场的1号候机楼底层为火车站，分长途火车站和区域火车站。从这里可以搭乘德国高速铁路列车(ICE)去德国的其他城市，或者先搭乘城市快车(IC)去法兰克福火车总站再转车。同时，机场的两个候机楼之间还设有免费的高架轻轨线(Sky Line)，以满足乘客转机的需要，使乘客在机场的任何一个登机大厅转机都能在20 min内到达。

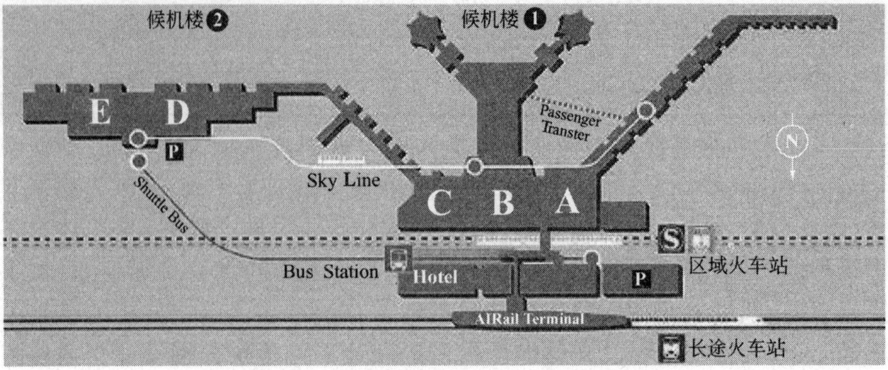

图 12.19 法兰克福机场交通平面示意图

复习思考题

1. 什么叫做换乘枢纽? 主要有哪些类型?

2. 我国的城市客运交通枢纽建设情况如何? 未来的发展趋势有哪些?

3. 城市轨道交通枢纽中主要有哪些交通方式? 这些交通方式是如何衔接的?

4. 城市轨道交通枢纽有哪些作用?

5. 不同类型的客流会对城市轨道交通枢纽的布局产生哪些影响?

6. 调查你所在城市的客运交通枢纽,了解枢纽的构成、在城市中的布局和定位。并画出各种交通方式的平面布局图。

第 13 章　运营安全管理

安全运营工作是城市轨道交通运营企业各项管理工作的重中之重。安全管理是一个多回路的反馈控制系统，在这个系统中，事故是被控制的对象，系统控制的目的是减少或消灭事故的发生及其影响，从而提高生产系统的安全度。安全管理过程是将确定的安全管理目标按照管理层次进行分解，制定总体计划和分层实施计划，通过安全执行机构予以执行落实，系统内的监察部门及时将有关安全信息进行反馈，通过安全状态分析、评价，找出系统隐患所在，及时进行整改，通过不断循环以实现对生产系统的安全控制。运营安全管理的目的是消灭和减少运营事故及其损失，管理的主体是系统的管理人员，管理对象是人、财、物、信息等；管理的方法是计划、组织、指挥、协调和控制；管理的本质是充分发挥人的积极性和创造性；调动一切积极因素，有效实施安全生产管理措施；确保运营安全管理体系有效，保障城市轨道交通运营安全。

13.1　风险分析与评价

13.1.1　风险的概念

风险是指发生引起损害危险的概率及其损害的严重程度。在安全领域，风险指的是可能出现的影响安全的不确定因素。

风险和危险不同，危险只是意味着一种坏兆头的存在，而风险不仅意味着这种坏兆头的存在，还意味着有发生这个坏兆头的渠道和可能性。因此，“危险”是事物客观的属性，是风险的一种前提表征。

风险是一种不确定性，是某一事件的预期结果与实际结果间的变动。不确定性的可能结果是多样的，难以度量，而风险是可以度量的。虽然个别风险事件很难预测，但可以对其发生的概率进行分析，并评估发生后的影响，利用分析预测结果为人们提供决策服务，以预防风险事件的发生和减少造成的损失。

13.1.2　风险管理步骤

1. 风险识别

对影响系统的各种因素进行分析，确定系统存在的风险。

2. 风险分析与评估

对存在的单个风险进行量化分析,估算风险事件的发生概率和损失程度,确认风险出现的时间和影响范围,衡量其风险量,在此基础上形成风险清单;综合考虑各种风险对项目目标的影响,确定不同风险的严重程度顺序,确定应对措施及措施成本,论证风险成本效益。

3. 风险控制

制定风险管理方案,采取措施避免风险的发生或减少风险造成的损失,即降低风险量。

4. 风险监控

在项目实施过程中,评估风险控制工作的效果,及时发现和评估新的风险,监控残留风险的变化情况,在此基础上对风险管理方案进行调整。

通常情况下,对风险的应对,一是采取措施防患于未然,尽可能地消除或减轻风险,将风险的发生控制在一定的程度下;二是通过适当的风险转移手段,减轻风险事件发生后对项目目标的影响。

13.1.3 运营阶段风险分析

城市轨道交通系统是一个庞大复杂的系统工程,其建设施工到正式运营的整个过程中都存在着诸多的潜在安全隐患。例如在施工期间以及运营期间的供电系统、车辆系统、屏蔽门系统、售检票系统、通风、排烟系统、给排水系统、通信、信号系统等方面都有可能出现危险因素。从城市轨道交通事故产生的基本原因来看,可以归结为人的因素、设备因素、管理因素和环境因素等。从我国的运营实践来看,管理原因和人为原因是诱发非正常事件发生的主要原因。对于运营时间较长的线路来说,客流压力较大,由车辆引起的故障较多;对于刚开通的线路,系统处于磨合阶段,车辆故障和信号故障较为频繁,这些都是设备因素对运营造成的影响。具体来说,影响城市轨道交通运营公共安全的主要因素,即安全隐患分析如下:

1. 设备因素

城市轨道交通是一个庞大而复杂的系统,是由一个个相互独立而又相互关联的子系统组成,由于设备系统状况造成安全隐患的因素主要包括:

(1)土建系统因素

土建系统是城市轨道交通运营的基础设施,包含轨道工程、路基工程、桥梁与隧道工程、车站建筑以及其他附属设施等。轨道作为电客列车行进的载体,由于钢轨、道岔等钢轨部件功能失效,整体道床翻浆冒泥引起道床与基底脱空,线路胀股跑道均会导致轨道几何尺寸无法保持,直接危及行车安全;路基及桥梁、隧道结构是直接关系行车安全的基础结构设施，其结构功能破坏、失效，均会影响轨道状态，从而危及行车安全。

(2)车辆系统因素

车辆是城市轨道交通系统中的运载工具，车辆故障通常是影响线路运营的主要原因，其中以车门故障、主回路故障居多，此外还有列车制动故障、电气故障、列车出轨以及列车追尾等。

(3)信号系统

信号系统是城市轨道交通运营的行车指挥系统，信号系统的异常，会对城市轨道交通运营带来不良影响。由信号引起的故障以车载设备故障（主要是ATO/ATP故障）最为频繁，还有联锁故障、车地无线通信故障导致列车收不到速度码、计轴故障、中央ATS故障导致进路不自动触发等。出现联锁故障或大面积计轴故障后需用电话闭塞法行车，这在行车密度加大的情况下，对运营有较大影响。另外，新车载客运行后也会出现较多的信号故障。对于这些常见信号故障，调度员要对重点车站和重点设备重点监控，同时也要发挥车站的主观能动性，遇此类故障做及时调整由专业人员处理。

(4)通信系统因素

通信系统是为运营管理和设备维修保障的前提条件，是传递各种信息、指令的重要手段。当通信系统出异常情况下，会造成中心级与车站级的通信中断以及相关业务（如CCTV、PA、PIS、OA、电话、无线通信、门禁、AFC、BAS、FAS、SCADA、信号）端口的数据中断，直接影响行车指挥及各专业的互联互通，行车指挥将受到较大影响，降低乘客服务质量。通信系统需要加强中心设备维护，加强网管的监控，确保及时发现故障，快速处理以减少故障影响范围。

(5)供电系统因素

供电系统是为城市轨道交通系统提供电能的设备，供电系统故障对运营的打击往往是致命的。供电系统包括电气元件及其线路连接，城市轨道交通的各设施设备都要依靠电力来运行。接触网带的是高压电，一旦发生接触网断线或绝缘子损坏，接触到金属结构物就会使其带电，危及人身安全；由于电气设备损坏和使用不当常发生触电伤亡事故；变电所、配电室中的电气设备等由于短路、过载、接触不良、散热不良、照明、电热器具安置或使用不当、违章作业等均会引起电气火灾、触电事故；杂散电流会给城市轨道交通以外的金属管道、金属结构造成电蚀危害。列车内的高压电器设备的安全防护措施不当，可能引起人员伤亡事故。

(6)通风/排烟系统因素

在通风系统管理上的缺陷，如对风亭、风道设置不合理，会妨碍通风系统的正常工作。排烟系统对城市轨道交通的安全运营也相当重要，在城市轨道交通系统内，如在地下隧道内发生火灾，不仅火势蔓延快，而且积聚的高温浓烟很难自然排除，还会在隧道、车站内蔓延，给人员疏散和灭火抢险带来极大的困难，严重威胁乘客、员工和抢险救援人员的生命安全。

(7)给/排水系统因素

给/排水管道的防腐、绝缘效果不佳会发生泄露；隧道内排水系统不完善，隧道防水设计等级过低，会导致涝灾或地表水侵入；地面车站的地坪高度低于洪水设防要求，排水系统设置不完善，污水乱排以及污水、垃圾的排放会影响运营环境。

(8)客运服务设备因素

城市轨道交通客运服务设备出现故障，对运营及服务也会造成较大影响。如车站地面材料防滑效果不明显会存在安全事故隐患；在自动扶梯运行中，可能发生梯级下陷，驱动链断裂、梯级下滑，扶手带断裂等故障，并对乘客造成伤害。根据统计，由于电扶梯引发的客伤是最高的。

2. 人员因素

人员因素是导致城市轨道交通事故的主要原因之一，控制人为差错的发生，可以减少安全隐患的发生，从而减少事故的发生。影响城市轨道交通运营安全的人员包括从业人员、乘客、外部人员。

首先，城市轨道交通运营从业人员自身的素质是突发事件发生的主要原因之一。例如，表13.1中列举了一些从业人员风险因素，可见职业素质是确保城市轨道交通安全的关键因素。

表13.1 城市轨道交通从业人员风险因素分类

	风险类别	不安全行为表现
工作人员风险因素	专业素质	无证上岗
		专业知识不过关
		操作不熟练
		工作经验不足
		教育培训不足
		操作失误
		临场应变能力差
		应急演练不到位

续上表

	风险类别	不安全行为表现
工作人员风险因素	心理素质	安全意识淡薄
		警惕性差
		注意力不集中
		责任心不强
		协调配合能力差
	生理素质	身体缺陷
		带病上岗
		超负荷作业

其次，乘客既是运营企业安全保护的对象。同时乘客也会对运营安全造成一定的干扰性影响。从对乘客的防护角度来说，拥挤是车站安全事故的诱因之一；乘客不遵守相关乘车规定等不文明的素质，如抢上抢下车等，有可能影响正常运营，造成安全隐患或引发事故。

最后，外部人员可包括周围居民及相关市民等。外部人员对运营安全产生影响，一般会形成人身伤害事故。在日常运营实践中，由于人员进入城市轨道交通线路区段，造成列车延误的事件屡有发生。

3. 环境因素

不安全的环境是引起事故的物质基础，主要包括：①自然环境的异常，即岩石、地质、水文、气象等的恶劣变异；②生产环境不良，即照明、温度、湿度、通风、采光、噪声、振动、空气质量、颜色等方面的存在缺陷。以下选择部分自然因素进行说明。

(1)大　　风

大风，是指近地面层风力达蒲福风级8级(平均风速17.2～20.7 m/s)或以上的风。大风会毁坏地面及高架设施和建筑物，从而对行车安全造成影响，特别是高架部分线路的破坏程度较高。例如因大风造成树木侵入车辆运行限界，从而影响行车安全。

(2)雨雪天气

当发生雨雪天气时，从乘客进站时就已存在安全隐患，如摔倒，极易导致客伤，较大的雨雪还会影响驾驶员的正常瞭望，列车运行轨道湿滑，会影响正常运营。暴露在外的机电设备由于受冰雪冰冻影响，非常容易导致非正常事件的发生。

(3)水　　灾

城市轨道交通尤其是地铁工程的车站和隧道大都处于地面标高以下，一方面受到洪涝灾害积水回灌危害，另一方面受到岩土介质中地下水渗透浸泡危害。地下水或地表水进入地铁车站和隧道内,可以使装修材料霉变,电气线路、通信、信号元件受潮浸水损坏失灵,造成工程事故,并且危及行车安全。地下水积存,使地铁内部潮湿度增加,使进人车站的乘客感觉不舒适。

地下段因其位于地表之下,有很多设施出入地面,如车站出入口、风亭风井、中间竖井出地面电梯等,雨水容易从这些部位灌入地下段。特别是当城市因暴雨发生严重内涝后,也会殃及地铁车站被淹,线路停运。

4. 管理因素

管理因素对运营安全的重要性主要体现在三个方面:第一有助于提高运营系统内部人员、设备和环境的安全性;第二具有协调运营系统内的人、机、环境之间关系的功能;第三具有优化运营系统人、机、环境整体安全功能的能力。影响运营安全的管理因素主要有:组织(安全计划、安全因素、方针目标、行政管理)、技术(规章制度、作业标准)、信息(动态信息、信息流转、信息反馈)、教育(技术培训、职工技能培训)、资金。

城市轨道交通从建设到运营期间,都由相应人员进行专业管理,在管理过程中出现的各种失误或不负责任都会成为安全事故发生的隐患。而管理因素与其他安全隐患同时发生,不但会提高安全事故发生率,而且会使得安全生产事故影响进一步扩大。事实上,每一次事故的发生并非偶然,然而通过事件倒查在各个环节上可能存在疏漏。如果事故的发生难以避免,那就更应该注重日常管理人的安全意识、素质提高,以减小事故发生的可能性,或降低事故的影响程度和危害性。

13.1.4 安全评价

安全评价是以实现系统安全为目的,运用安全系统工程原理和方法,对系统中存在的风险因素进行辨识与分析,判断系统发生事故和职业危害的可能性及其严重程度,从而为制定防范措施和管理决策提供依据。

1. 安全评价定义

安全评价可针对一个特定的对象,也可以针对一定区域范围。安全评价按照实施阶段的不同分为三类:安全预评价、安全验收评价、安全现状评价。

(1)安全预评价(Safety Pre-Assessment)是在建设项目可行性研究阶段、生产经营活动组织实施之前,根据相关的基础资料,辨识与分析潜在的危险、有害因素,确定其与安全生产法律法规、标准、行政规章、规范的符合性,预测发生事故的可能性及其严重程度,提出科学、合理、可行的安全对策措施建议,做出安全评价结论的活动。

(2)安全验收评价(Safety Assessment Upon Completion)在建设项目竣工后正式生产运行前,通过检查建设项目安全设施与主体工程同时设计、同时施工、同时投入生产和使用的情况，检查安全生产管理措施到位情况，检查安全生产规章制度健全情况，检查事故应急救援预案建立情况，审查确定建设项目、满足安全生产法律法规、标准、规范要求的符合性，从整体上确定建设项目的运行状况和安全管理情况，做出安全验收评价结论的活动。

(3)安全现状评价(Safety Assessment In Operation)针对生产经营活动中、事故风险、安全管理等情况，辨识与分析其存在的危险、有害因素，确定其与安全生产法律法规、规章、标准、规范要求的符合性，预测发生事故或造成职业危害的可能性及其严重程度，提出科学、合理、可行的安全对策措施建议，做出安全现状评价结论的活动。

项目建设阶段与安全评价关系如图13.1所示。

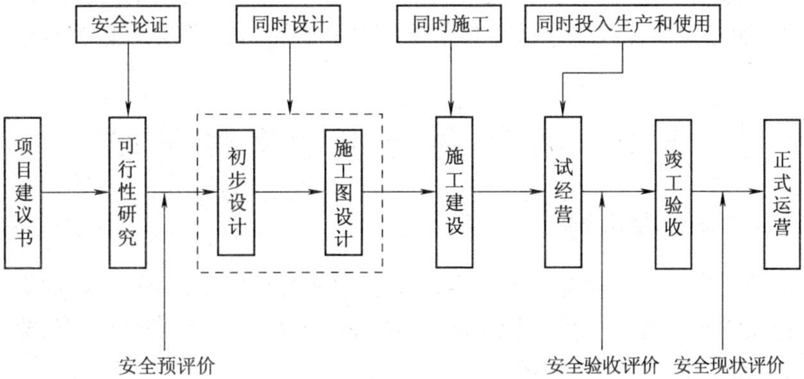

图13.1 项目建设阶段与安全评价关系图

2. 安全评价程序

安全评价的程序包括前期准备，辨识与分析危险、有害因素；划分评价单元，定性、定量评价，提出安全对策措施建议，作出评价结论，编制安全评价报告。

(1)准备阶段：明确被评价对象和范围，收集相关法律法规、技术标准及工程、系统的技术资料及行业内的相关资料。

(2)辨识与分析危险、有害因素：根据被评价的工程、系统的情况，辨识和分析危险、有害因素，确定危险、有害因素存在的部位、存在的方式、事故发生的途径及其变化规律。

(3)划分单元及定性、定量评价：危险、有害因素辨识和分析的基础上，划分评价单元，选择合理的评价方法，对工程、系统发生事故的可能性和严重程度进行定性、定量评价。

(4)提出安全对策措施：根据定性、定量评价结果，提出消除或减弱危险、有害因素的技术和管理措施及建议。

(5)做出评价结论:简要地列出主要危险、有害因素的评价结果,指出工程、系统应重点防范的重大危险因素,明确生产经营者应重视的重要安全措施。

(6)编制安全评价报告:据安全评价的结果编制相应的安全评价报告。

3. 安全评价原理

通过安全评价,可以找出生产过程中潜在的危险有害因素,特别是可以查找出未曾预料到的被忽视的危险因素,识别系统中存在的薄弱环节和可能导致事故和职业危害的发生的条件,针对这些环节和条件,提出相应的对策措施,预防、控制事故和职业危害的发生,尽可能做到即使发生误操作或设备故障,系统存在的危险因素也不会导致事故和职业危害的发生,实现生产过程的本质安全化。对于无法彻底消除的风险可采用定量分析方法,预测事故和职业危害发生的可能性以及后果的严重性,制定减少和控制事故后果蔓延的对策措施,从而降低风险发生的概率及损害后果。

13.2 运营安全组织保障系统

13.2.1 安全管理机构

城市轨道交通运营企业的安全生产管理必须有组织上的保障,否则安全生产管理工作就无从谈起。所谓组织保障,主要包括两方面:一是安全生产管理机构的保障,二是安全生产管理人员的保障。

1. 安全生产委员会

安全生产委员会(简称"安委会")是运营企业安全生产管理工作的最高领导机构,成员包括单位主要领导及各部门负责人,负责单位安全生产管理工作,研究协调生产及日常管理工作的重大安全问题。其主要职责为:

(1)贯彻执行国家安全法律法规、安全生产方针、政策和上级有关指示、精神等;

(2)组织制定并完善单位安全生产责任制体系;

(3)组织制定单位的年度安全工作计划、目标,并督促各部门落实、完成;

(4)组织建立健全单位安全生产管理制度,全面落实安全生产责任制,并组织分解落实,层层签订年度安全生产目标责任状;

(5)保障单位安全生产经费投入及有效落实;

(6)组织改善环境和职业健康条件,完善单位安全设施设备;

(7)组织改善劳动作业条件,加强劳动防护管理,保障员工生命财产安全;

(8)组织开展各种安全检查和隐患排查等活动,并进行通报、考核和评比;

(9)定期组织召开安委会会议,通报单位的阶段性安全生产工作情况,分析研究单位安全生产形势,协调解决安全生产中存在的安全问题;

(10)组织制定单位的安全生产突发事件应急预案,并适时组织应急演练;

(11)组织单位安全生产事故等突发事件的应急救援和调查处理,并及时如实地向上级报告安全生产事故;

(12)坚决贯彻和奉行安全生产"一票否决"制度,坚决执行"党政同责,一岗双责"问责制度;

(13)组织开展各类安全培训、宣传活动,营造单位整体安全生产氛围。

2. 安全管理机构

安委会下设负责具体事务执行机构,一般为专门设置的安全管理机构。运营企业设置安全管理机构全面负责单位的安全管理工作。其主要职责为:

(1)对单位的安全生产、劳动保护、消防安全、内部保卫等工作总体负责;

(2)贯彻执行国家有关劳动保护的方针、政策、法令、法规、标准、操作规程、上级主管部门精神及各项规章制度;

(3)计划、布置、检查、总结和评比安全生产工作;

(4)组织编制安全技术措施计划,并监督安全措施经费的落实;

(5)组织编制各项安全生产规章制度和安全技术操作规程;

(6)推广安全生产先进经验,组织好单位和部门、车间、班组开展经常性安全活动;

(7)对查出重大问题,及时研究制定安全对策并确保其实施;

(8)发生事故应按"四不放过"的原则及时组织调查,分析发生事故的原因,对事故责任者严肃处理,同时要认真吸取教训,制订改进措施,预防事故重复发生。

3. 安全生产管理人员

城市轨道交通系统专业众多,主要业务生产部门可分为调度、运营、维修、保障四大专业,专业之间跨度大,各不相同,要做好安全管理工作,各专业均应设置安全生产管理人员,在安监部的带领下,形成"纵管到底、横管到边、专管成线、群管成网"的安全管理网络。

13.2.2 安全管理制度

运营企业安全生产规章制度包括:综合安全管理制度、人员安全管理制度、设备安全管理制度、环境安全管理制度。

1. 综合安全管理制度

(1)安全生产管理目标

综合安全管理制度的核心在于制定安全生产管理目标,管理目标的制定,明确战略目标,使工作方向统一化;将目标有效分解,责任落实,实现层级式监控管理,确保总体目标完成。

管理目标应充分考虑上级部门下达的目标要求,下级目标要以完成上级目标为基准,其目标值不应低于上级目标,不得与上级目标相违背。应避免目标重复或目标断层,即上下级或同级之间目标完全相同,或下级所定目标完全脱离上级导致上级目标无人执行的情况。

运营安全主要控制指标有运行图兑现率、运行图正点率、有责乘客投诉和事故控制指标等。

(2)安全生产责任制

安全生产责任制是依据“管生产,必须管安全”的原则,综合各种安全生产管理、安全操作制度,对运营企业各级领导、各职能部门、有关工程技术和生产作业人员在生产中应负的安全责任作出明确规定。安全生产责任制的主要内容,概括地说是运营企业主要领导对本单位的安全工作负总的责任;副职领导对自己分管范围内的安全工作负责;各级工程技术人员、职能科室和现场员工在各自职责范围内对安全工作负相应的责任。安全生产责任制是各项安全管理制度的核心。

(3)综合安全管理制度

①安全生产定期例行工作制度

包括定期安全分析会议、定期安全学习制度、定期安全活动、定期安全检查等内容。

②委外单位管理制度

包括运营企业对委外单位相关资质的审查、双方的安全责任、安全生产管理协议、施工安全的组织措施和技术措施、现场的安全检查与协调等内容。

③安全设施和费用管理制度

包括运营企业安全设施的日常维护、管理;安全生产费用保障;根据国家、行业新的安全生产管理要求或季节性特点,以及生产、经营情况等发生变化后,临时采取的安全措施及费用来源等。

④重大危险源管理制度

包括重大危险源登记建档,定期检测、评估、监控,相应的应急预案管理,上报有关地方人民政府负责安全生产监督管理的部门和有关部门备案内容及管理。

⑤危险物品使用管理制度

包括运营企业存在的危险物品名称、种类、危险性;使用和管理的程序、手续;安全操作注意事项;存放的条件及日常监督检查;针对各类危险物品的性质,在相应的区域设置人员紧急救护、处置的设施等。

⑥消防安全管理制度

包括运营企业消防安全管理的原则、组织机构、日常管理、现场应急处置原则和程序；消防设施、器材的配置、维护保养、定期试验；定期防火检查、防火演练等。

⑦隐患排查和治理制度

包括应排查的设备、设施、地点、排查周期、排查人员、排查标准、发现问题的处置程序、跟踪管理等。

⑧行车安全管理制度

包括车辆调度、检查维护保养、检验标准，驾驶员学习、培训、考核的相关内容。

⑨事故调查报告处理制度

包括运营企业内部事故标准、报告程序、现场应急处置、现场保护、资料收集、相关当事人调查、技术分析、调查报告编制等。同时，还需明确向上级主管部门报告事故的流程、内容等。

⑩应急管理制度

包括运营企业的应急管理部门，预案的制定、发布、演练、修订和培训等；总体预案、专项预案、现场处置方案等。制定应急管理制度和应急预案过程中，除考虑运营企业自身可能对环境和公众的影响外，还应重点考虑周边环境的特点，针对周边环境可能给运营安全带来的影响制定相应的应急预案。

⑪安全奖惩制度

包括运营企业安全奖惩的原则、奖励或处分的种类、额度等。

2. 人员安全管理制度

(1)安全教育培训制度

包括新进员工和各级管理人员安全管理知识培训；新材料、新工艺、新设备的使用培训；特种作业人员培训；岗位安全操作规程培训；应急培训等。同时，应明确培训的对象、内容、时间及标准等。

(2)劳动防护用品发放使用和管理制度

包括劳动防护用品的种类、适用范围、领取程序、使用前检查标准和使用寿命周期等内容。

(3)安全工器具的使用管理制度

包括安全工器具的种类、使用前检查标准、定期检验和器具寿命周期等内容。

(4)特种作业及特殊危险作业管理制度

包括特种作业的岗位、人员，作业的一般安全措施要求，作业的组织程序，保障安全的组织措施、技术措施的制定及执行等内容。

(5)岗位安全规范

包括除特种作业岗位外，其他作业岗位保障人身安全、健康，预防火灾、爆炸等事故的一般安全要求。

(6)职业健康检查制度

包括职业禁忌的岗位名称、职业禁忌证、定期健康检查的内容和标准、女工保护,以及按照《职业病防治法》要求的相关内容等。

(7)现场作业安全管理制度

包括现场作业的组织管理制度,如工作联系单、工作票、操作票制度,以及对作业现场的风险分析与控制制度、反违章管理制度等内容。

3. 设备设施安全管理制度

(1)“三同时”制度

“三同时”制度是运营企业新建、改建、扩建工程“三同时”的组织审查、验收、上报、备案的执行程序。

(2)定期巡视检查制度

包括日常检查的责任人员,检查的周期、标准、线路,发现问题的处置等内容。

(3)定期维护检修制度

包括所有设施、设备的维护周期、维护范围、维护标准等内容。

(4)定期检测、检验制度

包括须进行定期检测的设备种类、名称、数量;有权进行检测的部门或人员;检测的标准及检测结果管理;安全使用证、检验合格证或者安全标志的管理等。

(5)安全操作规程

对涉及人身安全健康、生产工艺流程及周围环境有较大影响的设备、装置,如电气、起重设备、锅炉压力容器、内部机动车辆、建筑施工维护、机加工等,运营企业应制定安全操作规程。根据物料性质、工艺流程、设备使用要求而制定的符合安全生产法律法规的操作程序。

4. 环境安全管理制度

(1)安全标志管理制度

包括现场安全标志的种类、数量、名称、地点和位置;安全标志的定期检查、维护等。

(2)作业环境管理制度

包括作业场所的通道、照明、通风等管理标准;人员紧急疏散方向、标志的管理等。

(3)职业卫生管理制度

包括尘、毒、噪声、高低温、辐射等涉及职业健康有害因素的种类、场所;定期检查、检测及控制等管理内容。

13.2.3 安全生产投入

保证必要的安全生产投入是实现安全生产的重要基础。运营企业应当具备安全生产条件所必需的资金投入，用于改善安全设施，进行安全教育培训，更新安全技术装备、器材、仪器、仪表以及其他安全生产设备设施，以保证运营企业达到法律、法规、标准规定的安全生产条件，并对由于安全生产所必需的资金投入不足导致的后果承担责任。

1. 安全生产费用的使用

一般来讲，安全生产费用的使用应编制年度(或半年)安全技术措施计划，费用支出按计划执行。

(1)完善、改造和维护安全防护设备、设施的支出；

(2)配备必要的应急救援器材、设备和现场作业人员安全防护物品支出；

(3)安全生产检查与评价支出；

(4)重大危险源、重大事故隐患的评估、整改、监控支出；

(5)安全技能培训及进行应急救援演练支出；

(6)其他与安全生产直接相关的支出。

2. 安全生产费用的管理

运营企业应制定安全生产投入的管理制度，明确具体的使用范围、管理程序、监督程序，每年完成后应及时总结项目和费用的完成情况。在年度财务会计报告中，运营企业应当披露安全费用提取和使用的具体情况。

13.2.4 委外及承包商管理

承包商管理是运营企业安全生产管理的重要内容，也是管理的薄弱环节。国家及行业相关安全监管部门都对承包商管理提出了具体要求，概括起来主要有四个方面：一是要明确双方责任；二是要严格审查安全资质和专业技术能力；三是做好现场作业的安全风险分析；四是开展对作业现场的监督和管理。

1. 运营企业发包工程的内部管理

运营企业发包工程项目，应以运营企业名义进行发包。运营企业应明确发包工程归口管理部门，统一对发包工程进行管理，与承包商依法签订工程合同，签订安全协议，开工前向承包商收取安全风险抵押金，工程应发包给具有相关资质的单位，在签订合同前，必须对承包商资质和条件进行审查，并复印(扫描)以下有关见证性材料备案。

(1)有关部门核发的营业执照和资质证书，法人代表资格证书，安全资质证书，施工简历和近期安全施工记录。

(2)人员年龄、工种、健康状况等是否符合要求;管理人员、工程技术人员和工人的技术素质是否满足工程需要;特种作业人员是否持有合格的"特种作业操作证"。

(3)承包商保证安全施工的组织机构、工器具、安全防护设施、安全用具能否满足安全施工要求。涉及定期试验的工器具、绝缘用具、施工机具、安全防护用品,是否有具有检验、试验资质部门出具的合格的检验报告。

(4)承包商施工队伍是否按规定配备专、兼职安全管理人员;安全管理机构、专兼职安全管理人员是否持有资质证书。

2. 安全协议的主要内容

(1)运营企业应提出施工安全的组织措施、安全措施和技术措施要求。

(2)承包商制定的确保施工安全的组织措施、安全措施和技术措施。

(3)承包商应遵照执行的有关安全文明生产、治安、防火等方面的规章制度。

(4)运营企业对承包业务实施奖惩的有关规定。

(5)有关事故报告、调查、统计、责任划分的规定。

(6)对承包商人员进行安全教育、考试及办理施工人员进入现场应履行的手续等要求。

(7)承包商必须按照运营企业的要求提供相关材料,接受安全资质和条件审查。

(8)承包商不得擅自将工程转包、分包和返包。在工作中遇有特殊情况确实需要由运营企业配合完成的工作,应提出书面申请,经运营企业核准后,指派有关部门、班组配合完成。

(9)承包商在施工过程中不得擅自更换工程技术管理人员、安全管理人员以及关系到施工安全及质量的特殊工种人员,特殊情况需要换人时须征得运营企业的同意,并对新参加工作人员进行相应的安全教育、培训和考核,合格后方可使用。

(10)承包商不得使用童工,施工人员不得有承包工程的职业禁忌症。

3. 现场安全管理要求

(1)工程开工前,运营企业应对承包方负责人、工程技术人员进行全面的安全技术交底,并应有完整的记录。必要时,在承包商教育培训的基础上对承包商管理人员和工程技术人员、工人进行安全教育培训和考试,提供有关安全生产的规程、制度、要求。

(2)在有危险性的生产区域内作业,有可能造成火灾、爆炸、触电、中毒、窒息、机械伤害、烫伤、坠落、溺水等造成人身伤害、设备损坏、环境污染等事故的,运营企业应要求承包方做好作业安全风险分析,并制定安全措施,经运营企业审核批准后,监督承包方实施。承包商应按有关行业安全管理法规、条例、规程的要求,在工作现场设置安全监护人员。

(3)在承包商队伍进入作业现场前，运营企业要对其进行消防安全、设备设施保护及社会治安方面的教育。所有教育培训和考试完成后，办理准入手续，凭证件出入现场。证件上应有本人近期免冠照片和姓名、承包商名称、准入的现场区域等信息。

(4)运营企业协助做好办理开工手续等工作，承包商取得经批准的开工手续后方可开始施工。

(5)运营企业及承包商的安全监督管理人员，应经常深入现场，随时对作业安全进行监督，发现有违反安全规章制度的情况，及时纠正，并按规定给予惩处。

(6)承包商作业人员严重违章作业，导致设备故障等严重影响安全生产的后果，运营企业可以要求承包商进行停工整顿，并有权决定终止合同的执行。

13.3　安全生产检查与隐患排查治理

13.3.1　安全生产检查

安全生产检查是运营企业安全生产管理的重要内容，其工作重点是辨识安全生产管理工作中存在的漏洞，检查生产现场安全防护设施、作业环境是否存在不安全状态，现场作业人员的行为是否符合安全规范，以及设备、系统运行状况是否符合现场规程的要求等。通过安全检查，不断堵住管理漏洞，改善劳动作业环境，规范作业人员的行为，保证设备系统的安全、可靠运行，实现安全生产的目的。

1. 安全生产检查的类型

安全生产检查分类方法有很多，通常分为以下六种类型。

(1)定期安全生产检查

定期安全生产检查一般是通过有计划、有组织、有目的的形式来实现，一般由运营企业统一组织实施。检查周期的确定，应根据运营企业的规模、性质以及地区气候、地理环境等确定。定期安全检查一般具有组织规模大、检查范围广、有深度，能及时发现并解决问题的特点。定期安全检查一般和重大危险源评估、现状安全评价等工作结合开展。

(2)经常性安全生产检查

经常性安全生产检查是由运营企业的安全生产管理部门、车间、班组或岗位组织进行的日常检查(岗位作业环境、管辖的设备及系统安全运行状况检查、作业过程中的安全检查等)和特殊检查。特殊检查是针对设备、系统存在的异常情况，所采取的加强监视运行的措施。

(3)季节性及节假日前后安全生产检查

由运营企业统一组织,检查内容和范围根据季节变化、节假日特征,按事故发生的规律对易发的潜在危险,突出重点进行针对性检查。

(4)专业(项)安全生产检查

专业(项)安全生产检查是对某个专业(项)问题或在施工(生产)中存在的普遍性安全问题进行的单项定性或定量检查。如对危险性较大的在用设备、设施,作业场所环境条件的管理性或监督性定量检测检验则属专业(项)安全检查。专业(项)检查具有较强的针对性和专业要求,用于检查难度较大的项目。

(5)综合性安全检查

综合性安全检查一般是由上级主管部门或地方政府负有安全生产监督管理职责的部门,组织对生产单位进行的安全检查。

(6)职工代表不定期对安全生产的检查

根据《中华人民共和国工会法》及《中华人民共和国安全生产法》的有关规定,运营企业的工会应定期或不定期组织职工代表进行安全检查。重点检查国家安全生产方针、法规的贯彻执行情况,各级人员安全生产责任制和规章制度的落实情况,从业人员安全生产权利的保障情况,生产现场的安全状况等。

2. 安全生产检查的内容

安全生产检查内容包括:软件系统和硬件系统。软件系统主要是查思想、查意识、查制度、查管理、查事故处理、查隐患、查整改等。硬件系统主要是查生产设备、查辅助设施、查安全设施、查作业环境等。

3. 安全生产检查的方法

(1)常规检查

常规检查是常见的一种检查方法。通常是由安全管理人员作为检查工作主体,到作业场所现场,通过感观或辅助一定的简单工具、仪表等,对作业人员的行为、作业场所的环境条件、生产设备设施等进行的定性检查。安全检查人员通过这一手段,及时发现现场存在的安全隐患并采取措施予以消除,纠正作业人员的不安全行为。常规检查主要依靠安全检查人员的经验和能力,检查的结果直接受安全检查人员个人素质的影响。

(2)安全检查表法

为使安全检查工作更加规范,将个人的行为对检查结果的影响减少到最小,常采用安全检查表法。安全检查表一般由工作小组讨论制定。安全检查表一般包括检查项目、检查内容、检查标准、检查结果及评价等内容。

编制安全检查表应依据国家有关法律法规,运营企业现行有效的有关标准、规程、管理制度,有关事故教训,单位安全管理文化、理念,反事故技术措施和安全措施计划，季节性、地理、气候特点等。

(3)仪器检查及数据分析法

运营企业的某些设备、系统运行数据具有在线监视和记录的系统设计，对设备、系统的运行状况可通过对数据的变化趋势进行分析得出结论。

4. 安全生产检查的工作程序

(1)安全检查准备

①确定检查对象、目的、任务；

②查阅、掌握有关法规、标准、规程的要求；

③了解检查对象的工艺流程、生产情况、可能出现危险和危害的情况；

④制定检查计划，安排检查内容、方法、步骤；

⑤编写安全检查表或检查提纲；

⑥准备必要的检测工具、仪器、书写表格或记录本；

⑦挑选和训练检查人员并进行任务分配等。

(2)实施安全检查

实施安全检查就是通过访谈、查阅文件和记录、现场观察、仪器测量的方式获取信息。

①访谈，通过与有关人员谈话来检查安全意识和规章制度执行情况等。

②查阅文件和记录，检查设计文件、作业规程、安全措施、责任制度、操作规程等是否齐全，是否有效；查阅相应记录，判断上述文件是否被执行。

③现场观察，对作业现场的生产设备、安全防护设施、作业环境、人员操作等进行观察，寻找不安全因素、事故隐患、事故征兆等。

④仪器测量，利用一定的检测检验仪器设备，对在用的设施、设备、器材状况及作业环境条件等进行测量，以发现隐患。

(3)综合分析

经现场检查和数据分析后，检查人员应对检查情况进行综合分析，提出检查的结论和意见。

5. 提出整改要求和落实

针对检查发现的问题，应根据问题性质的不同，提出立即整改、限期整改等措施要求。运营企业自行组织的安全检查，由安全管理部门会同有关部门，共同制定整改措施计划并组织实施。上级主管部门或地方政府负有安全生产监督管理职责的部门组织的安全检查，检查组应提出书面的整改要求，运营企业制定整改措施计划并积极落实整改。

6. 信息反馈及持续改进

运营企业自行组织的安全检查，在整改措施计划完成后，安全管理部门应组织有关人员进行验收。对于上级主管部门或地方政府负有安全生产监督管理职责的部门组织的安全检查,在整改措施完成后,应及时上报整改完成情况,申请复查或验收。

对安全检查中经常发现的问题或反复发现的问题,运营企业应从规章制度的健全和完善、从业人员的安全教育培训、设备系统的更新改造、加强现场检查和监督等环节入手,做到持续改进,不断提高安全生产管理水平,防范生产安全事故的发生。

13.3.2 隐患排查治理

1. 定义及分类

安全生产事故隐患(以下简称事故隐患),是指运营企业违反安全生产法律、法规、规章、标准、规程和安全生产管理制度的规定,或者因其他因素在生产经营活动中存在可能导致事故发生的物的危险状态、人的不安全行为和管理上的缺陷。

事故隐患分为一般事故隐患和重大事故隐患。一般事故隐患,是指危害和整改难度较小,发现后能够立即整改排除的隐患。重大事故隐患,是指危害和整改难度较大,应当全部或者局部停产停业,并经过一定时间整改治理方能排除的隐患,或者因外部因素影响致使运营企业自身难以排除的隐患。

2. 运营企业隐患排查工作中的主要职责

(1)运营企业应当依照法律、法规、规章、标准和规程的要求开展运营生产活动。

(2)运营企业是事故隐患排查、治理和防控的责任主体。

(3)运营企业应当建立健全事故隐患排查治理和建档监控等制度,逐级建立并落实从主要负责人到每个从业人员的隐患排查治理和监控责任制。

(4)运营企业应当保证事故隐患排查治理所需的资金,建立资金使用专项制度。

(5)运营企业应当定期组织安全生产管理人员、工程技术人员和其他相关人员排查本单位的事故隐患。对排查出的事故隐患,应当按照事故隐患的等级进行登记,建立事故隐患信息档案,并按照职责分工实施监控治理。

(6)运营企业应当建立事故隐患报告和举报奖励制度,鼓励、发动职工发现和排除事故隐患,鼓励社会公众举报。对发现、排除和举报事故隐患的有功人员,应当给予物质奖励和表彰。

(7)运营企业将生产经营项目、场所、设备发包、出租的,应当与承包、承租单位签订安全生产管理协议,并在协议中明确各方对事故隐患排查、治理和防控的管理职责。运营企业对承包、承租单位的事故隐患排查治理负有统一协调和监督管理的职责。

(8)安全监管监察部门等有关部门的监督检查人员依法履行事故隐患监督检查职责时，运营企业应当积极配合，不得拒绝和阻挠。

(9)运营企业应当每季、每年对本单位事故隐患排查治理情况进行统计分析，对于重大事故隐患，运营企业除依照上述要求报送外，还应当及时向安全监管监察部门和有关部门报告。重大事故隐患报告内容应当包括：隐患的现状及其产生原因、隐患的危害程度和整改难易程度分析、隐患的治理方案。

(10)对于一般事故隐患，由运营企业(部门、车间、班组等)负责人或者有关人员立即组织整改。对于重大事故隐患，由运营企业主要负责人组织制定并实施事故隐患治理方案。重大事故隐患治理方案应当包括以下内容：治理的目标和任务；采取的方法和措施；经费和物资的落实；负责治理的机构和人员；治理的时限和要求；安全措施和应急预案。

(11)运营企业在事故隐患治理过程中，应当采取相应的安全防范措施，防止事故发生。事故隐患排除前或者排除过程中无法保证安全的，应当从危险区域内撤出作业人员，并疏散可能危及的其他人员，设置警戒标志，暂时停产停业或者停止使用；对暂时难以停产或者停止使用的相关生产储存装置、设施、设备，应当加强维护和保养，防止事故发生。

(12)运营企业应当加强对自然灾害的预防。对于因自然灾害可能导致事故灾难的隐患，应当按照有关法律、法规、标准的要求排查治理，采取可靠的预防措施，制定应急预案。

(13)经治理后符合安全生产条件的，运营企业应当向安全监管监察部门和有关部门提出恢复生产的书面申请，经安全监管监察部门和有关部门审查同意后，方可恢复生产经营。申请报告应当包括治理方案的内容、项目和安全评价机构出具的评价报告等。

13.4 突发事件及应急处置

13.4.1 突发事件的定义

突发事件从广义的角度可被理解为突然发生的事情：第一层含义是事件发生、发展的速度很快，出乎意料；第二层含义是事件难以应对，必须采取非常规方法来处理。狭义上，突发事件是指意外地突然发生的重大或敏感事件。

突发事件按影响类型，可分为自然灾害、事故灾难、公共卫生事件、社会安全事件四类。按危害程度，可分为特别重大、重大、较大和一般四级。

城市轨道交通突发事件是指在运营线路上，因自然灾害、人为因素或设施故障造成城市轨道交通运营中断、人员伤亡、乘客被困等危及公共安全的突发事件。根

据突发事件的性质、特征以及危害等级,城市轨道交通突发事件可分为四大类:

(1)自然灾害:包括大风和暴雨等自然现象对城市轨道交通系统造成的影响。

(2)事故灾难:针对城市轨道交通建设、运营产生影响的工程事故、设备故障等,例如塌方、列车脱轨等。

(3)公共卫生:针对城市轨道交通设施内影响民众健康的突发事件,例如:重大传染病、生化武器等。

(4)社会安全:主要指影响运营安全的社会事件。具体来讲,主要包括:大客流、恐怖袭击、乘客事件等。

13.4.2 突发事件的预警级别

根据我国的法律法规规定及突发事件发生的实际情况,按照其性质、严重程度、可控性、影响范围和人员及财产损失等因素,突发事件的预警由高到低一般划分为特别重大(Ⅰ级)、重大(Ⅱ级)、较大(Ⅲ级)和一般(Ⅳ级)四个等级,分别用红、橙、黄、蓝表示,分级标准参照国家安全生产事故分级标准。由于我国各地区和区域发展不平衡,各地经济发展状况、人口密集程度、地理条件均有很大差异,所以突发事件级别并没有统一的划分标准,应结合自身行业特点综合考虑,一般考虑以下三点:人民生命和生存条件、经济财产损失和社会影响。

城市轨道交通运营企业根据国家对于事故分类规定的基础上制定符合运营特点的突发事件等级划分。依据造成或可能造成的人员伤亡情况、财产损失、危害程度、行车中断时间、波及范围及影响大小等情况,将事件由高到低划分不同的级别,企业的事故分类标准通常较国家标准更加严格。

13.4.3 突发事件的特点

(1)突发性和不确定性

突发性是城市轨道交通突发事件的首要特征。城市轨道交通突发事件发生的时间和地点具有不确定性并时刻潜伏着危险性;事件发生初期极具隐蔽性,不易察觉,一旦发生就已具备一定的危害范围和程度。

(2)公共性和危害性

城市轨道交通突发事件发生的影响范围通常不仅仅涉及个人,而且还具有群体性的特点,其影响已经超出了发生地的范围,牵涉到整个城市或一个国家的公共安全。突发事件对公众生命构成威胁、对公共财产造成损失、对各种环境产生破坏、对社会秩序造成紊乱和对公众心理造成障碍,乃至影响城市的形象等。

(3)事件处理的紧迫性

由于城市轨道交通突发事件发生的突然性以及事件的危害性,关系到公众的财产和生命安全以及社会的安定等。因此，在短时间需要多系统、多部门协调指挥，进行紧急、有效的处理。

13.4.4 突发事件的应急处置

突发事件发生后，履行统一领导职责或者组织处置的各单位或部门应当针对其性质、特点和危害程度，立即组织调动应急救援队伍和社会力量，依照《中华人民共和国突发事件应对法》的规定和有关法律、法规、规章的规定采取应急处置措施。

突发事件发生后，履行统一领导职责的可以采取下列一项或者多项应急处置措施：

(1)组织营救和救治受害人员，疏散、撤离并妥善安置受到威胁的人员以及采取其他救助措施；

(2)迅速控制危险源，标明危险区域，封锁危险场所，划定警戒区以及其他控制措施；

(3)禁止或者限制使用有关设备、设施，关闭或者限制使用有关场所，终止人员密集的活动或者可能导致危害扩大的生产经营活动以及采取其他保护措施；

(4)组织应急救援和处置工作，要求具有特定专长的人员提供服务；

(5)依法从严惩处哄抢财物、干扰破坏应急处置工作等扰乱社会秩序的行为，维护社会治安；

(6)采取防止发生次生、衍生事件的必要措施。

13.4.5 城市轨道交通预案体系

城市轨道交通企业制定突发事件应急预案目的在于提高防范和应对突发事件的能力，保证员工、乘客生命健康和财产安全，最大限度地降低运营安全风险。突发事件应急预案是及时、有序和有效的开展事故应急救援工作的行动指南，它明确了在突发事件发生前、发生过程中以及结束后各应急组织机构的工作内容及职责，并针对突发事件发生的可能性及其影响后果的严重程度，预先对应急准备和应急响应的各个方面做出详细安排，是减少和降低因突发事件造成人员伤亡和财产损失的重要手段。

1. 预案编制过程

根据城市轨道交通行业运营特点，分析和总结在其范围内可能发生的运营突发事件的类型和危害程度，确定所要采取的应急措施以及需要参与应急处置的部门和单位。应急预案编制工作由企业负责人牵头，由包括运营安全管理、行车、调度、客运服务、设施设备维修、新闻与信息管理、综治保卫等部门的人员参与，共同开展对运营突发事件危险因素的风险辨识及识别工作，同时分析运营突发事件可能产生的直接后果以及次生、衍生后果,评估风险等级,提出控制风险、治理隐患的措施。在应急预案编制过程中应进行充分的专家咨询和论证,广泛听取本单位有关部门及其他相关单位的意见,在经企业内部审查和专家外部审查通过后正式发布实施。

2. 运营企业预案体系

城市轨道交通预案体系由综合预案、专项预案和现场处置方案组成。针对每个层级的应急预案均按照成立工作组、资料收集、危险源与风险分析、应急能力评估、应急预案编制和应急预案的评审和发布的程序编制而成,并通过后期的定期修订不断开展应急预案体系的完善工作。某运营企业的应急预案体系示例如图13.2所示。

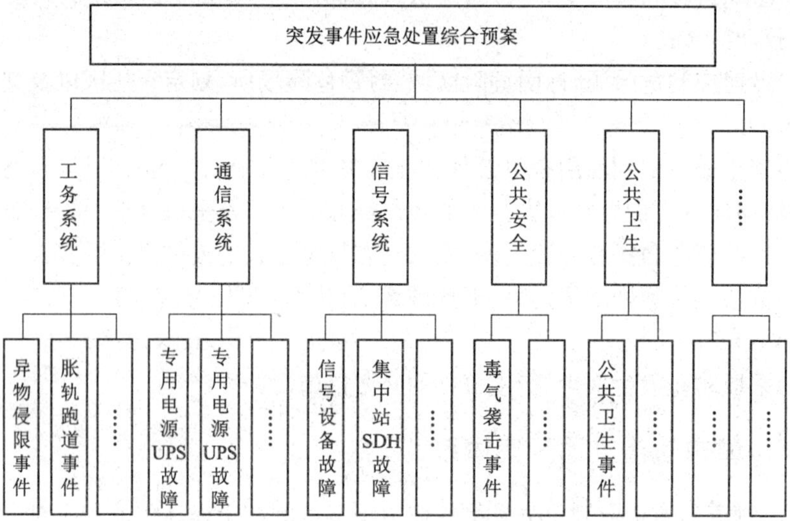

图13.2 某运营企业应急预案体系示例

(1)综合预案是城市轨道交通企业应急预案体系的总纲,主要从总体上阐述企业的应急政策、原则,应急组织及职责,应急行动、措施和保障等基本要求和程序,是应对城市轨道交通范围内各类事故的综合性预案。该层级预案由企业总体协调组织执行。

(2)专项预案按照城市轨道交通企业综合预案的程序和要求组织编制而成的,是综合预案的组成部分,具有较强的针对性。专项预案在综合预案的基础上,充分考虑大客流冲击、车辆系统故障、供电系统故障、机电设备故障、通信和信号系统故障、线路设备故障、土建设施毁坏、火灾、水灾、恶劣天气、爆恐袭击等特定的运营突发事件的特点,对应急的形势、组织机构、应急救援行动等进行更具体的阐述,并明确应急救援工作程序和具体的应急救援措施。该层级预案由企业内部业务管理部门负责组织执行。

(3)现场处置方案是在专项预案的基础上,对大客流冲击、车辆系统故障、供电系统故障、机电设备故障、通信和信号系统故、线路设备故障、土建设施毁坏、火灾、水灾、恶劣天气、爆恐袭击等特定运营突发事件的某一具体情形进行详细分析,并对应急救援工作中的各个方面作出具体、周密而细致的安排,其具有更强的针对性和对现场具体救援行动的指导性。该层级预案由企业内部业务管理部门下属专业抢修队负责执行。

科学、合理、完善的应急预案体系有助于城市轨道交通企业对运营过程中潜在的安全风险隐患的识别,了解突发事件的发生机理、明确应急救援的范围和体系,使突发事件应对处置的各个环节有章可循。同时应急预案体系可以提高应急决策的科学性和时效性,突发事件的紧迫性、信息不对称性和资源有限性要求企业快速作出应急决策,预案为准确研判突发事件的规模、性质及程度,合理确定应对措施提供了科学思路和方法,从而减轻风险发展的概率并降低其危害程度。

13.5　事故调查分析

从概率论以及事故发生机理来看,事故的发生存在一定的必然性。因此制定一套科学严谨的事故调查分析程序是非常有必要的,通过开展科学、合理、及时的事故分析工作可以第一时间查找导致事故发生的深层次原因,特别是运营管理系统的缺陷并提出切实可行的整改措施,落实整改工作。最终达到控制或消除此类事故再次发生的目的。城市轨道交通系统作为一个大容量的公共交通工具,直接关系到广大乘客的人身健康和财产安全,一旦发生交通事故,应提前制定相应的工作流程和制度,按照事故等级分类开展事故调查分析工作,以降低或减少事故带来的损失,并避免类似事故的再次发生。

13.5.1　事故的分类

1. 国家安全事故分类及等级划分

(1)事故分类

事故的类别包括:物体打击、车辆伤害、机械伤害、起重伤害、触电、淹溺、灼烫、火灾、高处坠落、坍塌、冒顶片帮、透水、放炮、火药爆炸、瓦斯爆炸、锅炉爆炸、容器爆炸、其他爆炸、中毒和窒息、其他伤害。对事故造成的伤害分析要考虑的因素有受伤部位、受伤性质(人体受伤的类型)、起因物、致害物、伤害方式、不安全状态、不安全行为。

伤亡事故是指企业职工在生产劳动过程中,发生的人身伤害和急性中毒。

按照事故造成的伤害程度又可以把事故伤害分为轻伤事故、重伤事故和死亡事故。

(2)事故等级划分

根据国家发布的《生产安全事故报告和调查处理条例》(国务院令第493号),依据事故造成的经济损失及人身伤亡人数,安全事故可分为以下等级:

特别重大事故,是指造成30人以上死亡,或100人以上重伤,或1亿元以上直接经济损失的事故;

重大事故,是指造成10人以上30人以下死亡,或50人以上100人以下重伤,或5 000万元以上1亿元以下直接经济损失的事故;

较大事故,是指造成3人以上10人以下死亡,或10人以上50人以下重伤,或1 000万元以上5 000万元以下直接经济损失的事故;

一般事故,是指造成3人以下死亡,或10人以下重伤。

2. 城市轨道交通事故分类及等级划分

(1)事故分类

根据城市轨道交通已运营和试运营线路区域内突发事件的性质、过程和机理等划分,按照诱因可分为:

①由自然灾害引发的城市轨道交通运营事故;

②由机电设备、信号通信故障,大面积停电、车辆脱轨、冲突等引起的城市轨道交通运营事故;

③由乘客的不良行为或员工误操作等原因引发的城市轨道交通运营事故;

④其他突发事件引发的城市轨道交通运营事故。

(2)事故等级划分

根据条例的规定,城市轨道交通事故等级划分分为:特别重大事故、重大事故、较大事故一般事故。大多运营企业本着依据国家标准,但高于国家标准的原则,并结合行业特点,对事故进行分类。以下举例说明,某运营企业的分类规则:

①在城市轨道交通事故等级中特别重大事故、重大事故、较大事故的划分标准按照条例中的规定执行。

②一般A类事故,是指造成2人死亡,或3人以上10人以下重伤的;造成500万元以上1 000万元以下直接经济损失的;造成城市轨道交通1条已(试)运营线路区段单向或双向中断行车5小时或7小时以上的。

③一般B类事故,是指是指造成1人死亡,或3人以下重伤的;造成300万元以上500万元以下直接经济损失的;造成城市轨道交通1条已(试)运营线路区段单向或双向中断行车3小时以上5小时以下或2小时以上3小时以下的。

④一般C类事故,是指造成100万元以上300万元以下直接经济损失的;造成城市轨道交通1条已(试)运营线路区段严重晚点5小时以上的;运营区段发生列车冲突的。

⑤一般D类事故，是指造成5人以上轻伤的；造成50万元以上100万元以下直接经济损失的；非运营区段发生列车冲突以及因施工、检修、清扫设备操作不当、设备故障、运营管理不善等直接原因导致运营延误30分钟以上的

⑥一般E类事故，是指造成5人以下轻伤的；造成5万元以上50万元以下直接经济损失的；非运营区段列车挤岔、脱轨、冒进信号、越过冲标、列车分离以及因施工、检修、清扫设备操作不当、设备故障、运营管理不善等直接原因导致运营延误15分钟以上的。

13.5.2　事故调查的组织

根据国家对于事故分类标准及事故调查权限，特别重大事故由国务院或者国务院授权有关部门组织事故调查组进行调查。重大事故、较大事故、一般事故分别有事故发生地省级人民政府、社区的市级人民政府、县级人民政府负责调查。省级人民政府、社区的市级人民政府可以直接组织事故调查组进行调查，也可以授权或者委托有关部门组织事故调查组进行调查。未造成伤亡的一般事故，县级人民政府也可以委托事故发生单位组织事故调查组进行调查。

在城市轨道交通运营范围内发生列车冲突、脱轨等事故或在行车相关作业过程所造成的人员伤亡、财产损失构成特别重大事故、重大事故、较大事故及一般C类事故及以上按照国家有关法律法规要求由相应级别的人民政府负责组织调查处理。对于一般事故D类及以下等级的事故，经政府事故调查组委托由城市轨道交通企业负有安全监督监察职能的相关部门负责组织调查。

13.5.3　事故调查的一般程序

1. 调查组的组成及职责

事故调查组的组成应当遵循精简、效能的原则。根据事故的具体情况，事故调查组由有关人民政府、安全生产监督管理部门、负有安全生产监督管理职责的有关部门、监察机关、公安机关以及工会派人组成，并应当邀请人民检察院派人参加。事故调查组可以聘请有关专家参与调查。

事故调查组的成员履行事故调查的行为是职务行为，代表其所属部门、单位进行事故调查工作；事故调查组成员都要接受事故调查组的领导；事故调查组聘请的专家参与事故调查，也是事故调查组的成员。事故调查组成员应当具有事故调查所需要的知识和专长，并与所调查的事故没有直接利害关系。

事故调查组组长由负责事故调查的人民政府指定。事故调查组组长主持事故调查组的工作。事故调查组组长可以由有关人民政府指定，也可以由授权组织事故调查的有关部门指定。

事故调查组履行的职责包括:查明事故发生的经过、原因、人员伤亡情况及直接经济损失;认定事故的性质和事故责任;提出对事故责任者的处理建议;总结事故教训,提出防范和整改措施;提交事故调查报告。

受政府事故调查组委托,城市轨道交通运营企业担任事故调查主体时,根据事故等级不同分别由企业内部负有安全监督监察职能、业务管理职能的部门分别组织牵头,由负有专业安全管理职能的部门及具有事故调查所必需的专业专长且与事故无直接利害关系的人员参加组成事故调查组。在事故调查组认为必要时,可邀请工会、纪检监察等部门参与调查。

2. 事故调查的职权和事故发生单位的义务

事故调查组有权向有关单位和个人了解与事故有关的情况,并要求其提供相关文件资料,有关单位和个人不得拒绝。事故发生单位的负责人和有关人员在事故调查期间不得擅离职守,并应当随时接受事故调查组的询问,如实提供有关情况。事故调查中发现涉嫌犯罪的,事故调查组应当及时将有关材料或者复印件移交司法机关处理。

事故调查中需要进行技术鉴定的,事故调查组应当委托具有国家规定资质的单位进行技术鉴定。必要时,事故调查组可以直接组织专家进行技术鉴定。技术鉴定所需时间不计入事故调查期限。

3. 事故调查程序

为确保事故调查工作及时、有序和有效的开展,同时保证事故调查工作的实事求是、科学合理性及规范化,故严格按照事故调查程序组织开展事故调查工作显得尤为重要。结合城市轨道交通企业的安全生产实际,当发生安全生产事故后,按以下步骤组织开展事故调查工作:

(1)组织事故现场勘察

城市轨道交通企业安全生产监督监察部门接到事故报告后,要立即派员赶赴事故现场,进行勘察。向当事人或目击者了解事故发生经过情况,提取事故现场存留的有关痕迹和物证(致害物、残留物、破损部件、危险物品、有害气体等),封存与事故有关的物件,并用摄影、照相等方法予以固定。对无法搬运或确需立即使用的物件,由勘察人员现场认定并做好相应标记和记录。

根据现场勘察和现场取证情况,绘制事故现场有关图纸(包括事故现场示意图、剖面图、流程图、受害者位置图等)。现场勘察完毕,向事故调查组提交“事故现场勘察报告”。

“事故现场勘察报告”应当载明事故现场勘察人员、勘察时间、勘察路线,说明事故地点基本情况和与事故相关的情况,认定事故类别,附有相应的事故图纸、照片等。参与现场勘察的人员在勘察报告上签字确认。

(2)收集事故事实材料

收集证明事故等级、类别和事故发生的相关事实与材料。包括:事故汇报记录、受伤人员统计表、医院伤害程度证明以及事故发生前生产设施、设备状况,有关技术文件和规章制度及执行情况,工作环境状况,受害人和肇事者的岗位资质状况、健康状况等。同时收集事故发生单位、相关单位和部门的文件、规章制度、报表、台账、记录、图件和向调查组提供的书面证明。

收集有关书证证据时,调查组要求相关单位(部门)提供证据清单,并限期提供。提供复印件的,由事故企业单位签署"复印属实"并加盖公章,同时注明原件存放的单位(部门)。

(3)获取证人证言

证人证言包括调查询问笔录和有关人员提供的情况说明、举报信件等。调查人员制订事故调查询问计划和询问提纲,明确调查询问对象和询问内容,对事故现场目击者、受害者、当事人和相关管理人员、负有监督管理职责的人员进行调查询问。对事故发生负有责任的人员必须调查询问,认定的责任者的违法违规事实应当有2个以上的证人证言或其他有效证据。

(4)计算事故直接经济损失

按照国家标准统计事故直接经济损失。"事故直接经济损失表"由事故发生单位或其主管部门盖章认可。

(5)组织技术鉴定

对较大以上生产安全事故和事故原因复杂的一般事故,事故调查组委托具备国家规定资质的单位进行技术鉴定。承担技术鉴定的单位或专家按照相关要求,在调查组的领导下,依法认定事故发生的直接原因和相关事故参数,并向调查组提交完整的"技术鉴定报告"。

(6)事故原因分析

事故原因分析包括直接原因分析和间接原因分析。从机械、物质(能量源和危险物质)、环境的不安全状态和人的不安全行为两个方面分析事故的直接原因;从技术、教育、管理、人的身体和精神方面等方面分析事故的间接原因。最终根据事故原因进行事故性质分析,对事故严重程度以及是属于责任事故或非责任事故作出认定。

(7)提出事故处理意见

根据事故原因分析、事故责任人的违法违规事实,调查组牵头单位提出事故处理初步意见。

(8)提出事故防范和整改措施建议

根据事故发生原因,向事故发生单位责任人提出有针对性的事故防范和整改措施建议,确保有效防止同类事故的再次发生。

(9)撰写事故调查报告

由牵头部门工作人员撰写事故调查报告。事故报告内容包括:事故发生单位概况,事故发生经过和事故救援情况,事故造成的人员伤亡和直接经济损失,事故发生的原因和事故性质,事故责任的认定以及对事故责任者的处理建议,事故防范和整改措施。

(10)调查组审查事故调查报告

事故调查组组长主持召开事故调查组全体成员会议,审查调查报告。审查的主要内容是:事故经过是否查清楚;原因分析,性质认定,责任分析是否准确;报告撰写是否符合要求等。发现存在问题的,根据实际情况补充调查或修改事故调查报告。

(11)事故调查材料归档保存

事故调查组工作人员负责汇总事故调查的相关资料,按一卷一档的原则,将调查报告,各类请示、批复文件,相关证据材料,处理落实材料等整理归档并保存。

事故调查程序如图13.3所示。

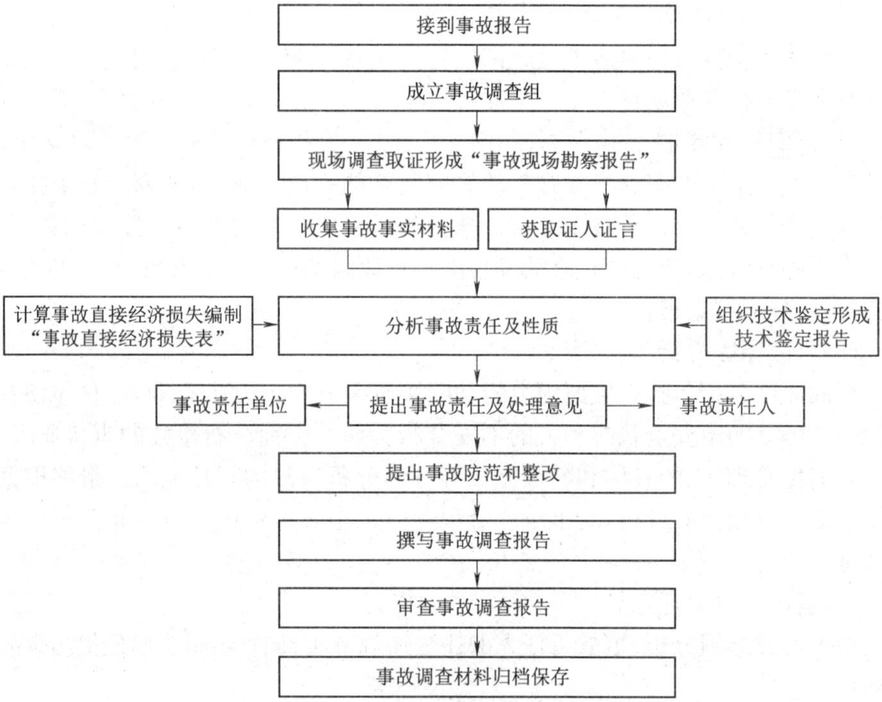

图13.3 事故调查程序图

13.5.4　运营企业事故(事件)调查及分析

1. 事故调查职责分工

在政府事故调查组委托城市轨道交通企业负责组织事故调查时，企业应在运营安全事故发生后，明确各部门在事故调查分析过程中的职责并能够按要求及时形成规范、统一的事故调查分析报告材料，以便于尽快查明事故原因并制定、落实整改措施。以下结合某运营企业的运营工作流程进行说明，需要说明的是，在实际工作中，各运营企业在具体操作细节方面会有所不同。

(1)负有安全监督检查职能的部门主要负责对一般D、E类事故组织调查分析，完成分析报告，对事故进行定性、定则并通报，同时监督检查事故相关部门对事故整改措施的落实情况。另外根据上级部门要求配合其完成一般C类以上安全生产事故的调查工作。

(2)负有运营管理职能的部门主要负责对一般E类(不含)以下事故，造成5分钟(含)以上15分钟以下晚点事故以及客运行车组织管理、设施设备故障造成晚点的事故组织调查分析，完成调查分析报告，对事件进行定性、定责并通报，以及跟踪事故相关部门对事故整改措施的落实情况。必要时配合负有安全监督监察职能的部门完成事故的技术分析工作。

(3)负有设备设施管理职能的部门负责配合安全监督监察职能和运营管理职能的部门开展事故调查工作，为事故调查提供设备设施方面的技术分析支持。

城市轨道交通运营安全事故发生后，事故责任部门必须立即上报并做好事故发生原因和处置过程等基础信息资料的收集及现场保护工作，在事故初步处置完成后2 h内形成“运营事故专报”报送负有安全监督监察职能、运营管理职能及设备设施管理职能的部门。

(4)运营事故处置完毕后24 h内，由事故发生部门形成部门的“运营事故自查报告”，并会同其他补充资料(工作日志、运行图、系统检测报告、设备分析报告、现场照片等)一并提交至负有安全监督监察职能、运营管理职能及设备设施管理职能的部门。

(5)负有安全监督监察职能、运营管理职能的部门收到“运营事故专报”、“运营事故自查报告”后，确定事故调查分析牵头部门，并会同设备设施管理部门按照职责分工对事故分别开展调查分析工作，共同查明事故原因，形成“运营事故调查分析报告”报企业负责人审核。

(6)事故调查牵头部门根据事故调查结果，组织召开事故分析会，对事故的发生原因及处置过程进行透彻分析，依据分析结论对事故进行定性、定责并提出有针对性的整改要求，并监督检查事故相关部门对整改措施的落实工作。

2. 城市轨道交通事故调查程序

(1)在城市轨道交通事故发生后事故调查人员需第一时间赶赴现场,掌握第一手资料,妥善收集保管有关技术档案和资料,向当事人询问并做好记录。全面获取现场直接证据,如调取车站、列车监控数据、录像、测量线路及设备尺寸、收集破损配件、拍摄照片、录音等,为事故分析工作提供证据。同时针对不同专业特点和城市轨道交通事故类别,掌握各类事故的主要调查内容和重点调查环节,城市轨道交通事故具有非常突出的行业特点,要求调查成员必须具备较高专业水平能够熟悉掌握事故的关键环节并深入分析调查。

(2)城市轨道交通事故发生后,立即根据事故概况确定调查组成员并紧急召集组织召开调查组成员碰头会,由企业分管负责人安排事故调查相关工作和调查组成员分工,调查组成员根据专业特点进行补充提示,以保证事故调查工作有序、合理、全面。在调查取证、资料收集、设备设施检查等方面不出现漏项。在事故调查初步取证后,由调查组成员分别汇报调查情况并提出需其他成员配合调查的内容和要求,调查组长根据实际情况对事故调查进行补充安排,同时深入查找单位在制度建设上、管理工作上、生产技术上等方面的问题,并进行调查分析。

(3)城市轨道交通企业要合理统筹安排事故调查组成员分工,重点发挥负有安全监督检查职能及运营管理职能部门的整体协调作用及专业技术人员的技术支持作用,以保障事故调查的全面性。

(4)事故初步调查完成后,由调查组长组织召开调查组内部事故分析会,调查组成员汇报各自调查情况,从专业角度分析事故原因、存在问题及防范措施,并对其他专业调查中发现的问题进行解答。最后由调查组长根据各专业提报的调查分析报告形成统一的初步调查意见报企业负责人审核。

(5)事故调查阶段结束后,由城市轨道交通企业负有安全监督检查职能及运营管理职能的部门召集相关单位召开事故分析会,对事故调查情况进行全面分析,通报事故调查情况,充分听取事故相关单位的意见,根据会议分析情况,采用直接证据法、责任倒查、排查法等事故原因判断方法,查找事故发生的主观原因和客观原因,明确事故主要责任、次要责任及管理责任的单位或个人及对其惩处的建议,并提出有针对性的整改措施。

13.6 安全教育培训

安全生产教育培训是强化运营安全生产管理的一项重要基础工作,是贯彻“安全第一,预防为主,综合治理”方针的具体体现,是建立安全生产长效机制的一项重要举措。只有全面提高员工安全生产意识,培养其良好的安全生产习惯,安全生产才不会成为一句空话，也才能最终实现“生产必须安全，安全促进生产”的目的。

国家的安全法律法规对于运营企业的安全教育培训，从培训的人员、方式、内容等方面，做了具体、明确的规定。具体内容为：“省级安全生产监督管理部门组织、指导和监督省属生产经营单位及所辖区域内中央管理的工矿商贸生产经营单位的分公司、子公司主要负责人和安全生产管理人员的培训工作，组织、指导和监督特种作业人员的培训工作。市级、县级安全生产监督管理部门组织、指导和监督本行政区域内除中央企业、省属生产经营单位以外的其他生产经营单位的主要负责人和安全生产管理人员的安全培训工作。生产经营单位除主要负责人、安全生产管理人员、特种作业人员以外的其他从业人员的安全培训工作，由生产经营单位自行组织实施。”

1. 对企业主要负责人

(1)初次培训的主要内容

①国家安全生产方针、政策和有关安全生产的法律、法规、规章及标准；

②安全生产管理基本知识、安全生产技术、安全生产专业知识；

③重大危险源管理、重大事故防范、应急管理和救援组织以及事故调查处理的有关规定；

④职业危害及其预防措施；

⑤国内外先进的安全生产管理经验；

⑥典型事故和应急救援案例分析；

⑦其他需要培训的内容。

(2)再培训内容

对已取得上岗资格证书的有关负责人，应定期进行再培训。再培训的主要内容是新知识、新技术和新颁布的政策、法规；有关安全生产的法律、法规、规章、规程、标准和政策；安全生产的新技术、新知识；安全生产管理经验；典型事故案例等。

2. 对安全生产管理人员培训

(1)初次培训的主要内容

①国家安全生产方针、政策和有关安全生产的法律、法规、规章及标准；

②安全生产管理、安全生产技术、职业卫生等知识；

③伤亡事故统计、报告及职业危害的调查处理方法；

④应急管理、应急预案编制以及应急处置的内容和要求；

⑤国内外先进的安全生产管理经验；

⑥典型事故和应急救援案例分析；

⑦其他需要培训的内容。

(2)再培训的主要内容

对已取得上岗资格证书的安全生产管理人员,应定期进行再培训,再培训的主要内容是新知识、新技术和新颁布的政策、法规;有关安全生产的法律、法规、规章、规程、标准和政策;安全生产的新技术、新知识;安全生产管理经验;典型事故案例。

3. 特种作业人员培训

特种作业是指容易发生事故,对操作者本人、他人的安全健康及设备、设施的安全可能造成重大危害的作业。直接从事特种作业的从业人员称为特种作业人员。运营企业涉及的特种作业有:电工作业、焊接与热切割作业、高处作业、制冷与空调作业等。

特种作业人员必须经专门的安全技术培训并考核合格,取得《中华人民共和国特种作业操作证》(以下简称"特种作业操作证")后,方可上岗作业。特种作业人员的安全技术培训、考核、发证、复审工作实行统一监管、分级实施、教考分离的原则。特种作业人员应当接受与其所从事的特种作业相应的安全技术理论培训和实际操作培训。

4. 其他从业人员的教育培训

运营企业其他从业人员是指除主要负责人、安全生产管理人员以外从事生产经营活动的所有人员(包括临时聘用人员)。由于特种作业人员作业岗位对安全生产影响较大,需要经过特殊培训和考核,所以制定了特殊要求,但对从业人员的其他安全教育培训、考核工作,同样适用于特种作业人员。

(1)三级安全教育培训

三级安全教育是指公司、部门、班组的安全教育。三级安全教育是我国多年积累、总结并形成的一套行之有效的安全教育培训方法。三级教育培训的形式、方法以及考核标准各有侧重。

公司级安全生产教育培训是进入运营企业教育的第一阶段安全培训工作,其重点是生产经营单位安全风险辨识、安全生产管理目标、规章制度、劳动纪律、安全考核奖惩、从业人员的安全生产权利和义务、有关事故案例等。

部门级安全生产教育培训是在从业人员工作岗位、工作内容基本确定后进行,由部门组织。培训内容重点是:本岗位工作及作业环境范围内的安全风险辨识、评价和控制措施;典型事故案例;岗位安全职责、操作技能及强制性标准;自救互救、急救方法、疏散和现场紧急情况的处理;安全设施、个人防护用品的使用和维护。

班组级安全生产教育培训是在从业人员工作岗位确定后,由班组组织,包括班组长、班组技术员、安全员对其进行岗位安全教育培训,并结合自我学习巩固安全培训内容。我国传统的"师徒带教"的方式,也是搞好班组安全教育培训的一种重要方法。进入班组的新从业人员，都应有具体的跟班学习、实习期，实习期间不得安排单独上岗作业。实习期满，通过安全规程、业务技能考试合格方可独立上岗作业。班组安全教育培训的重点是岗位安全操作规程、岗位之间工作衔接配合、作业过程的安全风险分析方法和控制对策、事故案例等。

(2)调整工作岗位或离岗后重新上岗安全教育培训

从业人员调整工作岗位后，由于岗位工作特点、要求不同，应重新进行新岗位安全教育培训，并经考试合格后方可上岗作业。

由于工作需要或其他原因离开岗位后，重新上岗作业应重新进行安全教育培训，经考试合格后，方可上岗作业。原则上，作业岗位安全风险较大，技能要求较高的岗位，时间间隔可相应缩短。调整工作岗位和离岗后重新上岗的安全教育培训工作，原则上应由部门级组织。

(3)岗位安全教育培训

岗位安全教育培训，是指连续在岗位工作的安全教育培训工作，主要包括日常安全教育培训、定期安全考试和专题安全教育培训三个方面。

日常安全教育培训工作，主要以部门、班组为单位组织开展，重点是安全操作规程的学习培训，安全生产规章制度的学习培训，作业岗位安全风险辨识培训，事故案例教育等。日常安全教育培训工作形式多样，内容丰富，可以采取班前会、班后会、安全日活动制度。

定期安全考试，是指定期安全工作规程、规章制度、事故案例的学习和培训，学习培训的方式较为灵活，但考试统一组织。定期安全考试不合格者，应再次接受培训，考试合格后方可上岗作业。

专题安全教育培训，是指针对某一具体问题进行专门的培训工作。专题安全教育培训工作，针对性强，效果比较突出。通常开展的内容有：三新安全教育培训、法律法规及规章制度培训、事故案例培训、安全知识竞赛比武等。

在安全生产的具体实践过程中，还可以采取其他宣传教育培训的方式方法，如组织安全宣传教育活动、组织具有针对性的各种安全教育培训活动，提高各级人员的安全意识和综合素质。

运营安全管理是企业按照安全生产的客观规律，对人、机器、环境及管理等资源进行危险控制的一种活动。它是以消灭或减少运营事故及其损失为目的，充分发挥人的积极性和创造性，调动一切积极因素，促使各种矛盾向有利于运营安全方面转化的工作手段。为确保企业正常安全运营，一方面要认真做好安全基础管理各项工作；另一方面要根据实际需要和安全生产规律，对影响安全的关键因素进行重点管理，只有这样才能点面结合，更好地把握运营安全生产的主动权。

复习思考题

1.风险和危险有什么区别?请任意发现城市轨道交通过程中的一个风险,简要说明风险管控的步骤。

2.事故诱发的因素有哪些?这几方面如何影响?

3.地铁运营企业的安全生产检查包括哪些种类?请举例说明某地铁运营企业在春季和夏季安全检查重点的差异。

4.举例说明安全隐患的种类及其防治重点。

5.你认为运营企业的突发事件有哪些特点?发生率较高的突发事件是什么?

6.请选择某一地铁站点的某业务场景,编制现场处置预案,并说明与综合预案和专项预案的联系和不同。

7.请简要说明运营事故调查的一般程序,重点说明哪些环节涉及到法律层面?

参 考 文 献

[1] 张成. 城市轨道交通客流特征分析[D]. 成都:西南交通大学,2006.
[2] 陈玥. 城市轨道交通列车运行交路方案研究[D]. 北京:北京交通大学,2016.
[3] 田福生. 城市轨道交通行车组织的相关问题研究[D]. 成都:西南交通大学,2006.
[4] 刘祥喜. 突发大客流城市轨道交通列车停站方案优化研究[D]. 北京:北京交通大学,2012.
[5] 祝晓波. 市域轨道交通快速线开行方案研究[D]. 成都:西南交通大学,2009.
[6] 谢敏. 轨道交通项目行车组织设计要点[A]. 天津市土木工程学会. 天津市土木工程学会第七届年会优秀论文集[C]. 天津:天津市土木工程学会,2005:5.
[7] 王媛媛. 城市轨道交通列车运行图编制理论与方法研究[D]. 成都:西南交通大学,2013.
[8] 韩嘉. 关于城市轨道交通列车运行图编制的探讨[J]. 中国高新技术企业,2012,(26):143—145.
[9] 胡思继. 列车运行图编制理论与方法[M]. 北京:中国铁道出版社,2013.
[10] 昆明地铁运营有限公司. 昆明地铁运营有限公司岗位系列培训教材—行车调度员[S],2013.
[11] 中华人民共和国铁道部. 铁运〔2008〕206 号,列车运行图编制管理规则[S]. 北京:中国铁道出版社,2008.
[12] 周庆灏,李素莹. 城市轨道交通若干运营指标统计问题探讨[J]. 城市轨道交通研究. 2013,(7):1-3.
[13] 徐瑞华. 轨道交通系统行车组织[M]. 北京:中国铁道出版社,2005.
[14] 昆明地铁运营有限公司. 行车调度规程 V3.00[R],2016.
[15] 国家安全生产监督管理总局. AQ/T 9002—2006. 生产经营单位安全生产事故应急预案编制导则[S].
[16] 中华人民共和国国家质量监督检验检疫总局中国国家标准化管理委员会. GB/T 22486—2008. 城市轨道交通客运服务[S].
[17] 中华人民共和国住房和城乡建设部. GB/T 20157—2013. 地铁设计规范[S].
[18] 中华人民共和国建设部. 中华人民共和国建设部令第 140 号. 城市轨道交通运营管理办法[S].
[19] 中华人民共和国交通运输部. JT/T 1002.1—2015. 城市轨道交通行车值班员技能和素质要求第 1 部分:地铁、轻轨和单轨[S].
[20]中华人民共和国交通运输部. JT/T 1003.1—2015. 城市轨道交通列车驾驶员技能和素质要求第 1 部分:地铁、轻轨和单轨[S].
[21] 中华人民共和国交通运输部. JT/T 1004.1-2015. 城市轨道交通行车调度员技能和素质要求第 1 部分:地铁、轻轨和单轨[S].
[22] 李华灿. 地铁行车调度应急处理原则探讨[J]. 城市轨道交通研究. 2011,(7):28-30.

[23] 刘浩江. 地铁行车组织中的调度调整方式[J]. 城市轨道交通研究. 2008,(1):54-57.
[24] 何静,等. 昆明地铁线网指挥中心(TCC)规划与系统架构实施方案[R]. 昆明地铁运营有限公司,2015.
[25] 昆明地铁运营有限公司. 首期工程行车管理办法 V1.00[S],2014.
[26] 昆明地铁运营有限公司. 施工管理办法 V1.03[S],2016.
[27] 孙章,何宗华,徐金祥. 城市轨道交通概论[M]. 北京:中国铁道出版社, 2000.
[28] 程钢,操杰. 城市轨道交通运营组织[M]. 成都:西南交通大学出版社,2010.
[29] 李宇辉. 电话闭塞法在地铁行车组织中的应用[J]. 现代城市轨道交通,2010,(2):20-23.
[30] 昆明地铁运营有限公司. 地铁运营线路施工管理办法[S],2013.
[31] 昆明地铁运营有限公司. 行车管理办法[R],2014.
[32] 叶芹禄. 地铁车辆段停车列检库规模的修正算法[J]. 城市轨道交通研究,2015,12:11-13.
[33] 中华人民共和国住房和城乡建设部,中华人民共和国国家质量监督检验检疫总局. (GB 50157—2013)中华人民共和国国家标准地铁设计规范,中国建筑工业出版社,2013.
[34] 孙有望,李云清. 城市轨道交通概论[M]. 北京:中国铁道出版社,2003.
[35] 阳东,卢桂云. 城市轨道交通车辆检修[M]. 北京:机械工业出版社,2014.
[36] 上海申通地铁集团有限公司. 试车线行车标志通用技术要求[S],2013.
[37] 张芸. 城市轨道交通线路运输能力研究[D]. 北京:北京交通大学,2011.
[38] 汪波,韩宝明,战明辉,李得伟. 城市轨道交通运输能力计算及加强研究[J]. 城市轨道交通研究,2013,4:38-43.
[39] 苗沁,周天星. 城市轨道交通折返站折返能力分析[J]. 城市轨道交通研究,2010,11:57-61+64.
[40] 陈翠利. 城市轨道交通车站站前折返能力分析[J]. 交通科技与经济,2011,6:82-85.
[41] 宋健,马成功. 上海市轨道交通车辆选择及列车编组若干问题的探讨[J]. 城市轨道交通研究,2003,1:46-50.
[42] 刘莲花,蒋亮. 城市轨道交通网络客流控制方法研究[J]. 铁道运输与经济,2011, 33(5):51-55.
[43] 肖琼. 广州地铁线网客流联控分析研究[J/OL]. 城市建设理论研究,2013,(21).
[44] 王纪芳. 广州地铁线网车站大客流控制策略[J]. 现代城市轨道交通,2013,(1):73-76.
[45] 毛保华,刘明君. 轨道交通网络化运营组织理论与关键技术[M]. 北京:科学出版社,2011.
[46] 王丽娜. 基于历史客流数据的城市轨道交通网络客流量预测及调度研究[D]. 北京:北京交通大学,2011.
[47] 王子强. 城市轨道交通自动售检票系统[M]. 北京:中国铁道出版社,2011.
[48] 赵时旻. 轨道交通自动售检票系统[M]. 上海:同济大学出版社,2007.
[49] 何静. 城市轨道交通运营管理[M]. 北京:中国铁道出版社,2011.
[50] 王爱英. 智能卡技术 IC 卡[M]. 2 版. 北京:清华大学出版社,2000.
[51] 上海申通地铁集团有限公司轨道交通培训中心. 城市轨道交通概论[M]. 北京:中国铁道出版社,2009.

[52] 周铁征，盛晖，李京，金旭炜，王睦，王昊，张晓建，卢瑛，李贺楠，滕夙宏，严建伟，薛士山. “城市交通枢纽的设计与建设”主题沙龙[J]. 城市建筑，2014(03)：7-8.
[53] 贾广社，夏志坚，陈双，蒋艾丽. 大型建设工程项目治理研究——以上海虹桥综合交通枢纽工程为例[J]. 建筑经济，2010，(11)：51-52.
[54] 赵海波，董润润，刘武君. 建设虹桥枢纽服务区域经济——上海虹桥综合交通枢纽规划与运营[J]. 铁道经济研究，2013，(6)：53-56.
[55] 国务院. 国务院令第 493 号　生产安全事故报告和调查处理条例[S].
[56] 张国宝. 城市轨道交通运营组织[M]. 上海：上海科学技术出版社，2006.
[57] 周庆灏，单建平. 地铁车站超大客流的运营组织[J]. 城市公共事业，1998，(3)：8-9.
[58] 中华人民共和国铁道部. 车务系统(客运)安全风险管理实施办法[S]. 2012.
[59] 邵伟中. 轨道交通运营设施安全及事故应急处理研究[M]. 上海：上海地铁运营有限公司，2005.
[60] 毛保华. 城市轨道交通[M]. 北京：科学出版社，2001.
[61] 昆明地铁运营有限公司. 乘客伤亡事故处理办法[S]，2013.
[62] 陈燕申，李强. 美国城市轨道交通的安全统计与事故调查制度[J]. 2012，15(9)：1-5.
[63] 高静华. 日本新干线线路养修技术与管理[J]. 上海铁道科技，2000，(3)：46-49.
[64] 周立新. 中国城市轨道交通系统发展解析[D]. 上海：同济大学，2004.
[65] 周立新，孔庆瑜. 城市轨道交通系统分类法的探讨[J]. 城市轨道交通研究，2005，8(2)：28-31.
[66] 梅翔露. 地铁施工危险源识别和安全管理措施探讨[J]. 城市建筑，2013，(4)：225.
[67] 李铭辉. 我国地铁运营安全评价体系研究[M]. 北京：北京交通大学，2007.

附录　名词术语英(缩略语)中对照表

英文缩写	英文全称	中文全称
ACC	Automatic Clearing Center	清分中心
ACS	Access Control System	门禁系统
AFC	Automatic Fare Collection	自动售检票
AGM	Automatic Gate Machine	自动检票机
ATC	Automatic Train Control	列车自动控制
ATO	Automatic Train Operation	列车自动运行
ATP	Automatic Train Protection	列车自动防护
ATS	Automatic Train Supervision	列车自动监控
AVM	Automatic Value-adding Machine	自动加值机
AW	Average Weight	表征列车载客量的参数
BAS	Building Automation System	环境与设备监控系统
BOM	Booking Office Machine	半自动售票机
CBI	Computer Based Interlocking	计算机联锁
CBTC	Communication-Based Train Control	基于通信的列车控制
CC	Carborne Controller	车载控制器
CCTV	Closed Circuit Television	视频监控系统
CCU	Central Control Unit	中央控制单元
CI	Computer Interlocking	联锁
DCC	Depot Control Center	车辆段调度中心
DC	Direct Current	直流电流
DCS	Data Communication System	数据通信系统
DCU	Door Control Unit	门机控制单元
DCU	Drive Control Unit	牵引控制单元
	Delphi Method	德尔菲法
	Depot	车辆段
	Dijkstra	单源最短路径算法
	Distance-Time Diagram	时距图

续上表

英文缩写	英文全称	中文全称
DSU	Database Storage Unit	数据库存储单元
FAS	Fire Alarm System	火灾报警系统
GPS	Global Positioning System	全球定位系统
HMI	Human Machine Interface	人机界面
IBGT	Insulated Gate Bipolar Transistor	绝缘栅双极型晶体管
IBP	Integrated Backup Panel	综合后备盘
IEEE	Institute of Electrical and Electronics Engineers	电气和电子工程师协会
ISCS	Integrated Supervisory Control System	综合监控系统
K+R	Kiss and Ride	开车接送
LCB	Local Control Box	就地控制盒
LCC	Life Cycle Costing	寿命周期成本
LCC	Line Central Computer	线路中央计算机
OCC	Operation Control Center	运营控制中心
P+R	Park and Ride	停车换乘
PCA	Portable Card Analyzer	便携式验票机
PEDC	Platform End Door Controller	单元控制器
PIS	Passenger Information System	乘客信息系统
PLC	Programmable Logic Controller	可编程逻辑控制器
PPP	Public Private Partnership	公私合作
PSA	Platform Supervision booth local alarm panel	屏蔽门操作指示盘
PSCADA	Power Supervisory Control And Data Acquisition	电力监控系统
PSC	Platform Station Controller	屏蔽门主控机
PSD	Platform Screen Door	屏蔽门
PSL	PSD System Local panel	屏蔽门系统端头控制盘
	Reliability Centered Maintenance	可靠性维修理论
	Safety Assessment In Operation	安全现状评价
	Safety Assessment Upon Completion	安全验收评价
SC	Station Computer	车站计算机
SCADA	Supervisory Control And Data Acquisition	数据采集与监视控制系统
SIG	Signaling	站台信号系统
SLE	Station Level Equipment	车站终端设备

续上表

英文缩写	英文全称	中文全称
SOD	Service Oriented Development	以服务为导向
SPA	Safety Pre-Assessment	安全预评价
	Stabling yard	停车场
TCC	Traffic Control Center	线网运营指挥中心
TCM	Ticket Checking Machine	自动查询机
TOD	Transit Oriented Development	以公共交通为导向
TVM	Ticket Vending Machine	自动售票机
	Union Station	联合车站
UPS	Uninterruptible Power System/Uninterruptible Power Supply	不间断电源
VOBC	Vehicle On-Board Controller	车载控制器
VVVF	Variable Voltage and Variable Frequency	变压变频
ZC	Zone Controller	区域控制器

复习思考题参考答案

第1章　系统发展与管理

1. 目前，我国常用的城市轨道交通系统有地铁、轻轨、市郊铁路系统、独轨、自动导向系统及磁悬浮列车系统等。轨道交通系统的运营技术特征包括：线路投入实际运营后的行车间隔、列车定员数、列车编组数、单向运力、旅行速度、站距等技术指标。

2. 城市轨道交通专业系统包括：车辆系统、供电系统、工务系统、通信系统、信号系统、机电系统等。

3. 我国城市轨道交通在规划设计时，按照工作开展顺序可分为九个阶段：(1)城市总体规划；(2)城市综合交通规划；(3)城市轨道交通线网规划；(4)城市轨道交通建设规划；(5)建设项目选址意见书；(6)工程可行性研究报告；(7)初步设计报批；(8)建设项目用地规划许可；(9)建设项目工程规划许可。

4.(1)根据受托方与经营权之间的关系，城市轨道交通企业管理模式可以分为国有国营模式、公司合营模式、国有民营模式和民有民营模式。

(2)影响轨道交通企业管理模式的因素众多，一般包括当地社会经济状况、城市轨道交通自身的属性、企业运营管理水平、经营策略、政治因素、城市轨道交通规划、公司的属性、演化历史、建设运营现状等。其中，当地社会经济状况和城市轨道交通自身属性应起决定性作用，企业的运营管理水平和经营策略、政治因素等也对管理模式选择起着重要的作用。

5. 城市轨道交通运营管理狭义上仅指城市轨道交通专业管理；可分为线路运行管理和设施设备管理，具体可分为行车管理、站务管理、票务管理、设备维修管理等。

6.(1)网络化运营；(2)系统联动；(3)时空安排；(4)统一指挥。

第2章　系统设施设备

1. 制动优先级和混合制动原则。第一优先级为再生制动，最大限度地将能量反馈回电网。牵引控制单元(DCU)连续监控电网状态，检查能量的吸收。第二优先级为电阻制动，当电网不能一部分或全部吸收再生能量时，投入电阻制动，将不能再生的制动能量消耗在制动电阻上。第三优先级为空气制动，当电制动力不足时，所需要的总制动力必须由空气制动来提供。此外，空气制动还用于以下方面：低速；快速制动；紧急制动；电气制动故障。

电气制动和空气制动混合检测、控制原则。空气制动用于补偿给电制动力与实际电制动力的差值。电气制动与空气制动的混合平滑过渡、无冲动，满足列车制动性能的要求。当车辆速度低于某限速时，电制动将逐步由空气制动替代。

2. 一级负荷：应急照明、变电所操作电源、火灾自动报警系统设备、消防系统设备、消防电梯、地下站厅站台照明、地下区间照明、排烟系统用风机及电动阀门、通信系统设备、信号系统设备、电力监控系统设备、环境与设备监控系统设备、自动售检票系统设备、兼作疏散用的自动扶梯、屏蔽门、防护门、防淹门、排雨泵、车站排水泵。其中应急照明、变电所操作电源、火灾自动报警系统设备、通信系统设备、信号系统设备为特别重要负荷。

二级负荷:地上站厅站台照明、附属房间照明、普通风机、排污泵、电梯、自动扶梯。

三级负荷:空调制冷及水系统设备、锅炉设备、广告照明、清洁设备、电热设备。

3.(1)车辆限界:指车辆在正常运行状态下形成的最大动态包络线,是根据车辆的轮廓尺寸和技术参数、并考虑其静态和动态情况下所能达到的横向和竖向偏移量、按可能产生的最不利情况进行组合计算确定的空间尺寸。(2)设备限界:指车辆限界外保持一定的安全量的界线,即在车辆限界基础上计入轨道出现最大允许误差时引起车辆的偏移和倾斜等附加偏移量、以及在设计、施工、运营中考虑难以预计的因素在内的安全预留量后确定的空间尺寸。(3)建筑限界:是行车隧道和高架桥等结构物的最小横断面有效内轮廓线。

4. 专用通信系统是运营指挥、企业管理、服务乘客的网络平台。专用通信系统由电源、传输、无线、公务电话、专用电话、闭路电视监控、广播、时钟、乘客信息、信息网络、集中告警等子系统组成。

5. ATO、ATP、ATS三个子系统通过信息交换网络构成闭环系统,实现地面控制与车上控制结合、现地控制与中央控制结合,构成一个以安全设备为基础,集行车指挥、运行调整以及列车驾驶自动化等功能为一体的列车自动控制系统。ATS系统在ATP系统的支持下完成对列车运行的自动监控。通过ATO接口,ATS还可以向旅客提供运行信息通报,包括列车到达、出发时间、列车运行方向、中途停靠点信息等。ATO子系统是控制列车自动运行的设备,在ATP系统的保护下,根据ATS的指令实现列车运行的自动驾驶、速度的自动调整、列车车门控制。正常情况下ATS系统自动监控在线列车的运行,自动向联锁设备下达列车进路命令,列车在ATP的安全保护下由司机按规定的运行图时刻表驾驶列车运行。

6. 综合监控系统采用两级管理模式,即中央级和车站级管理。正常情况下,由控制中心对全线机电设备进行统一监视和控制,车站设备仅起复示作用;也可通过中央授权车站对设备进行监视和控制。中央级综合监控系统主要由服务器、工作站、存储设备、前端处理器、交换机、打印机以及网络管理系统、大屏幕系统等部分组成。车站级综合监控系统对本站相关信息的采集和处理,车站值班员工作站可根据不同的用户权限激活相应的人机界面(HMI),实现地铁车站级各监控系统的全部监视、控制功能。

第3章 运营计划

1. 客流计划是对实现运营计划期间轨道交通线路客流的规划。它是编制全日行车计划、车辆运用计划和列车交路计划的基础。在新线投入运营时,客流计划根据客流预测资料进行编制;在既有运营线路的情况下,客流计划则根据客流统计资料和客流调查资料进行编制。客流计划主要包括站间OD客流、各站上下车客流、各区间断面客流量三部分内容。

2.(1)列车满载率也叫列车拥挤度,指列车实际载客人数占定员载荷人数之比,定员载客人数指设计座位坐满人数加剩余面积站立人数之和,剩余面积站立人数一般按照4～6人/m^2计算。(2)现场实际一般以高峰小时列车最大满载率作为确定最小行车间隔或最大上线车数量的依据;列车满载率过高会造成车厢内过渡拥挤,乘客上下车不便,甚至造成列车晚点;满载率过低又会造成运能浪费。(3)结合实际开通城市轨道交通线路的客流进行调查分析、计算。

3.(1)列车运行交路是根据运营组织的要求及运营条件的变化，按列车运行图或由行车调度确定的列车运行路径。列车运行交路主要根据客流需求、配线条件、列车配置数量确定。

(2)常见列车运行交路主要有单一交路、大小交路、嵌套交路、衔接交路、交错交路、Y型交路六种。

(3)列车交路的特点见下表：

列车运行交路形式及优缺点

交路名称	交路形式	说　明
单一交路	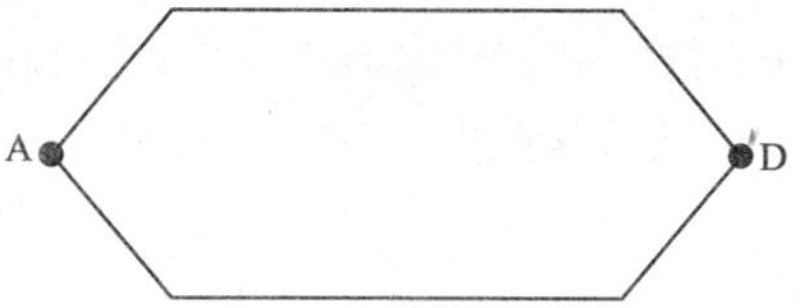	优点：运营组织简单； 缺点：不能根据客流的特性，合理安排运能，会导致一定运能的浪费
大小交路	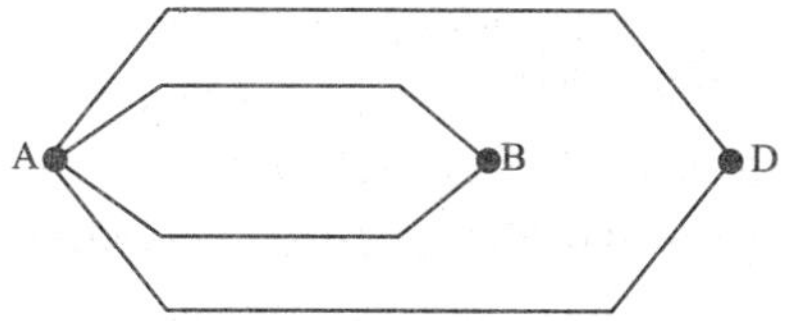	优点：根据客流特点，合理安排行车计划，提高运能的利用率，实现部分区段的增能； 缺点：运营组织及乘客引导相对复杂
嵌套交路	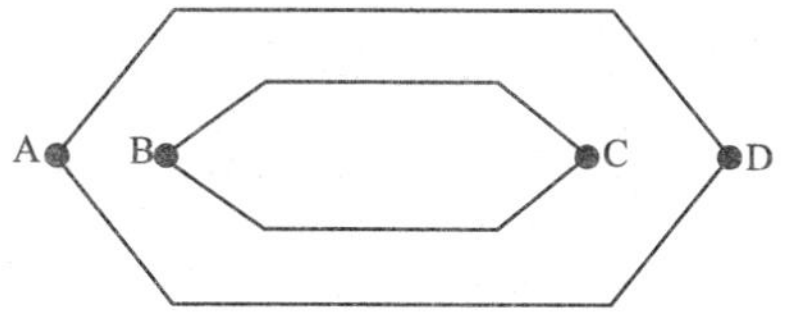	优缺点与大小交路类似
衔接交路	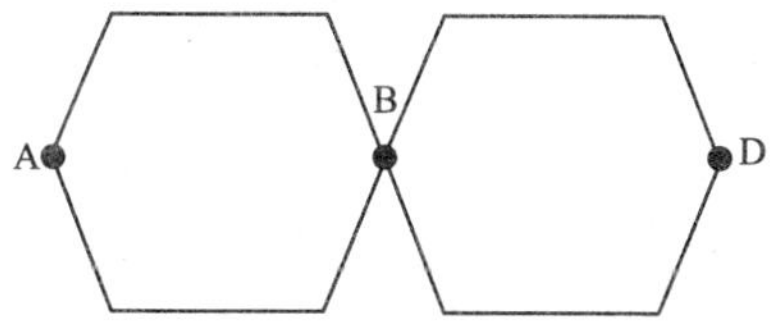	一般不采用此种交路，采用此交路往往是因为AB段与BD段无法共线运营及客运组织，比如AB段及BD段属于一条线路，采用一套信号系统，但是由于其两段的站台长度不一，AB段与BD段的乘客必须在B站进行换乘
交错交路	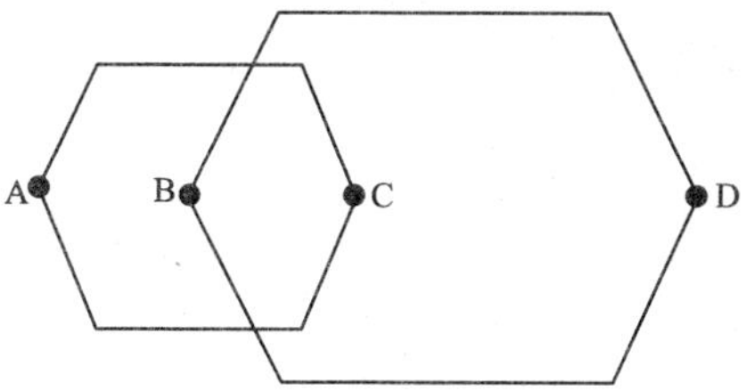	该交路对于客流的适应性与嵌套交路类似，采用嵌套交路在运营组织上较交错交路更优，因此一般不采用交错交路

续上表

交路名称	交路形式	说　明
Y形交路	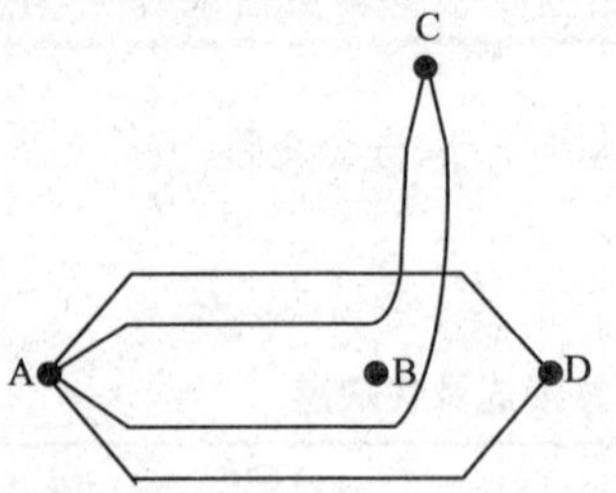	目前国内广州、上海、杭州、昆明等城市均有“Y”形线路，一般采用Y形交路进行运营组织，在交路内不再嵌套小交路运行。Y形交路的运营组织及应急调整较为复杂

4.(1)列车周转时间是指列车在线路上往返运行一周所需的全部时间。它包括了列车在区间运行，列车在中间站停车供乘客乘降，以及列车在折返站进行折返作业的全过程。

(2)计算方法如下：

$$\theta_{列} = \sum t_{运} + \sum t_{站} + \sum t_{折}$$

式中　$\sum t_{运}$——列车在线路上往返一周各区间运行时间之和(min)；

$\sum t_{站}$——列车在线路上往返一周在各中间站停站时间之和(min)；

$\sum t_{折}$——列车在折返站停留时间之和(min)，含折返站停留时间。

5. 该方案将全线车站分成A、B、C三类。A、B两类车站按相邻分布原则确定，C类车站按每隔若干个车站(图中是每隔4个)选择一站原则确定。所有列车均应在C类车站停车作业，但在A、B二类车站则分别停车作业，如下图所示。

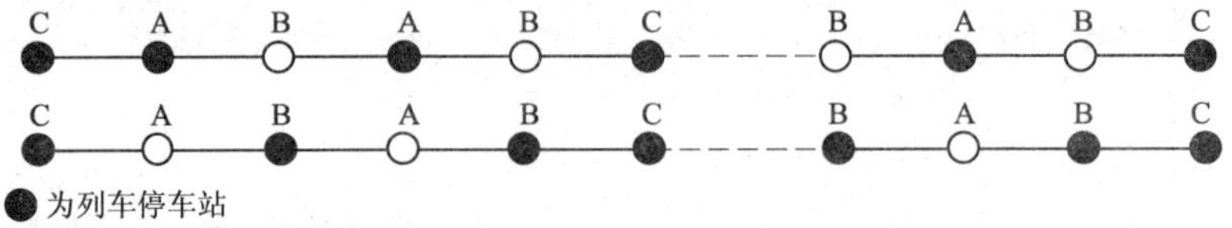

跨站停车列车运行方案停车示意图

跨站停车列车运行方案减少了列车停站次数，因而能压缩列车旅行时间和乘客乘车时间、提高旅行速度；还能够加速车辆周转速度，减少车辆使用，降低运营成本。该方案的问题是：由于A、B两类车站的列车到达间隔加大，乘客候车时间增加；此外，在A、B两类车站间乘车的乘客需在C类车站换乘，带来不便。因此，该方案比较适用于C类车站客流较大，而A、B两类车站客流较小，并且乘客平均乘车距离较远的线路。同时线路应具备较好的配线条件。

6.(1)D—E区间下行方向的客流为A—E～H/B—E～H/C—E～H/D—E～H的客流之和；D—E区间上行方向的客流为H—D～A/G—D～A/F—D～A/E—D～A/的客流之和；E站上行下客数包括H～F—E的OD客流，E站下行下客数包括A～D，E的OD客流。

(2)D—E区间的断面客流上、下行分别为104 784人次/日、106 833人次/日。各站上下车人数及各区间断面客流量见下表：

各站上下车人员(单位:人次)

下行上客数	下行下客数	车站	上行上客数	上行下客数
71 396	0	A	0	69 551
41 504	7 019	B	6 942	40 551
11 328	7 823	C	7 233	10 708
10 181	12 734	D	12 450	10 599
4 829	10 140	E	9 866	4 734
6 525	20 862	F	20 863	6 406
2 133	28 367	G	29 711	2 015
0	60 951	H	57 499	0

各区间断面客流量(单位:人次)

下行	区间	上行	下行	区间	上行
71 396	A—B	69 551	101 522	E—F	99 652
105 881	B—C	103 160	87 185	F—G	85 195
109 386	C—D	106 635	60 951	G—H	57 499
106 833	D—E	104 784			

(3)根据题意要求,也就是实际列车载客人员应控制是 1 860×100%=1 860 人,至少需要 12 000/1 860=7 对/h,行车间隔为 60/7=8.57 min。运用车数为 90/8.57=11 列,列车保有数=11×1.2=14 列。

第 4 章　列车运行图

1. 列车运行图是利用坐标原理来表示列车运行时空关系的图解形式,规定了列车占用区间的次序,列车在区间的运行时分,列车在车站出发、到达或通过的时间,在车站停车时分和在折返站的折返时间,以及列车交路和列车出入段(场)时刻等;规定了线路、站场、车辆和通信信号等设备的运用和与行车有关部门的工作。包括时刻表和图解表两种输出形式。

2. 运行图的分类方法包括:

(1)按时间轴的刻度分为一分格运行图、二分格运行图、十分格运行图、小时格运行图;

(2)按区间正线数分为单线运行图、双线运行图和单双线运行图;

(3)按列车之间运行速度差异分为平行运行图和非平行运行图;

(4)按上下行方向的列车数分为成对运行图和不成对运行图;

(5)按照同方向列车运行方式分为连发运行图和追踪运行图;

(6)按使用范围分为工作日运行图、双休日运行图和节假日运行图;

(7)按运行图生成方式分为计划运行图和实际运行图。

3. 列车运行图组成要素分为四类:图解要素、时间要素、数量要素和其他相关要素。其确定方法参照文中4.2节内容。

4. 答题要点:(1)运行图对运营企业生产组织计划的影响;(2)运行图对运营企业向乘客提供运输服务水平的影响;(3)运行图对运营企业成本控制的影响。

5.(1)周期 上线列车数,取整为27列。(2)、(3)题略。

第5章 行车组织

1.(1)行车组织必须贯彻安全生产的方针,坚持高度集中,统一指挥,逐级负责的原则,各行车相关部门必须紧密配合,实现安全、正点、高效、便捷、舒适的运营目标。

(2)行车时间以北京时间为准,从零时起计算,实行24小时制。行车日期划分以零时为界,零时以前办妥的行车手续,零时以后仍视为有效。

(3)列车运行图是行车组织工作的基础,所有与列车运行有关的部门与单位,必须根据列车运行图的规定,正确组织本部门、本单位工作,保证列车运行图的实现。

(4)城市轨道交通列车正常情况下应按双线单方向组织运行,行车有关人员必须严格执行行车调度命令,服从调度统一指挥;行车调度应严格按照列车运行图指挥行车,因突发事件导致列车运行秩序紊乱时,行车调度应积极采取措施,尽快恢复列车正常运行秩序。

(5)行车各岗位应密切关注列车在车站的到发及区间的运行情况,及时、正确处理突发事件。

2.(1)主任调度岗位职责:对调度班组进行日常管理和安全管理,根据运营生产任务,组织当值调度员全面监控各系统运作,及时决策运营模式和列车调整方法,正确指挥处理运营突发事件、事故,落实完成施工计划。主要包括班组的日常和安全管理,组织交接班会议、行车组织、信息管理、施工管理、应急处置、指标统计等职责。

(2)行车调度岗位职责:在主任调度的领导下,根据运营企业各项生产与服务指标要求,监控行车设备运作,组织实施轨行区施工,指挥各部门按照列车运行图要求开展工作,主要包括监控行车设备运行情况,运营事件处置指挥,施工计划组织落实,运营信息收集,故障报修及跟进闭环等职责。

(3)车站值班员岗位职责:车站值班员负责轨道交通车站设备控制,车站行车组织,组织或协调开展施工作业等工作,主要包括调度命令的执行及反馈,设施设备运行状态监控,突发事件的现场处置,车站行车作业组织等职责。

(4)运转值班员(车场调度)岗位职责:运转值班员(车场调度)负责所管辖车辆段/停车场的日常作业管理和车场范围内突发事件的应急处置,包括接发列车作业、调车作业、洗车作业、驾驶员派班作业、施工检修作业、接触轨停送电作业等职责。

(5)列车驾驶员职责:按照列车时刻表要求,负责安全正点驾驶列车,列车在车站停站作业以及运营期间列车故障处置等职责。

3. 答题要点:(1)分析5.1行车指挥架构各岗位间的指挥流程;(2)分析指挥流程是否顺畅,是否完善,主要从信息传递、业务流程繁简程度等方面进行分析;(3)对你认为不合理的地方提出改进建议。

4. 答题要点:(1)分析控制中心、车站、车场的主要行车组织工作内容;(2)分析三个不同地点行车组织工作内容的区别和联系；(3)整理形成完整的轨道交通行车组织体系。

5. 答题要点：(1)分析规章体系层级划分是否合理；(2)分析各层级规章是否完善，各规章制度模块设置是否合理，内容是否完整；(3)若你认为规章制度体系有缺失或待修改处，提出你的建议、想法。

6. 答题要点：(1)分析车站值班员等行车相关岗位的具体行车工作内容、业务流程；(2)分析行调岗位职责、业务流程、工作内容与行调所需进行的运行记录的关系，确定需进行记录的重点内容；(3)根据确定的重点记录内容，结合车站值班员等行车相关岗位的工作职责、工作内容，确定其岗位需进行工作记录。

7. 运行周期＝120×2＋120×19＋60×4＋30×18＝3 300 s＝55 min。技术速度、旅行速度(略)。

第6章 运营调度指挥

1.

序号	运营调整方法	适用情况
1	正线收车	运能受限、线路效能降低、列车故障等
2	列车加开、替开	突发大客流、列车晚点、列车故障、开行专列等
3	载客通过	列车晚点、突发大客流等
4	列车清客	列车故障、改变列车运行交路
5	列车反向运行	运营调整、单线堵塞等
6	列车退行	列车冲标、区间堵塞等
7	改变运行交路	局部线路中断、上下行行车间隔不均匀等
8	运行图倒接	新图投用等
9	线路封站	车站不具备客运作业条件等
10	列车扣车、限速运行	前方列车故障、行车间隔不均匀等
11	列车单线双向运行	单线路中断、运营调整等
12	提前、推迟发车	列车晚点、车站大客流等
13	列车救援	列车故障无法维持运行时

2. (1)电话闭塞法行车要求：①运营期间信号设备故障，自动闭塞设备不能正常使用；运营结束后开行工程车、轨道车或其他非规定制式列车等特殊情况下使用电话闭塞法行车；②采用电话闭塞法行车的启用条件为行调下发的调度命令；③一个闭塞区段内只允许有一列车运行，应保证同方向相邻列车的最小发车间隔满足行车安全要求；④电话闭塞法的行车凭证为路票，信号显示不再作为行车凭证。动车凭证为车站人员的发车手信号；列车驾驶员根据行车凭证行车，但须注意线路状况，如有异常须及时采取措施。

(2)电话闭塞法启动流程：扣停列车→确认列车位置→组织区间列车进站→准备进路→发布调度命令→实施电话闭塞法行车。

3. 列车在车站未在规定位置内停车，分为列车欠标(列车未到达停车位置停车)和冲标(列车越过停车位置停车)两种情况。

列车欠标时，若确认车门、安全门可以正常打开且不影响正常上下客作业，则开门组织上下客；无法正常打开时，通知车站确认站台安全后，令驾驶员以手动模式动车对标后进行上下客作业。

列车冲标时，若确认车门、安全门可以正常打开且不影响正常上下客作业，则开门组织上下客；无法正常打开时，通知车站确认站台安全后，令驾驶员以手动模式动车退行对标后进行上下客作业；若列车冲标距离大于信号系统规定的可退行距离，则视情况组织列车不停站通过至下一站进行上下客作业。

4. 调度命令通常分为书面命令、口头命令、抢修命令和口头命令四种。

书面命令：施工开行调试列车/轨道车，封锁/解封线路，线路限速/取消线路限速(限速时间超过24小时)，变更行车闭塞法，恢复正常行车闭塞法等；

口头命令：切关门旁路动车，列车由区间退回车站，列车救援，区间下人，载客通过，列车越过禁止信号等；

抢修命令：设备故障严重影响列车行车安全或行车效率时，车站设备故障严重影响客服质量时，中央重要设备故障时，其他突发情况需现场确认等。

5. 施工作业计划组织实施包括施工登记、施工请点、施工实施和施工注销4个环节。

施工登记：施工负责人确认人员到位，工器具齐全，并向施工人员进行安全技术交底后，到变电所/车站进行施工登记，并与值班员核对施工内容。

施工请点：变电所/车站向OCC申请施工要点，核对施工内容正确后，给出批准令号和批准时间。

施工实施：施工负责人与变电所/车站值班员核对施工已批准后，设置施工安全防护措施后开始施工。

施工注销：施工负责人确认施工完毕，工完场清，向变电所/车站申请注销，车站/变电所检查核对后向OCC申请施工注销，OCC给出施工注销令号和注销时间后，施工结束。

6. (1)9号道岔失去表示：

①因9/11号道岔为联动道岔，9号道岔失表时，11号道岔同样失表，OCC和车站均无法通过信号系统监控道岔位置，因此在组织列车通过该组道岔前，必须现场确认道岔位置和状态，必要时采取手摇道岔措施将道岔转换至所需位置并加钩锁器后，方可组织列车通过故障道岔。因此行调在发现9/11号道岔失表后，首先在中央MMI上单操9/11号道岔进行测试，确认无法恢复后应立即扣停后续列车，并通知车站做好手摇道岔准备，同时通知相关维护部门做好故障处置准备。

②车站做好手摇道岔准备后，行调扣停后续列车，通知车站至现场确认道岔位置并组织车站进行手摇道岔接发车作业。列车在A站进行折返时，采用折1线折返时，需通过9/11号道岔反位，采用折2线折返时，需通过9号道岔定位，为减少手摇道岔工作量，原则上可以采用折2线折返，将9号道岔手摇至定位后加钩锁器，在中央MMI上单操13/15号道岔。因进路无法排列，原则上采用开放引导信号或车站人员显示手信号方式组织列车折返。

③因A站折返能力降低，按原交路组织列车势必造成上行线列车拥堵，可视情况安排部分列车在C站进行小交路折返运行。

19号道岔失去表示：

①因19号道岔为单动道岔，失表后不会影响其他道岔表示。OCC和车站均无法通过信号系统监控道岔位置，发现19号道岔失表后，行调扣停后续列车，利用MMI单操测试19号道岔，同时通知车站做好手摇道岔准备，通知相关维护部门做好故障处置准备。

②单操测试19号道岔无法恢复后，组织车站至现场确认道岔状态，并将19号道岔手摇至反位加钩锁器后，组织列车进行折返。

③因A站折返能力降低，按原交路组织列车势必造成上行线列车拥堵，可视情况安排部分列车在C站进行小交路折返运行。

(2)列车在B站上行故障救援：列车故障救援，原则上采用正向救援原则，利用故障车后续第一列车连挂故障车推进至就近存车线或车场停放，同时根据线路条件及时采取运营调整措施。

救援组织：

①行调接报列车在B站上行故障申请救援时，立即组织B站和故障车进行清客，指令故障车做好救援准备，组织后续救援列车就近站清客后运行至区间准备救援。

②行调向救援车驾驶员下达救援命令“命令号××，××次××车在B站上行故障，准××次改开××次担当救援列车，将故障车推进至××站××线存放”。

③列车连挂完毕后，行调提前排列救援进路，监控连挂列车运行状态。

运营调整：

①适当扣停A站下行列车，拉大行车间隔，若A站存有备车，及时组织备车上线填补间隔。

②根据列车位置和救援进度可适当安排上行部分列车在C站或后续有折返功能的车站进行折返小交路运行。

③必要时，可安排上行部分列车经C站2/4号道岔反位反向运行至A站下行线折返，以填补A站至C站间隔。

7.(1)列车故障处理方面存在的问题

①列车故障信息未做交接。1326次列车(27+28)“左门关”指示灯不亮的故障情况在1324次列车上已出现，但1324次驾驶员未做好交接，造成1325次列车驾驶员也没有交接给1326次驾驶员。

②1326次驾驶员未认真查阅“客车状态记录卡”。1324次驾驶员已将“左门关”指示灯不亮的故障信息填写在“客车状态记录卡”，但本人未查阅，造成不清楚该列车有此故障。

③1326次以ATP模式运行到A站时，由学员负责驾驶，由驾驶员负责开门，没有执行驾驶列车、开门等作业程序由同一人操作。

④1326次列车驾驶员在A站开门时，没有按压1A28左侧开门按钮，造成该列车左侧车门未打开(列车回厂后，按压1A28左侧开门按钮，该列车左侧车门能正常打开)。

⑤1326次列车驾驶员发现左侧开门灯不亮时，没有按压试灯按钮，误认为没有开门使能信号，造成按压强行开门按钮和切除ATP都不起作用，一直未按压开门按钮尝试开门。

⑥1326次列车驾驶员切除ATP后，多次按压强行开门按钮(强行开门按钮只有在具备ATP功能的情况下才有效)，反映了该驾驶员缺乏车辆基本业务知识。

⑦1326 次列车驾驶员采用操作继电器的方式开门时，其错误操作了继电器(回厂后要求驾驶员用继电器开左门时，其错误按了下一行的 2K03 继电器)。

(2)救援过程相关岗位存在的问题

①A 站目前已安装屏蔽门但尚未投入使用，1326 次列车驾驶员在清客完毕准备动车前，没有按规定先将已解锁的车门复位，存在乘客人身安全隐患。

②1326 次列车驾驶员在切除 B09 时，未按规定(切除五节车的 B09，保留连挂端 A 车 B09)由本人完成，而是擅自安排学员前去切除 B09(其本人未做监督)，造成在没有联挂前，将最后一节车的 B09 也被切除，驾驶员也没有按规定到达 1A27 端指挥连挂，而是返回了 1A28 端。

③当学员切除 B09 返回 1A28 端，告诉驾驶员 XX 已切除完 B09 时，驾驶员没有意识到连挂端 A 车的 B09 已被切除，没有意识到学员所做的与其最初安排的事项的差异。

④1326 次列车溜逸后，驾驶员没有意识到该车未与救援列车连挂，自己也没有给出动车指令，误认为列车已连挂后被推进运行。

⑤1326 次列车溜逸过程中，行调询问驾驶员情况时，要求驾驶员停车，驾驶员还是认为被推进运行，没有意识到列车已在溜逸。

⑥行调组织第二次连挂时，驾驶员也没有到 1A27 端指挥连挂，而是在学员通知和行调要求下，才由 1A28 端前往 1A27 端指挥连挂，这是严重失职的行为。

⑦A 站在救援信息发布后，发现列车有移动，只简单的报行调“被连挂的列车没关车门，现在已经动车”，没有将救援列车还停留在站外的信息一同上报，造成信息失真。

⑧A 站行车值班员在收到救援信息后，用对讲机报值班站长，在值班站长没有回应的情况下，没有通过广播等方式联系值班站长。

(3)运营调整方法

①列车救援：行调按照救援流程时间规定，组织后续列车清客后进入区间准备救援符合相关规定，在与故障车确认无法动车后立即下令实施救援合理有效。

②列车清客：列车故障无法维持运行或继续维持运行存在安全隐患时，应组织列车清客退出服务。本案例中，行调组织故障列车清客合理有效，且在车门无法开启情况下，立即要求驾驶员现场解锁车门，并安排车站协助驾驶员清客措施有效。按规定要求，救援列车原则上不得载客，行调组织救援列车清客合理。

第 7 章　车站行车组织管理

1.(1)集中站通常为有道岔车站，具有车站控制功能。非集中站通常为无道岔车站，不具有站控功能。

(2)集中站车站值班员根据调度命令，在授权的情况下可监控集中站管辖线路上的列车运行、办理电话闭塞行车和执行扣车、催发车等行车作业。

2.(1)车站负责本站内接发列车、列车折返等行车作业的执行，中央综合协调全线各站行车作业、监控列车运行等。

(2)当中央 ATS 出现故障等紧急情况时，列车仍可按自动闭塞法行车，此时将控制权下放给集中站，由车站值班员在联锁工作站上排列进路，办理列车接发作业。当站控设备也出现故障或大面积停电时，可采用电话闭塞法等方式。

3. 发生下列情况，由行车调度人员考虑是否采用电话闭塞法组织行车：

①信号系统不具备(或开通初期功能未达到)联锁功能；

②信号系统设备具备联锁条件，但联锁区联锁故障；

③联锁区计轴区段全部红光带；

④遇计轴大面积受扰或集中站计轴器停止工作时，则对故障区段实施电话闭塞法行车；

⑤或正线与车场接口故障；

⑥降级运营情况下，后备模式运行故障时；

⑦夜间非运营期间开行工程车辆。

4. 动车作业区域原则上不安排其他施工检修作业，两列或两列以上动车在同一线路同时作业时，相邻动车的安全防护距离至少为两站一区间或一站两区间；

动车作业与人工作业在同一线路同时作业时，人工作业与动车作业的安全防护距离至少为一站一区间；

电话闭塞法行车时，同方向相邻列车最小发车间隔为两站两区间(折返站除外)，一个闭塞区段内只允许有一列车运行。

5.(1)不能。原则上高架线路动车作业不安排邻线施工作业，高架线路无防护栏。

(2)不能。动车作业区域原则上不安排其他施工检修作业。

(3)能。若不进行抢修，列车停运，导致线路中断。

(4)能。通道内施工不影响行车，只需车站做好客流疏导即可。

6. 安全措施如下图所示。

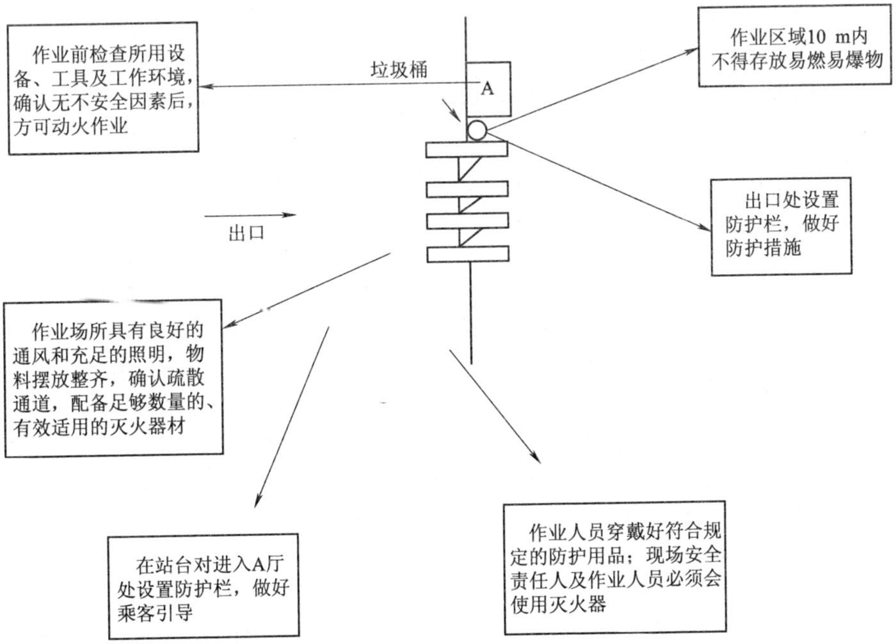

7. 异地请销点包括本站请点异地销点、异地请点本站销点两类。异地请销点施工请点流

程和销点流程与本站请点本站销点流程大体一致。

异地请销点时,登记站及注销站需及时将施工信息通知对方并好记录(注销站必须是为实际施工区段内的车站)主要有以下几点:

①行车调度下发登记号后,登记站车站值班员需及时将施工内容及登记号通知注销站,注销站车站值班员对此施工再次进行登记。

②行车调度下发注销号后,注销站及时通知登记站车站值班员。登记站车站值班员在接注销站车站值班员电话后,在《车站施工登记簿》上将"施工注销人"及"施工结果"两栏合并填写"接××站车站值班员××电话注销,人员工具清,设备正常",填写完后签名确认。

8. 车站发现违反施工内容、违反安全规定的施工一律立即禁止,告知车控室值班员。值班员接到通知后,将违章的施工单位、施工负责人、施工内容、施工违章的具体情况告知行车调度,由行车调度确认施工是否可以继续,车站人员在此过程中监督好现场施工人员。

第8章 车辆基地作业组织

1. 车辆段具有以下功能而停车场不具有:(1)沿线存车线上、在线列车的日常检查和一般故障处理;(2)车辆的定修、架(厂)修等定期修理;(3)段内设备、机具的维修和调车机车、工程车等的整备及维修。

2. 车辆基地是城市轨道交通行车系统的重要组成部分,不仅是车辆进行运营管理、停放及维修保养的场所,还可为正线运行列车提供各类后勤保障、服务,确保正常的运营秩序;车辆基地是行车勤务人员的重要工作场所,运转值班员按照行车规章对照列车运行图进行车辆基地的行车组织工作,其日常工作范围包括:

(1) 负责所辖运行线路内的电动列车运用、检修、整备任务,确保上线运用列车状态良好;(2) 确保上线运营列车准点出场、回库,能顺利进行运用列车的调整;(3) 配合维修人员完成列车的保养、维修、调试等工作;(4) 安排场内调车作业以及正线开行施工列车;(5) 协调场内各专业技术工种在规定范围和规定界面的施工作业;(6) 协助正线事故救援工作;(7) 编排列车运用计划,按运行图要求配置列车及乘务人员;(8) 对车辆乘务人员及站场行车人员的行政管理、技术管理等。

3.(1) 车场内的调车工作由运转值班员统一领导指挥;(2) 当班运转值班员或信号值班员在接班时应认真确认股道、线路存车辆数、停留车位置并实时监控,根据运营计划、施工计划、车辆检修/整备计划、车辆调动(包括转线、解编、编组、牵引对位)需求制定阶段调车计划。在阶段调车计划制定后,及时向信号楼值班员下达计划,并通知备用驾驶员/调车组做好出车准备;(3)除电客列车自行调车转线、洗车作业外,其他调车作业都至少两人:驾驶员(兼调车指挥人),调车员。在推进时如驾驶员确认调车员手信号有困难时,应指派参与调车的其他人员中转信号,使用无线对讲机时驾驶员如无法听清信号指示应立即停车;(4)场内调车作业不得与接发车作业相抵触,在接发车时段内一般不安排任何调车作业,影响接发车作业的调车作业必须在接发车作业开始前一段时间内停止。

4.(1)如列车正在运行呼叫其立即停车,并告知其变更后的进路;(2)列车处于停车状态,及时告知其变更后的调车作业计划;(3)如变更计划不超过3钩口头通知其变更内容,如超过3钩需重新下达调车计划。

5.(1)电客列车在试车线进行牵引/制动实验时，按照规定限速运行，驾驶员应对制动距离进行充分预测。(2)严禁制动距离不足时进行牵引/制动实验。(3)列车牵引/制动实验要求：进行最高限速牵引/制动实验时，列车由线路终端距离止挡 50 m 处向另一端运行，单边只允许进行一次实验；严禁列车在试车线中部分别向两端进行高速牵引/制动实验。(4)调试驾驶员在确保安全前提下听从调试负责人的指挥，遇调试项目危及行车安全的，应拒绝执行并向运转值班员汇报。(5)原则上，随车人员和驾驶员不允许在试车线上/下调试列车，若调试需要，应遵守现场作业安全规定。(6)调试前，驾驶员向运转值班员签领并确认作业安全交底内容，遇调试内容与交底单内容不符合时，驾驶员应拒绝调试作业。(7)进行信号类调试时，驾驶员应密切监控列车速度，发现异常及时采取停车措施。

6.(1)公司运营管理职能部门负责制定施工管理相关办法、制度。指定检修施工计划管理部门，审批和管理所辖区域的车场施工。(2)公司安全管理职能部门负责按规定审批、办理相关动火手续(含电焊、电切割)。(3)车场管理职能专业职责：① 负责全面制订和审批车场施工计划，并对需进行计划申报的车场施工，做好向区域管理单位的申报工作。② 负责组织车场施工，落实施工作业现场的安全管理，检查施工作业实施前的准备工作、整合施工作业资源、协调施工作业现场的作业秩序、落实施工作业安全防护措施、掌握施工作业进度、解决施工作业实施过程中发生的问题。③ 各车场运转值班室负责做好车场施工的登记、注销工作。④ 各车场信号楼值班室负责与运转做好库外线路区域施工、库内封锁线路施工的联控作业，解决实施过程中发生的问题。

7. 开放调车信号(白灯)指挥列车向出库方向运行，保证进路锁闭，遇调车进路无法覆盖区段采用单锁相应道岔，指挥列车通过。

第 9 章　运输能力及能力加强措施

1. 通过能力：城市轨道交通的通过能力是指在采用一定的车辆类型、行车组织方法条件下，城市轨道交通固定设备在单位时间内(通常是高峰小时)所能通过的最大列车数，单位为“对/h”。

输送能力：输送能力是在一定的车辆类型、行车组织方法的条件下，按照现有设备和乘务人员的数量，城市轨道交通系统在单位时间内所能运送的乘客人数，单位为“人/h”。

关系：通过能力反映的是线路所能开行的列车数，它是输送能力的基础。输送能力是运输能力的最终体现，它反映了在开行列车数一定的前提下，线路所能运送的乘客人数。在通过能力一定的条件下，线路的最终输送能力还与车站设备的设计容量、列车定员数、线路的服务定位存在密切关系。

2. 城市轨道交通线路通常为双线，列车在区间实行追踪运行，在每一个车站停车供乘客乘降。为了降低车站的造价，城市轨道交通线路一般不设置车站配线，列车通常在车站正线上办理客运作业。根据行车及客运作业和车站线路设备的这种特点，列车停站时间成为影响线路通过能力的主要素之一。因此，在计算固定设备的通过能力时，没有必要分别计算区间通过能力和车站通过能力，而应把区间和车站看成是一个整体予以综合分析。

3. 列车在站前折返条件下，列车的运行径路可分为直进侧出和侧进直出两种情况。

直进侧出：折返列车在折返过程中直向到达、侧向出发。要同时占用上下行正线，而且从列车运行中进站要减速、出站需加速的实际情况来看,直向进站,速度高,减速大,而侧向出站又通过道岔,加速受到限制。

侧进直出:即侧向到达、直向出发。折返列车借助于下行列车出发后的间隙,接入下行站台正线,同时腾空了上行正线,且从列车进出站的运行规律(进站减速、出站加速)角度考虑,以及乘客乘坐的舒适性考虑,这种折返模式较直进侧出好。

4. 在通过能力一定的条件下,决定输送能力的因素是列车编组辆数和车辆载客人数。因此,提高输送能力的措施主要有:(1)增加列车编组辆数:采用该措施能较大幅度提高输送能力,但列车扩大编组受到站台长度、运营经济性等因素的制约。(2)采用大型车辆:由于大型车辆定员多,大型车辆是目前新建城市轨道交通系统,尤其是地铁的首选车型。(3)优化车辆内部布置。

5. 采用交替折返时,列车侧向进站、直向出发与直向进站、侧向出发交替进行。

从实际的运营和维护角度上看,不采用交替折返时仅仅使用了两条折返进路中的一条折返轨,另一条仅作为存车线或停车线用,其结果会造成部分线路的偏磨,不利于线路的维护和实际效益的发挥,而采用交替折返则可有效消除线路偏磨的问题。

但是采用交替折返模式时将会出现不均衡的发车间隔和接车间隔,这种情况将给全线的行车组织和运营管理增加一定难度。

第10章 客运组织管理

1.(1)及时准确的分析各路网的实际客流数据并进行客流预测,对于提高城市轨道交通运营管理部门的运营组织效率,增强应对客流高峰的运输管理能力,并为运营安全有效决策提供良好的数据支撑。

(2)为了能够为城市建设规划以及交通规划提供具体的数据支持,同时针对客流量的高峰期通过有效的分流手段,避免某一线路或站点出现客流压力过大的现象,平衡各种交通方式客运分担率。

2. 城市轨道交通客流预测方法分为定性预测和定量预测两种方法。

3. 城市轨道交通客流可分为两类:实际客流和预测客流。

4. 根据影响客流组织的因素,可以从出入口组织、售票组织、乘降组织、限流组织和雨雪天组织等方面做好日常客流组织。

5. 根据大客流的具体情况,可以采取站控、线控、网控等措施。

6. 优化客流组织主要从以下几方面采取措施:(1)客流控制策略的调整;(2)联控站点的调整;(3)人员布岗的调整;(4)站内进出站流线的调整;(5)客流控制信息的公开;(6)增加了女性化服务举措。

7. 城市轨道交通服务特点主要有:服务对象的广泛性、服务方式的多样性以及服务时间的规定性。

8. 服务质量的内容主要有:服务水平、目标乘客、连贯性。

9.(1)城市轨道交通工作中,服务技巧主要从“看、听、笑、说、动”五方面开展。(2)城市轨道交通服务工作中,员工需具备一定的服务艺术,主要采取以下措施加强、提高:①培养积极的客运服务态度;②掌握乘客的心理;③全面了解乘务诉求。

10.(1)A线当天日客运量:23 579+78 931+67 893+5 331+1 023=176 757人

B线当天日客运量:25 781+78 931+67 893+6 781+1 573=180 959人

(2)A线进站客流量:23 579+67 893+1 023=92 495人

B线进站客流量:25 781+78 931+1 573=106 285人

换乘客流量:78 931+67 893=146 824人

线网日客运量:92 495+106 285+146 824=345 604人

第11章 票务管理

1. ACC系统负责制定城市轨道交通AFC系统的运营模式、票务管理模式、票务管理流程、清分处理流程、车票种类设置和定义、密钥管理、接口界面;完成各线交易数据的采集、分析和处理,进行运营收益(包括在降级运营模式下的运营收益)清分。同时实现与城市公共交通"一卡通"、银行卡、移动支付等外部系统的数据接口,完成相应系统间清分、对账及结算工作。

2. AFC一般可分为五层架构。第一层为清分中心系统层,第二层为线路中央计算机系统层,第三层为车站计算机系统层,第四层为车站终端设备层,第五层为车票层。

3. AFC系统与票务管理的对应关系主要表现在客流、票制、清分结算、车票处理等方面。

4. 按车票的使用途径,车票一般可以分为单程票、储值票、交通专用票和城市公共交通"一卡通"四大类;按计费方式的不同,车票一般可以分为计时票、计次票、计程票、计时计次票、计时计程票、城市轨道交通专用卡和城市交通"一卡通"等七大类。

5. 由票务组织的业务管理一般由车票管理、账务管理、规则管理、设备管理、模式管理、票务监管、信息管理、系统安全管理等八大主要内容组成。

6. 票务组织按层次管理主要是根据票务管理的应用场所不用来分别管理。主要包括车站票务管理、线路票务和路网票务管理三类。

第12章 换乘枢纽

1. 换乘枢纽是具有特定功能的场所,即当乘客使用某种交通工具,沿着一定线路到达枢纽换乘或转乘时,能够满足其改乘其他交通工具或沿其他线路运行的需要,方便人们出行的综合区域或活动场所。其主要有两种类型:①对外交通换乘枢纽,②市内交通换乘枢纽。

2. 我国城市过去对城市客运交通枢纽没有给予充分的重视,存在重线路建设,轻枢纽规划与设计的现象,使我国大城市客运交通换乘效率低下,换乘时间远高于国外发达国家的城市。城市客运交通枢纽往往成为客运交通的瓶颈,直接影响城市交通效率。现在一些大城市已经逐步意识到客运交通枢纽在城市客运交通中所发挥的举足轻重的作用,并开始进行客运交通枢纽的规划建设。目前城市交通枢纽的发展趋势是立体化、人性化、多方式、智能化、商业化。

3. 城市轨道交通枢纽通常包括由城市轨道交通、常规公交、出租车、社会车辆、长途汽车、自行车等交通方式,通过地下通道、人行通道、人行天桥等交通服务设施的连接,实现彼此之间的衔接、换乘与接驳,为乘客提供方便的服务。

4. 目前国内主要有:①"国有国营"模式;②多元化投资、公司化经营的"公有合营"模式;③"地方国有地方经营"模式;④"地方国有、合作经营"等交通管理体制模式。

5.(1)对换乘枢纽的影响。换乘客流在枢纽内的分布呈现随机性和规律性。总体客流的分布对枢纽换乘通道、轨道枢纽内售检票设施、轨道枢纽内其他辅助设施、常规公交在枢纽内的停靠站点、调度管理中心、保养设施等在枢纽内的设置位置有较大影响。(2)对枢纽换乘线路设计的影响。换乘方式分为平面换乘、立体换乘、混合换乘三种类型,每种换乘方式的设计都是由客流在枢纽内的分布特点和用地特点决定的。(3)对换乘的影响。城市轨道交通是大容量交通系统,大量客流的产生需要与其他集疏运工具有良好的衔接,衔接客流经过多种类型的交通方式抵达枢纽。

6. 略。

第13章　运营安全管理

1.(1)风险和危险的区别为:风险表达的是人们采取了某种行动后可能面临的有害后果,强调的是主体,是人们将遭受的危害或需要承担的责任。对风险管理中的安全而言,风险是对伤害(损害人体的生命健康,造成财产损失,以及物质、环境破坏)的一种综合衡量,它包括伤害的发生概率与严重程度;而危险表达的是某事物对人们构成的不良影响或后果等,强调的是客体,是客观存在的随机现象。

(2)城市轨道交通过程中的火灾风险管控:①明确环境信息。②火灾风险评估。③风险应对。④监督和管理。⑤沟通和记录。

2. 事故诱发的因素及其影响:①人的因素:在生产活动中,因人在生理、心理上的缺陷或在生产作业时因人的违章指挥、违章作业、违反劳动纪律等不安全行为导致生产安全事故的发生;②物的因素:因生产设备故障、工艺流程不合理或能量的意外释放等物的不安全状态引发的生产安全事故;③环境因素:因生产作业区内作业环境不满足安全生产要求导致的生产安全事故;④管理因素:因识别和获取安全生产相关法律法规不及时,企业安全生产规章制度不健全或贯彻执行《中华人民共和国安全生产法》及相关法律法规、规章制度不到位,以及安全生产监督管理力度不足等导致生产安全事故。

3.(1)地铁运营企业的安全生产检查包括:①定期安全生产检查:由地铁运营企业统一组织实施的有计划、有目的的安全检查;②经常性安全生产检查:由安全生产管理部门、车间、班组等组织进行的日常检查;③季节性及节假日前后安全生产检查:由地铁运营企业统一组织,根据季节变化及特征,突出重点进行检查;④专业(项)安全生产检查:对某个生产专业或生产中的共性安全问题进行的单项定性或定量检查,如特种设备安全检查;⑤综合性安全生产检查:由上级主管部门或地方政府负有安全生产监督管理职责的部门,组织对地铁运营企业进行的安全检查;⑥职工代表不定期对安全生产的巡查:由企业的工会定期或不定期组织职工代表进行的安全检查。

(2)地铁运营企业的春季和夏季安全检查内容及检查重点:

春季安全检查:根据春季的季节特征,安全生产检查的重点内容为消防安全、运营安全、设施设备安全、后勤保障安全、内卫保卫等方面。

夏季安全检查:根据夏季的季节特征,安全生产检查的主要内容为防汛安全、员工思想动态摸底检查、用电安全检查等季节性安全生产检查和劳动节、国庆节、中秋节等节假日前后的安全生产检查。

4.(1)安全隐患的种类分为一般事故隐患和重大事故隐患。一般事故隐患是指危害和整改难度较小，发现后能够立即整改排除的隐患；重大事故隐患是指危害和整改难度较大，应当全部或者局部停产停业，并经过一定时间整改治理方能排除的隐患，或者因外部因素影响致使生产经营单位自身难以排除的隐患。

(2)安全隐患的防治重点：①一般事故隐患，由生产经营单位(部门、车间、班组等)负责人或者有关人员立即组织整改。②重大事故隐患，由生产经营单位主要负责人组织制定并实施事故隐患治理方案。重大事故隐患治理方案应当包括以下内容：治理的目标和任务；采取的方法和措施；经费和物资的落实；负责治理的机构和人员；治理的时限和要求；安全措施和应急预案。生产经营单位在事故隐患治理过程中，应当采取相应的安全防范措施，防止事故发生。事故隐患排除前或者排除过程中无法保证安全的，应当从危险区域内撤出作业人员，并疏散可能危及的其他人员，设置警戒标示，暂时停产停业或者停止使用；对暂时难以停产或停止使用的相关生产储存装置、设施、设备，应当加强维护和保养，防止事故发生。

治理工作结束后，有条件的生产经营单位应当组织本单位的技术人员和专家对重大事故隐患的治理情况进行评估；其他生产经营单位应当委托具备相应资质的安全评价机构对重大事故隐患的治理情况进行评估。经治理后符合安全生产条件的，生产经营单位应当向安全监管监察部门和有关部门提出恢复生产的书面申请，经安全监管监察部门和有关部门审查同意后，方可恢复生产经营。申请报告应当包括治理方案的内容、项目和安全评价机构出具的评价报告等。

5.(1)运营企业的突发事件的特点：

①突发性和不确定性。城市轨道交通突发事件发生的时间和地点具有不确定性，事件发生初期极具隐蔽性，不易察觉，一旦发生就已达到一定的危害范围和程度。

②公共性和危害性。城市轨道交通突发事件发生的影响范围具有群体性的特点，其影响已经超出了发生地的范围，可能牵涉到整个城市的公共安全。另外突发事件会对公众生命、公共财产、生态环境、社会秩序及乘客心理等造成不利影响，更有甚者会对整个城市形象带来负面效应等。

③事件处置的紧迫性。由于城市轨道交通突发事件具有突发性及危害性的特点，事件发生后会直接对公众的生命和财产安全以及社会的安定造成不利影响。因此，在短时间需要多系统、多部门协作应对进行紧急、有效的处置。

(2)发生率较高的突发事件有：

①乘客伤亡事件：若拥挤踩踏或运营中断、车辆设备故障等情况发生时，将可能造成乘客伤亡。

②爆炸、火灾：爆炸、火灾是危及地铁运营安全的重要突发事件。车站、隧道以及列车内存在大量的电气设备、建筑装饰材料、乘客违章携带品、恐怖袭击、纵火等都可能引起爆炸、火灾事故。地铁火灾事故扑救困难，事故后果损失严重，容易造成较严重的社会影响。

③运营线列车脱轨、重大设备故障导致长时间运营中断：运营中断对地铁运营安全会造成最直接的影响。可能造成人员伤亡，对市民出行造成影响，对城市秩序造成破坏，容易引起较严重的社会影响。

④突发大客流冲击事件：天气变化、地面交通堵塞或中断、交通管制、大型活动等可能诱发地铁车站大客流。一旦突发大客流冲击，将可能造成拥挤踩踏、群死群伤的安全事故。

⑤恐怖袭击事件：少数敌对分子、恐怖组织或对社会不满的人，为造成轰动的效应，选择在

地铁内搞破坏。人为破坏不仅严重危及地铁运营安全,还可能引发一系列社会问题,造成恶劣的社会影响和公众心理阴影。

⑥自然灾害事件:包括大风和暴雨等自然现象对城市轨道交通系统造成的影响。

⑦突发性公共卫生事件:针对城市轨道交通设施内影响民众健康的突发事件,例如:重大传染病、生化武器等。

6. 示例如下:

背景:201×年×月××日9时30分,××站室内无障碍电梯限速器突然动作停运,导致人员被困于轿厢内,电梯设备管理部门接报困人信息后立即启动电梯困人应急处置程序。

电梯困人或伤人现场处置方案

1. 适用范围

本方案适用于××地铁运营有限公司管辖范围内各车站电梯突发“困人”或“伤人”事件的应急处置。

2. 风险分析

2.1 事件发生的区域、地点或装置的名称

××地铁全线各车站投入使用的电梯。

2.2 事件发生的可能性、危害程度及影响范围

(1)当电梯各安全保护开关失效时,导致电梯故障,出现困人或伤人事件。

(2)电梯进行检修作业时,导致井道内高处坠落、电梯机械伤人或触电等安全事件。

(3)乘坐电梯人员相互拥挤、打闹、超载等,导致安全开关失效发生困人或伤人事件。

(4)事件影响范围:乘坐电梯的人员及作业人员。

2.3 事件发生前的征兆

(1)电梯运行时存在异常情况。

(2)电梯检修作业时未设置安全防护栏。

(3)乘坐电梯人员相互拥挤、打闹、超载等。

2.4 可能引发的其他事件

电梯发生困人或伤人事件后,可能引发社会舆论,对公司造成不良影响。

3. 现场应急组织机构及职责

3.1 现场应急组织机构

应急小组组长:部门经理。

应急小组副组长:主任工程师、安全工程师。

应急小组组员:检修人员、维保人员。

3.2 职责

组长:总体组织、协调突发事件的应急处置。

副组长:现场指挥、协调突发事件的处置。

组员:完成突发事件的现场处置工作。

4. 应急处置

4.1 事件应急处置程序

(1)现场人员接报突发事件信息后,第一时间向应急指挥组长报告,并在安全范围内做好防

护和应急准备。

(2)应急指挥组长立即向电梯设备管理部门领导报告。

(3)应急指挥组长按照领导指示,对突发事件进行组织协调处置,同时:①通知副组长,对该紧急事件进行现场前期处置;②通知电梯设备管理部门相关专业车间主任,确保相关专业的应急处置工作已启动;③迅速赶往现场。

(4)副组长接令后,立即组织开展应急处置工作:①通知就近人员赶往现场并明确分工,同时调配物资;②通知维保厂家赶往现场抢险;③迅速赶往现场。

(5)现场人员立即开展抢险工作。

(6)完成应急处置后,立即进行故障排查、修复。

(7)确认设施设备正常。

(8)做到工完场清事后注销登记。

4.2 事件应急处置措施

(1)检修工到达事件发生地,了解事件发生的整体情况后及时向上一级领导汇报,并通知维保人员。

(2)配合车站值班人员做好安全防护措施,并做好记录。

(3)组织维保人员实施救援,并配合车站值班人员做好安抚工作。

(4)视伤员情况及时联系医疗机构进行救治。

(5)救援完成后,及时向上一级领导汇报事件处置结果,并做好记录。

(6)组织维保人员对电梯进行检查、维修。

(7)乘坐电梯确认运行正常,向维调及相关领导报告。

(8)组织召开现场分析会,编写"严重故障分析报告",按要求提交。

4.3 事件信息传递流程

(1)信息接收与通报:电梯设备管理部门在×××楼设值班点,设置24小时值班电话××××-×××××××-××××××,负责统一接收、传递中心内、外部信息。重要事件信息由值班员直接通知现场负责人、班组长、车间主任或直接报告电梯设备管理部门经理。

(2)信息上报:设备发生突发事件后,现场负责人第一时间报告维调,同时报告应急指挥组长,应急指挥组长视事件等级情况报公司上级部门或领导。

(3)信息传递:设备发生突发事件后,值班人员第一时间把事件信息报告现场负责人或应急指挥组长,现场负责人在接报事件信息后,立即组织现场应急抢险,并视事件等级情况及时报告上级部门,通知维保单位、设备厂家等参与应急处置。

5. 注意事项

(1)应急处置人员必须按要求着装,穿戴劳动防护用品。

(2)按要求设置安全防护栏,并按下切断电梯主电源。

(3)应急处置人员需两人及以上相互配合。

(4)安抚乘客时需文明用语。

(5)若电梯暂时无法恢复正常使用,须设置好安全防护栏,防止二次伤害发生。

6. 附件

6.1 应急部门、机构或人员的联系方式

部　门	姓名	职务	联系方式	备注
电梯设备管理部门	张××	组长	……	
电梯设备管理部门	李××	副组长	……	
电梯设备管理部门	王××	副组长	……	
电梯设备管理部门	孙××	组员	……	
电梯设备管理部门	杨××	组员	……	

6.2 应急抢修机具、材料储备

名称	数量	存放地点	保管人员	联系方式	备注
电梯专用钥匙-三角钥匙	1把	检修工随身携带	张××	……	
电梯专用钥匙-操作盒钥匙	1把	检修工随身携带	陈××	……	
安全防护栏	16个	自动扶梯三角机房	吴××	……	

电梯困人或伤人现场处置方案与综合预案和专项预案的联系和不同：

(1)电梯困人或伤人现场处置方案与综合预案和专项预案的联系：电梯困人或伤人现场处置方案是在综合预案和专项预案的基础上，并结合安全生产实际制定的。它是对综合预案和专项预案的具体化，向上衔接专项预案，向下对电梯困人或伤人事件突发时的应急救援行动进行指导。

(2)电梯困人或伤人现场处置方案与综合预案和专项预案的区别：综合应急预案是应急预案体系的总纲，从总体上阐述预案的应急方针、政策，应急组织结构及相应的职责，应急行动的总体思路等，它是应急救援工作的基础。专项应急预案是针对某种具体的、特定类型的紧急情况而制定的计划或方案，并对综合预案中应急的形势、组织机构、应急活动等内容进行细化。它可以由多个现场处置方案构成，如机电设备故障专项预案。而电梯困人或伤人现场处置方案是针对电梯困人或伤人这一具体突发事件而制定的应急处置措施，其对应急救援中的各个方面作出具体、周密而细致的安排，具有更强的针对性和对现场具体救援活动的指导性。

7. 运营事故调查的一般程序如下：

(1)根据发生事故等级成立事故调查组。

事故调查组组长必须由负责事故调查的人民政府指定，事故调查组的所有成员必须与所调查的事故没有直接利害关系。

(2)组织事故现场勘察，提取相关物证。

城市轨道交通企业安全生产监督监察部门接到事故报告后，要立即派员赶赴事故现场，进行勘察。向当事人或目击者了解事故发生经过情况，提取事故现场存留的有关痕迹和物证(致害物、残留物、破损部件、危险物品、有害气体等），封存与事故有关的物件，并用摄影、照相等方法予以固定。对无法搬运或确需立即使用的物件，由勘察人员现场认定并做好相应标记和记录。

根据现场勘察和现场取证情况，绘制事故现场有关图纸（包括事故现场示意图、剖面图、流程图、受害者位置图等）。现场勘察完毕，向事故调查组提交“事故现场勘察报告”。

“事故现场勘察报告”应当载明事故现场勘察人员、勘察时间、勘察路线，说明事故地点基本情况和与事故相关的情况，认定事故类别，附有相应的事故图纸、照片等。参与现场勘察的人员在勘察报告上签字确认。

(3)收集事故事实材料。

收集证明事故等级、类别和事故发生的相关事实与材料。包括：事故汇报记录、受伤人员统计表、医院伤害程度证明以及事故发生前生产设施、设备状况，有关技术文件和规章制度及执行情况，工作环境状况，受害人和肇事者的岗位资质状况、健康状况等。同时收集事故发生单位、相关单位和部门的文件、规章制度、报表、台账、记录、图件和向调查组提供的书面证明。

收集有关书证证据时，调查组要求相关单位（部门）提供证据清单，并限期提供。提供复印件的，由提供单位签署“复印属实”并加盖公章，同时注明原件存放的单位（部门）。

事故调查中，生产安全事故发生单位不得阻挠、干涉现场调查人员进入事故发生现场收集资料。当事故调查人员向生产安全事故发生单位的负责人、管理人员以及员工了解事故情况时，单位与个人应积极配合，如实报告所了解的情况，不得拒绝和阻挠。

(4)获取证人证言。

证人证言包括调查询问笔录和有关人员提供的情况说明、举报信件等。调查人员制订事故调查询问计划和询问提纲，明确调查询问对象和询问内容，对事故现场目击者、受害者、当事人和相关管理人员、负有监督管理职责的人员进行调查询问。对事故发生负有责任的人员必须调查询问，认定的责任者的违法违规事实应当有 2 个以上的证人证言或其他有效证据。

(5)计算事故直接经济损失。

按照国家标准统计事故直接经济损失。“事故直接经济损失表”由事故单位或其主管部门盖章认可。

(6)组织技术鉴定。

对较大以上生产安全事故和事故原因复杂的一般事故，事故调查组委托具备国家规定资质的单位进行技术鉴定。承担技术鉴定的单位或专家按照相关要求，在调查组的领导下，依法认定事故发生的直接原因和相关事故参数，并向调查组提交完整的“技术鉴定报告”。

(7)事故原因分析。

事故原因分析包括直接原因分析和间接原因分析。从机械、物质（能量源和危险物质）、环境的不安全状态和人的不安全行为两个方面分析事故的直接原因；从技术、教育、管理、人的身体和精神方面等方面分析事故的间接原因。最终根据事故原因进行事故性质分析，对事故严重程度以及是属于责任事故或非责任事故作出认定。

(8)提出事故处理意见。

根据事故原因分析、事故责任人的违法违规事实,调查组牵头单位提出事故处理初步意见。

(9)提出事故防范和整改措施建议。

根据事故发生原因,向事故发生单位责任人提出有针对性的事故防范和整改措施建议,确保有效防止同类事故的再次发生。

(10)撰写事故调查报告。

由牵头部门工作人员撰写事故调查报告。事故报告内容包括:事故发生单位概况,事故发生经过和事故救援情况,事故造成的人员伤亡和直接经济损失,事故发生的原因和事故性质,事故责任的认定以及对事故责任者的处理建议,事故防范和整改措施。

(11)调查组审查事故调查报告。

事故调查组组长主持召开事故调查组全体成员会议,审查调查报告。审查的主要内容是:事故经过是否查清楚;原因分析,性质认定,责任分析是否准确;报告撰写是否符合要求等。发现存在问题的,根据实际情况补充调查或修改事故调查报告。因事故调查报告不具备法律特征,当事故责任单位及其责任人对事故报告的内容有异议时,不得提起行政复议和行政诉讼。

(12)事故调查材料归档保存。

事故调查组工作人员负责汇总事故调查的相关资料,按一卷一档的原则,将调查报告,各类请示、批复文件,相关证据材料,处理落实材料等整理归档并保存。